Thomas Heberer
Korruption in China

Thomas Heberer

Korruption in China

Analyse eines politischen, ökonomischen und sozialen Problems

Mit einem Anhang
„Gesetze, Kommentare und Falldarstellungen zur Bekämpfung der Korruption in der Volksrepublik China"
bearbeitet von *Konrad Wegmann*

Westdeutscher Verlag

Die Deutsche Bibliothek - CIP-Einheitsaufnahme

Heberer, Thomas:
Korruption in China: Analyse eines politischen,
ökonomischen und sozialen Problems / Thomas Heberer.
Mit einem Anh. „ Gesetze, Kommentare und Fall-
darstellungen zur Bekämpfung der Korruption in der
Volksrepublik China" / bearb. von Konrad Wegmann.
- Opladen: Westdt. Verl., 1991
ISBN 978-3-531-12271-7 ISBN 978-3-663-01267-2 (eBook)
DOI 10.1007/978-3-663-01267-2
NE: Wegmann, Konrad: Gesetze, Kommentare und
Falldarstellungen zur Bekämpfung der Korruption
in der Volksrepublik China

Der Westdeutsche Verlag ist ein Unternehmen der Verlagsgruppe Bertelsmann International.

Umschlaggestaltung: Horst Dieter Bürkle, Darmstadt;
Umschlagbild: Fengci Yu Youmo, 5.6.1989. - Die Ratte trägt die Aufschrift „Korruption".

Gedruckt auf säurefreiem Papier

ISBN 978-3-531-12271-7

Vorbemerkung

Mit der Protestbewegung im Frühjahr 1989 und ihren Antikorruptionsforderungen erwachte mein Interesse an einer Analyse des Korruptionsphänomens. Ging ich zunächst davon aus, daß es nur einen kleinen, übersichtlichen Literaturbestand zum Thema internationale "Korruption" gäbe, so mußte ich mich bald eines Besseren belehren lassen. Die Zahl der Bücher und Abhandlungen zu diesem Thema ist Legion. Was China anbelangt, so liegen allerdings nur wenige und kurze Aufsätze vor. Fakten, zumal historische, waren aus den verschiedensten Quellen zusammenzutragen. Das Ergebnis ist das vorliegende Buch. Um an dem Thema Interessierten die Forschungsaufgabe zu erleichtern, habe ich in der Bibliographie eine größere Zahl von relevanten Titeln aufgelistet. Mit diesem Band ist das Thema Korruption in China keineswegs erschöpfend behandelt. Dies war weder meine Absicht noch machbar. Er soll vielmehr einen ersten Überblick und Anregungen für eine Vertiefung der Analyse und für die Weiterbeschäftigung mit diesem Thema geben.

Prof. Dr. Konrad Wegmann, der den Anhang mit großer Hingabe übersetzt und für diesen Band zur Verfügung gestellt hat, sei dafür herzlich gedankt. Die „Gesetze, Kommentare und Falldarstellungen zur Bekämpfung der Korruption in der Volksrepublik China“ sind eine wichtige Bereicherung dieses Bandes.

Inhalt

1. Einleitung

Zu Recht weisen Sozialwissenschaftler darauf hin, daß das Problem der Korruption als Gegenstand wissenschaftlicher Forschung in der Bundesrepublik vernachlässigt wurde.[1] Dies trifft nicht nur auf die Auseinandersetzung mit den Korruptionstheorien zu, sondern noch weit mehr auf Länderstudien über dieses Thema. Bei der Korruption handelt es sich um ein sensibles Phänomen, das der Forschung nur schwer zugänglich ist. Denn dies berührt strafrechtlich relevante, illegale und Untergrundaktivitäten. Von daher sind empirische Studien nur unter sehr schwierigen Bedingungen oder gar nicht durchführbar. Dies gilt besonders für die früheren und gegenwärtigen sozialistischen Länder.

Osadczuk-Korab hat darauf hingewiesen, daß die Frage nach den Ursachen und Zusammenhängen der Korruption in diesen Ländern als "Staatsgeheimnis" gelte bzw. galt, und auf "Verrat von Staatsgeheimnissen" stehe schließlich die Todesstrafe. Diese Polemik mag übertrieben sein, aber die Tabuisierung der Korruptionsursachen und der Diskussion darüber bewirkt, daß die dortigen Sozialwissenschaftler dazu weitgehend schweigen. Denn dieses Phänomen darf mit dem sozialistischen System nicht in Verbindung gebracht werden. Korruption, so Osadczuk-Korab sei in diesen Ländern zwar ein "Betätigungsfeld für Staatsanwälte und Scharfrichter", nicht aber Objekt wissenschaftlicher Forschung.[2]

Ausgangspunkt dieser Studie ist die Überlegung von Gunnar Myrdal, daß die "wichtigste Forschungsaufgabe" hinsichtlich der Korruption darin bestünde, Art und Ausmaß dieses Phänomens in einem Land, seine Verbreitung in Politik, Wirtschaft und Gesellschaft herauszuarbeiten und "feststellbare Trends" zu ermitteln.[3] Korruptionsforschung ist u. a. deshalb von großer Wichtigkeit, weil sie, wie Schönherr treffend feststellt, "Gradmesser für das Zerfallen herrschender Normen" ist.[4] Der 1983 verstorbene französische Soziologe Raymond Aron hat in der Korruption im Staatsapparat sogar eine der wichtigsten Ursachen für Revolutionen gesehen.[5]

---

1 Laermann 1984: 159; Noack 1987b: 5; Aich 1988: 50; von Alemann 1989: 918f.; Pippig 1990: 11. Eine bibliographische Übersicht über Literatur im deutschsprachigen Raum gibt Kleinfeld 1990.

2 Osadczuk-Korab 1985: 107.

3 Myrdal 1980: 199.

4 Schönherr 1985: 1.

5 Op. cit. bei Wertheim 1964: 103.

Eine umfangreichere Studie über die Korruption in China in deutscher Sprache liegt bisher nicht vor. Gerade dort ist dieses Phänomen aber im Zuge der Reformpolitik verstärkt aufgetreten. Die öffentliche, wenn auch sehr selektive, Behandlung dieses Problems in der Presse[6], die Auseindersetzung darüber unter chinesischen Sozialwissenschaftlern in der zweiten Hälfte der 80er Jahre und eigene jahrelange Beobachtungen in diesem Land erlauben den Versuch einer Auseinandersetzung mit diesem Thema.

Bei einer Umfrage im Frühjahr 1989 bezeichneten 78% der Befragten die Korruption in der Kommunistischen Partei Chinas als das größte Problem, dem sich China gegenübersehe.[7] Der Vorwurf der "Korruption" und Kritik an den halbherzigen Versuchen der Korruptionsbekämpfung durch die Parteiführung waren wichtige Momente der studentischen Protestbewegung im Mai/Juni 1989[8], die deutliche Unterstützung auch bei den übrigen Teilen der städtischen Bevölkerung fanden.

Galt die VR China bis Ende der 70er Jahre als ein Land mit weitgehend "sauberer Verwaltung"[9], so wird heute behauptet, es sei noch vor Indonesien zum "korruptesten Land in Asien" geworden.[10] Selbst von der Parteiführung wird erklärt, die Frage der erfolgreichen Bekämpfung der Korruption sei von existentieller Bedeutung für die Kommunistische Partei und ihre Herrschaftserhaltung. Und die Existenz von Organen speziell zur Korruptionsbekämpfung weist ebenfalls auf ein erhebliches Ausmaß hin.

Um welches Phänomen handelt es sich bei dem Begriff der "Korruption" und was sind seine Formen, Inhalte, Ursachen und Folgen? Ausgehend vom Stand der internationalen Korruptionsforschung soll versucht werden, zunächst in allgemeiner Form diese Fragen zu beantworten. Sodann soll am Beispiel Chinas das spezifisch "Chinesische" der Korruption herausgearbeitet und analysiert werden. Abschließend wollen wir die Ergebnisse der chinabezogenen Analyse auf ihre Relevanz für die internationale Forschung überprüfen.

---

6 Die Medien haben in China nicht die Aufgabe, über die realen Verhältnisse zu informieren, sondern Informationen im Sinne der jeweils herrschenden politischen Strömung zu selektieren, zu filtern und nutzbar zu machen.

7 Christian 1989: 22.

8 Zu den Hintergründen siehe u. a. Heberer 1989b; Heberer/Weigelin 1990.

9 Siehe u. a., Towards a Grammar of Graft 1957: 959; Quah 1988: 82.

10 Domes 1989: 467.

2. Zur Definition des Korruptionsbegriffs

In deutschen Rechtslexika und Strafgesetzkommentaren wird man vergeblich nach einer näheren Erläuterung des Begriffs "Korruption" suchen. Korruption wird dort wesentlich mit Bestechung oder Bestechlichkeit gleichgesetzt, wobei diese Begriffe keineswegs identisch sind.[11] Die Bestandteile dessen, was sozialwissenschaftlich mit "Korruption" bezeichnet wird, finden wir in unserem Recht als Einzeltatbestände: Straftaten im Amt, die durch eine "Verletzung des Treueverhältnisses zum Staat oder des Vertrauens der Öffentlichkeit in die Integrität des Beamtenapparates gekennzeichnet sind"[12] wie Vorteilsannahme, Bestechlichkeit, Vorteilsgewährung, Bestechung, Unterlassen einer Diensthandlung, Rechtsbeugung, Abgabenübererhebung; Unterschlagung, ein Tatbestand, der die Amtsunterschlagung umfaßt; Veruntreuung (wobei die unterschlagene Sache dem Täter anvertraut war) sowie Untreue (wobei ein Amtsträger ein fremdes Vermögen schädigt).[13] Hier wirkt das Römische Recht nach, daß nur zwei Amtsstraftaten kannte: Amtsmißbrauch und Veruntreuung.

Die Wirtschaftskriminalität wird häufig als wichtiger Bestandteil der Korruption angesehen. Gemeinsam mit der letzteren hat sie die Bestimmung als "Kriminalität in Ausübung von oder bei Gelegenheit eines Berufes" ("occupational crime").[14] Sie bezieht sich allerdings auf strafbare Handlungen von Personen, die im Wirtschaftsleben tätig sind, während Korruption von der Involvierung von Funktionsträgern im öffentlichen Sektor ausgeht. Überschneidungen zwischen beiden Bereichen sind indessen recht häufig (Bestechung von Amtspersonen zur Erlangung von Vorteilen, im Interesse von Subventionsbetrug, Wettbewerbsmanipulation usw., in Planwirtschaften Korruption in den Staatsunternehmen oder der Wirtschaftsverwaltung). In Ländern mit weitgehendem Staatsmonopol an der Wirtschaft ist die Wirtschaftskriminalität im Staats- und Kollektivsektor Teil der Korruption.

Die Behandlung von "Korruption" in unserem Recht verdeutlicht, daß es sich dabei nicht um einen *juristischen*, sondern um einen *sozialwissenschaftlichen*

11 Vgl. u. a. Berresheim 1960: 11ff.; Engelhardt 1963: 4; Schönherr 1985. Zirpins/Terstegen 1963: 688f. sehen in Korruption einen kriminologischen Oberbegriff.

12 Schönke-Schröder 1976: 1765.

13 Ibid.: 1432ff. und 1765ff.; Creifelds/Meyer-Gossner 1988; Münchener Rechts-Lexikon 1987. Schönherr 1985 u. a. zählen die Korruption zur "Wirtschaftskriminalität". Sie verweisen dabei u. a. auf den § 74c des Gerichtsverfassungsgesetzes, vgl. u. a. Schönherr, ibid.: 19f.

14 Tiedemann 1982: 13.

Begriff handelt, der sich auf die Ursachen, das soziale Umfeld und die Folgen von Amtsdelikten bezieht. Um so erstaunlicher ist es, daß - wie von Alemann zutreffend feststellt - weder die politik- noch die sozial- oder wirtschaftswissenschaftlichen Fachlexika das Stichwort "Korruption" enthalten.[15]

Korruption ist keineswegs ein Produkt der neueren Geschichte. Sie existiert, seit es öffentliche Ämter und gesellschaftliche Arbeitsteilung (zwischen gesellschaftlichen Funktionen und Produktion) gibt. Unterschiede ergeben sich allerdings zwischen verschiedenen Gesellschafts- und Wirtschaftssystemen sowie aufgrund unterschiedlicher Bewertungsmaßstäbe. So galten der Verkauf öffentlicher Ämter und die Bereicherung durch solche Ämter im kaiserlichen China oder im mittelalterlichen Europa nicht als verwerflich.[16] Unterschiede dieser Art erschweren den internationalen Vergleich.

Luhmann hat darauf hingewiesen, daß Korruption in einem "vorwerfbaren Sinne" im Grunde erst dann auftreten kann, wenn ein fortgeschrittenes Maß an "Ausdifferenzierung" des politischen Systems und seiner Verfahren eingetreten ist. Zwar habe auch schon das Zwölftafelgesetz die Todesstrafe für bestochene Richter vorgesehen, aber in einfachen Gesellschaften könnten Tatbestände, die in "komplexen, stark differenzierten Gesellschaften als Korruption im weiteren Sinne angesehen" würden, sogar in moralischer Hinsicht erwartet oder postuliert werden (z. B. Hilfe für Familien- oder Stammesangehörige).[17] In diesem Sinne muß man sich bei der Analyse von "Korruptionsphänomenen" vor eurozentristischer Sichtweise hüten, die in ausgeprägter Korruption ein Zeichen dekadenter oder niederer Strukturen sieht. Allzu häufig wurde nicht verstandenen Strukturen in Entwicklungsländern die "moralische Kappe der Korruption" übergestülpt.[18]

Eine eindeutige wissenschaftliche Definition des Begriffs "Korruption", die allen Formen gerecht würde, gibt es nicht und kann es nicht geben.[19] Der Korruptionsbegriff variiert je nach Kultur, historischem Zeitpunkt und politischem bzw. ökonomischem System. Dies erschwert die Operationalisierung dieses Begriffs. Es lassen sich allerdings Kerngruppen einer sozial- und wirtschaftswissenschaftlichen Begriffsbestimmung herausarbeiten:

(1) Mißbrauch von Amtsgewalt oder -befugnissen im Interesse des Vorteils einer Person oder einer Gruppe von Personen (Mißbrauch-Vorteil-Ansatz);

---

15 Vgl. von Alemann 1989: 918.

16 Vgl. Swart 1949: 112-127; Liebs 1978; Landfried 1989: 133ff.

17 Luhmann 1969: 64/65; zum Begriff der "Ausdifferenzierung" vgl. auch Luhmann 1983: 217ff.

18 Vgl. Maihold 1988: 65.

19 Vgl. Dwivedi 1967: 245; Werner 1983b: 147; Harris 1989: 513f.

(2) Verletzung von bindenden Normen durch Amtsinhaber, die zu einer Verletzung öffentlicher Interessen führen (Interessenverletzungsansatz);

(3) Korruption aufgrund eines spezifischen Marktverhaltens (ökonomischer Ansatz);

(4) moralische Verfehlung (moralischer Ansatz).

Dies wollen wir im folgenden erläutern:

2.1 Mißbrauch-Vorteil-Ansatz

Dieser Ansatz wird von den meisten westlichen Sozialwissenschaftlern verwendet. Die am häufigsten gebrauchte Definition von Nye besagt, Korruption sei ein

> "... Verhalten, das von den formalen Pflichten einer öffentlichen Rolle abweicht aufgrund von privaten Erwägungen (persönlichen, familiären, privaten, gruppenorientierten), pekuniären oder Statusgewinnen oder das Regeln gegen die Ausübung bestimmter Arten von privat orientierter Einflußnahme verletzt".

Dies umfasse Bestechung (Belohnung für die Umdeutung einer Beurteilung durch jemanden in einer Vertrauensposition), Nepotismus (Begünstigung aufgrund von bestimmten Beziehungen anstatt von Verdiensten) und Unterschlagung (rechtswidrige Aneignung öffentlicher Mittel zu privater Nutzung).[20]

Hier stellt sich zunächst die Frage, worin die "formalen Pflichten" einer öffentlichen Funktion und die "Regeln" bestehen, wer sie festgelegt hat und inwieweit

---

20 Nye 1967: 419; ähnlich: McMullan 1965: 149; Bunyi 1965: 316; Bayley 1966: 720; Monteiro 1966: 17; Dwivedy/Bhargava 1967: 1; Huntington 1968: 59; Andreski 1968: 92; Roy 1970/71: 86; Smith 1971: 21; Waterbury 1972-73: 539; Varma 1974: 162; Johnson 1975: 183f.; Le Vine 1975: 2; Jabbra 1976: 674; Kramer 1977: 212; Schuller 1977: 373; Brooks 1977: 16; Bilitza/Lück 1977: 19; Kaikati 1977; Benson/Maarenen/Heslop 1978: XIII; 25; Carino 1979: 239; Lee 1979: 3; Anwar 1980: 37; Koller 1981: 44; Brauneder 1981: 76; Rotter 1981: 107; Aina 1982: 70; Sturminger 1982: 15; Macrae 1982: 678; Quah 1982b: 109; Nas/Price/Weber 1986: 108; Gillespie/Okruhlik 1988: 59f.; Klitgaard 1988: 22f.; Caiden 1988: 7f.; Kaminski 1988: 27; Quah 1988: 81f.; Smith 1989: 450; Heidenheimer 1989: 573f.

sie gesamtgesellschaftlich akzeptiert sind. Unklar bleibt auch an dieser Definition, was unter unterschiedlichen Kulturmustern und unter "privat" eigentlich zu verstehen ist? Diese Definition erlaubt u. E. keine klare Abgrenzung zwischen Korruption und Nicht-Korruption. Da sie von der Verletzung formaler Normen ausgeht, bleibt sie an der Korruption in entwickelten Gesellschaften orientiert. Dies erschwert vergleichende, zeit- und kulturübergreifende Analysen.[21]

Scott[22] kritisiert an Nyes Definition, daß der Aspekt der Begünstigung von Mitgliedern ethnischer, religiöser oder politischer Gruppen, denen ein Funktionsträger angehört, in der Definition nicht enthalten sei. Dem ist entgegenzuhalten, daß hierbei zwischen Korruption im Interesse persönlicher Vorteilsannahme eines Amtsträgers und Protektion (Vorteilsgewährung aufgrund sozialer oder politischer Einbindungen oder Verpflichtungen ohne Vorteilsannahme) unterschieden werden muß. In sich entwickelnden Gesellschaften ist Protektion (etwa gegenüber Clan- oder Stammesangehörigen) ein traditionales Moment, das auch in der öffentlichen Meinung nicht unbedingt mit Korruption gleichgesetzt wird.[23]

Brasz bringt Korruption mit der mißbräuchlichen Verwendung von Macht in Verbindung. Danach ist Korruption

> "... das verstohlene Ausüben von delegierter Macht auf Grund der damit zusammenhängenden Autorität oder einer formalen Befugnis zum Nachteil der Ziele der ursprünglichen Macht und zum Vorteil von Außenstehenden angewandt unter dem Schein einer legitimen Machtausübung".[24]

Diese Definition ist äußerst schwammig, da nicht zwischen Machtmißbrauch und Korruption differenziert wird. Macht ruft nicht automatisch dieses Phänomen hervor, und nicht jede mißbräuchliche Machtausübung ist eo ipso Korruption. Erst wenn das Moment des "materiellen Vorteils" hinzukommt, wird Macht- oder Amtsmißbrauch zur Korruption.[25] Auch Begriffe wie "Nachteil" oder "Ziele der ursprünglichen Macht" bleiben Worthülsen ohne definitorischen Wert. Von daher ist auch dies keine brauchbare Definition.

---

21 Am deutlichsten tritt diese Sichtweise bei Lee 1986: 105 zutage, für den Korruption "deviation from the anti-corruption legal norms in a country" ist.

22 Scott 1971: 305f.; 1972: 4f.

23 Vgl. Koller 1981: 38.

24 Brasz 1963: 126.

25 Vgl. Venkatappiah 1968: 272.

2.2 Interessenverletzungsansatz

Grundlegend hierfür ist Friedrichs These von der Korruption als

> "... Verhaltensweise, die von der Norm abweicht, welche in einem gegebenen Zusammenhang ... tatsächlich oder vermeintlich gilt. Es ist ein abweichendes Verhalten, gepaart mit einer besonderen Motivierung, nämlich der des persönlichen Gewinns auf Kosten der Öffentlichkeit".[26]

Im Gegensatz zum Mißbrauch-Vorteil-Ansatz ist hier ein Abweichen nicht von Amtspflichten, sondern von gesellschaftlichen Normen gemeint. Überdies müsse dem öffentlichen Interesse ein Schaden zugefügt werden. Damit rückt dieser Ansatz in die Nähe moralischer Bewertungsmaßstäbe. Wie bereits in Ansatz 2.1 kritisiert, bleibt auch hier unklar, welche Maßstäbe an gesellschaftliche Normen und öffentliche Interessen angelegt werden sollen und wie korruptes und nicht-korruptes Verhalten unterschieden werden können.

Ein korrupter Akt muß nicht, wie wir unten noch zeigen werden, unbedingt das öffentliche Interesse schädigen. Er kann, indem er eine notwendige Maßnahme, die im Interesse der Allgemeinheit ist, beschleunigt, durchaus im Interesse dieser Öffentlichkeit sein. Denkbar ist auch, daß in einer wirtschaftlichen Krisensituation die Grundversorgung einzelner Bevölkerungsteile nur über Korruption realisierbar ist, die öffentliche Meinung in bezug auf dieses Phänomen daher eine Änderung erfährt.

2.3 Ökonomischer Ansatz

Dieser Ansatz versucht das Dilemma der Normenbestimmung zu umgehen und Korruption auf ökonomisches Verhalten zurückzuführen. Für van Klaveren steht Korruption für einen öffentlich Bediensteten, der sein Amt als Geschäftsunter-

---

26 Friedrich 1973: 103; ähnlich: Rogow/Lasswell 1963: 6; Abueva 1970: 203; Dobel 1978: 958, der mehr den "Bruch des öffentlichen Vertrauens" betont; Brauneder 1981: 76f.; Hacker 1981: 140; Acham 1981: 29. Einige Autoren erweitern diese Definition um den Aspekt der "Geheimhaltung" (secrecy). Diese Geheimhaltung sei ein sicheres Zeichen dafür, daß die Verhaltensnormen der Gemeinschaft verletzt worden seien. So u. a. Brasz 1963: 117ff.; Wertheim 1964: 105f.; Tilman 1968; Beenstock 1979: 16; Gerlich 1981: 168; Hacker 1981: 140; Gould/Amaro-Reyes 1983: 4; Tarkowski 1988: 49.

nehmen ansieht, dessen Einkommen er zu maximieren trachtet.[27] Dies begründet er mit der freien Marktwirtschaft, in der jedes Wirtschaftssubjekt sich bemühe, sein Einkommen zu maximieren. Aufgrund der Monopolstellung des öffentlichen Sektors in vielen Bereichen könne dieser nicht nach Marktgesetzen verwaltet werden. Daher bewirke Marktverhalten bei Staatsbediensteten Korruption.[28] In ähnlichem Sinne bezeichnet Shackleton Korruption als Austausch von knappen Gütern gegen Geld oder andere Entlohnung durch öffentlich Bedienstete.[29] Shapiro verbindet diesen Ansatz mit einer soziologischen Komponente und sieht in Korruption die "Verleihung" oder den Verkauf von Vertrauenspositionen an Außenstehende, wobei sie in Korruption lediglich eine "alternative Form von Diebstahl" sieht.[30] Andere sehen darin einen Austausch zwischen Macht und materiellen Werten.[31]

Bei diesem ökonomisch orientierten Ansatz handelt es sich weniger um eine Definition als vielmehr um Erklärungsansätze, denn Korruption wird hier lediglich als Mittel der Profitmaximierung unter Marktgesetzen definiert. Anders als in den Ansätzen 2.1 und 2.2, die vom subjektiven Tätigwerden eines Handelnden ausgehen, erscheint bei diesem Ansatz Korruption als objektive und notwendige Folge spezifischer ökonomischer Verhaltensweisen. Korruption wird auf individuelles Handeln reduziert, ein Bezug auf das gesellschaftliche System und die sozialen Auswirkungen unterbleibt. Andererseits wird hier ausschließlich das monetäre Interesse angesprochen, während nichtmaterielle Vorteile (Ansehen, Machtzuwachs, Verpflichtung des Begünstigten gegenüber dem Begünstigenden) ausgeklammert werden. Überdies handelt es sich bei Korruption nicht um einen offenen Austausch auf dem Markt. Die Transaktionen erfolgen geheim und sind nicht jedem zugänglich.

2.4 Moralischer Ansatz

Bei diesem Ansatz, der letztlich auf das sittliche Handeln des innerlich freien Individuums im Sinne Kants abhebt, wird Korruption als individuelle,moralische Verfehlung gewertet. So unterscheidet Banfield zwischen persönlicher Korruption, d. h., wenn eine Handlungsperson wissentlich die Interessen seiner Auftraggeber sei-

---

27 van Klaveren 1989: 26. Zirpins/Terstegen 1963: 695 nennen dies auch "ausbeuterischen Amtsmißbrauch".

28 Ibid.: 25f.; ähnlich: Gardiner/Lyman 1978: 5.

29 Shackleton 1978:27; vgl. auch Neugebauer 1978: 6-8; Wertheim 1963: 129f. und 1964: 104.

30 Shapiro 1990: 352f.

31 Jacoby et al. 1977: 126f.; Hoogvelt 1978: 137; Schöpflin 1984: 392; Saner 1985: 49f.; Smelser 1985: 208ff.; Shim 1987: 184; Shapiro 1990: 352f.

nen eigenen opfert, und der amtlichen Korruption, d. h., wenn diese Person wissentlich eine Regel verletzt, also rechts- oder normwidrig handelt, ungeachtet der Interessen des Auftraggebers.[32]

Der moralische Ansatz erscheint uns am wenigsten für eine wissenschaftliche Analyse geeignet, weil moralische Erklärungen zur Verurteilung von Individuen drängen, ohne die politischen und ökonomischen Rahmenbedingungen, unter denen Korruption stattfindet, zu reflektieren. Demgegenüber sind wir mit Adorno der Meinung, daß das "Moralische sich keineswegs von selbst versteht, daß das Gewissen richtiges Handeln nicht gewährleistet".[33] Vielmehr bedarf es hier der Reflexion über die gesellschaftlichen Hintergründe. Überdies gibt es kein generalisierbares Muster von moralisch "richtig" und "falsch", da Moral je nach Ort und Zeit variiert.

Caiden hat darauf hingewiesen, daß moralische Verurteilung des Fehlverhaltens von Beamten (Korruption) mit der Herausbildung der bürgerlichen Gesellschaft verknüpft sei. Erst die allgemeine Akzeptanz der Idee des freien Willens und der freien Wahl durch das Individuum sowie die Anerkennung von Grenzen behördlichen Agierens hätten zur Festlegung entsprechender Normen geführt.[34] Obgleich dies nicht für Korruption schlechthin, sondern nur für die Bewertung dessen gilt, was in jüngerer Zeit im Abendland als Korruption gebrandmarkt wird, bestätigt er die von uns konstatierte Korrelation von Moral und gesellschaftlicher Entwicklung, die den reinen Bezug auf eine "allgemeine Moral" ablehnt.

2.5 Eigene Bestimmungskriterien

Da eine länder-, zeit- und systemübergreifende Definition kaum möglich scheint, wollen wir uns im folgenden bei der Bewertung von Tätigkeiten, die wir für korrupt halten, auf folgende Kriterien stützen:

- Es muß ein Funktionsträger (oder ein kurzfristig mit Funktionen Beauftragter) bzw. eine Gruppe von Funktionsträgern im nicht-privaten Sektor involviert sein. (Der Begriff Beamter oder öffentlicher Dienst reicht nicht, weil in China auch Funktionsträger aus dem kollektiven oder genossenschaftlichen Sektor in Korruption verwickelt sein können.)

---

32 Vgl. Banfield 1979: 76; Rotter 1981: 107ff.; Streissler 1981: 299; Sturminger 1982: 15; s. auch Menne 1948: 1; Schmidt/Garschagen 1978: 565f.

33 Adorno 1969: 61.

34 Caiden 1988: 3f.

- Es müssen staatlich gesetzte Normen (Setzung per Gesetz, Erlaß, oder Verordnung), ethisch-moralische und/oder gesellschaftliche oder politische Standards verletzt werden, wobei auch die Normverletzung durch die politische Elite (auf die in China nicht immer die staatlichen Normen zur Anwendung kommen) einbegriffen sein muß.[35]
- Durch die Amtsverletzung erhält der Funktionsträger einen Vorteil oder Anreiz, der nicht pekuniär zu sein braucht.
- Durch die Amtsverletzung nimmt der Funktionsträger eine begünstigende Handlung für die entlohnende Seite vor bzw. unterläßt eine nachteilige.

Somit lassen sich drei Grundformen der Korruption benennen: die aktive Bestechung, d. h. das Anbieten eines Vorteils als Gegenleistung für eine Dienstleistung, welche die Dienstpflicht eines Amtsträgers verletzt (Vorteilsgewährung); die passive Bestechung oder Bestechlichkeit, wobei ein Amtsträger als Gegenleistung für eine pflichtwidrige Diensthandlung einen Vorteil fordert, sich versprechen läßt oder annimmt (Vorteilsannahme)[36]; der Nepotismus und Patronagemuster, d. h. die Begünstigung, Bevorzugung und Förderung von Verwandten, Freunden, Landsleuten u. a. nahestehenden Personen und Gruppen ohne Rücksicht auf die öffentlichen Interessen.[37] Teilweise werden auch (wie in China) die Unterschlagung bzw. Veruntreuung, die Vergeudung oder zweckwidrige Verwendung zweckgebundener Gelder, Diebstahl oder betrügerische Aneignung öffentlichen Eigentums[38] sowie Erpressung zur Korruption gezählt.[39]

---

35 Vgl. Fabris 1981: 240.

36 Schönherr unterscheidet in Anlehnung an Hempler hierbei zwischen "Anspruchskorruption" zur "gesetzwidrigen Durchsetzung gesetzlich (un)begründeter Ansprüche" und der "Wettbewerbskorruption", die auf die "Verschaffung ungerechtfertigter Vorzugsstellungen ... im Rahmen wirtschaftlicher Vorgänge und insbesondere des Wettbewerbs" abzielt, vgl. Schönherr 1985: 43.
Was die passive Bestechung oder Bestechlichkeit anbelangt, so unterscheidet das deutsche Strafrecht zwischen "einfacher" und "schwerer" passiver Bestechung. Bei der ersteren nimmt ein Amtsträger für eine an sich nicht pflichtwidrige Handlung materielle Vorteile an bzw. fordert sie oder läßt sie sich versprechen, während er bei der letzteren das gleiche für die Verletzung einer Amts- oder Dienstpflicht tut. Während bei "weisungsgebundenen" Beamten der Tatbestand relativ einfach nachzuvollziehen ist, ergeben sich Schwierigkeiten beim "Ermessensbeamten", der sich zwischen Alternativen entscheiden kann. Vgl. dazu Berresheim1960: 15ff.; Zirpins/Terstegen 1963: 703.

37 Dazu siehe Eisenstadt/Lemarchand 1981 und Eisenstadt/Roniger 1984.

38 Zu dieser Problematk vgl. Hamm 1986 und Johnston 1986b.

39 Es unterbleibt hier eine Analyse der globalen Korruption, d. h. des Versuchs von Ländern, Ländergruppen, Konzernen oder Firmen, über Korruption Einfluß auf andere Länder zu neh-

Caiden gibt einen genauen Überblick über einzelne Korruptionsformen, die im Grunde genommen alle auch auf China zutreffen und dort größtenteils öffentlich kritisiert werden. Auf Grund der Detailliertheit wollen wir sie nachfolgend auflisten. Demnach umfaßt das Begriffsfeld Korruption (stets bezogen auf Amtsträger):

- Vernachlässigung oder Unterlassen von Amtspflichten und Parasitismus;
- Landesverrat, subversive Tätigkeiten, illegale Transaktionen mit dem Ausland und Schmuggel;
- Kleptokratie, Privatisierung öffentlicher Mittel, Unterschlagung und Diebstahl von öffentlichem Eigentum;
- zweckwidrige Verwendung öffentlichen Eigentums bzw. öffentlicher Gelder, Urkundenfälschung, Veruntreuung, Zahlung von Schmiergeldern, Umleitung bzw. Mißbrauch öffentlicher Mittel, das Führen schwarzer Kassen und illegale Gewinnabschöpfung;
- Amts- und Ermessensmißbrauch, Nötigung, ungerechtfertigter Straferlaß bzw. unverdiente Strafermäßigung, Folter;
- Betrug, Täuschung, Vorspiegelung falscher Tatsachen und Schwindel;
- Rechtsbeugung, strafbares Verhalten, Falschaussagen, ungesetzliche Festnahmen und Intrigen;
- Bestechung und Bestechlichkeit, Erpressung, Steuerbetrug, Zahlung von Schmiergeldern;
- Wahlfälschung und -manipulation;
- Mißbrauch mit vertraulichen Informationen und Interna sowie Fälschung von Berichten;
- illegale Veräußerung von Ämtern, Krediten, Monopolrechten, Verträgen, Lizenzen und öffentlichem Eigentum;

---

men. Dazu: Myrdal 1968: 101f.; Jacoby/Nehemkis/Eells 1977; Kaikati 1977; Sobel 1977; Tiedemann 1980: 1-67; Franklin 1981; Uibopuu 1981; Fischer 1981; Simon/Eitzen 1982: 149ff.; Ali 1985: 174ff.; Caiden 1988. Schönherr 1985: 16 weist darauf hin, daß von der US-amerikanischen Geschäftswelt Bestechung als notwendige Voraussetzung internationaler Geschäftstätigkeit verstanden wurde, so daß der amerikanische Gesetzgeber sich zu rechtlichem Eingreifen gezwungen sah. Zur Auseinandersetzung in den USA darüber vgl. Greanias/Windsor 1982; Graham 1984. Über internationale Maßnahmen gegen Korruption vgl. Schönherr, ibid.: 16ff.

- Manipulation von Vorschriften, Wareneingängen und Lieferungen, Bevorzugung und Begünstigung;
- Steuerhinterziehung und Schiebergeschäfte;
- Beeinflussung von Amtsgeschäften, Vermittlertätigkeiten und Vorteilsgewährung sowie unzulässige Vermengung von Amts- und Privatgeschäften;
- Annahme unzulässiger Geschenke und Bewirtungen, Zahlung von Geldern zur Beschleunigung von Verfahren ("speed money") und Erpressung von Bestechungsgeldern oder anderen Vorteilen;
- Duldung von Mißwirtschaft oder anderem Fehlverhalten und Meineid;
- Schwarzmarkttransaktionen und Verbindungen zu organisiertem Verbrechen;
- Nepotismus und Vergnügungsreisen auf öffentliche Kosten;
- Mißbrauch von Dienstsiegeln und behördlichem Briefpapier, mißbräuchliche Gewährung von Aufenthaltserlaubnissen sowie illegitime Nebeneinkünfte;
- rechtswidrige Überwachung, Mißbrauch des Post- und Fernmeldegeheimnisses.[40]

Nicht erfaßt in diesem Bestimmungskorb sind korrupte Akte, die sich aus der Mangelwirtschaft ergeben sowie Patronage-, Klientel- und andere korruptionsverwandte, zum Teil traditionale, Sachverhalte.

Sinnvoll erscheint in diesem Zusammenhang die von Scott vorgenommene Unterscheidung von zwei Formen der Korruption: Marktkorruption und "parochiale" Korruption. Bei der ersteren finde ein normwidriger Verkauf von Macht statt, während bei der zweiten Form eher traditionelle Gruppenbindungen wie Verwandtschaft, Freundschaft, Patronage und Klientelbeziehungen vorherrschten.[41] Diese Unterscheidung halten wir für wichtig, weil sonst die Subsumierung so unterschiedlicher Muster wie Bestechung oder Unterschlagung einerseits und Nepotismus, Patronage, Klientelbeziehungen und Seilschaften andererseits unter einen einheitlichen Begriff ("Korruption") höchst problematisch erscheint.

Häufig gibt es eine Trennlinie zwischen traditionalem Verhalten, das in der öffentlichen Meinung nicht als Korruption gewertet wird, wie Schenkpraktiken, Begünstigung von Familien- und Dorfangehörigen, Patronage usw. und dem Verhalten, das die juristischen und administrativen Normen des Staates verlangen. Die philippinische Verwaltungswissenschaftlerin Ledivina Carino bezeichnete dies als den "klassischen Konflikt zwischen gesellschaftlichen und bürokratischen Normen",

---

40 Caiden 1988: 5. Eine ähnliche Auflistung findet sich bei Aina 1982: 72.

41 Vgl. Scott 1967: 512f. und 1971: 317f.

wobei "echte" Korruption diejenige sei, die von Gesellschaft und Bürokratie übereinstimmend als Korruption gewertet würde.[42]

Bei dem Begriff Korruption ist weiter zwischen dem Anstoß von außen, bei dem über das Mittel der Bestechung ein Funktionsträger zu einer Amtsverletzung verleitet werden soll und dem Anstoß von innen, bei dem der Funktionsträger durch Erpressung Dritte zur Gewährung von Vorteilen zwingt oder sich durch Aneignung öffenlicher Gelder bereichert, zu unterscheiden.

Darüber hinaus ist zu differenzieren zwischen korruptem Verhalten einzelner ohne Beteiligung anderer Personen (Unterschlagung, mißbräuchliche Verwendung bzw. Veruntreuung öffentlicher Gelder oder Sachwerte), wofür in der wissenschaftlichen Literatur der Begriff "*Auto-Korruption*" verwendet wird[43], *kollektiver Korruption*, bei der Unternehmen oder Unternehmensgruppen weniger in privatem als im Interesse von Gemeinden oder Städten in korrupte Sachverhalte verwickelt werden sowie der *universalen Korruption*, bei der der gesamte Staatsapparat oder ein Großteil der herrschenden Elite in Korruption verstrickt ist.[44] Montias und Rose-Ackerman unterscheiden in diesem Zusammenhang zwischen "individueller" und "Organisationskorruption": Die erstere führt zu individueller Bereicherung, die letztere zur Bereicherung der Organisation, zu denen die Akteure gehören.[45]

Zu differenzieren ist auch zwischen der Korruption *im Staate*, bei der Individuen oder Einzelgruppen in Einzelfällen Normen verletzen und der Korruption *des Staates*, bei der "staatliche Institutionen und Akteure und gesellschaftliche Organisationen (im Zusammenwirken) " beständig und unter dem Schutzschild des Staates korrupten Praktiken nachgehen.[46]

Jowitt weist in diesem Zusammenhang auf eine Schwäche der wissenschaftlichen Korruptionsforschung hin: die Definition der Korruption lediglich als Verletzung staatlich gesetzter oder rechtlicher Normen in privatem Interesse. In Systemen sowjetischen Typs, in denen keine institutionalisierte Trennung zwischen öffentlichen und privaten Interessen gegeben sei, sei das Phänomen der Korruption mit dieser Bestimmung nicht mehr faßbar.[47] Die Berechtigung dieses Einwands zeigt sich auch in unserer auf China bezogenen Analyse: Die politische Führungselite vermag sich auf Grund ihrer Macht ohne Verstoß gegen Gesetze oder rechtliche Normen über Privilegiengewährung, Patronage, Nepotismus und Klientelismus gesellschaftliche Güter, Dienstleistungen o. ä. privat anzueignen. Jowitt sieht daher

---

42 Carino (1975): 279f. Noonan 1984: 702f. weist z. B. darauf hin, daß Bestechung in allen Gesellschaften als schändliches Verhalten gewertet wurde.

43 Vgl. Brooks 1977: 15; Tarkowski 1988: 50; Key 1989: 41f.

44 Siehe dazu auch The Asian Journal of Public Administration, vol. X (1, 1988), Foreword ii.

45 Montias/Rose-Ackerman 1981: 56.

46 Siehe Steiert 1987a: 3.

47 Jowitt 1983: 293.

in der Korruption in Ländern dieses Typs einen Verlust organisatorischer Integrität, den er als "regime corruption" (im Unterschied zu privater Korruption) bezeichnet.[48]

Diese Kritik trifft allerdings nicht auf unser eigenes Definitionsmuster zu, weil die politische Elite nicht staatlich gesetzte oder rechtliche Positionen, sondern eher ethisch-moralische Standards und Erwartungshaltungen (im Sinne von politisch "guten", "selbstlosen" Beamten) verletzt sowie von der Partei selbst gesetzte Standards (KP als dem Volk und einer Fortschrittsideologie verpflichtete Organisation). Gerade die Entwicklung im Frühsommer 1989 hat gezeigt, daß die Bevölkerung die Partei an diesen Standards mißt (vgl. die große Bedeutung der Korruptionsanprangerung in dieser Bewegung).

Caiden spricht in diesem Zusammenhang von "systemischer Korruption", die u. a. durch folgende Muster charakterisiert sei:

- Der von einer Organisation nach außen vertretene "externe" Moralkodex werde durch interne Praktiken konterkariert;
- interne Praktiken ermutigten, animierten und kaschierten Verstöße gegen diesen Moralkodex;
- Verstöße gegen diese Normen würden intern gedeckt und im Falle der Aufdekkung mit Milde behandelt; Personen, die die Verstöße an die Öffentlichkeit gebracht hätten, würden eigennütziger Interessen bezichtigt und diskriminiert; ein entsprechendes Klima wäre Aufdeckungen hinderlich;
- Personen, die Verstöße begangen hätten, seien so an ihre Praktiken und den dafür gewährten Schutz gewöhnt, daß ihnen eine Aufdeckung als ungerechtfertigte Beschuldigung erscheine;
- kollektive Schuld drücke sich in Rationalisierung der internen Praktiken aus; ohne erheblichen Druck durch externe Kräfte seien Änderungen im Innern nicht möglich; und auch dann würden Fälle korrupten Verhaltens nur als isolierte Einzelfälle und -aktionen hingestellt.[49]

Caiden engt u. E. den Begriff der "systemischen Korruption" zu sehr ein. Er bezieht diesen Begriff auf eine scheinbar von der Gesellschaft getrennte und abgehobene Organisation, die reagiert und rationalisiert, wobei er die Auswirkungen dieses Verhaltens auf die Gesellschaft und die Rückwirkungen auf die Organisation außer Betracht läßt. "Systemisch" müßte sich vielmehr auf die Gesamtstruktur

---

48 Ibid.: 275.

49 Caiden 1986: 38f.

der Gesellschaft als Ursachenstruktur von Korruption und auf die entsprechende Interdependenz der einzelnen Systemteile beziehen. Gleichwohl beschreibt er einige Grundstrukturen, die auch - wie wir später noch sehen werden - auf die Kommunistische Partei Chinas zutreffen und die systemisch bedingt sind.

3. Korruptionsursachen

Die wissenschaftliche Literatur benennt eine ganze Palette von Ursachen. Dies weist darauf hin, daß ein einziges Erklärungsmuster offensichtlich nicht genügt, daß es vielmehr in jedem länderspezifischen Fall einer gesonderten Analyse bedarf. Die verschiedenen Ursachenmuster lassen sich im wesentlichen in fünf Kategorien unterteilen: (1) sozialer Wandel, (2) Entwicklungsdefizite, (3) Monopolstellung des Staates, (4) ökonomische Faktoren und (5) sozialpsychologische Faktoren.

3.1 Sozialer Wandel

Norbert Elias hat in seinem bedeutenden Werk "Über den Prozeß der Zivilisation" bereits in den 30er Jahren darauf hingewiesen, daß in "Perioden des Übergangs" eine Infragestellung traditionaler Werte stattfindet, ohne daß neue Werte schon an deren Stelle getreten wären. Dies bewirke Unsicherheit in der Verhaltenssteuerung der Menschen.[50] Ähnlich argumentiert der amerikanische Politikwissenschaftler Samuel P. Huntington in bezug auf den Übergang von "traditionellen" zu "modernen" Gesellschaften. Für ihn hängt das Ausmaß der Korruption direkt mit rascher sozialer und ökonomischer Modernisierung zusammen. Der Modernisierungsprozeß führe zu Veränderungen der gesellschaftlichen Grundwerte (u. a. aufgrund äußerer Einflüsse). Neue Werte gerieten mit traditionalen Werten in Konflikt, so daß Unklarheiten über gültige Normen bestünden. Frühere Verhaltensmuster würden unvermittelt zu "korrupten" erklärt. Zweitens bildeten sich in diesem Prozeß neue Schichten heraus, die zunächst nur über Korruption politischen Einfluß erlangen könnten. Drittens bewirke Modernisierung eine Ausweitung staatlicher Aktivitäten und damit eine Monopolisierung vieler Bereiche. Diese Monopolisierung sei nur mit dem Mittel der Korruption zu brechen.[51]

Mit dieser Theorie wurde Huntington zum Begründer einer wichtigen Schule der Korruptionstheorie, von der zahlreiche Korruptionsforscher Teilaspekte zur Begründung der Korruptionsursachen heranzogen. Ausgangspunkt dieser Theorie war die Tatsache, daß gesellschaftliche Modernisierung technologischen und kulturellen Wandel, das Entstehen neuer Klassen und Schichten und eine Zunahme

---

50 Elias 1989, Bd. 2: 442f.

51 Huntington 1968: 59-71.

staatlicher Aktivitäten mit sich bringt. Diese Klassen und Schichten drängen nach Beteiligung auch am politischen Leben der Gesellschaft. Häufig werden neu aufkommende Schichten aber von politischer Partizipation ausgeschlossen. Scott, Leff u. a. zufolge versuchen gesellschaftliche Gruppen, die von der Teilnahme an politischen Entscheidungen ausgeschlossen oder benachteiligt werden, sich mittels der Korruption eine Beteiligung an Entscheidungsprozessen zu sichern. Diese Autoren sehen darin eine wichtige Ursache der Korruption.[52]

Für andere ist die Kernursache allein in dem Konflikt zu suchen, der aus dem Übergang von traditionalen zu "modernen" (westlichen) Verhaltensmustern resultiert: so etwa aus dem traditionellen Geschenkverhalten oder der loyalitätsbedingten Bevorzugung von Familien-, Dorf- oder Stammesangehörigen, Faktoren, die "modernen" Verwaltungskriterien zufolge der Korruption zuzuordnen sind.[53] Während Friedrich den Zerfall der Ideologie eines Systems (etwa infolge des sozialen Wandels) für eine wichtige Ursache hält[54], sind dies für Nair die Urbanisierung und die damit einhergehenden Werteverluste.[55] In Anlehnung an Montesquieu und Huntington wird auch der Verfall des Wertesystems einer Gesellschaft durch Einwirkung äußerer Einflüsse zur Ursache erklärt[56] bzw. die Übernahme westlicher Verhaltensmuster durch Entwicklungsländer.[57] Nas u. a. sehen in der Diskrepanz zwischen geltendem Recht und gesellschaftlichem Bedarf eine der Kernursachen.[58]

3.2 Entwicklungsdefizite

Nye, Leys u. a. führen das größere Ausmaß an Korruption in Entwicklungsländern auf Entwicklungsdefizite zurück. Armut, Arbeitslosigkeit, ein hohes Maß an sozialer und ökonomischer Ungleichheit, politische Autokratie, das Fehlen öffentlicher Kontrolle und mangelnde Rechtssicherheit begünstigen zweifellos Korruption. Für Nye sind hierbei fünf Faktoren maßgeblich: gewaltige Ungleichheit in der Einkommensverteilung, politische Ämter als Hauptmittel zur Erlangung von Reichtum, Konflikte durch sich wandelnde Moralnormen, Schwäche der gesellschaftlichen und staatlichen Durchsetzungsmechanismen und das Fehlen eines starken Sinnes nationaler Gemeinschaft.[59]

---

52 Vgl. Leff 1964: 8; Scott 1967: 505f.; Scott 1971: 309f.; Scott 1972a: 21ff.

53 Dwivedi 1967: 247f.; Scott 1972a: 10ff.; Myrdal 1980: 201f.

54 Vgl. Friedrich 1973: 105.

55 Nair 1960.

56 Vgl. Acham 1981: 41; Noack 1987a: 71ff.

57 Dwivedi 1967: 246f.

58 Nas/Price/Weber 1986: 109.

59 Leys 1965: 225f.; Nye 1967: 418.

In der Korruptionsursachenforschung finden sich Teilaspekte dieses zusammenfassenden Ansatzes von Nye wieder, dessen Vorläufer weit in die Philosophiegeschichte zurückreichen. Bereits in den Schriften von Plato, Aristoteles, Machiavelli und Rousseau findet sich das Moment der ökonomischen und politischen Ungleichheit als Grund für Korruption.[60] Menne u. a. zufolge führt wachsende Ungleichheit zu einem Loyalitätsverlust und damit zur Untergrabung des gesellschaftlichen Normensystems. Nur ein ausreichendes Maß an Demokratie erlaube die Einschränkung der Korruption.[61]

Dieser Loyalitätsverlust tritt auch im Ansatz Caidens hervor, demzufolge unter den Bedingungen systemischer Korruption, d. h. der Korruption des politischen Systems und seiner Elite, die öffentlich Bediensteten letztlich zu der Auffassung kämen, daß sie nichts und niemandem außer sich selbst dienten. Sie betrachteten ihr Amt dementsprechend als Gelegenheit zur Erlangung persönlicher Vorteile.[62]

Ein solcher Loyalitätsverlust, so argumentieren andere Autoren, könne auch aus dem niedrigen Lebensstandard der Beamten resultieren, die sich im Interesse einer Aufbesserung ihrer Gehälter zu korruptem Verhalten genötigt sähen.[63] Die Machtfülle eines Beamten und die damit verbundenen Möglichkeiten der privaten Bereicherung stehen häufig in keinem Verhältnis zu den schmalen Gehältern. Werden die Gehälter, verglichen mit diesen Möglichkeiten der Bereicherung, nur unzureichend angehoben, dann ändert dies, laut Lee, nichts an dem korrupten Verhalten der Beamtenschaft.[64]

Hier wird allerdings die notwendige Differenzierung zwischen der Korruption von unten (low-level Korruption von untergeordneten Amtsträgern, die zur Verbesserung der materiellen Lage beitragen soll) und der von oben (high-level Korruption von Trägern größerer Macht, die zur Befriedigung extravaganter Bedürfnisse bzw. einer "standesgemäßen" Lebensführung dient) außer acht gelassen.[65] Aber unbestreitbar gibt es, vor allem in Entwicklungsländern, einen Zu-

---

60 Vgl. Bonadeo 1973; Dobel 1978: 961ff.; Steiert 1987b; Machiavelli 1990.

61 Menne 1948: 154ff.; dieser Gedanke findet sich explizite bei Machiavelli, vgl. Bonadeo 1973; ähnlich argumentieren Montgomery/Siffin 1966: 265 und Noack 1987a: 11. Horkheimer hält dagegen, wenn es mit der "Entmachtung der Moral" so weitergehe, dann ließen sich die Menschen nur noch durch eine "allgegenwärtige, terroristische Diktatur, die Ordnung schafft", zügeln, vgl. Horkheimer 1988: 372. Diese sicher situationsbedingte Sichtweise halten wir allerdings nicht nur für übertrieben, sondern schlichtweg für gefährlich.

62 Caiden 1986: 39f.

63 Leys 1965: 225; Marican 1971: 25; Bautista 1982: 243; Palmier 1985: 2ff.

64 Lee 1986: 95f.

65 Dazu: Rotter 1981: 109f.; Seidman 1978: 50f.

sammenhang zwischen Unterbezahlung der Beamtenschaft und dem Ausmaß an Korruption.

Johnston sieht einen Zusammenhang zwischen dem Grad wirtschaftlicher Entwicklung und der politischen Korruption eines Systems. In Ländern mit geringem Entwicklungsniveau sei die Rolle des Staates als Quelle von Beschäftigung und Nutznießung ausgeprägter. Dies bewirke einen großen Statusunterschied zwischen den Beschäftigten im öffentlichen Sektor und der übrigen Bevölkerung und biete eine wichtige Grundlage für Korruption.[66]

Für Jabbra sind die herkömmlichen gesellschaftlichen Einstellungen und Verhaltensmuster, die auch der Bürokratie zugrunde liegen, Grundursache von Korruption in Entwicklungsländern. Am Beispiel Afrikas weist er darauf hin, daß die Nutzung öffentlicher Ämter in privatem Interessen dort durchaus akzeptiert sei. In den Entwicklungsländern sei die Loyalität gegenüber der Familie, dem Clan oder dem Stamm dominierend, nicht die gegenüber der Nation. Verwaltungsreformen seien daher nicht ausreichend zur Beseitigung von Korruption. Vielmehr bedürfe es eines umfassenden Sozialisationsprozesses, der die traditionalen, korruptionsfördernden Muster (wie Nepotismus, familienbegünstigendes Verhalten, Patronage, Geschenkverhalten u. a.) durch neue, korruptionsabbauende wie Integrität, Effizienz und Effektivität ersetze. Die Familie, Eliten, Lehranstalten, "secondary groups" (wie religiöse, politische und soziale Organisationen) und die Massenmedien sollen diese Sozialisationsaufgabe übernehmen. Jabbra beruft sich dabei auf das englische Vorbild.[67]

Wie diese sehr idealistische Vorstellung realisiert werden soll, bleibt allerdings offen. Die politischen und sozialen Verhältnisse erlauben einen solchen "Sozialisationsprozeß" in der Regel nicht, und die politischen Eliten sind an radikalen Änderungen in dieser Hinsicht kaum interessiert. Überdies definiert Jabbra die Ursachenbestimmung zu eng. Andere Ursachenfaktoren wie das politische System und wirtschaftliche Defizite läßt er außer Betracht. Ferner ist es mehr als fragwürdig, ob die von ihm angeführten englischen Verhältnisse des 17. Jhdts. auf die heutigen Entwicklungsländer übertragbar sind.

3.3 Monopolstellung des Staates

Dieser Erklärungsansatz bezieht sich zunächst auf die ökonomischen und politischen Strukturen in sozialistischen Ländern als Ursache für Korruption. Für die einen bewirkt das übermächtige "Volkseigentum", das niemandem zu gehören

66 Johnston 1986b: 26f.
67 Jabbra 1976: 683ff.

scheint und daher von allen vergeudet wird, ein Übermaß an Korruption.[68] Andere sehen die Grundursache in den unkontrollierbaren Machtstrukturen der Bürokratie[69], dem bürokratischen Elitismus, der die Beamten davon ausgehen läßt, daß die Gewährung von Vorteilen und die Annahme bzw. das Verlangen von Bestechungsgeldern ihr Recht sei[70], in der Diktatur einer Minderheit über die Mehrheit sowie in den daraus resultierenden Interessen des bürokratischen Apparates.[71] Wieder andere halten die Monopolisierung von Angeboten für den Ursachenkern.[72] Der gleiche Ansatz läßt sich allerdings auch auf Entwicklungsländer anwenden, in denen der Staatssektor dominiert und die Bürokratie unkontrolliert herrscht.[73]

Kaminski schließt aus der politischen Monopolisierung durch eine Partei und der ökonomischen durch den von dieser Partei kontrollierten Staat auf eine "Privatisierung" des Staates in den sozialistischen Ländern. Diese Privatisierung ergebe sich, wenn (a) der Staat nicht mehr im allgemeinen öffentlichen Interesse wirke, (b) sein Apparat die Umsetzung der beschlossenen und allgemein akzeptierten Politik verhindere und (c) er das kulturelle Fundament zerstöre, auf dem die Unterscheidung zwischen privat und öffentlich beruhe.[74] Im Kern überträgt er die Ausnutzung der Amtsgewalt einzelner im Interesse privater Vorteilsnahme auf das politische System, wobei die Monopolisierung aller Aktivitäten durch eine Partei die Grundlage dafür schafft. Diese von uns oben als universale Korruption bezeichnete systemische Ursache findet ihre Präzisierung bei Jowitt und Elsenhans.

Jowitt macht - in Anlehnung an Max Weber - die "regime corruption", d. h. den Übergang von informellen zu korrupten Praktiken für Korruption in Ländern sowjetischen Typs verantwortlich. Er hält dieses Phänomen nicht einfach mit dem in "westlichen" Gesellschaften für vergleichbar. Ursache in den ersteren sei die Unfähigkeit, die "Kader-Unpersönlichkeit" (cadre-impersonalism) beizubehalten. Die Kader hätten sich zunehmend in traditionelle "Patrone" und "big men" verwandelt, ein Phänomen, das eher an bäuerliche Statusgesellschaften der Dritten Welt als an westliche Klassengesellschaften erinnere.[75] Ursache dessen wiederum sei die

---

68 Djilas 1957: 134; Podgorecki/Los 1979: 200.

69 Simis 1977-78: 35; Rose-Ackerman 1978: 85ff.; Voslensky 1980: 304; Montias/Rose-Ackerman 1981: 54ff.; Johnson 1982: 22ff.; Harris 1989: 530; Sturm 1989: 164. Rogow/Lasswell 1963: 65 widersprechen dieser Auffassung: Macht führe nicht automatisch zu Korruption.

70 So Lee 1986: 97.

71 Sik 1976: 40ff.

72 Neugebauer 1978: 54ff.; Streissler 1981: 313ff.; Noack 1987a: 43f.; siehe auch Kraus o.J.: 107ff.

73 Vgl. Scott 1971: 307; Varma 1974; Waterbury 1976: 437ff.; Scott 1979: 34; Myrdal 1980: 200ff.; Shim 1987: 187f.; Sturm 1989: 163.

74 Kaminski 1988: 28ff.

75 Jowitt 1983: 277f.

Weigerung der herrschenden Partei, ihre Eigenbewertung als "charismatische Organisation" ("heroischer Transformator", exklusiver politischer Status usw.), ohne tatsächlich über eine entsprechende Entwicklungskonzeption zu verfügen, aufzugeben.[76]

Die Ursache dieser charismatischen Vorstellung sieht Friedrich Dürrenmatt in der von kommunistischen Parteien vertretenen Fiktion des Geschichtsdeterminismus. Da eine Fiktion sich nicht von selbst verwirkliche, bedürfe es dieser Vorstellung zufolge einer Partei, die im Namen ihrer Fiktion agiere. Und:

> "Siegt sie [die Partei, Anm. d. Verf.], fällt das Kapital ihr zu und nicht dem Proletariat, in dessen Namen sie handelt, die Partei nimmt die Stelle der aufgelösten Bourgeoisie ein, so daß nun die Partei dem Proletariat gegenübersteht, worauf das alte Verhältnis Herr und Knecht wiederhergestellt ist, mit dem Unterschied freilich, daß alles, was dem Herrn einfällt zu tun, er im Namen des Knechts tut, der nichts mehr zu sagen hat, weil der Herr ja in seinem Namen handelt."[77]

Diese unkontrollierte Herrschaft setze Egoismen im Sinne der Theorie von Adam Smith frei, die sich in Macht- und Verteilungskämpfen niederschlügen - die Quelle der Korruption. In diesem Zusammenhang hat sich in den ehemals realsozialistischen Ländern auch der Ausspruch Horkheimers bewahrheitet, daß in "einer Gesellschaft, in der das Privateigentum an Produktionsmitteln beseitigt ist, an seine Stelle die Bürokratie" trete.[78]

Einen anderen Ansatz verfolgt Elsenhans, dem zufolge sich in den Gesellschaften der Dritten Welt "Staatsklassen" herausbilden, die sich über den Bildungssektor, Beziehungsnetze, Nepotismus und Patronage in wachsendem Maße aus sich selbst reproduzieren und das "Mehrprodukt" aneignen. Diese "Selbstprivilegierung" der herrschenden Staatsklasse und die Rivalität ihrer Mitglieder untereinander schlage sich u. a. in Korruption, Nepotismus und Klientelismus nieder. Dies schließe die Bekämpfung der Korruption durch diese Klasse nicht aus, wobei es dabei nicht primär um die Beseitigung der Korruption, sondern um die Ausschaltung rivalisierender Teilgruppen der Staatsklasse gehe.[79] Er konstatiert eine solche

---

76 Ibid.: 278.

77 Dürrenmatt 1991.

78 Horkheimer 1988: 417f.

79 Elsenhans 1981 und 1985: 146f.

Staatsklasse auch für die VR China, wobei diese jedoch erheblich auf "Massenbedürfnisse" ausgerichtet sei.[80]

Als Charakteristika der "Staatsklasse" werden u. a. genannt:

- Monopolisierung der Ressourcen und "bürokratische Aneignung und Verwendung des Mehrprodukts";
- unkontrollierte Machtausübung;
- Entstehen einer "privilegierten Gesellschaftsschicht", die alle wichtigen Entscheidungen trifft;
- kollektive Aneignung des Mehrprodukts über "bürokratische Instrumente";
- nationalistische Orientierung bei gleichzeitiger Bereitschaft zu internationaler Kooperation;
- "politische", nicht marktgesteuerte Verteilung des Mehrprodukts;
- Verwendung des Mehrprodukts nicht nur für den Konsum, sondern auch für wirtschaftliche Entwicklung usw.[81]

Obgleich zahlreiche Fakten für die Richtigkeit der Staatsklassen-These sprechen, erscheint uns dieser Begriff als zu undifferenziert und zu allgemein formuliert, zumal er auch noch mit dem Begriff der "Bürokratie" identifiziert wird.[82] Eine Reihe von Spezifika dieser Klasse treffen auf China nur bedingt oder in abgewandelter Form zu. Überdies scheint Elsenhans die Ausrichtung der chinesischen Parteielite auf die Bedürfnisse der Massen zu überschätzen. U. E. findet in China (zur Zeit noch) primär eine Ausrichtung auf nationale u n d auf bäuerliche Interessen statt, ein Moment, auf das wir an anderer Stelle hingewiesen haben und das uns in diesem Zusammenhang nicht weiter zu beschäftigen braucht.[83] Wichtiger scheint uns der Hinweis zu sein, daß Korruption nicht monokausal mit der Existenz einer Staatsklasse und deren Selbstprivilegierung erklärbar ist und diese Begriffe selbst länderspezifisch zu differenzieren wären.

Andere Autoren sehen in repressiver Herrschaft die Basis für Korruption, Nepotismus und Klientelbeziehungen. Sie erlaube, daß diese Phänomene sich durch Ausweitung der staatlichen Aktivitäten auf den gesamten Wirtschaftsprozeß

---

80 Elsenhans 1985: 148.

81 Elsenhans 1981: 146ff.

82 Ibid.: 24.

83 Vgl. Heberer 1990b und 1990c.

und die damit verbundene Ausweitung der Bürokratie in den Strukturen des Staates und allen gesellschaftlichen Institutionen ausbreiteten.[84]

3.4 Ökonomische Faktoren

Marktbeschränkungen bzw. Marktunvollkommenheiten bilden die Grundlage dieses Ansatzes: Wo Güter oder Dienstleistungen staatlich monopolisiert werden, ein Ungleichgewicht von Angebot und Nachfrage herrscht, Preisbindung existiert oder (wie in den realsozialistischen Ländern im Zuge der Reformprozesse) eine Preisreform stattfindet, tritt Korruption auf.[85]

Katsenelinboigen sieht in Planwirtschaften, in denen "excess demand" herrscht, eine der wichtigsten Ursachen[86], Kornai in der "Mangelwirtschaft" ("Economics of Shortage"), die vom Käufer unter den Bedingungen eines Verkäufermarktes verlange, zur Erlangung knapper Güter zu Mitteln wie Bestechung oder "Beziehungen" zu greifen.[87] Jacoby et al. machen ganz unspezifisch die "kommunistische Ökonomie" sowie das zentrale Planungssystem für den Mangel an Konsumgütern, schlechte Qualität, langwierige Verzögerungen bei der Erlangung von Dienstleistungen und Korruption verantwortlich. Was die Elite aufgrund ihrer Privilegien erlange, müßten sich die Beherrschten illegal in der Schattenwirtschaft besorgen.[88]

Sind öffentlich Bedienstete für die Versorgung mit Gütern und Dienstleistungen, an denen Mangel herrscht, verantwortlich, ein Moment, das für die meisten Entwicklungsländer zutrifft, dann kommt es - wie Tilman zeigt - zu "Schwarzmarkt-Bürokratie" (blackmarket bureaucracy).[89] In Agrargesellschaften läßt sich politische Macht indessen risikoloser vermarkten als in Industrieländern.

Vertreter der neoliberalen Schule machen den staatlichen Interventionismus und die herrschende Bürokratie für Entwicklungsprobleme wie auch für Korruption verantwortlich. Sie lehnen staatliche Eingriffe in die Wirtschaftsprozesse ab

---

84 Siehe z. B. Thomas 1984: 90f.; Tarkowski 1988: 53.

85 Vgl. Tilman 1968: 439ff.; Gardiner 1977: 363f.; Neugebauer 1978: 49ff.; Beenstock 1979: 15ff.; Streissler 1981: 305ff.; Kraus o.J.: 107ff.; Cichy 1990: 42 und 84ff. sieht in Versorgungsmängeln den Anreiz und die Notwendigkeit zur "Beschaffungs- und Versorgungskriminalität" in Form von Korruption. Er spricht daher von der "Ausweichwirtschaft".

86 Katsenelinboigen 1983: 228; ähnlich Engelhardt 1963: 7ff.; Lampert 1984: 367 und Wiles 1985: 56f.

87 Kornai 1980 Bd. 1: 76ff.; ähnlich: Lampert 1984: 367; Kaminski 1988: 39; Tarkowski 1988: 52f.

88 Jacoby et al. 1977: 38f.; ähnlich: Kornai 1975: 276ff.

89 Tilman 1968: 439.

und treten für eine funktionstüchtige Wettbewerbswirtschaft ein.[90] Kritiker wenden allerdings mit Recht ein, daß dieser Theorie zufolge Marktwirtschaft und "Entstaatlichung" (Simonis) als Allheilmittel (auch gegen Korruption) und der Staat in Entwicklungsländern einseitig nur als Negativfaktor begriffen, seine Funktion als "Schutzagentur", die Entwicklungsprozesse zu steuern vermag, übersehen wird.[91]

3.5 Sozialpsychologische Faktoren

Korruption gilt hier als individuelles "soziales Handeln", das durch das jeweilige sozio-kulturelle Umfeld begünstigt oder beschränkt wird.[92] Für Downs prägt das für die Gesellschaft typische Eigeninteresse des einzelnen auch das Verhalten des Beamten.[93] Bilitza und Lück sehen die Ursache dafür im "Interessenkonflikt zwischen Individuen und der sozialen Gemeinschaft". Korruption erlaube die "Erreichung von Zielen, die auf legalem Wege nicht möglich" seien. Überdies sei Korruption das "Resultat von Lernprozessen im Verlauf der beruflichen Entwicklung" ("Individualisation") sowie "subjektiv erlebter Ungerechtigkeit im Verlauf der beruflichen Individualisation".[94]

In ähnlichem Sinne hält Alain Besancon Korruption für eine "Manifestation des Lebens", die das Individuum von den Fesseln der Ideologie befreie. Auf Grundlage persönlicher Interessen werde über "mein" und "dein" verhandelt, und mittels "ausgehandelter Umverteilung" erlange das Individuum eine gewisse Autonomie.[95] Murray begreift Korruption als Verhalten, das "aus dem Innern einer Person" herrührt und "biologischen oder psychologischen Ursprungs" sein soll.[96]

Dieser Ansatz erklärt die Korruption zum Objekt der Sozialpsychologie. Er geht von den Individuen bzw. der Interaktion von Individuen oder Gruppen aus und vernachlässigt de facto das ökonomische, politische und soziale Umfeld, aus dem heraus das Verhalten des Individuums erst erklärbar wird. Korruption wird, wenn auch unter spezifischen sozialen Bedingungen, zum Problem des einzelnen und individuellen Verhaltens erklärt.

---

90 Dazu: Buchanan 1980; Tollison 1982; Weede 1985a; Weede 1985b; Weede 1986.

91 Siehe Simonis 1985: 163ff. und 1986.

92 Vgl. z. B. Silbermann 1977: 18.

93 Downs 1967: 77f.

94 Bilitza/Lück 1977: 19ff.

95 Besancon, Vorwort zu Zemtsov 1976: 18f.

96 Murray 1977: 12.

3.6 Eigene Ursachenbewertung

Keiner der fünf Ansätze kann für sich erklären, weshalb der Korruptionsgrad zwischen den Entwicklungsländern und zwischen verschiedenen politischen und ökonomischen Systemen in erheblichem Maße differiert. Der Ansatz von Huntington, der sich an die Modernisierungstheorie der 60er Jahre anlehnt, geht davon aus, daß die Korruption im Zuge der Modernisierung erheblich zunimmt, während sie in modernisierten Staatswesen dann rasch an Bedeutung verliert. Er vermag indessen nicht zu erklären, weshalb es auch in entwickelten Ländern (und in so unterschiedlichen Systemen wie in den USA und in der Sowjetunion) ein gehöriges Maß an Korruption gibt. Und mit der Einführung parlamentarischer Demokratie ist das Phänomen der Korruption keineswegs beseitigt. Korruption ist - wie Roland Roth schreibt - durchaus eines der "Dauerthemen der entwickelten kapitalistischen Länder geblieben".[97] Von Beyme spricht in diesem Zusammenhang von "Korruptionsparlamentarismus".[98] Überdies hat sich auch in Ländern, in denen eine gewisse Entwicklung stattgefunden hat, weniger verändert, als von Modernisierungstheoretikern angenommen wurde.

Wenn am Widerspruch im Normensystem angesetzt wird, so steht dahinter die Bewertung traditionaler Muster als fortschrittshemmend im Sinne der Modernisierungstheorie. Ansatz 3.3 und 3.4 wiederum vermögen nicht zu erklären, weshalb in Gesellschaften mit totalem Staatsmonopol, etwa in Nordkorea oder in China vor der Einleitung von Reformen, Korruption weitgehend nur als Kleinkorruption existierte. Mehr Markt, so zeigt u. a. die Erfahrung der VR China, führt nicht automatisch zu weniger Korruption. Es bedarf offensichtlich länderspezifischer Ursachenforschung, wobei sich dennoch gewisse Allgemeinkriterien herausarbeiten lassen: Die Trennung zwischen privaten und öffentlichen Angelegenheiten bildet den Ausgangspunkt für Korruptionsmöglichkeiten. Von daher existiert sie zeitübergreifend in allen Systemen und läßt sich auch nicht einfach abschaffen. Steiert hat darauf hingewiesen, daß eine totale Beseitigung der Korruption "nur um den Preis absoluter Normendurchsetzung zu haben" sei, ein solcher Versuch zugleich aber zu einem autoritären Regime führen würde, das selbst wieder äußerst korruptionsanfällig wäre.[99]

Öffentliche Funktionen werden u. a. dann als Mittel zur Bereicherung angesehen, wenn Funktionsträger schlecht entlohnt werden. Fehlende demokratische Kontrolle (im Sinne von Pressefreiheit, Gewaltenteilung, demokratischen Kontrollinstanzen) über die Bürokratie bzw. die Machtelite, typisch für viele sozialistische und Entwicklungsländer, erlaubt ungehindertes Aufblühen von Korruption. Dies hat bereits Friedrich Nietzsche mit seiner Feststellung "In allen Instituten, in

97 Roth 1989: 205.

98 von Beyme 1973: 90.

99 Steiert 1987a: 3.

welche nicht die öffentliche Kritik hineinriecht, wächst eine unschuldige Corruption auf wie ein Pilz" gesehen.[100] Und dies gilt besonders für Gesellschaften mit mangelndem, staatlich weitgehend monopolisierten Angebot an Gütern und Dienstleistungen, in denen die letzteren großenteils nur über persönliche Beziehungen erhältlich sind. Auch die Diskriminierung von ethnischen, religiösen oder sozialen Gruppen und Schichten, die bestimmte Güter und Dienstleistungen nur inoffiziell erwerben und somit nur über nicht-legale bzw. informelle Wege am gesellschaftlichen Leben teilnehmen können, fördert Korruption.

Traditionale Muster sind in funktionierenden Bürokratien eher ein Nebenaspekt, der in die Bereiche Protektion oder (nach westlicher Sichtweise) Kleinkorruption einzuordnen wäre.

Myrdal u. a. machen den "weichen" bzw. "schwachen" Staat für das Ausmaß an Korruption in Entwicklungsländern verantwortlich. Mit "weichem" Staat meint Myrdal, daß die jeweiligen Regierungen an ihre Bürger wenig Ansprüche stellen und bestehende Verpflichtungen nicht in ausreichendem Maße durchzusetzen vermögen.[101] Nun trifft die Bestimmung "weicher Staat" auf China derzeit (noch) nicht zu. Im Zuge der ökonomischen Liberalisierung nach 1978 verringerte sich allerdings der Katalog staatlicher Anforderungen an die Bürger, während es ihm zugleich immer weniger gelang, bestimmte Pflichten und Verordnungen (Steuerzahlungen, Einhaltung der Preisvorschriften etc.) den einzelnen (Funktionären, Selbständigen) gegenüber durchzusetzen. Der gesellschaftliche Wandel bewirkte eine Schwächung des staatlichen Durchsetzungsvermögens und eine Stärkung des individuellen Umgehens staatlich auferlegter Pflichten. Nicht der weiche Staat, sondern sozialer Wandel erscheint hier als Ursache der Korruption, ein Punkt, auf den wir später noch zurückkommen werden.

Sturm zufolge bietet die Machtkonzentration des "starken Staates" keineswegs die Gewähr für den Abbau von Korruption, sondern im Gegenteil ein dezentralisiertes System des "checks and balances" mit einem aggressiven Journalismus.[102] Sturm begeht allerdings den Fehler, daß er "stark" mit zentralistischen und "schwach" mit dezentralistischen Strukturen gleichsetzt. Überdies bieten "starke" oder "schwache" Staaten allein noch nicht die Gewähr für erfolgreiche Korruptionsbekämpfung. Myrdal und Sturm gehen u. E. von einem abstrakten Modell aus, das nicht ohne Rekurs auf die politischen, ökonomischen und sozialen Gegebenheiten eines Landes anwendbar ist.

Tetzlaff weist auf einen weiteren wichtigen Faktor hin, daß nämlich in Entwicklungsländern der "Begriff des öffentlichen Interesses (im Sinne eines nationalen Gemeinwohls) auch auf der Ebene des politischen Bewußtseins nicht vor-

---

100 Nietzsche 1918: 343.

101 Vgl. Myrdal 1980: 180, 202; Myrdal 1970; Goldthorpe 1975: 265; Nuscheler 1991: 126f.

102 Sturm 1989: 169.

handen" sei. Die Menschen dort identifizierten sich nach wie vor stärker mit traditionellen Loyalitätsgemeinschaften wie Familie, Lokalität usw.[103] Obgleich dieses Argument primär auf Länder zutreffen mag, die im Zuge der Kolonialisierung als Konglomerat zahlreicher ethnischer Gemeinschaften oder Teilgemeinschaften von den Kolonialmächten auf dem Reißbrett entworfen wurden (wie in Afrika), weniger auf Länder mit historisch gewachsener kultureller Kontinuität (wie z. B. China), besteht auch in Ländern wie China ein traditionelles Mißtrauen gegenüber dem Staat und seinen Beamten, das auf Erfahrung beruht. Die politischen Kampagnen der volksrepublikanischen Geschichte haben dieses Mißtrauen bestätigt und genährt.

Jede Untersuchung von Korruption verlangt also die Verbindung allgemeiner Kriterien mit länderspezifischen. Solche länderspezifische Ursachen sind u. E. in der Größe eines Landes, seiner Kultur und seinen Traditionen, der Kompliziertheit seiner Verwaltung und Kontrolle sowie der Unklarheit der Bevölkerung hinsichtlich ihrer Rechte und Normen, die korruptes Verhalten erleichtert, zu sehen.

Neben politischen, wirtschaftlichen und sozio-kulturellen Faktoren begünstigen darüber hinaus eine Reihe weiterer Faktoren die Ausbreitung von Korruption. Dazu zählen externe Faktoren (in China z. B. die Ausweitung von Außenwirtschaftsbeziehungen, Tourismus, Verwandtenbesuchen aus dem Ausland, Öffnung gegenüber ausländischer Wirtschaft, Kultur, Technik und Wissenschaft, Eindringen fremder Wertvorstellungen), die mit Wertvorstellungen im Innern in Widerspruch geraten können sowie interne (geringes Strafmaß, geringe Gefahr von Entdeckung und Strafverfolgung, Konflikte zwischen traditionalen und neuen gesetzlichen Normen, systemische Bedingungen usw.).

---

103 Tetzlaff 1981: 321.

4. Funktion und Folgen der Korruption

Hinsichtlich der negativen Folgenbewertung gibt es kaum Differenzen in der wissenschaftlichen Literatur. Dies betrifft Effekte wie Beeinträchtigung der Gruppenkohäsion und des gesellschaftlichen Wertesystems, wachsende Ungleichheit und Ungerechtigkeit, Ineffizienz, Mißtrauen der Bürger gegenüber dem Staat, Verschwendung öffentlicher Ressourcen, Minderung der Staatseinnahmen, Legitimationsverlust für die politischen Institutionen, politische Instabilität, Umgehung der Regierungspolitik, soziale Gleichgültigkeit, Dämpfung von Unternehmens-, Innovations- und Investitionsinitiativen.[104] Der Staat bzw. das jeweilige System wird dadurch grundlegend geschwächt.

Klitgaard weist darauf hin, daß hinsichtlich der negativen Auswirkungen zu differenzieren ist. Nicht durch jede Form der Kleinkorruption (wie etwa den Verkauf einer Kinokarte auf dem Schwarzmarkt) entstehe schon ein gesellschaftlicher Schaden. Statt der Frage nach dem negativen oder positiven Charakter der Korruption sei vielmehr zu fragen, welche Art von Korruption unter welchen Umständen in welcher Weise und für wen Schaden bringe.[105] So richtig dieser Einwand ist, so darf bei der folgenden Diskussion über Funktionalität nicht übersehen werden, daß es nicht um die Kleinkorruption geht, sondern letztlich um die Korruption von Systemen schlechthin.

Werner stellt die These vom "Spillover-Effekt" der Korruption auf, d. h. vom Übergreifen dieses Phänomens von der Führung einer gegebenen Einheit auf die Geführten (im Sinne des lateinischen Sprichwortes "corruptio optimi pessima" - die Korruption der Besten ist die schlechteste) oder von Institutionsteilen auf die gesamte Institution.[106] Die konkrete Erscheinungsform dieses "Spillover-Effekts" hängt indessen von der jeweiligen Beschaffenheit und den konkreten Bedingungen einer Gesellschaft ab. Im Fortgang unserer Untersuchung erweist sich die Richtigkeit der These Werners.

Erhebliche Bewertungsunterschiede gibt es allerdings in der Frage der Funktionalität der Korruption, d. h. ihres positiven Beitrags in einem System. Der funktionalistischen Schule der Korruptionsforschung zufolge bildet die Gesellschaft

---

104 Vgl. McMullan 1961: 182f.; Smelser 1965: 148; Bayley 1966: 724ff.; Nye 1967: 421ff.; Friedrich 1973: 112; Waterbury 1976: 444f.; Gould/Amaro-Reyes 1983: 27ff.; Carino/Toxic 1986: 175ff., 192ff.; Shim 1987: 211ff.; Klitgaard 1988: 38ff.

105 Klitgaard 1988: 46ff. und 190.

106 Vgl. Werner 1983b: 149ff.

ein System, das auf funktioneller Einheit basiert. Die harmonische Wechselwirkung und Kooperation der verschiedenen Systemelemente beseitigt Konflikte und bewahrt die Funktionstüchtigkeit des Systems. Der Funktionalismus, der an der Kybernetik ansetzt, sieht in der Gesellschaft einen Organismus, dessen einzelne Bestandteile in einer funktionalen Beziehung zueinander und zum Ganzen stehen. Die strukturell-funktionale Methode, als deren Hauptvertreter Talcott Parsons gilt, begreift die Gesellschaft als soziales System in stabilem Zustand, wobei die einzelnen Strukturelemente funktionell voneinander abhängig sind. Die verschiedenen Teilprozesse und einzelnen Handlungen (unabhängig vom Handelnden) tragen zum Funktionieren und zum Erhalt des Gesamtsystems bei. Dabei vergleicht Parsons das Sozialsystem mit biologischen Mechanismen.[107] Zum einen fragt sich hier, ob dieses aus der Biologie übernommene Modell der Funktion einfach auf gesellschaftliche Strukturen und Prozesse übertragen werden kann. Zweitens erscheint die statische Betrachtungsweise von Strukturen und Funktionen ohne Rekurs auf kausale Erklärung, sozioökonomische Grundlagen und historische Einbettung sowie die Trennung von struktureller und historischer Analyse kaum geeignet, soziale Phänomene umfassend erklären zu können. Dies wird sich an der funktionalen Bestimmung von Korruption im folgenden noch erweisen.

Unter dem Einfluß der funktionalistischen Theorie entstanden im wesentlichen zwei Ansätze der Korruptionsbewertung: (a) Korruption als Integrationsfaktor und (b) Korruption als entwicklungsfördernder Faktor.

4.1 Korruption als Integrationsfaktor

Dieser Ansatz geht, in Anlehnung an die Ethnologen Malinowski und Radcliffe-Brown, auf den amerikanischen Soziologen Robert Merton zurück. Gleichwohl wird hier auch der Einfluß Durkheims spürbar, für den als kriminell eingestufte Handlungen nicht unbedingt der Gesellschaft abträglich waren. Auch Durkheim glaubte, von kriminellen Handlungen könne eine integrierende Wirkung ausgehen.[108]

Merton unterscheidet zwischen Motivation und objektiven Folgen. Er sieht in der Korruption einen sozialintegrativen Faktor, der unterprivilegierten oder aufsteigenden Gruppen und Schichten die Teilnahme an gesellschaftlichen Entscheidungsprozessen ermöglicht.[109] Entsprechend formulierte Leff:

---

107 Siehe z. B. Parsons 1951, 1960 und 1975.

108 Durkheim 1988: 157ff.

109 Vgl. Merton 1968: 125ff.; ähnlich: Bayley 1966: 729; Dwivedi 1967: 251f.; Huntington 1968: 64; Scott 1971: 314ff.; Goldthorpe 1975: 266; Hoetjes 1976: 69ff.; Brownsberger 1983: 219ff.

"Korruption ist eine außergesetzliche Institution, die von Individuen oder Gruppen zur Erlangung von Einfluß über die Handlungen der Bürokratie angewandt wird. Die Existenz von Korruption weist per se lediglich darauf hin, daß diese Gruppen in einem größeren Umfang am Entscheidungsprozeß beteiligt sind als ohne Einsatz dieses Mittels."[110]

Korruption trage so zu sozialem Wandel bei und sei zugleich herrschaftsstabilisierend.[111]

Scott sieht in der Korruption die Möglichkeit, unter Bedingungen des Fehlens von "pressure groups" (wie Bauern- oder Unternehmervereinigungen, Minoritätenvertretungen etc.) Einfluß auf politische Entscheidungen des Staates zu nehmen. Da sich einzelne soziale Gruppen nicht organisiert und legal gegen bestimmte staatliche Entscheidungen wehren könnten, suchten sie auf dem Wege individueller Korruption eine Lösung.[112] Ähnlich sehen Smelser, von Beyme u. a. darin eine Form, mit der Interessen durchgesetzt werden können.[113] Für Smelser ist Korruption ein "natürliches soziales Phänomen" mit wesentlich positiven Funktionen: sie bringt soziale Vergünstigungen und politischen Interessensausgleich für benachteiligte Gruppen. Sie nützt von daher der sozialen Stabilität und fördert das Funktionieren des Sozialsystems.[114] LaPalombara sieht in Korruption nicht nur eine Form der politischen Partizipation, sondern darüber hinaus eine notwendige Bedingung für erfolgreiche Nationsbildung.[115]

Korruption dürfte allerdings kaum ein geeignetes Mittel zur Durchsetzung von sozialen Interessen sein, da sie individuell vorgenommen wird und in der Regel lediglich Individuen oder kleine Gruppen, d. h. Partikularinteressen, begünstigt, nicht aber soziale Gruppen in ihrer Gesamtheit. Gerade wo Mangel an Gütern oder Dienstleistungen herrscht, vermag ein Akteur sich über Korruption Dinge und Vorteile zu verschaffen, auf die dann andere verzichten müssen. Die sozial Bessergestellten und Privilegierten werden dadurch bevorzugt. Von daher ist darin weder eine "Teilnahme an gesellschaftlichen Entscheidungsprozessen" zu sehen noch bietet sich Korruption als Integrationsfaktor an, da sie - wie wir unten noch

---

110 Leff 1964: 8.

111 Schuller 1977: 387.

112 Vgl. Scott 1971: 309f.; ebenso McKitrick 1957: 505ff.

113 von Beyme 1974: 160ff.; Smelser 1985: 221; Bilitza/Lück 1977: 19.

114 Smelser 1985: 205. Gleichwohl sieht Smelser, daß Korruption sich langfristig negativ auswirkt, vgl. ibid.: 202. Eine Kritik an Smelser: Kuzmics 1982.

115 LaPalombara 1974: 566.

zeigen werden - letztlich destabilisierend wirkt. Richtig ist andererseits, daß fehlende Einflußnahmemöglichkeiten sozialer Gruppen individuelle Umgehung politischer oder rechtlicher Rahmenmuster begünstigt, da andere Wege der Interessensdurchsetzung verschlossen sind.

4.2 Korruption als entwicklungsfördernder Faktor

Den Vertretern dieser Auffassung zufolge beschleunigt Korruption die Arbeit der Bürokratie in Entwicklungsländern (beschleunigte Bearbeitung, raschere Ausführung von Regierungspolitik u. a.). Scott nennt dies "payments of speed".[116] McMullan sieht in diesem Sinne darin ein "milderndes Moment", das Konflikte und Reibungen abschwäche.[117] Friedrich glaubt, entwicklungshemmende Regime würden sich dadurch eher Änderungen in Sozialstruktur und Wertesystem anpassen.[118] Katsenelinboigen hält Korruption für eine notwendige "societal pathology"[119], und LaPalombara meint, sie biete sogar eine "überlegenere" Methode der Entscheidungsfindung und könne entwicklungsstimulierend wirken:

> "Wo Gelder, die auf korrupten Wegen erlangt wurden, in Investitionen umgeleitet werden (und damit weg von der Konsumtion), stellt dies einen Nettogewinn dar. Wo öffentlich Bedienstete schlecht bezahlt werden - eine typische Situation in vielen Ländern - mögen die Möglichkeiten zur Korruption hochqualifizierte Personen anziehen, die ansonsten an einer solchen Tätigkeit kein Interesse hätten. Nepotismus kann als eine Form öffentlicher Tätigkeiten angesehen werden, als ein System, das sich mit Arbeitslosigkeit befaßt. Korrupte Praktiken können den Übergang von traditioneller zu industrieller Arbeit und von traditionellen zu industriellen Mustern erleichtern. Sie können zugleich ein entscheidendes Mittel zur Abschwächung der Spannung zwischen Politikern und Bürokraten darstellen, das beide für die gemeinsame Sache der Nationsschaffung zusammenschweißt."[120]

116 Scott 1971: 322; ähnlich Leff 1964: 10ff.

117 McMullan 1961: 196.

118 Friedrich 1966: 76.

119 Katsenelinboigen 1983: 222.

120 LaPalombara 1974: 415f.

Andere sehen in der Korruption ein Mittel zu effizienterer Allokation und Verteilung von Ressourcen[121] bzw. zur Kapitalbildung und Herausbildung einer Unternehmerschaft.[122] Gerade unter Regimen, die einer Entwicklung ablehnend oder indifferent gegenüberstünden, könne Korruption entwicklungsfördernd wirken.[123] Friedrich hält Korruption in Fällen, in denen Nutzen und Vorteile für die Öffentlichkeit größer sind als die Kosten, für nutzbringend, weil dadurch erreicht werde, was ohnehin notwendig sei.[124] Unter dem Einfluß dieser Auffassungen vertreten einige Organisationswissenschaftler die provokante These, Korruption sei (in entwickelten Ländern) als "Zeichen einer vitalen und potenten Organisation" zu werten.[125]

Konzept 4.2 widersprechen nun eine Reihe von Fakten. Es läßt sich kaum bestreiten, daß Korruption nachhaltige negative Wirkung für ein politisches System hat, da sie zu einem Vertrauens- und damit Loyalitätsverlust führt, der die Legitimation des Systems und seiner Institutionen grundsätzlich infrage stellt. Korruption bezieht sich nicht überwiegend auf "payment of speed", sondern vor allem auf Umgehung der offiziellen Regierungspolitik (Umgehung von Auflagen und von Plänen für sozial Schwache, Vermeidung von Steuerzahlungen, Vergabe billiger Kredite, Abzweigung von Mangelgütern zur Erlangung von Privatprofiten usw.). Bürokratische Verzögerungen sind nicht *Ursache* von Korruption, sondern deren *Folge*. Sie weisen auf den "Schattenpreis" einer Transaktion hin, dessen Bezahlung (in Form von Bestechung) Verzögerungen vermeidbar macht.[126] Korruption verursacht daher letztlich hohe Kosten für Staat und Gesellschaft. Überdies begünstigt sie in der Regel die Reichen und Privilegierten, die hohe Bestechungssummen bezahlen können sowie Individuen oder kleine Gruppen zum Nachteil der Mehrheit, der Armen und sozial Schwachen. Sie wirkt somit disintegrativ.

Setzt sich Korruption durch, dann führt das, wie Myrdal zeigt, nicht zu einem Beschleunigungs-, sondern zu einem Verlangsamungsprozeß, da die Erledigung der offiziellen Aufgaben der Bürokratie auch noch Schmiergelder verlangt.[127] Das von den Funktionalisten so gelobte "speed money" zur Beschleunigung bürokratischer Verfahren wirkt so letztlich als "delay money", d. h. als Verlangsamungsanreiz.

---

121 Bayley 1966: 727f.; Beenstock 1979: 22; Brünner 1981: 686.

122 Nye 1967: 419f.

123 Scott 1972a: 90f.

124 Friedrich 1966: 75.

125 Zit. bei Gottschall 1988: 141.

126 Macrae 1982: 679.

127 Vgl. u. a. Myrdal 1980: 203.

Selbst wenn es politische Systeme gibt, in denen die Korruption alle Bereiche der Gesellschaft erfaßt hat, so daß niemand sich ihr zu entziehen vermag [128], bleibt die Korruption ein Übel, dessen Schäden größer sind als die dadurch bewirkten Vorteile. Von daher hat auch kein Vertreter der Funktionalitätstheorie bisher die Nützlichkeit der Korruption für einen Entwicklungsprozeß empirisch nachweisen können.

Nas u. a. unterscheiden zwischen positiven und negativen Korruptionsakten. Am "net impact", d. h. am Nutzen oder Schaden für das gesellschaftliche Wohl, soll dies jeweils festgestellt werden. Abgesehen von der Verwaschenheit von Begriffen wie "gesellschaftliches Wohl", "Nutzen" oder "Schaden" ist das von diesen Wissenschaftlern entwickelte Modell zu abstrakt, weil es die sozialen Folgen von Korruption nicht berücksichtigt.[129] Sturm weist mit Recht darauf hin, daß die Vertreter der funktionalen Korruptionstheorie die "Opfer" der Korruption vergessen, d. h. die durch ihre mangelnde Bereitschaft zur Korruption bzw. die durch die Folgen korrupten Handelns Benachteiligten.[130]

Zumindest politisch bewirkt ein hohes Maß an Korruption dauerhaft politische Instabilität und Schwächung einer Nation. Auf dieser Grundlage ist wirtschaftliche Entwicklung kaum denkbar. Oder ein System ist so marod, daß es Entwicklung behindert, so daß, wie Leff[131] meint, mit Hilfe der Korruption über inoffizielle Kanäle Modernisierungsbemühungen erfolgreich sein können. Aber ist eine Modernisierung in einem solchen System möglich ohne grundlegende Veränderung im politischen und sozialen Gefüge? Wohl kaum. Und wenn Huntington und Riggs meinen, manchmal könnten einige Formen der Korruption durch Stärkung politischer Parteien zu politischer Entwicklung beitragen[132], dann mag sich dahinter, wie überhaupt hinter dem weitgehend von US-amerikanischen Wissenschaftlern vertretenen Konzept von der Funktionalität der Korruption (entwicklungsfördernder Effekt), nur eine Rechtfertigung des Vorgehens der Vereinigten Staaten in zahlreichen Entwicklungsländern in den 60er und 70er Jahren verbergen: die Nutzung der Korruption für eigene machtpolitische Interessen.[133]

Es stellt sich die Frage, ob den Vertretern dieser Richtung überhaupt eine entwicklungsorientierte Perspektive vorschwebt. Neugebauer hat überdies gezeigt, daß in Ländern mit einem hohen Grad an Korruption die volkswirtschaftlichen Kosten dieser Korruption die volkswirtschaftlichen Erträge übersteigen, weil Regierungsinstitutionen "Wirtschaftssubjekten - als Gegenleistung für eine Bestechungs-

---

128 Simis 1982 und Lampert 1985 schildern das anschaulich für die Sowjetunion.

129 Nas/Price/Weber 1986: 110ff.

130 Sturm 1989: 173.

131 Leff 1964: 10f.

132 Huntington 1968: 69; Riggs 1963: 120ff.

133 Eine Persiflage auf die Funktionalisierung der Korruption: Richter 1989.

summe - durch Eingriffe in die Marktordnung Gewinne zukommen" lassen.[134] Unbestritten bleibt, daß in einzelnen Fällen Entscheidungsabläufe beschleunigt und effektivere Ressourcenallokation und -distribution erreicht werden können oder daß durch Sicherstellung eines reibungslosen Produktionsablaufs Bestechungsgelder den Charakter eines "systemspezifischen untergrundwirtschaftlichen Wertschöpfungsbeitrages" haben können.[135] Dies ändert allerdings nichts an unserer Gesamtbewertung. Im übrigen ist hier Myrdal zuzustimmen, der in der Korruption nicht die Folge bürokratischer Administration sieht, sondern die Ursache dafür, daß Administration "beschwerlich wird".[136] Und Nuscheler zeigt, daß die Korruption den "schwachen Staaten" selbst das letzte Maß an Legitimität raubt. Ja, diese

> "Schwäche resultiert ... nicht nur aus Organisationsmängeln und technokratischen Funktionsstörungen, sondern nicht minder aus diesem Mangel an Legitimität und Massenloyalität".[137]

Die Vertreter der Funktionalitätstheorie beziehen ihre Thesen nicht nur auf Entwicklungsländer, sondern auch auf Staaten, die planwirtschaftlich organisiert sind. Hier heben einige Autoren hervor, daß über Korruption (ein "lebensnotwendiges Vitamin"[138]) eine effizientere Ressourcenverteilung und Güterversorgung erreicht werde, da hierdurch Stimuli geschaffen würden, die im Staatssektor fehlten und so "Fehlentscheidungen der Planungsinstanzen korrigiert" würden.[139] Podgorecki hält z. B. den verbürokratisierten Verwaltungsapparat in staatseigenen Wirtschaften für so unflexibel und machtlos, daß dieser allein über Korruption funktionstüchtig gehalten werden könne.[140] Doch die von uns genannten negativen Effekte gelten gleichermaßen für Systeme mit Zentralverwaltungswirtschaft. Ein positiver Effekt für die Gesamtwirtschaft ist auch in diesen Wirtschaften nicht festzustellen. So erhöht z. B. die Korruption nicht nur in den genannten Bereichen die Kosten für wirtschaftliche Transaktionen und mindert jegliche Effizienz, sondern bewirkt bei der Bevölkerung auch Apathie und Indifferenz gegenüber dem System, seiner Ideologie und seinen Normen. Es fördert dadurch langfristig den Niedergang eines solchen Systems, erweist sich also als "Beschleunigungsfaktor" von Krisen.[141]

---

134 Neugebauer 1978.

135 Vgl. Cassel 1989: 53.

136 Myrdal 1974: 138.

137 Nuscheler 1991: 127.

138 Vgl. Gumpel 1985: 109.

139 So Schmidt 1969: 146; Staats 1972: 40ff.; Chalidze 1977: 172; Streissler 1981: 324; Los 1982: 123f.

140 Podgorecki/Los 1979: 200.

141 Gumpel 1985: 123.

Nicht selten ist Korruption Anknüpfungspunkt für soziale Unruhen und Umwälzungen. Dies gilt nicht nur für Entwicklungsländer. Tarkowski weist u. a. darauf hin, daß Korruption in Polen eine Hauptursache für Verbitterung und Unzufriedenheit der Bevölkerung gewesen ist und zu der Streikwelle von 1980 sowie zur Gründung von "Solidarnosc" beigetragen hat.[142]

142 Tarkowski 1988: 48.

5. Korruption in China als Tradition und Geschichte

Wenn wir im folgenden auf historische Sachverhalte bezogen von "Korruption" sprechen, so meinen wir damit - im Sinne der von uns oben entwickelten Kriterien: die Verletzung von staatlich-gesetzten Normen, ethisch-moralischen oder gesellschaftlich-politischen Standards durch Funktionsträger im staatlichen Bereich, aus der diese einen Vorteil ziehen. Dabei sind wir uns der Tatsache bewußt, daß die Bewertung dessen, was korrupt ist, in verschiedenen Geschichtsperioden nicht identisch sein muß. Dies gilt auch für die jeweils vorherrschenden Korruptionsformen.

Gleichwohl erlaubt diese Inhaltsbestimmung von Korruption eine zeitübergreifende Verwendung dieses Begriffs. Die Vereinheitlichung des Staatswesens, seiner Regeln und Verfahren in der Qin- (221-207 v. Chr.) und Han-Dynastie (206 v. - 220 n. Chr.) brachten u. E. eine - im Luhmannschen Sinne - "Ausdifferenzierung" in einem Ausmaß mit sich, daß von einer "vorwerfbaren" Korruption gesprochen werden kann, auch wenn moralische Standards mit öffentlichen Normen partiell in Widerspruch gerieten.

5.1 Korruption und traditionelle Staatsauffassung

In den klassischen Schriften des alten China wurde das, was sich u. U. unter den heutigen Begriff der Korruption fassen läßt, als moralische Verkommenheit der Regierung (und in deren Folge der Gesellschaft) gefaßt. Die konfuzianischen Verhaltensnormen wandten sich gegen Verfehlungen, die dem herrschenden Moralkodex zuwiderliefen. Ein Kaiser, der in diesem Sinne "korrupt" war, hatte sein "himmlisches Mandat" verloren und sein Amt verwirkt. Das Volk hatte in diesem Fall das Recht auf Rebellion. Die Befreiung von korrupten Beamten, die das Volk aussaugten und in Luxus schwelgten, während das einfache Volk darbte, besaß gewaltige Sprengkraft und war ein Hauptangriffsziel bzw. ideologische Rechtfertigung von Rebellionen und Aufständen. Gleichwohl dürfen wir uns das traditionelle System nicht als einen Hort der Korruption vorstellen. Korruption trat besonders in Phasen des politischen Niedergangs auf, in denen die Kontrollgewalten geschwächt oder außer Kraft gesetzt waren und die Zentralinstanz ihre gesellschaftliche Schutzfunktion eingebüßt hatte.

In den folgenden Aussagen klassischer chinesischer Denker, die für die Ideengeschichte und die ideologische Formung der Gesellschaft eine herausragende Rolle gespielt haben, findet sich die Anprangerung von Luxus und Extravaganz als wesentliches Moment. Rosner hat darauf hingewiesen, daß als "Luxus" klassifizierte Verhaltensweisen in der chinesischen Geschichte immer wieder Gegenstand heftiger Kritik waren. Dies bezog sich auf den Aufwand bei Festen und Feierlichkeiten (Hochzeiten, Bestattungen, Gastmähler etc.), auf Kleidung und Wohnung.[143] Zum Teil mag dies auf materielle Bedingungen (soziale Armut), zum Teil auf ethische Vorstellungen (Vergeudung, Sparsamkeit, Weckung von Bedürfnissen nach Luxus in den unteren Schichten, die zu moralischem Verfall und damit zur Störung sozialer Harmonie führen) zurückzuführen sein. Die Kritik daran machte auch vor den Beamten und dem kaiserlichen Hof nicht halt. Aber generell ging es nicht um die Ablehnung von Luxus schlechthin, sondern nur um "she", den Luxus, der nicht der jeweiligen Schicht oder Klasse entsprach.

Dies hängt mit dem konfuzianischen Weltbild der gesellschaftlichen Schichtung und dem darauf fußenden Elitedenken zusammen. Danach war es einer konfuzianisch gebildeten und moralisch hochstehenden Elite vorbehalten, die gesamte Gesellschaft zu leiten. Es gab niemals Gleiche oder Gleichheit, da dem hierarchischen Weltbild zufolge die Menschen entweder höher oder niedriger, älter oder jünger, männlich oder weiblich, also immer ungleich waren. Gleichheit bezog sich auf die Gleichheit der Vorrechte und Privilegien in der eigenen sozialen Schicht oder Klasse, nicht aber auf die Gesamtgesellschaft.

Entsprechend bedeutet der chinesische Ausdruck für Gleichheit "pingdeng" nicht politische und soziale Gleichheit im europäischen Sinne, sondern "Gleichheit innerhalb einer Klasse oder Ranggruppe". Das "yuefen shechi"[144], der Verstoß gegen diese geschichtete Gleichheit, bezog sich auf Personen, die materielles Verhalten an den Tag legten, das ihnen von ihrer sozialen Position her nicht zustand. Bereits im "Guanzi", einem Werk aus dem siebten vorchristlichen Jahrhundert, werden Festlegungen bzw. Restriktionen für Nahrung, Kleidung, Wohnen, Haustiere, Dienerschaft, Boote, Wagen und Utensilien je nach sozialem Status befürwortet. Im Diesseits solle es Unterschiede bei Kopfbedeckungen, Kleidung, Gehältern, Landbesitz und Behausungen geben, nach dem Tod bei Särgen, Totenkleidung und Gräbern. Auch das aus der Westlichen Han-Dynastie (206 v.-8 n. Chr.) stammende Werk "Xinshu" unterstrich die Bedeutung von sichtbaren Standesunterschieden.[145] Der soziale Status bestimmte den Lebensstandard, nicht der Reichtum. Die Aufrechterhaltung dieser Unterschiede war eine wichtige Aufgabe der Bürokratie, eine Verwischung der Standesunterschiede wurde als Schwäche der Dynastie ausgelegt. Verstöße wurden immer wieder angeprangert, weil sie die

---

143 Rosner 1974: 326ff.

144 Ibid.: 327.

145 Siehe C'hü 1965: 135.

soziale Ordnung zu untergraben drohten. Dies wird u. a. durch eine chinesische Beschreibung aus der Qing-Zeit deutlich:

> "Seit einigen Jahren lebe ich in der Hauptstadt. Ich habe beobachtet, wie Dienstboten, Schauspieler und Singmädchen prächtige Kleider tragen, wie Händler und Makler mit Pferd und Wagen auffahren und wie die Frauen gewöhnlicher Leute sich mit Perlen und Jade schmücken. Einige Male wurde gegen diese Unsitte vorgegangen, doch wurden die Bestimmungen nie eingehalten."[146]

Ähnlich hatte sich bereits einige Jahrhunderte früher der große chinesische Historiker Sima Guang (1019-1086) geäüßert. Seiner Meinung nach bedurfte es zu Herstellung bzw. Erhalt sozialer und politischer Ordnung der Anerkennung von Klassenunterschieden. Nur durch gesellschaftliche Klassenteilung sei Chaos (luan) zu vermeiden. Wenn jedermann die gleiche Macht anstrebe, käme es automatisch zu einem Zustand des luan. Die Menschen benötigten unterschiedliche Ziele, so daß sie sich bei der Erreichung dieser Ziele nicht in die Haare gerieten.[147] Spezielle "Luxusgesetze" institutionalisierten diese Standesunterschiede.[148]

C'hü schildert am Beispiel verschiedener Lebensbereiche diese Unterschiede: So durfte in früher Zeit der Kaiser alle Fleischsorten essen, Rindfleisch nur die Lehnsherren, Hammelfleisch nur die Minister, Schweinefleisch die hohen Beamten. Die Nahrung des einfachen Volkes war auf Gemüse beschränkt. Auch die Farbgebung der Kleidung und die Stoffarten waren schichtenmäßig reglementiert. Während der Han-Zeit waren z. B. Blau und Grün die Farben des einfachen Volkes. In der späten Tang- und Song-Zeit durfte dieses ebenso wie Kaufleute nur weiße Kleidung tragen. Seide blieb in manchen Dynastien der Beamtenschicht vorbehalten, die unteren Klassen durften sich nur in rohe Baumwollstoffe oder Hanf kleiden. Auch die Größe der Behausungen, die Zimmeranzahl, die Bauweise, die Einrichtung der Häuser, die Transportmittel und deren Ausstattung waren detailliert vorgeschrieben. Beamte im Ruhestand behielten ihre Privilegien. Auch die nahen Familienangehörigen von Beamten kamen in den Genuß gleicher Statusprivilegien.[149] Das heutige Privilegiensystem für hohe Parteifunktionäre trägt in vieler Hinsicht Züge dieses traditionellen Systems.

---

146 Op. cit. bei Rosner, ibid.: 327f.

147 Vgl. Sariti 1972: 57.

148 Dazu ibid.: 136ff.

149 Siehe C'hü 1965: 135ff.

Die unteren Schichten durften die festgelegten Statusgrenzen nicht überschreiten. Zuwiderhandlungen wurden zum Teil schwer bestraft. Während der Tang- und Song-Dynastie reichten die Strafen für solche Übertretungen von 40 bis zu 100 Stockschlägen. Ein kaiserliches Edikt aus dem Jahre 833 sah vor, daß Beamte, deren Kleidung, Transportmittel, Pferde u. a. die ihnen rangmäßig zustehenden Privilegien überschritt, entlassen und bestraft wurden. In die Bestrafung wurden auch diejenigen einbezogen, die die Beklagten mit den nicht-zustehenden Utensilien versorgt hatten (Schneider, Handwerker etc.). Geschichtete Privilegien galten im Weltbild der Herrschenden also durchaus als Element sozialer Ordnung und Harmonie.

Reichtum, so schlußfolgert Rosner, war nur als "kollektiver Reichtum des Staates" vorgesehen, wobei die einzelnen Gesellschaftsmitglieder je nach Rangstufe in strenger Abstufung davon profitieren sollten.[150] Dieses Denken, so werden wir später sehen, wirkt auch in der Gegenwart fort.

Konfuzius (551-479 v. Chr.), der geistige Stammvater des Konfuzianismus, hat sich nicht direkt mit dem Phänomen der Korruption befaßt, sondern mit der Frage der sozialen und politischen Ethik und Moral. Seine Lehre ist eine Summe von Verhaltensregeln, die Lehre vom richtigen Leben. Durch einen moralischen Besserungs- und Erziehungsprozeß sollten die Menschen richtiges soziales Verhalten lernen - die Grundlage der gesellschaftlichen Ordnung. Jeder sollte wissen, wie er sich innerhalb der Familie, des Staates und der Gesellschaft zu verhalten habe. Konfuzius suchte das Individuum zu belehren, damit es sich aus eigenem Antrieb stets richtig verhalte.[151] Durch seine Lehre hat er die Staatskunst eng mit der Ethik verbunden, wobei er die familiäre Ethik auf das Staatswesen übertrug.

Der Herrscher, als Vaterfigur, sollte Vorbild sittlicher Vollkommenheit sein, der Staat auf moralischen Prinzipen basieren. So wie es in dem klassischen Buch des Lü Buwei aus dem dritten vorchristlichen Jahrhundert hieß:

"Ein herrlicher Mann ist unser Fürst
Und sein Benehmen ohne Tadel.
Da sein Benehmen ohne Tadel,
Folgt ihm des ganzen Landes Adel."[152]

---

150 Ibid.: 328.

151 Vgl. Kungfutse 1985.

152 Lü Bu We 1979: 32.

Die eigene Selbstvervollkommnung, die beim Herrscher anfangen und sich in der Vorbildfunktion bis nach unten in der Gesellschaftsskala fortpflanzen sollte, galt als Idealbild zur Vermeidung von Verhaltensweisen, die damals als moralisch verwerflich (korrupt) und als Grundlage für gefestigte gesellschaftliche Moral und soziale Ordnung galten.[153]

Menzius (372-289 v. Chr.) und Xunzi (ca. 298-238 v. Chr.), die nach Konfuzius wichtigsten Vertreter des Konfuzianismus, unterstrichen die Verantwortlichkeit des Herrschers für Mißstände in der Staatsverwaltung (wie Korruption).[154] Für Xunzi oblag dem Herrscher die Aufgabe, geeignete Personen für Ämter auszuwählen und für die Beamten als Vorbild zu wirken. Zwei Formen positiver Beamter (der "verdienstvolle" und der "weise" Beamte) stellte er zwei negative entgegen: den "durchtriebenen" (Schmeichler) und den "rebellischen" Beamten (der den Herrscher isoliert, um besser für seinen privaten Vorteil arbeiten zu können). Er erstellte zugleich einen Kodex für Beamte und Kriterien für die Beamtenauswahl. Er traf bereits die Unterscheidung zwischen einem "starken Staat" mit vorbildlichen und einem "schwachen Staat" mit korrupten Beamten, deren Privatinteressen gegenüber dem Staat überwögen.[155]

Die Konfuzianer wandten sich gegen Korruption, weil sie das Ansehen des Herrschers und die Moral des Volkes schädige, nicht jedoch, weil sie dem Volk materiellen Schaden bringt. Damit finden sie sich in Übereinstimmung mit der Kommunistischen Partei heute, die Korruption primär mit der Begründung bekämpft, daß sie dem Ansehen der (herrschenden) Partei und dem System (dem Sozialismus) schade.

Laozi (Lao-tse), der als Begründer des Daoismus gilt und im 4. Jhdt. v. Chr. geboren worden sein soll, hat im Gegensatz zu Konfuzius dessen Bild einer harmonischen Gesellschaft als Trugbild verworfen und das korrupte Gebaren der Herrschenden verurteilt:

> "Daß das Volk hungert,
> kommt davon her,
> daß seine Oberen zu viele Steuern fressen;
> darum hungert es.
> Daß das Volk schwer zu leiten ist, kommt davon her,

---

153 Einen guten Überblick über die ethische Staatsphilosophie des klassischen China findet sich bei Kuhn 1923.

154 Vgl. Mong Dsi 1916: 17; Hsün-Tzu 1967: 168.

155 Hsün-Tzu, ibid.: 170ff. und 321.

daß seine Oberen zu viel machen;

darum ist es schwer zu leiten.

Daß das Volk den Tod zu leicht nimmt,

kommt davon her,

daß seine Oberen

des Lebens Fülle zu reichlich suchen."[156]

Der Sozialethiker Mo Di (Mo Ti, um 480-400 v. Chr.) geiselte Korruption als eines der sieben Übel und sprach sich gegen Verschwendung und Extravaganzen des Herrschers und für Mäßigkeit, Sparsamkeit und einfaches Leben aus, im Interesse der Verbesserung der Lebensverhältnisse des Volkes. Pompöse Begräbnisse und lange Trauerzeiten führten zur Vernachlässigung der Amtsführung, Luxus und Prunksucht der Herrschenden seien nur aufgrund rücksichtsloser Ausbeutung des Volkes möglich. Er konstatierte einen allgemeinen Sittenverfall, da die Beamten nur noch auf ihren eigenen Vorteil bedacht seien[157]:

> "Beamte hängen nur an ihrem Gehalt und pflegen auf ihren Reisen die Beziehungen zu ihren guten Freunden. Der Fürst erläßt Gesetze und will seine Beamten zur Verantwortung ziehen, aber er wagt nicht, ihnen entgegenzutreten."[158]

Im Gegensatz zu den Konfuzianern und den Daoisten waren die Legalisten, zu deren bedeutendsten Vertretern Shang Yang (ca. 390-338 v. Chr.) und Han Feizi (280-233 v. Chr.) zählten, der Meinung, der Staat könne nur durch Gesetze (wobei Gesetze als Ordnungsinstrumente, weniger als Recht in unserem Sinne begriffen wurden), die Belohnungen und Strafen genau regelten, regiert werden, nicht aber durch Menschlichkeit, Gerechtigkeit oder ethische Vorbilder. Da der Mensch von Natur aus schlecht sei, bedürfe es eines starken Staates mit einem Alleinherrscher an der Spitze. Von den Staatsbürgern wurde absolute Unterordnung verlangt, der Herrscher zu strikter Kontrolle über alle Untertanen angehalten. Alle Gesellschaftsklassen sollten gleichermaßen den Gesetzen unterworfen werden.[159]

---

156 Laotse 1988: 118.

157 Vgl. Mo Ti 1975: 71; 74f.; Geisser 1974: 4ff.

158 Forke 1922: 175.

159 Dazu: Duyvendak 1966; Liao 1939.

Han Feizi hat ein Bild des von ihm als korrupt bezeichneten Herrschers entworfen:

> "Wenn der Herrscher prächtigen Schmuck liebt, Pavillons bauen und Weiher anlegen läßt, wenn er beständig an den Besitz von Karossen, Kleidern und Kunstgegenständen denkt und auf diese Weise jeden ständig in Anspruch nimmt und den Staatshaushalt ruiniert ...
>
> Wenn Posten und Ämter [nur] durch Personen mit Einfluß erlangt und Stellung und Belohnungen durch den Herrscher [nur] durch Bestechungen erlangt werden können ...
>
> Wenn der Herrscher leichtlebig ist und nichts zustande bringt; wenn er weichherzig ist und es ihm an Entscheidungskraft gebricht; wenn er in seinen Beurteilungen beständig hin und her schwankt und keine feste Meinung hat ...
>
> Wenn der Herrscher habgierig, unersättlich, profitgierig und gewinnsüchtig ist ...
>
> Wenn der Herrscher seine Hauptmitarbeiter verachtet, zu seinen Onkeln und Brüdern unhöflich ist, das Volk übermäßig belastet und die Unschuldigen abschlachtet ...
>
> Wenn der Herrscher beliebt, die Gesetze seinem Willen gemäß zurechtzubiegen, private und öffentliche Angelegenheiten miteinander vermengt, Gesetze und Verbote aufs Geratewohl ändert und häufig Anweisungen und Befehle erläßt ...
>
> Wenn der Herrscher engherzig, jähzornig, unüberlegt und gefühlsbetont ist und, wenn er provoziert wird, blind vor Wut reagiert ...
>
> Wenn des Herrschers Worte beredt, aber gesetzwidrig sind, sein Verstand scharfsinnig, aber taktlos ist; wenn er vielseitig ist, seinen Pflichten aber nicht in Übereinstimmung mit den Gesetzen und Bestimmungen nachkommt ..."[160]

Entsprechend argumentierte auch der Legalist Shang Yang, wenn er meinte, daß der Herrscher die Menschen zur Redlichkeit führen müsse. Allein dadurch

---

160 Liao 1959: 134ff.

trachteten sie nicht nach eigennützigem Gewinn.[161] Wie den Konfuzianern ging es den Legalisten bei der Kritik an Mißständen unter der Beamtenschaft um das Ansehen des Herrschers und die Stärke des Staates. Sie wollten nur andere Mittel (Strafen statt Erziehung) zur Erreichung ihres Ziels einsetzen.

Die Charakterisierungen der Legalisten beziehen sich weniger auf die Gesellschaft als auf die Person des Herrschers und passen so in das konfuzianische Bild von der ethischen Vorbildfunktion des Kaisers und seiner Beamten.

Für den Staatsmann und Sozialreformer Wang Anshi (1021-1086) war die Besetzung von Ämtern mit moralisch "schlechten Menschen" die Ursache von Korruption. Moralisch hochstehende Menschen garantierten, bei gleichzeitiger Existenz vernünftiger und effizienter Gesetze, eine saubere Regierung. Setzten sich die moralisch Mittelmäßigen durch, werde die Regierung von Korruption zerfressen.[162] Zugleich machte er die geringen Beamtengehälter dafür verantwortlich, daß die Beamten ihr Einkommen durch Nebenerwerbsquellen aufbessern müßten. In einem "Memorandum der Zehntausend Worte" (shang wan yan shu), das er dem Song-Kaiser Ren Zong im Jahre 1058 zur Beseitigung der Mißstände im Staat vorlegte, schrieb er:

> "Bei der Höhe der augenblicklichen Gehälter ist es jedoch für den einfachen Mann unmöglich, ehrlich zu bleiben und Selbstachtung zu wahren, und es ist auch zwecklos, dies von ihm zu erwarten. So stellen wir denn fest, daß die hohen Beamten Bestechungsgelder und Geschenke anbieten und entgegennehmen, private Geschäfte machen und sich nicht daran stoßen, daß sie für korrupt gehalten werden. Der Schwarm der kleineren Beamten ist auf vielfältige Art und Weise damit beschäftigt, zu Geld zu kommen; er befaßt sich nicht nur mit Verkaufs- und Tauschhandel, sondern erniedrigt sich sogar zum Betteln. Wenn die Beamten erst einmal den Ruf der Korruptheit haben, werden sie nachlässig und bemühen sich nur noch, ihre Stellung zu halten. Wirkliche Ernsthaftigkeit und Hingebung an das öffentliche Anliegen werden unbekannt. Wenn die Beamtenpflichten in dieser Weise vernachlässigt werden, ist es natürlich der Regierung unmöglich, echte Fortschritte zu machen. Wenn aber noch Bestechung hinzukommt, wenn das Volk eingeschüchtert wird, um es mit 'Geldstrafen' zu belegen, dann erkennen wir die Folgen der Feststellung,

---

161 Duyvendak 1963: 188.

162 Vgl. Alatas 1968: 7ff.; vgl. auch Williamson 1935.

daß wir unsere Beamten nicht mit ausreichenden finanziellen Mitteln ausstatten."[163]

Er trat für adäquate Besoldung, für Vorschriften für einen *standesgemäßen* Lebensstil und die detaillierte Definition von Beamtenbefugnissen ein sowie für die Einsetzung der Beamten nach Qualifikation.[164]

Wang Anshi hat mit dieser Analyse die Ursachen und Folgen korrupten Verhaltens weit deutlicher dargelegt als die meisten anderen politischen Denker der Kaiserzeit. Er geht nicht nur über die moralische Ursachenbestimmung der Konfuzianer hinaus, sondern zeichnet ein Bild, das auch für die Gegenwart aktuell bleibt.

5.2 Das Kontrollinstrument Zensorat

Der gerechte, unbestechliche Beamte war in China stets ein Idealbild. Bao Gong (oder Bao Cheng), ein mutiger und aufrichtiger Zensor, der zur Zeit der Nördlichen Song-Dynastie (960-1127) gelebt und selbst vor dem Kaiser keine Angst gehabt haben soll, gilt den Chinesen noch heute als Sinnbild eines solchen idealen Beamten. Er wurde in eigenen Tempeln verehrt, die es auch heute noch in chinesischen Gebieten außerhalb des Festlandes gibt. Ein noch immer gern gelesener Roman aus der Ming-Zeit (1368-1644) schildert seine Heldentaten.[165]

Das Zensorat[166], zu dessen Aufgaben im Kaiserreich u. a. die Überwachung der Beamten und die Untersuchung von Mißständen zählten, war Bestandteil des politischen Kontrollsystems des Staates. Es ging gegen Fehlverhalten im Sinne der Verstöße gegen konfuzianische Moralnormen vor. Bereits zur Zeit der Han-Dynastie (206 v. Chr.-220 n. Chr.) sollte das Zensorat die Provinzbeamten anhand von sechs Zensurparagraphen kontrollieren und bewerten. Diese Paragraphen lauteten:

"(1) Gibt es einflußreiche Familien oder Sippen, die mit ihrer Macht die einfacheren Leute unterdrücken und ausbeuten, woran sie der Provinzchef nicht gehindert hat?

---

163 Siehe Debon/Speiser 1987: 189f.

164 Burkart-Bauer 1984: 50. Vgl. dazu auch: Williamson 1935; Liu, T.C. 1959; Meskill 1967.

165 Siehe Hanan 1980.

166 Dazu: Wist 1932; Walker 1947: 2ff.; Ch'ien 1970: 38ff.; Ju 1986: 203ff.

(2) Der Provinzminister hat einen Zentralbefehl nicht durchgeführt und beutet zum privaten Eigennutz die Bevölkerung aus bzw. er nimmt Bestechungsgelder.

(3) Der Provinzminister kümmert sich um die Gefängnisstrafen nicht sorgfältig genug, handelt nach Willkür und quält die Menschen.

(4) Der Provinzminister setzt seine Verwandten in Ämter ein und versäumt die Entfaltung der Begabten.

(5) Die Familienangehörigen des Provinzministers haben ihren Einfluß mißbraucht und wurden von ihm gedeckt.

(6) Der Provinzminister nützte seinen Einfluß und setzte sich mit der lokalen Unterwelt in Verbindung."[167]

Die Aufgaben der Zensoren wurden sogar symbolisch dokumentiert: Auf ihrem Amtsrock prangte ein Fabeltier, das Xiezhi, das der Sage zufolge Fehlverhalten von Beamten erkennen konnte und Übeltäter mit seinem Horn erspießte.[168]

Erste Erwähnung fand das Zensorat in dem Werk "Zhou Li" ("Riten der Zhou"), das der Spätzeit der Zhou-Dynastie (11. Jhdt.-256 v. Chr.) entstammen soll und später zu einem der konfuzianischen Klassiker erhoben wurde. Als "Yushi", d. h. kaiserliche Geschichtsschreiber, bestand damals die Aufgabe in der Aufsicht über die kaiserlichen Gesetze und die Lebensvorgänge des Herrschers.[169] Im Li Ji, dem Buch der Riten (eines der fünf klassischen Werke des Konfuzianismus), das an vorkonfuzianische Vorstellungen anknüpft und im ersten oder zweiten Jahrhundert n. Chr. verfaßt worden sein soll, wurden die Zensoratsaufgaben des "Yushi" erstmals erwähnt. Am Ende der Zhou-Zeit hatten sie auch die Tätigkeit der Minister zu überprüfen.

Mit der Einigung Chinas unter Kaiser Qin Shihuang (259-210 v. Chr.) wurde das Amt eines kaiserlichen "Zensor-Generals" (yushi da fu) geschaffen. Rangmäßig kam er direkt nach dem Ministerpräsidenten. Die Zensoren (jian yushi) hatten die Beamten und deren Tätigkeit sowie die Durchführung der kaiserlichen Anordnungen zu überprüfen. Dies geschah nicht nur in der Hauptstadt, sondern über Inspektionsreisen auch in den Provinzen. Qin Shihuang wählte die Zensoren wohl aus den Geschichtsschreibern aus, die einen guten Überblick über die Verhältnisse am Hof und in den Regionen hatten. Der Legalismus, in jener Periode die vorherr-

167 Ju 1986: 205.

168 Vgl. Wagner 1987: 37.; Cihai 1979, Bd. 2: 1890.

169 Der Titel "Yushi" ist allerdings schon wesentlich älter und findet sich bereits auf Orakelknocheninschriften der Shang-Zeit (16.-11. Jhdt. v. Chr.), vgl. Hucker 1966: 10.

schende Staatsdoktrin, sprach sich für strikte Kontrolle der Beamtenschaft aus und dürfte für die Ausprägung dieser Institution mit verantwortlich sein.

Während der Han-Zeit wurde der "Zensor-General" in den Rang eines der "Drei Ersten Minister" (gong), der höchsten Beamten, erhoben, seine Kontroll- und Beratungsfunktionen wurden ausgeweitet. Er hatte auf die Einhaltung der konfuzianischen Moral am Hofe und bei der Beamtenschaft sowie auf die Erstellung und Durchführung gesetzlicher Bestimmungen zu achten, Fehlverhalten von Beamten zur Anklage zu bringen und auf Mängel in der Verwaltung aufmerksam zu machen. Die gewachsene Aufgabenvielfalt führte später zur Teilung in "Yushicheng", die Zensoren, die die Beamten im ganzen Land überwachten und bestrafen konnten, und die Zhongcheng, die Hofzensoren, die die Angehörigen des Hofes kontrollierten. Der Zensor erhielt das formale Recht, auch den Kaiser zu kritisieren, wenn sein Verhalten gegen ethische Normen verstieß oder zum Nachteil des Reiches bzw. des Volkes gereichen konnte. Seit der Han-Zeit verbrachten die Zensoren rotationsmäßig einen Teil ihrer Dienstzeit auf Inspektionsreisen in den Provinzen, um die Beamten vor Ort zu inspizieren.

Auch die Reiche, die aus dem Zerfall der staatlichen Einheit der Han-Dynastie hervorgingen, behielten die Institution des Zensorats bei. Während der Sui-Dynastie (581-618) wurde den Zensoren u. a. die Aufgabe zugewiesen, auf Zeichen aufkeimender Revolten und Rebellionen zu achten. Sie erhielten damals den Beinamen "Ermuguan" (Augen-Ohren-Beamten).

In der Tang-Zeit (618-907) erhielt die Institution des Zensorats ihre bis 1911 existierende Form. Sie wurde in drei Abteilungen untergliedert: *Taiyuan* (für Kontrolle, Überwachung und Anklagung von Beamten sowie für Überprüfung von Rechtsfällen), *Dianyuan* (Überwachung der Tätigkeiten bei Hofe und der Lebensführung des Kaisers) und *Chayuan* (organisierte Inspektionsreisen durch das Land; war für die Überwachung der Provinzen und Provinzialbeamten zuständig). Die Zensoren sollten unabhängig tätig werden und konnten bereits auf Grund von Hörensagen gegen eine Person eine Untersuchung einleiten. Vom Kaiser angeordnete Entlassungen von Zensoren konnten abgelehnt werden. Die für Provinzkontrolle zuständigen Zensoren wurden für jeweils ein Jahr zur Inspektion in eine Provinz geschickt, um die Lage vor Ort und die Tätigkeit der Beamtenschaft zu inspizieren. Nach diesem Jahr fand ein Wechsel in eine andere Provinz statt, um eine Einflußnahme auf diese Zensoren geringzuhalten.

In der Song-Zeit (960-1279) gab es kaum Änderungen in der Zensoratsstruktur. Durch geschickte Personalpolitik gelang es den Kanzlern allerdings, die Autorität und das Prestige der Zensoratsinstitution zu schwächen, so daß sich die Kontrollfunktion teilweise nur noch auf die unteren Beamtenränge beschränkte.

In dieser Periode kam es zu einer Verbindung des Zensorats mit dem Amt des "Ermahners" (menxiaxing). Die Ermahnerfunktion war unter der Östlichen Han-Dynastie (25-220) geschaffen worden. Die entsprechenden Beamten hatten mündlich den Kaiser auf Verstöße, Pflichtverletzungen seiner Beamten, Abweichungen von kaiserlichen Edikten u. a. aufmerksam zu machen. Sie hatten nicht (wie die Zensoren) das Recht, eigene Untersuchungen anzustellen.[170]

Der oben erwähnte Bao Cheng, ein Zensor der Song-Dynastie beschrieb in seiner Autobiographie die Rolle des Zensors und Ermahners an folgendem Beispiel:

> "Einmal machte Bao Cheng (als Inspektor) folgenden Vorschlag: 'Unser Land hat jährlich den Kitan-Barbaren Geldtribute gesandt. Das ist nicht die richtige Methode, die Barbaren abzuwehren. Man muß Soldaten ausbilden, Feldherren auswählen und die Rüstungen an der Grenze ausbauen ...'. Überdies bat er, dem Menxiaxing (Ermahnerbehörde, Anm. d. Verf.) seine alten Pflichten wieder zu geben, nämlich kaiserliche Befehle zurückzuhalten, bestechliche Beamten abzusetzen und einzukerkern, die Kreis- und Distriktsbeamten auszuwählen, Prüfungen abzuhalten und den besten Schülern Stipendien zu gewähren...Oft hat er (in seiner Tätigkeit als Ermahner) die einflußreichen Beamten kritisiert und gebeten, sie alle abzusetzen. Am Hofe vertrieb er die, welche die kaiserliche Gnade nicht verdienten. Ferner überreichte er dem Kaiser eine Denkschrift: 'Ew. M. müssen die Parteien am Hof genau prüfen und klar unterscheiden, talentvolle Leute schätzen und Gewicht legen auf unvoreingenommene Meinungen.' Dann bat er den Kaiser, sich von Leuten zu trennen, die nur ihren eigenen Vorteil suchten und sie niederzuhalten. Auch bat er die Strafen zu regeln, die Verbote zu erklären, sich in acht zu nehmen vor kriegerischen Unternehmungen und Spuk und Blendwerk entgegenzutreten. Der Kaiser stimmte ihm in den meisten Fällen bei ...".[171]

In der Yuan-Zeit (1271-1368) wurde die Funktion des Zensorats wieder gestärkt, u. a. durch Ranganhebung der Zensoratsbeamten. Zu seinen Aufgaben gehörte es, mündliche Ermahnungen beim Kaiser vorzutragen, beratend bei den Regierungsangelegenheiten mitzuwirken, die Beamtenschaft zu kontrollieren und Pflichtverletzungen anzuklagen. Kaiser Kublai Khan, der unter dem Namen Shi Zu von 1271-1295 regierte, sah im Zensorat einen zentralen Kontrollmechanismus:

---

170 Dazu: Wist 1932: 26 und Cihai 1979, Bd. 2: 2004.

171 Song shi (Geschichte der Song-Dynastie), op. cit. bei Wist 1932: 27.

"Das Sekretariat ist meine linke, das Amt für Militärische Angelegenheiten meine rechte Hand, und das Zensorat ist das Mittel, um beide Hände gesund zu halten."[172]

Unter den Ming (1368-1644) wurde das Zensorat personell verstärkt, rangmäßig aufgewertet, und seine Aufgaben wurden ausgeweitet.[173] Der bisherige Name Yushitai wurde in "Duchayuan" (Kontrollhof) umgeändert und diesem vollständige Unabhängigkeit garantiert. Neben der bisherigen Kontroll- und Ermahnerfunktion hatten die Zensoren darüber zu wachen, daß die Beamten sich an die festgelegte Ordnung und Staatsideologie hielten, und sie hatten die Klüngelbildung unter Beamten zu bekämpfen. Sie überwachten ferner die Beamtenprüfungen, die materielle Versorgung und Materialdepots der Armee sowie die gesamte Verwaltungstätigkeit in den Provinzen. Auch Vorschläge zur Lösung praktischer Probleme (wie in Bewässerungsfragen, Anlegung von Kanälen und Dämmen, Bodennutzung, Neulanderschließung u. a.) zählten zu ihren Aufgaben.

Während der Qing-Dynastie (1644-1911) wurde das bestehende Zensoratsorgan (yushi) mit dem "Jishizhong", dem Kontrollrat der sechs Ministerien, zu einem einheitlichen Organ verschmolzen.[174] Von Befugnissen und Ausstattung her erreichte das Zensorat in dieser Zeit seinen größten Umfang. Was die Kompetenzen der Zensoren anbelangt, so ergaben sich keine großen Veränderungen. Die definierten Aufgaben des Zensorats während der Qing-Zeit bestanden in der Überwachung aller Institutionen hinsichtlich der Erfüllung ihrer Pflichten, des dienstlichen und privaten Verhaltens der Beamten ungeachtet ihres Rangs, der Anklage von Beamten, die sich Pflichtverletzungen hatten zuschulden kommen lassen, der Überwachung der alle drei Jahre statffindenen Staatsprüfungen (für die Beamtenlaufbahn), der Kontrolle des Staatseigentums und der Staatsfinanzen, der Beaufsichtigung öffentlicher Arbeiten, der Beratung des Kaisers in Rechtsangelegenheiten, des Einlegens eines Vetos bei Angelegenheiten, die dem öffentlichen Interesse zuwiderliefen, der Kontrolle der Einhaltung der vorgeschriebenen Zeremonien, der Überprüfung von Gerichtsurteilen bzw. der Revidierung von Fehlurteilen usw.[175]

Richard L. Walker zufolge hat das Zensorat während der Kaiserzeit seine Aufgabe als "critics of the dynasty" bewahren können. Im Idealfall konnte es unabhängig von der staatlichen Bürokratie (und selbst vom Hof) tätig werden und sogar am Himmelssohn selbst Kritik üben. Zensoren durften kein anderes Amt ausüben,

172 Zit. bei Hucker 1959: 190. Das Sekretariat war das für Zivilverwaltung zuständige Staatsorgan.

173 Vgl. dazu die detaillierte Studie von Hucker 1966.

174 Vgl. Walker 1947: 4ff.

und Söhne oder Verwandte von Beamten ab der dritten Rangstufe aufwärts waren zu diesem Amt nicht zugelassen.[176]

Das Zensorat war seine gesamte Geschichte über keinem anderen Regierungsorgan untergeordnet, sondern war direkt dem Kaiser gegenüber verantwortlich. Zensoren hatten direkten Zugang zum Thron und konnten von anderen Beamten nicht daran gehindert werden. Sie galten als "Yanyuan", besaßen also die Freiheit der Rede, konnten sich jederzeit direkt und mit allen Fragen an den Kaiser wenden und sollten für ihre Äußerungen nicht zur Verantwortung gezogen werden, auch wenn diese sich im nachhinein als falsch herausstellten. Sie besaßen quasi Immunität. Die Bestrafung eines Zensors verlangte lange Erklärungen, in denen der Kaiser nachweisen mußte, daß der Zensor nicht aufgrund seiner Pflichtausübung verfolgt worden war. Die Verhängung der Todesstrafe über einen Zensor wurde als Zeichen der Unvernunft, Schwäche und Willkürherrschaft eines Kaisers gewertet.[177]

Zensoren hatten andererseits die Pflicht, alle Mißstände im Reich aufzuspüren bzw. von vornherein zu verhüten. Kamen sie dieser Pflicht nicht nach, konnte dies in manchen Perioden ihre Bestrafung nach sich ziehen. Mutige Zensoren hatten stets die öffentliche Meinung auf ihrer Seite.[178]

Das Zensorat war nicht nur die älteste aller politischen Institutionen Chinas, sondern ist auch Teil der politischen Kultur und des politischen Systems Chinas, was seine Fortführung in der republikanischen Zeit, aber auch in der Volksrepublik (als "Kontrollministerium") verdeutlicht.

Walker überschätzt aber die Möglichkeiten dieser Institution. Pflichtbewußte Zensoren zogen sich leicht den Ärger und die Rache einflußreicher Beamten zu und konnten dadurch in erhebliche Schwierigkeiten geraten. Die Provinzzensoren mußten gegen Beamte vorgehen, die rangmäßig zum Teil über ihnen standen, was nicht unproblematisch war. Der Grad der Machtbefugnisse hing überdies von der Haltung des jeweiligen Kaisers ab und konnte von diesem ohne weiteres eingeschränkt werden. Die Zensoren besaßen nur theoretisch Immunität, in der Praxis waren sie keineswegs vor Bestrafung geschützt. Und bei Verfehlungen, besonders im Falle von Bestechung, wurden sie erheblich strenger bestraft als andere Beamte. Zudem konnten sie für Vorwürfe, die sich als falsch herausstellten oder nicht belegt werden konnten, bestraft werden. Während es in der Tang- und Song-Zeit Zensoren noch erlaubt war, auch auf Grund des "Hörensagens" Anklage zu erheben und Anklagen, die sich als falsch herausstellten, für den Zensor ohne Folgen blieben (u. a. um die Informanten durch Geheimhaltung zu schützen),

175 Wist 1932: 36ff.; Walker ibid.: 5.

176 Ibid.: 14.

177 Ibid.: 14f.

178 Ibid.

wurde dies unter der Yuan- und Ming-Dynastie als Fehlverhalten unter Strafe gestellt.[179]

Ming-Kaiser Tian Qi (1621-27) erklärte z. B., es sei die Pflicht der Zensoren, ihre Meinung zu sagen, aber "wenn das, was sie sagen, nicht korrekt ist, dann kommen sie dieser Pflicht nicht nach", womit gemeint war, daß sie dann ihres Amtes enthoben und bestraft würden.[180]

Nicht jeder Kaiser nahm die Kontrollfunktion so gelassen hin wie Ming-Kaiser Tian Qi (1621-1627), der folgendermaßen zitiert wird:

> "Das Zensorat ist ein Hof zur Kritik an der Regierung. Die Zensoren sind dazu da, die Vernachlässigung meiner Pflichten, die Entlassung loyaler und fähiger, die Ernennung ungeeigneter, die Beförderung untauglicher und die Degradierung verdienstvoller Beamter zu beanstanden. Wenn die Prinzen und Minister ihre Arbeit vernachlässigen, sich dem Trunke und den Frauen hingeben, nur an Vergnügen denken, ohne Rücksicht dem Volk Eigentum wegnehmen, die Zeremonien des Hofes mißachten, sich nachlässig kleiden oder der Audienz unter dem Vorwand der Krankheit fernbleiben, soll das Zensorat dies untersuchen und melden. Wenn die [Regierungsabteilungen] falsche Entscheidungen treffen oder über die Entscheidung über eine nicht beschlossene Angelegenheit falsch berichten, sollen mir die Zensoren darüber Mitteilung machen. Wird dem Zensorat eine Beschwerde vorgetragen, so soll es selbst entscheiden, ob sie mir kundgetan wird. Es soll zugleich seine eigenen Mitglieder überprüfen, ob sie bestechlich sind."[181]

Aus diesem Zitat ergibt sich, daß die Haltung des Kaisers für den Tätigkeitsrahmen des Zensorats entscheidend war, daß andererseits nicht nur korruptes Verhalten im Mittelpunkt ihrer Arbeit stand, sondern auch die Einhaltung von Riten, Zeremonien und ethischen Normen. Kaiserliche Erlasse konnten die Funktion der Zensoren erheblich beschränken. Gerade in Krisenperioden waren gewissenhafte Zensoren Gefahren ausgesetzt, da ihre Kritik dann am wenigsten willkommen war. Zwischen 1644 und 1877 sollen immerhin 52 Zensoren harten Bestrafungen ausgesetzt worden sein. Zwei davon wurden (unter Kaiser Jia Qing im Jahre

179 Hucker 1966: 256.
180 Zit. ibid.: 255.
181 Walker 1947: 6.

1817) mit dem Tode bestraft, drei verbannt und 29 entlassen.[182] Die Tätigkeit des Zensorats dürfte dies mit Sicherheit abschreckend beeinträchtigt haben.

Überdies waren die Zensoren gegenüber Bestechungen keineswegs gefeit. In der ersten Hälfte des 15. Jahrhunderts z. B. häuften sich die Klagen über die Korruption unter den Zensoren, und selbst Kaiser beklagten sich über deren mangelnde Integrität. Bestechung soll zu jener Zeit das Hauptdelikt gewesen sein, für das Zensoren bestraft wurden.[183]

In den meisten Perioden der Kaiserzeit durften hohe Beamte nur mit Genehmigung des Kaisers einer Untersuchung unterzogen oder inhaftiert werden. Und in der Qing-Zeit traf dies auf alle Beamten zu, ganz gleich wie hoch oder niedrig ihr Rang war. Auch die Urteile gegen hohe Beamte mußten vom Kaiser bestätigt werden. Von daher blieb letztlich der Wille des Kaisers maßgeblich, nicht die Intention des Zensorats.[184]

Die Klagen über korrupte Beamte, vor allem in Krisenzeiten, sind trotz des Zensorats in der chinesischen Geschichte nicht verstummt, so daß die Existenz dieser Institution allein noch keine Gewähr gegen korrupte Beamte bot, zumal sie auch im Interesse der Machterhaltung (Vorgehen gegen kritische oder rebellische Beamte) eingesetzt werden konnte. Entsprechend resümiert Hucker:

> "Die Effektivität jeder wichtigen Zensoraktion beruhte stets auf der Reaktion des Herrschers auf diese Aktion. Und dies wiederum stand in Zusammenhang mit der politischen Gesamtlage einer Periode. Andererseits hing die Tatkraft einer Zensoraktion von der Persönlichkeit der Zensorbeamten ab, speziell von ihrer bewußten oder unbewußten Zustimmung zu den politischen Verhältnissen. Unsere Untersuchung belegt, daß die Zensoren in manchen Fällen korrupt, in manchen rachsüchtige Parteigänger, in anderen sich ihrer Aufgabe hingebungsvoll verschrieben, in wieder anderen aus Prinzip zu Märtyrern wurden. Als Gruppe waren sie wahrscheinlich nicht rechtschaffener und mutiger als die Beamtenschaft in anderen Institutionen."[185]

Mit dieser Einschätzung dürfte Hucker die Realität getroffen haben. Und die wichtigste Funktion, so fügt er hinzu, war die abschreckende Wirkung, die von

182 Franke 1974: 671; Hsieh 1925: 46.

183 Hucker 1966: 258f.

184 Dazu: C'hü 1965: 178ff.; Bodde/Morris 1967: 34f.

der Existenz des Zensorats ausging, so wie es ein Beamter der Yuan-Zeit ausgesprochen hatte: "Das Zensorat ist wie ein schlafender Tiger. Auch wenn er nicht beißt, fürchten die Menschen seine Tigerhaftigkeit."[186]

5.3 Die rechtliche Haltung gegenüber Korruption in der Kaiserzeit

Gegen das, was heute als Korruption bezeichnet wird und das im kaierlichen China "tan zang wang fa" (für Bestechungsgelder Gesetze übertreten oder Gesetze übertreten und rücksichtslos Unterschlagungen begehen) hieß, gab es bereits in früher Zeit Bestimmungen und Strafmaßfestlegungen. Im Strafkodex der Qin-Dynastie (221-207 v. Chr.) wurden Strafen bei "Pflichtverletzungen im Amt" (duzhi zui) angeführt. Dieses Delikt umfaßte u. a. die Annahme von Geschenken oder persönlichen Vorteilen für Rechtsbruch oder Gesetzesübertretungen (tanzang wangfa), Unterschlagung und Bestechung, Pflichtwidrigkeiten in der Wirtschaftsverwaltung, Durchsetzung privater Wirtschaftsinteressen mit Hilfe der dem betreffenden Beamten unterstehenden Truppen usw.[187] Die Strafen für derartige Delikte reichten vom Aussprechen einer Rüge bis hin zu Verbannung, Haftstrafen und körperlichen Strafen.[188]

Zugleich gab es Gesetze gegen Luxus und Extravaganzen ("Luxusgesetze"), die das jeweilige materielle Verhalten der Bevölkerung, inklusive der Bürokratie, regelten. Dazu zählten u. a. Kleidervorschriften, Verordnungen über den Aufwand der Lebensführung von Beamten, Bestimmungen über den Aufwand bei Festen und Feierlichkeiten usw.[189] Die Strafen bei Amtsdelikten waren zum Teil drastisch:

Unter den Kaisern Hui Di (194-184 v. Chr.) und Wu Di (140-86 v. Chr.) der Westlichen Han-Dynastie legte der Hof für Bestechung und Unterschlagung die Todesstrafe mit anschließender öffentlicher Zurschaustellung des Leichnams fest. Kaiser Xiao Wen (471-499) der Nördlichen Wei-Dynastie ließ selbst bei geringfügigen Bestechungswerten (eine Ziege oder eine Kanne Schnaps) schwere Strafen verhängen. Er ließ nicht nur den Täter, sondern auch dessen Söhne und Enkel einsperren.[190]

Während der Tang-Zeit (618-907) knüpfte der Tang-Kodex die Höhe des Strafmaßes für Korruption an die in einen Unterschlagungs- bzw. Bestechungsfall

---

185 Hucker ibid.: 291.

186 Ibid.: 291f.

187 Xiao, Yongqing 1989: 88f.; Chen, Jianbang 1990: 80.

188 Ibid.: 89.

189 Rosner 1974; Bodde/Morris 1973: 35ff.

190 Chen, Jianbang a. a. O.: 80.

involvierten Werte. Die Strafen reichten von Stockschlägen bis hin zu Erdrosselung. Kaiser Tai Zu (960-976), der erste Herrscher der Song-Dynastie, ließ in den ersten elf Jahren seiner Herrschaft zehn hohe Beamte bis hin zu Generälen wegen Korruption hinrichten. Der verdienstvolle und berühmte Kanzler Zhao Pu, der einen korrupten Beamten in Schutz genommen hatte, wurde entlassen.

Während der Jin-Dynastie (1115-1234) blieb Söhnen von Beamten, die wegen finanzieller Korruption hingerichtet worden waren, die Beamtenlaufbahn verschlossen.[191]

Der erste Ming-Kaiser Hong Wu (1368-1399) ging besonders scharf gegen Korruption vor. Darunter fielen u. a. folgende Delikte: verschiedene Arten von Steuerbetrug (wofür die Strafen von Einziehung des Vermögens über Versklavung bis hin zur Todesstrafe reichten); Unterschlagung von Steuern durch Beamte (Strafe: Hinrichtung); Beschaffung von Blankopassierscheinen für entlaufene Soldaten und Sträflinge (Strafmaß: Zurschaustellung des abgeschlagenen Hauptes im Heimatort, Einziehung des Vermögens und Versklavung der Familie, Verbannung der erwachsenen Familienangehörigen in unwirtliche Grenzregionen); Annahme von Bestechung für die Freilassung von Strafgefangenen (Strafe: Hinrichtung, Einziehung des Vermögens und Verbannung der Familie in Grenzgebiete); Weigerung von Gelehrten, sich in den Dienst des Herrschers zu stellen (Todesstrafe, Einziehung des Vermögens, Versklavung der Familie).[192]

Beamte, die Bestechungssummen von mehr als 60 Liang (Tael, altchinesische Münzeinheit, ein Tael entsprach einer Unze = 30g Gewicht reinen Silbers) annahmen, wurden enthauptet, dem Leichnam die Haut abgezogen, dieser mit Stroh ausgestopft und zur Abschreckung öffentlich zur Schau gestellt. Weitere Strafen reichten von Auspeitschen über harte Zwangsarbeit, Haut abziehen, Sehnen herausziehen bis zur Hinrichtung der gesamten Sippe. Der Ming-Kodex sah je nach Höhe der Bestechungssumme Strafmaße von 70 Stockhieben aufwärts sowie Absetzung und Verbannung vor.[193] Kaiser Hong Wu soll allein im Jahre 1376 über 10.000 korrupte Beamte nach Fengyang (Provinz Anhui) verbannt haben. Seinen Schwiegersohn Ouyang Lun, der durch private Tee-Transaktionen Bestimmungen des Tee-Gesetzes verletzt hatte, ließ er hinrichten.

Der erste Qing-Kaiser Shun Zhi (1644-1662) sprach sich ebenfalls für striktes Vorgehen gegen Korruption im Interesse der öffentlichen Sicherheit und des Volkes sowie für strenge Bestrafung aus. Empört äußerte er über dieses Phänomen:

---

191 Metzger 1973: 259.

192 Münzel 1968: 42 und 93ff.

193 Xiao, Yongqing a. a. O.: 217f.; zum Strafrecht der Ming-Zeit vgl. auch Münzel 1968.

"Man sagt, daß alle Ministerien Korruption betreiben ... Ich, der Kaiser, habe gehört, daß das Personalministerium und das Kriegsministerium bei der Vergabe von Beamtenstellen diejenigen, die Schmiergelder abliefern oder eine gefühlsmäßige Bevorzugung genießen, durchweg in zentrale und gute Gegenden schickt. Jene aber, die keine Schmiergelder zahlen oder aber gehaßt werden, verfrachtet man in entlegene Grenzgebiete."[194]

Mit eiserner Hand und strengen Gesetzen versuchte er, durchaus mit Erfolg, diesem Übel entgegenzuwirken. Er erließ einmal innerhalb von drei Tagen vier kaierliche Dekrete gegen Korruption und enthob mehrere Spitzenbeamte ihrer Ämter. Auch Aufforderung zum Selbstmord gehörte damals zu den Strafen bei Korruption.[195] Ab einer rechtswidrig erlangten Summe von 10 Tael wurden der Korruption überführte Beamte mit der Strafe der Verbannung belegt.

Zu den schwersten Verbrechen zählten u. a. die Annahme von Bestechungsgeldern zwecks Rechtsbeugung. Bei einer Bestechungssumme von 20 Tael lag das Strafmaß bei 60 Schlägen mit dem schweren Bambusstock, zuzüglich einem Jahr Gefängnis. Das Strafmaß konnte, je nach involvierter Summe, bis zur Todesstrafe reichen. Lediglich bei geringfügigeren Delikten konnte das Urteil reduziert oder erlassen werden, wenn der Verlust bis zu einem bestimmten Zeitpunkt ersetzt wurde.[196]

Im Jahre 1651 erklärte Shun Zhi Korruption zu einem der "unverzeihlichen" Verbrechen, d. h., dieses Delikt wurde von Amnestien oder Straferleichterungen, wie sie anläßlich besonderer Gelegenheiten vom Kaiser ausgesprochen wurden, ausgenommen. Es war nun auch nicht mehr möglich, durch Wiedergutmachung Straferlaß oder -minderung zu erlangen. Allerdings wurden frühere "Verdienste" für den Kaiser bei der Straffestsetzung berücksichtigt.[197]

Qing-Kaiser Yong Zheng (1723-1736) zufolge waren Straftaten von Beamten besonders verwerflich, weil das Volk ökonomisch zu Bestechung gezwungen sei und die Beamten die von ihnen geforderte Vorbildfunktion nicht wahrnähmen. Er sah zugleich in den niedrigen Beamtengehältern einen Grund für Korruption und hob diese daher durch Gewährung eines "Zuschusses zum Erhalt der Unbestech-

---

194 op. cit. bei Vetter 1985: 67f.

195 Siehe Zhou, Mi 1985; Vetter ibid.: 128f.; Zhongguo fazhi jianshi 1986; Luo, Qingtian 1990.

196 Metzger 1973: 280.

197 Lui 1979: 52f.

lichkeit" (yanglian, vgl. unten) an, um eine Ursache der Korruption auszuschalten, eine Maßnahme, die temporär positive Ergebnisse brachte.[198]

Das chinesische Recht unterschied zwischen "privaten Straftaten" (sizui) und "Straftaten im Amt" (gongzui). Unter die ersteren fielen Delikte, die im Interesse persönlicher Vorteile oder Ziele begangen worden waren, unter die letzteren solche, die aus Fehlern der Amtsausübung resultierten. Dabei waren die Strafen für "private Straftaten" schwerer als die für "Straftaten im Amt". Korruptionsdelikte und Nepotismus, die im wesentlichen der Kategorie der "privaten" Straftaten zugehörten, wurden bei weitem strenger geahndet als die Amtsstraftaten. Das Strafmaß reichte hier vom Entzug des Beamtenstatus über Verbannung und Zwangsarbeit bis zur Todesstrafe.[199] Bei Vetter findet sich ein Beispiel drastischer Bestrafung, das sich auf Korruption im Beamtenprüfungswesen bezieht:

> "Im Jahre 1657 ... wurden die Mitprüfungsbeamten Li Zhenye und Zhang Wopu während der Shuntian-Provinzprüfung der Bestechlichkeit überführt. Sie hatten durch drei Vermittler Bestechungsgelder angenommen und daraufhin die Prüfungsarbeiten der Kandidaten Tian Si und Wu Zuolin als zureichend akzeptiert. Nach kurzer Gerichtsverhandlung wurden alle sieben zum Tode verurteilt. Ihr Familieneigentum wurde konfisziert und ihre Eltern, Brüder, Frauen und Kinder sahen sich zur Zwangsarbeit verbannt. Die Hauptprüfungsbeamten Cao Benrong und Song Yungang wurden wegen Vernachlässigung ihrer Amtspflichten um fünf Ränge degradiert. Auch die für den Prüfungsablauf zuständigen Beamten im Ritenministerium sowie die Prüfungsüberwachungsbeamten konnten ihrer Verhaftung und Verurteilung nicht entgehen. Einschließlich einer Vielzahl anderer in den Bestechungsfall involvierter Personen bemaß sich die Zahl der Verurteilten auf mehrere Hundert."[200]

Besonders zu Beginn einer Dynastie gingen neue Herrscher vehement gegen Korruption vor. Der Grund dafür ist, daß ein hohes Maß an Korruption als Begleitphänomen untergehender Dynastien galt und jede neue Dynastie im Interesse ihrer Machtlegitimierung daher besonders streng gegen dieses Phänomen zu Felde zog. Gerade weil Korruption als Zeichen des Niedergangs, des "Verlusts des Man-

---

198 Vetter ibid.: 129; Metzger 1973: 281ff.

199 Bodde/Morris 1973: 215; Metzger 1973: 284ff.; Vetter, a. a. O.: 114.

200 Shang, Yanliu, Qingdai keju kaoshi shulu, op. cit. bei Vetter 1985: 117f.

dats" galt, waren die Kaiser darauf bedacht, jede Andeutung eines solchen "Mandatsverlustes" auszuräumen.

Die legalistische Tradition harter Strafen war keineswegs das alleinige Mittel der Korruptionsbekämpfung. Das konfuzianische Erziehungsprinzip spielte ebenfalls eine wichtige Rolle. So trat z. B. Kaiser Shun Zhi auch für die stärkere Vermittlung konfuzianischer Moralwerte als Prophylaxe gegen Korruption ein. U. a. sollten Vorbilder in der Einhaltung "kindlicher Pietät" und des Gehorsams gegenüber den Eltern (xiao) in höhere Ämter berufen werden, weil sie - wie man glaubte - sich als glaubenstreue Konfuzianer auch pietätvoll gegenüber dem Hofe verhalten würden.[201]

5.4 Formen und soziale Grundlagen der Korruption

Zu den verbreitesten Formen auf der Provinz- und lokalen Ebene gehörten die illegitime Erhebung von "Gewohnheitsgebühren" sowie die Überbesteuerung der Bevölkerung. So gab es z. B. im 17. Jhdt. eine Sondergebühr als Ausgleich für die Reise-, Transport- und Steuererhebungskosten der Steuereintreiber. Diese "Gebühr" machte vielerorts mehr als 30% der gesamten Steuerquote aus. Übererhebungen dieser Art wurden etwa von Qing-Kaiser Shun Zhi als Korruption bezeichnet.[202]

Für Überbesteuerung waren häufig die Untergebenen örtlicher Beamten verantwortlich. Sie besteuerten durch Vernichtung von Quittungen Personen doppelt, erließen denjenigen, die Bestechungsgelder zahlten, die Steuern und besteuerten diejenigen über, die, wie die ärmere Bauernschaft, keine Bestechungsgelder zahlen konnten. Sie konnten Zahlungszeiten und -fristen manipulieren und unter verschiedenen Vorwänden Sondersteuern erheben. Ähnliche Machenschaften waren bei den Getreideabgaben möglich.

Die relativ willkürliche Steuererhebung belastete die Bauernhaushalte ganz erheblich, besonders in Zeiten schlechter Ernten. Die grundbesitzende Beamtenschaft (Gentry) und die Grundbesitzerhaushalte mit guten Beziehungen zur Verwaltungshierarchie hatten geringere Steuern zu zahlen als die übrigen Bauern. Je reicher die Familie, so Fairbank und Reischauer, desto bessere Arrangements konnten mit den Beamten getroffen werden.[203] Ärmere Haushalte suchten daher die Patronage von reicheren, um Steuerermäßigung zu erwirken. Die reicheren profitierten von diesen Patrondiensten, indem sie sich einen Teil der eingesparten

---

201 Lui 1979: 51f.

202 Ibid.: 13f.

203 Fairbank/Reischauer 1979: 266.

Klientensumme aneigneten. Auf diese Weise entstanden "Steuerhaushalte", die für ärmere Haushalte gegen Entgelt steuerliche Mittlerdienste verrichteten.[204] Obgleich diese Praxis teilweise verboten war, schien sie für die Bauern vorteilhafter als die Direktbesteuerung, da die "Steuerhaushalte" den profitableren Betrug an den Behörden der Ausbeutung der Bauern vorzogen. Dieser Betrug geschah durch Manipulation der Steuerregistrierung oder durch Bestechung der Steuerbeamten.[205]

Eine weitere Form der Korruption fand in der Rechtsprechung statt. Die ausführenden Beamten erzwangen Bestechungsgelder durch Manipulation von Beweismitteln und Zeugenaussagen, Verhaftungen oder Beschuldigung Unschuldiger. Besuche von Gefangenen durch Angehörige, Reduzierung des Strafmaßes, Strafvereitelung u. a. ließen sich durch Bestechung erreichen.[206]

Ein weiteres Schwerpunktgebiet für Korruption war die öffentliche Hilfe in Notsituationen (Naturkatastrophen, Hungersnöte, Epidemien u. a.). Trat der Bedarfsfall ein, hatten die Beamten mehrere Entscheidungsalternativen: Erlaß bzw. Reduzierung der Steuern, Ankauf von Nahrungsmitteln für die betroffene Bevölkerung und die Hortung von Getreidevorräten für derartige Bedarfsfälle. Die ausführenden Beamten kassierten allerdings für die Beschaffung und Verteilung Bestechungsgelder, tauschten hochwertige gegen minderwertige Nahrungsmittel aus und/oder unterschlugen Hilfsgüter, um sie auf private Rechnung zu verkaufen.[207]

Bruno Navarra, der sich Ende des 19. Jhdts. zwei Jahrzehnte lang in China aufgehalten hat, zeichnete ein Bild von Ausmaß und Folgen dieser Korruptionsart.[208] So ließen Beamte, die für die Instandhaltung der Flußdämme zuständig waren, die Deiche zerfallen, weil sie im Falle großer Überschwemmungen Regierungsgelder für Deichbauten erhielten, von denen ein großer Teil in die Taschen der Beamten floß. Überschwemmungen, Hungersnöte, die Ausbreitung von Epidemien u. a. wurden von Beamten zum Teil gefördert, um an staatliche Hilfsgelder im Interesse eigener Bereicherung heranzukommen. Navarra schrieb damals:

> "Unter dem gegenwärtigen Regime ist jeder Beamte, selbst wenn er ehrlich zu sein wünschte, gezwungen, in die Fußstapfen der Unehrlichen zu treten, oder sich sonst vom öffentlichen Leben ganz zurückzuziehen. Er muß Bestechungen annehmen, um die Summen zahlen zu können, die seine über

204 Ibid.: 266f.

205 Lui 1979: 14ff.

206 Ibid.: 16f.

207 Ibid.: 22f.

ihm stehenden Beamten als 'Douceur' von ihm erwarten; er muß daher der Bestechlichkeit gegenüber sein Auge verschließen".[209]

Navarra spricht hier bereits eine Kernursache korrupten Verhaltens an: die Geschenkerwartungen der Vorgesetzten. Auch dieses Phänomen dürfte mit auf die geringen Beamtengehälter zurückzuführen sein. Ein Spitzenbeamter bei Hofe erhielt 180 Tael zuzüglich einer bestimmten Ration Reis, ein Kreisbeamter des 7. Rangs neben Naturalien 45 Tael. Obgleich diese Gehälter weit über dem Durchschnitt lagen, reichten sie nicht aus, um den mit dem jeweiligen Beamtenstatus verbundenen sozialen Anforderungen entsprechen zu können. Dieser Status verlangte u. a. eine bestimmte Anzahl von Bediensteten, Sänften, die Veranstaltung von Banketten, Opernaufführungen, Konkubinen, Vergabe von Trinkgeldern sowie standesgemäßes Wohnen, Kleiden und Leben.

Darüber hinaus waren der Familienclan sowie die private Lehranstalt (shuyuan), in der sich der Kandidat auf die Beamtenprüfungen vorbereitet hatte und die die Ausbildung bzw. Prüfungsteilnahme finanziert hatten, mit finanziellen Mitteln als Zeichen der Dankbarkeit und zwecks Förderung weiterer junger Leute zu bedenken. Bei Antritt eines neuen Beamtenpostens waren nicht nur die eigenen Reisekosten, sondern auch die für das Begleitpersonal aufzubringen. Die Vorgesetzten des neuen Stelleninhabers erwarteten zudem Begrüßungsgeschenke (jianmianli). Privatsekretäre (shiye), privat besoldete Berater für Rechts- und Finanzfragen, waren einzustellen, deren Gehälter recht hoch waren. Solche Sekretäre kosteten häufig mehrere hundert Tael pro Jahr.[210]

Von dieser Sachlage her ergibt sich, daß die Gehälter von den Beamten als nicht ausreichend angesehen wurden und sie weitere Einnahmequellen suchten.

Niedrige Beamtengehälter und die Beziehungsgeflechte trugen zur Verbreitung korrupter Praktiken wesentlich bei. Was die Gehälter anbelangt, so muß zwischen Beamten an zentraler Stelle und niederrangigen Beamten unterschieden werden. Die ersteren zogen ihr Zusatzeinkommen scheinbar regulär aus ihrem Amt, während die letzteren mehr auf irreguläre Einkommen angewiesen waren.[211]

Der höhere Status der Beamten bei Hofe verlangte einen noch aufwendigeren Lebensstil als den der Provinz- oder Lokalbeamten. Da sie nicht selbst in Steuererhebungen involviert waren, blieben ihnen nur begrenzte zusätzliche Einnahmequellen. Neben "Geschenken" pekuniärer oder nicht-pekuniärer Art, deren

---

208 Navarra 1901: 59-64.

209 Ibid.: 61.

210 Lui 1979: 2ff.

211 Wakeman 1975: 31f.

Höhe sich nach der jeweiligen Machtposition und dem Beziehungsnetz bei Hofe richtete, konnten (z. B. in der Qing-Zeit) Hofbeamte vom 3. Rang aufwärts Beamte zur Beförderung vorschlagen oder die hauptstädtischen Beamtenprüfungen durchführen. Zugleich wurden sie als Inspektoren für die dreijährlich stattfindenden Beamtenkontrollen eingesetzt. Diese Funktionen ließen sich zur Einnahme von Bestechungsgeldern nutzen, obgleich, wie Lui feststellt, die Spitzenbeamten weniger korrupt gewesen sein dürften als nachgeordnete Hofbeamte.[212]

Die mittlere Beamtenschaft bei Hofe konnte auf Grund ihrer Ausführungsfunktionen über Manipulationen Bestechungsgelder kassieren. So entschieden, um nur ein Beispiel zu nennen, die mittleren Beamten der Zivilverwaltungsbehörde über Beförderungen, Versetzungen und Ämtervergabe und vermochten entsprechende Manipulationen vorzunehmen.[213]

Das Problem der niedrigen Beamtengehälter als Korruptionsursache wurde vom Qing-Hof durchaus erkannt. Finanziell war dieser aber nicht in der Lage, die Gehälter der Beamten angemessen zu erhöhen. Von daher wurde über illegitime Zusatzeinkommen lokaler Beamter bis zu einer gewissen Höhe hinweggeschaut, auch wenn sie nicht offiziell erlaubt waren.

Um diese zwiespältige Situation zu beheben, führte Qing-Kaiser Yong Zheng 1724 eine Sonderzuwendung, Yanglian ("Zuschuß zum Erhalt der Unbestechlichkeit") genannt, ein, die die regulären Einkommen ergänzen sollte. Dadurch sollte die Unsitte, daß höhere Beamte von den rangniederen Geschenke einforderten, die die letzteren dann wieder aus der Bevölkerung herauspressten, beseitigt werden.[214]

Diese Zuwendungen, die je nach Lokalität und Amt variierten, überstiegen das Grundgehalt um ein Mehrfaches. Je höher der Posten eines Beamten, desto größer war sein Yanglian. So betrug das reguläre Gehalt eines Lokalbeamten in der Provinz Jiangsu im Jahre 1851 45 Tael, das Yanglian dagegen 1.000-1.800 Tael (je nach Amt). Der Gouverneur dieser Provinz bezog 155 Tael Grundgehalt und 12.000 Tael Yanglian.[215] Das Yanglian, das von da an eine angemessene Lebensführung der Beamten sichergestellt haben soll, verhielt sich reziprok zur Überbesteuerung: Je größer vor der Einführung des Yanglian die Überbesteuerung gewesen war, desto höher war nun das erstere.[216]

Die folgende Tabelle zeigt die regulären rangmäßigen und die Yanglian-Einkommen im zivilen Beamtenbereich:

---

212 Ibid.: 37ff.

213 Vgl. ibid.: 37ff.

214 Metzger 1973: 281ff.

215 Ibid.

216 Lui 1979: 62f.

Tab. 1: Legitime Einkommen der Beamtenränge (80er Jahre des 19. Jhdts.)

Rang	Tael	Reis (kg)	Yanglian
1	180	5.400	
2	150	4.500	(Generalgouverneur,
2a			13.000-20.000 Tael)
3	130	3.900	
4	105	3.120	(Bezirksverwalter,
4a			8.000-16.000 Tael)
5	80	2.400	
6	60	1.800	
7	45	1.320	(Kreisleiter,
7a			400-2.257 Tael)
8	40	1.200	
9a	33	960	
9b	33	900	

Quelle: Marsh 1961:63.

Die nicht-legalen Einkommen machten laut Marsh vor allem auf der lokalen Ebene ein Mehrfaches der legalen Einkommen aus. Ein Kreisleiter konnte aus dem lokalen Steueraufkommen bis zu 30.000 · Tael jährlich als Einkommen (rechtswidrig) an sich bringen, rund das Dreißigfache seines legalen Einkommens.[217] Legale und illegale Einkommen der Beamtenschaft in Prozent gerechnet, ergaben folgendes Bild:

217 Marsh 1961: 63f.

Tab. 2:	Einkommensverteilung der Beamtenschaft im Durchschnitt
	in %
(1) Reguläres Gehalt (Tael und Reis)	1
(2) Yanglian	5
(3) Verwaltungszuschüsse	1
[Legales Einkommen gesamt	7]
(4) Sonstige Einkünfte	93
Gesamt	100

Quelle: Marsh 1961: 64.

Die Duldung irregulärer Einkommenskanäle über Steuereinziehung begünstigte korruptes Verhalten. Wie der Literatur über diese Problematik zu entnehmen ist, ließen unklare Regelungen Unsicherheit darüber aufkommen, welches Verhalten noch legal war und welches einen Normverstoß darstellte.

Ein weiteres wichtiges Moment dessen, was heute als Korruption gilt, betrifft den auf den traditionellen Familienstrukturen basierenden Nepotismus, d. h. die Begünstigung von Verwandten, sowie die Patronage, die Begünstigung sonstiger nahestehender Beziehungsgruppen bei der Amtsausübung. In streng konfuzianischem Sinne galt eine Begünstigung und Bevorzugung von Verwandten durchaus als moralische Verpflichtung. Die Familie besaß auch die Funktion einer Sozialinstitution für ihre Angehörigen. Von daher war die Unterbringung in akzeptablen, aussichtsreichen oder einträglichen Ämtern, waren die Bevorzugung und Unterstützung von Verwandten geradezu ein konfuzianisches Postulat. Die bevorzugte Einsetzung von Familienangehörigen, d. h. der Nepotismus, wurde sogar staatlicherseits sanktioniert. Bereits in der Han-Dynastie (206 v.-220 n. Chr.) wurden häufig Personen nur auf Grund der Tatsache zu Beamten ernannt, daß ihre Väter, älteren Brüder oder Onkel väterlicherseits hohe Beamte waren (ren zi-System). Sie brauchten auch nicht die üblichen Eingangskanäle für die Beamtenlaufbahn zu durchlaufen. Als "Yin", d. h. auf die Nachkommen eines verdienten Würdenträgers übertragene Privilegien (wie Rangerhöhung, Erlassung der Staatsprüfung, Amtsübertragung), wurde dieses System von der Tang-Zeit an bis in die Qing-Dynastie hinein fortgeführt. Während der Song-Zeit (960-1279) wurde das

Yin sogar auf alle männlichen Verwandten (bis zur fünften Stufe der Trauerzeit[218]) ausgedehnt.[219]

Soweit sich die Söhne und Brüder von hohen Beamten dennoch an den Prüfungen zur Auswahl von Beamten (dazu weiter unten) beteiligen mußten, wurden sie bevorzugt behandelt. Ihre Prüfungsergebnisse wurden seit Beginn des 18. Jhdt. als "amtliche Prüfungsunterlagen" von den übrigen gesondert geführt. Sie unterlagen einer bevorzugten Aufnahmequote.[220]

Was die Faktoren der Beamtenauswahl anbelangt, so hat van der Sprenkel in Anlehnung an Max Weber eine Dichotomie von bürokratischen (Alter, Empfehlungen, Leistungen im Amt u. ä.) und außerbürokratischen ("extra-bureaucratic") Determinanten (Familienhintergrund, Klientelbeziehungen, Nepotismus, Beziehungen, Geschenke, Bestechung usw.) konstatiert.[221]

Einige Autoren meinen allerdings, auf Grund der konfuzianischen Familienideologie habe der Nepotismus im alten China Ausmaße erreicht, die es in vergleichbarem Maße sonst nirgendwo gegeben habe.[222] Und bis heute sind die Familienbande und der darauf fußende Nepotismus in den ländlichen Regionen weitgehend ungebrochen. Marsh glaubt indessen festgestellt zu haben, daß Nepotismus in der Bürokratie weniger verbreitet gewesen sei, als die meisten Autoren annehmen.[223] U. a. argumentiert er mit gesetzlichen Regelungen gegen Nepotismus, die in der Qing-Zeit (1644-1911) erlassen worden seien. Ein Gesetz habe enge Verbindungen zwischen Beamten, die miteinander verwandt gewesen seien (Bluts- oder angeheiratete Verwandtschaft), sowie den Einsatz eines Beamten in seiner Heimatprovinz zu unterbinden versucht. Diesem Gesetz zufolge, das eines der "am striktesten" praktizierten Rechtsverordnungen gewesen sein soll, sei u. a. untersagt worden, daß

- hauptstädtische Beamte im gleichen Amt wie ihre Großväter, Enkel, Väter, Söhne, Onkel, Neffen, Brüder, Schwiegerväter und Schwäger, Schwiegersöhne, Neffen und Vettern tätig sind;

- Nachkommen hoher Zentral- oder Provinzbeamten Zensorenämter bekleiden;

---

218 Es gab unterschiedliche Trauerzeiten für die fünf Verwandtschaftsgrade, die von einem Ur-Ur-Großvater abstammten.

219 Vgl. Ch'ü 1965: 88.

220 Vgl. Chang, Chung-li 1955: 184ff.

221 van der Sprenkel 1952: 101; vgl. auch Marsh 1960: 119ff.

222 Lang 1950: 23; Powell 1955: 7; Balazs 1966: 10.

223 Marsh ibid.:130. Anderer Auffassung sind: Lang 1950: 23; Hsu 1971: 6f.; Latourette 1951: 667; Powell 1955: 7.

- Salzkaufleute oder deren Verwandte im Finanzministerium tätig sind;
- in den Provinzen nahe Verwandte, Erzieher, Studienkollegen in Ämter aufrükken;
- Provinzbeamte Posten in ihren Heimatprovinzen bzw. in einer Entfernung von weniger als 250 km in den Nachbarprovinzen einnehmen usw.[224]

Zensoren wären - so Marsh weiter - bei Verstößen gegen dieses Gesetz eingeschritten.[225] Allerdings grenzt er den Nepotismusbegriff hierbei zu sehr ein. In den genannten Bereichen mag das Ausmaß an Nepotismus durch Kontrolle von oben relativ gering gewesen sein. Die hauptstädtische Beamtenschaft und die Provinzführungen waren noch relativ gut zu überblicken und zu kontrollieren. Aber, so schränkt er selbst ein, Nepotismus wurde nur bekämpft, wenn er *disfunktional*, d. h. dem politischen System abträglich, war. Überdies lag das Schwergewicht nepotistischen Verhaltens in ganz anderen Bereichen, die bei weitem nicht so einfach zu entdecken waren: in der Verschaffung von Vorteilen finanzieller oder materieller Art für Familienmitglieder sowie in der Förderung von Verwandten mittels des eigenen Beziehungsnetzes.

Auf Grund der Familienideologie kam es häufig zu Konflikten zwischen Verpflichtungen gegenüber dem Staat und gegenüber der Familie, zwischen öffentlichen und privaten Interessen. Dies drückte sich in Redewendungen wie "jia gong ji si" (im Namen öffentlichen Interesses private Interessen verfolgen, d. h. ein Amt zu privatem Vorteil ausnutzen) oder "xian jiazu er hou guojia" (erst der Clan, dann der Staat) aus.[226]

Hsu weist darauf hin, daß in der traditionellen Gesellschaft Personen, die öffentliche Mittel unterschlugen, keineswegs geächtet wurden. Sie seien, wenn und insofern sie sich großzügig gegenüber denjenigen zeigten, die über einen solchen Vorfall Bescheid wußten oder mit denen sie in enger Beziehung standen, respektiert, ja bewundert worden. Da die Obrigkeit sich gegenüber korruptem Verhalten häufig gleichgültig verhalten habe, hätten Verwandte, Clanmitglieder, Landsleute und Bekannte den Täter im Falle einer Verfolgung in Schutz genommen. Wer sich allerdings zum Nachteil eines Verwandten, Clanmitglieds oder eines anderen Mitglieds einer Gemeinschaft korrupter Praktiken schuldig gemacht habe, der sei von der Gemeinschaft bis an sein Lebensende geächtet worden.[227]

---

224 Marsh ibid.: 130f.

225 Ibid.: 131.

226 Vgl. ibid.: 117.

227 Hsu 1971: 230f.

Der Familienideologie entspricht die Heimatliebe, die Verbundenheit mit den "Landsleuten" aus dem gleichen Dorf, der gleichen Region. Diese landsmannschaftliche Gesinnung spielt eine ähnliche Rolle wie die Familiengesinnung und fördert eine Art landsmannschaftlichen Nepotismus.

Die Loyalität der Beamten bezog sich primär auf die Verwandten, nicht auf den Staat. Die Auswirkungen dieses Familiensinns, die Han Feizi bereits im 3. Jhdt. v. Chr. kritisiert hat (Vetternwirtschaft, Nepotismus, Aneignung öffentlicher Mittel für familiäre Zwecke u. a.) sind bis heute spürbar. Früher versuchten Familien, einen der Ihren zum Wohle der Großfamilie in ein öffentliches Amt zu bringen. Heute versuchen Familienmitglieder von Verwandten mit Parteikarriere zu profitieren. Von der konfuzianischen Moral her ist die Hilfe für Familienangehörige - wie oben gezeigt - durchaus tugendhaft, auch wenn sie nicht im Interesse des Staates ist. Schon die Kaiser wußten genau, warum sie Beamte nicht in ihren Heimatprovinzen einsetzten und sie von Zeit zu Zeit in andere Provinzen versetzen ließen.

Bei der Bewertung von Korruption und Nepotismus im westlichen Sinne ist zu berücksichtigen, daß die Unterstützung von Verwandten nicht nur - wie erwähnt - als konfuzianische Tugend galt, sondern geradezu als moralische Pflicht. Dies zu verweigern hätte ein Verlust des "Gesichts" gegenüber der Familie bzw. der Verwandtschaft bedeutet. Einen solchen Gesichtsverlust hätte wohl kaum jemand in Kauf zu nehmen gewagt, zumal die Familie oft ihre kollektive Kraft aufwenden mußte, um eines ihrer Mitglieder in ein wichtiges öffentliches Amt zu bringen.

Ein öffentliches Amt galt als prestigeträchtig, versprach sozialen Status, Wohlhabenheit und Sicherheit. In der chinesischen Gesellschaft galten Ämter als "ökonomische Funktionen"[228], und deutlich sichtbarer Reichtum wurde als Statussymbol gewertet. Marsh kommt daher zu dem Schluß, daß "die höchsten weltlichen Belohnungen der Gesellschaft sich in einem einzigen idealen Karrieremuster zusammenfanden - einem Amt in der kaiserlichen Regierungsbürokratie".[229]

Bei der Besetzung öffentlicher Ämter zählte nicht in erster Linie Fachwissen, sondern die soziale Stellung. Entsprechend verhielten (und verhalten sich bis heute) die Beamten jeweils gemäß dieser Stellung. Der Untergebene kritisierte oder korrigierte den Vorgesetzten nicht, weil es ihm auf Grund seiner sozialen Stellung nicht zustand. Selbst bei gravierenden Fehlern wäre es unangemessen gewesen, den Vorgesetzten darauf hinzuweisen:

> "Gerade wie ein Sohn seinen Vater nicht krisieren würde, würde der untergeordnete Beamte es vermeiden, den Ein-

228 Eastman 1974: 299.

229 Marsh 1961: 1.

> druck zu erwecken, daß er den Autoritätsstatus seines Vorgesetzten herausfordert, indem er größere Einsicht oder größeres Wissen an den Tag legt."

Und:

> "Es war besser, ein Projekt in einer Katastrophe enden zu lassen, als seinen Vorgesetzten korrigieren zu wollen."[230]

Der amerikanische Chinese Francis L. K. Hsu wies entsprechend darauf hin:

> "Für einen großen chinesischen Mann ist es eine wichtige Sache, den Unterschied gegenüber seinen Mitmenschen zu wahren. Dies geschieht durch festlichen Prunk, zurückgezogenen Wohnsitz, eine große Zahl von Wächtern, die nicht nur dem Schutze dienen, sondern auch als Statussymbole wirken. Je weiter die Distanz zum Volk tatsächlich ist, desto größer ist das Prestige des Helden."[231]

Der Wunsch nach Erlangung einer öffentlichen Funktion basierte daher primär auf materiellen Interessen. Familien bemühten sich, mindestens einen Angehörigen in ein solches Amt zu bringen. Früh entstanden so auch Seilschaften, die wichtige Ämter an Mitglieder der eigenen Gruppe vergaben. So waren Offiziersposten am Ende der Ming-Dynastie erblich und wurden daher großenteils an Günstlinge vergeben.[232]

Wie wir oben gezeigt haben, machten die Gehälter dabei den geringsten Teil des Einkommens aus. Wesentlich höher als diese Einkommen waren die irregulären Einnahmen. Dies bezog sich auf die Einbehaltung eines Teils der Steuereinnahmen (über den Anteil, der an die Zentrale abzuliefern war, hinaus), auf das Erheben von Gebühren und Sondersteuern, Zuwendungen und Geschenke. Entsprechend hieß es Anfang dieses Jahrhunderts, chinesische Beamte seien "weniger Verwalter als Steuereintreiber".[233] Nach westlichen Mustern mag dies als Korruption gewertet werden, in China wurde es weder vom Hof noch vom Volk als kor-

230 Gamble 1968: 9.
231 Hsu 1953: 152.
232 Vgl. Münzel 1968: 26.

rupt gedeutet, solange es sich "innerhalb üblicher Grenzen" bewegte.[234] Es galt als "Ergänzung" zum regulären Einkommen, das allgemein als bei weitem zu niedrig angesehen wurde. Als korrupt galten nur diejenigen, die sich über das gewöhnliche Maß hinaus bereicherten, ohne daß es jedoch quantitative Festlegungen gegeben hätte.[235] Entsprechend hat Max Weber konstatiert: "Daß das Amt dazu da sei, ein Vermögen zu erwerben, verstand sich durchaus von selbst, und nur das Übermaß galt als tadelnswert."[236]

Wagner hat darauf hingewiesen, daß der aufrechte und selbstlose Beamte ein Idealbild war, in der Realität aber von der Beamtenschaft eher als Gefahr begriffen wurde:

> "Gefahr droht [nach Meinung der Beamtenschaft] von jenen, die die Weisheit und Schwäche der Institutionen durch radikale Maßnahmen überfordern, etwa von aufrechten Beamten, die den konstitutiven Abstand zwischen dem, was ist, und dem, was sein soll, nicht anerkennen, die nicht erkennen, daß Bestechlichkeit die Tyrannei humanisiert, daß Nepotismus Kontinuität und Vertrauen sichert, daß Nachlässigkeit in der Verwaltung den Spielraum der Menschen erweitert. Diese selbstgerechten Stänker erkennen nicht, daß sie mit ihrem Radikalismus und ihrem Bestehen auf den traditionellen Wertbegriffen die langsame und schleichende Innovation des Ungetüms verhindern, von der letztlich dessen Überleben abhängt."[237]

Diese Bewertung rückt ganz in die Nähe der Funktionalitätstheorien, die in der Korruption ein Mittel gegen bürokratisches Verhalten sowie zur Entwicklungsförderung sehen. Der Beamte, der sich nicht an ein bestimmtes, eingespieltes Verhalten halten wollte, sondern die Moralvorstellungen der konfuzianischen Klassiker allzu ernst nahm, galt in der Beamtenschaft als Störenfried der sozialen Harmonie, dem man überdies unlautere Motive unterstellte. Gerechte und gewissenhafte Beamte isolierten sich in der Bürokratie, und ihre Laufbahn war oft nach kurzer Zeit zu Ende. Beispielhaft sei hier der Generalgouverneur Huang Tinggui (1691-1759) angeführt, der sich durch seine gewissenhafte Amtsführung bei der Beamtenschaft so unbeliebt gemacht hatte, daß der Kaiser von ihm sagte: "Dieser

---

233 Morse 1908: 83.

234 Chang, Chung-li 1962: 10ff.

235 Ibid.

236 Weber 1922: 345.

Mann hat keine Freunde, er gehört zu keiner Seilschaft, er denkt allein an seine Pflicht gegenüber dem Kaiser."[238] Während aufrechte Beamte dieser Art oft durch Ränke und Intrigen zu Fall gebracht wurden, wurden sie vom Volk als Idealbilder gefeiert und verehrt. Doch selbst wenn ein Beamter integer bleiben wollte, konnte er sich kaum dem Zwang der Vorgesetzten entziehen, an die er, über die reguläre Steuerquote hinaus, bestimmte Summen abzuliefern hatte. Von daher erscheint die auf die Qing-Zeit bezogene Aussage Luis, daß der nicht-korrupte Beamte auf lokaler Ebene eher die Ausnahme gewesen sei, nicht unberechtigt.

Welche Möglichkeiten der Bereicherung durch Korruption bestanden, läßt sich an dem Beispiel von He Shen ablesen, der unter Kaiser Qian Long (1736-1795) vom Leibwächter zum Ministerpräsidenten avancierte und es über organisierte Korruption auf ein Vermögen von über 1,5 Mia. Dollar gebracht haben soll.[239]

Es darf allerdings nicht übersehen werden, daß Korruption keineswegs ein immer gleichbleibendes Ausmaß besaß. Zu Beginn einer jeden Dynastie gingen Kaiser ernergisch gegen Korruption vor. Die Tatsache, daß sich die neuen Macht- und Beziehungsgefüge noch nicht verfestigt hatten, machten dieses Vorgehen recht effizient. Darüber hinaus gelang es starken und durchgreifenden Herrschern zumindest in Teilbereichen, dieses Phänomen einzudämmen. Zeiten weit verbreiteter Korruption und Zeiten des strikten Vorgehens und der Eindämmung dieses Phänomens konnten durchaus aufeinanderfolgen.[240]

Regional und lokal blieb die Korruptionsbekämpfung nach Festigung der politischen Strukturen auf Grund der dortigen Patronage- und Beziehungsmuster häufig ohne Wirkung. Die Beamten deckten sich gegenseitig und erschwerten entsprechende Untersuchungen. Bestrafte waren meist machtlose Beamte ohne Patronage.

Schon auf Grund der Größe und der komplizierten Strukturen des Landes gestaltete sich die Korruptionsbekämpfung sehr schwierig. Zwar konnten sich Beschwerdeführer auf lokaler Ebene an Zensoren oder Provinzbeamte wenden, aber gerade die letzteren blockten solche Beschwerden meist ab, weil sie befürchteten, von oben eingeleitete Untersuchungen könnten auch sie in Mitleidenschaft ziehen. Denn vielfach waren sie selbst in Korruptionsnetze verstrickt. Um sich gegen Anklagen zu sichern, schlossen sich Beamte häufig zu Seilschaften und Interessengruppen zusammen, in denen auch Provinz- und Hofbeamte vertreten waren. Soweit überhaupt Anklagen erhoben wurden, standen rivalisierende Gruppen dahinter, wobei es weniger um Korruptionsbekämpfung als um politische Interessen

237 Wagner 1987: 37f.

238 op. cit. bei Waley 1956: 57.

239 Vgl. Nivison 1959; Wakeman 1975: 102ff.

240 Siehe von Rosthorn 1923: 224.

ging.[241] Die Bauernschaft selber nahm das korrupte Verhalten von Beamten hin, solange ihr noch genug zum Leben blieb. Hierbei spielte die konfuzianische Ideologie, die Respekt vor den Höhergestellten verlangte, eine wichtige Rolle. Traditionell wurden Privilegien und eine gewisse Bereicherung ohnehin als "von oben gegeben" akzeptiert. Von daher kam es relativ selten vor, daß Zensoren lokale Beamte wegen Korruption unter Anklage stellten.

Konkrete Maßnahmen der Korruptionsbekämpfung wirkten höchstens kurzzeitig. Qing-Kaiser Shun Zhi ließ z. B. die Steuerquoten für jedes Gebiet veröffentlichen, um die Bauern zu informieren und Überbesteuerung zu verhindern. Aber die Bauernschaft wußte ohnehin, daß sie zu viel bezahlte und wollte nicht den Konflikt mit den örtlichen Beamten suchen, von denen sie letztlich abhängig war. Denn der Kaiser in der fernen Hauptstadt war weit weg und hatte kaum Eingriffschancen in den Lokalitäten. Entsprechend hieß es in einem alten Sprichwort: "Der Himmel ist hoch, und der Kaiser weit weg." Auch die zeitweilige Einführung eines Systems gegenseitiger Haftung, das Bestrafung für alle Untergebenen eines Lokalbeamten vorsah, wenn und insofern sich auch nur ein einziger dieser untergebenen Beamten der Korruption schuldig gemacht hatte, fruchtete wenig. Diese Untergebenen waren nämlich darauf bedacht, von vornherein verschworene Gemeinschaften zu bilden und gemeinschaftlich der Korruption nachzugehen. Weitere Maßnahmen wie Belohnungen für diejenigen, die korrupte Beamte anzeigten oder das Bemühen um bessere Auswahl von Beamten änderten ebenfalls nur wenig. Ein Versuch des Kaisers, die Praktik der Geschenke an Vorgesetzte und höhere Beamte zu unterbinden, scheiterte ebenfalls, weil die konfuzianische Tradition in Geschenken ein Zeichen der Achtung und des Respekts sah.[242]

Während einerseits niedrige Beamtengehälter zur Aufbesserung des Einkommens durch illegale Mittel zwangen, galten öffentliche Ämter andererseits als einträgliche Pfründe, mit denen Beamte zu Wohlstand kommen konnten. Ein geläufiger Glückwunsch lautete seit alter Zeit "Werde Beamter und reich" ("gao guan hou lu" oder "shengguan facai"). Dies erreichten sie neben den oben beschriebenen Mitteln auch durch Entgegennahme oder Einforderung von materiellen Vorteilen im Interesse befriedigender Erledigung oder Beschleunigung eines Verfahrens oder einer Amtshandlung. Solche Zahlungen waren nicht nur zwischen Beamtenschaft und Volk üblich, sondern auch innerhalb der Beamtenhierarchie. Sie wurden bei Hofe als rechtmäßig akzeptiert und sind daher von der illegalen Zwangseintreibung von Geldern bzw. der Bestechung zu unterscheiden. Zwar gab es zahlreiche Instanzen zur Kontrolle und Überprüfung von unrechtmäßigen Amtshandlungen (wie das Zensorat), doch gerade diese waren besonders korruptionsanfällig.

---

241 Lui 1979: 8.

242 Ibid.: 54ff.

Nahmen Zwangsgeldzahlungen, Korruption, Patronage und Nepotismus Ausmaße an, die zur Störung der sozialen Harmonie führten, dann machte sich der Unmut in Aufruhr und Revolten Luft, die sich bis zum Sturz einer Dynastie ausweiten konnten.

Das staatliche Monopol wichtiger Handelsbereiche (wie für den Handel mit Salz, Eisen, Tee und Alkoholika oder den Außenhandel) sowie die Omnipotenz der Bürokratie begünstigten ebenfalls Korruption. Der Staat vergab Handelsrechte, setzte hohe Steuerquoten und Abgaben fest. Andererseits fehlten aber gesetzliche Schutzrechte für die Kaufleute. Über Bestechung ließen sich Verkaufslizenzen erwerben, die Steuern und Abgaben senken und die schützende Hand von Beamten erkaufen. Die Beamten nutzten zugleich ihre (d. h. staatliche) Handelstätigkeit und ihre Aufsichtsfunktion zu eigener Bereicherung. Sie kauften zu Niedrigpreisen ein, zu überhöhten Preisen weiter und strichen dadurch ungeheure Profite ein. Das angesammelte Vermögen verwendeten sie häufig für den Erwerb von Grund und Boden.

Wer aus dem Kaufmannsstand kam, vermochte nicht problemlos in hohe soziale Stellungen zu gelangen. Wohlhabende Kaufleute kauften daher Ämter und Titel für Familienangehörige, ermöglichten ihnen finanziell die Teilnahme an den Beamtenprüfungen oder versuchten, durch finanzielle Anreize (u. a. hohe Mitgift) Angehörige in Beamtenfamilien einheiraten zu lassen. Darin erblickten sie wichtige Investitionen, die der Handelstätigkeit wieder reichlich zugute kamen, da eine Verbindung von Beamtenschaft und Kaufleuten sich für beide Seiten profitabel auswirken konnte.[243]

Vor allem dann, wenn der Hof in finanziellen Schwierigkeiten war, wurden Ämter als Einnahmequellen angesehen und damit käuflich. Unter dem Han-Kaiser Wen Di (179-157 v. Chr.) soll das Amt eines Generals etwa 600.000 kg Getreide gekostet haben.[244] Da der Kaufpreis erst nach der Übernahme des Amtes gezahlt werden mußte, hatte der "Käufer" die Möglichkeit bzw. sah er sich gezwungen, durch verstärkte Steuereintreibung und alle möglichen Arten von Bestechung Geld zu beschaffen. Kaufleute vermochten dann problemlos ihren Kindern einen sozialen Aufstieg ohne Prüfungen zu ermöglichen. So wurde die Konfiszierung von Grundbesitz im Rahmen einer Bodenreform unter dem Kanzler Jia Sidao (1213-1275) der Song-Dynastie statt mit Bargeld mit Beamtenrängen bezahlt, wobei die jeweiligen Titel bestimmten Geldsummen entsprachen.[245]

Die Mandschuherrscher hatten den Ämterkauf bereits vor der Eroberung Chinas eingeführt: Anläßlich einer Hungersnot in der Mandschurei verkauften sie Beamtenposten gegen Getreide. Der Ämterkauf diente den Mandschu-Kaisern

---

243 Zu dieser Problematik vgl. Mann 1987. Zum Prüfungswesen: Kracke 1957.

244 Ju 1986: 196.

245 Vgl. Franke 1966: 126.

auch danach zur Auffüllung der Staatskasse. Dabei gab es zwei Arten: der Verkauf von Rängen allein sowie der Verkauf von Amt und Rang gemeinsam. Auch im ersten Fall durfte der Käufer die entsprechende Beamtenrobe tragen und ein Schild mit dem Hinweis auf seinen Rang an seiner Haustür anbringen.[246]

Am Ende der Qing-Dynastie (1644-1911) hatte dies so große Ausmaße angenommen, daß sogar offiziell eingestanden wurde, daß sechs bis sieben von zehn Prüfungskandidaten zum Mittel der Korruption oder des Betrugs griffen.[247] Wie eine Untersuchung von Marsh nachweist, haben während der Qing-Zeit die meisten der zur herrschenden Nationalität der Mandschuren gehörenden Beamten (76% der von ihm untersuchten Fälle) ihre Ämter nicht über den regulären Prüfungsweg erhalten, sondern über "irreguläre" Wege wie Ämterkauf, Bevorzugung bei der Ämtervergabe ohne Prüfung aufgrund der Herkunft u. a.). Bei den Beamten aus den Reihen der Han-Chinesen war dieser Anteil erheblich geringer, nämlich 20% bei Personen mit familiärem Beamtenhintergrund und 28% bei solchen ohne derartigen Hintergrund.[248]

Die Praktik des Ämterkaufs war keineswegs unumstritten. Gegner sahen darin einen Verstoß gegen die konfuzianische Moral und gegen die Sittlichkeit.

Auch für Beförderungen mußten stattliche Bestechungssummen aufgewendet werden. Dazu kam die Bestechung, die zur Erlangung eines öffentlichen Amtes notwendig war und meist hohe Geldzahlungen erforderte. Den Käufern von Ämtern schien es nur recht und billig, sich nach Amtsantritt materiell für die Investition zu entschädigen. Hsieh gibt dafür ein anschauliches Beispiel aus der Zeit der Qing-Dynastie:

> "Der Preis eines Bezirksverwalters, das höchste käufliche Amt in der Provinz, war 30.000 Tael wert. Das Gehalt eines solchen Beamten betrug 105 Tael jährlich zuzüglich 2.000 oder 3.000 Tael zusätzlich gewährter Beträge [Yanglian, Anm. d. Verf.]. Der Käufer eines Amtes würde zehn Jahre oder mehr dafür benötigen, wollte er die investierte Summe legal und ehrenhaft zurückerlangen."[249]

---

246 Ali 1985: 42f.

247 Chang, Chung-li 1955: 190; zur Geschichte des Prüfungssystems vgl. Chi 1931, zum System selbst: Miyazaki 1976. Der große Schriftsteller Wu Jingzi (1701-1754) schilderte dieses Prüfungsgebaren mit aller Deutlichkeit in seinem Roman Rulin waishi (Die Gelehrten), englisch: Wu, Ching-tzu 1973.

248 Vgl. Marsh 1961: 132f.

249 Hsieh 1925: 110.

Durch illegal erworbene Einkünfte ließ sich das in den Ämterkauf investierte Kapital also relativ rasch amortisieren.

Grundvoraussetzung zur Erlangung eines Amtes war die erfolgreiche Teilnahme an den staatlichen Prüfungen (keju). Diese Prüfungen dienten der Rekrutierung der Beamtenschaft. Wichtigster Prüfungsinhalt war der Nachweis der Kenntnis konfuzianischer Klassiker und (speziell seit der Song-Zeit) der wichtigsten Interpretationen dieser Klassiker. Es ging also weniger um den Nachweis von Fachwissen als um genaue Kenntnis der konfuzianischen Schriften.

Die Prüfungen fanden auf vier Ebenen statt: alle drei Jahre zweimal (in manchen Dynastien jährlich einmal) in jedem Bezirk, alle drei Jahre in den Provinzhauptstädten, der Hauptstadt des Reiches und schließlich im kaiserlichen Palast unter Leitung des Kaisers. Die Zahl der Kandidaten, die je nach Prüfung einen Grad erwerben konnten, war von vornherein festgelegt. Eine erfolgreiche Absolvierung wurde mit der Verleihung eines Grades belohnt und war die Voraussetzung für eine Teilnahme an den Prüfungen der nächst höheren Stufe. Dieses System entstand in der Han-Zeit (206 v.-220 n. Chr.) und sollte die Auswahl von qualifizierten Beamten gegenüber dem erblichen Adel durchsetzen. Erst unter der Sui- (581-618) und Tang-Dynastie (618-907) wurde dieses System institutionalisiert und erweitert, obgleich es zu jener Zeit lediglich zur Auswahl der niederen Beamtenschaft diente. Erst unter der Song-Dynastie (960-1279) wurden die Beamtenprüfungen obligatorisch für die Mehrheit der Beamtenanwärter. Formal konnte jeder an den Beamtenprüfungen teilnehmen. Da eine erfolgreiche Teilnahme aber ein intensives, jahrelanges Studium der klassischen konfuzianischen Schriften erforderte und die Ausbildungskosten nicht gering waren, kamen die Beamten meist aus der Oberschicht.[250]

Oft dauerte es Jahrzehnte, bis ein Kandidat die Prüfungskette absolviert hatte. Die außerordentlichen Privilegien, die ein Amt nach erfolgreicher Prüfung mit sich brachte, waren allerdings ein großer Ansporn für viele. Familien, Sippen und Gemeinden unterstützten dabei die Kandidaten, von deren späterer Amtsführung sie mit zu profitieren hofften. Bestimmte Schichten und Gruppen waren aber von vornherein von den Prüfungen und von der Beamtenlaufbahn ausgeschlossen (z. B. Bettler, Schauspieler, teilweise auch die Söhne von Kaufleute u. a.[251]).

Bestechungen und Begünstigungen auf Grund verwandtschaftlicher oder von Patronagebeziehungen waren zwar streng verboten und wurden schwer bestraft, waren aber dennoch weit verbreitet.[252] Daran änderte auch das recht umfangreiche

---

250 Vgl. Chi 1931; Franke 1974: 1071ff.; Hook 1982: 129ff.; Wu, Ching-tzu 1973: 603ff.; Marsh 1961: 4ff.

251 Siehe Franke ibid.: 1439f.; Vetter 1985: 23ff.

252 Vgl. zu diesem Komplex die umfangreiche Studie von Vetter 1985 und die entsprechenden gesetzlichen Vorschriften in ibid.: 133ff.

System der Überwachung und Kontrolle nichts, da die damit beauftragten Personen ebenfalls von den Einnahmemöglichkeiten profitieren wollten. Ein kaiserlicher Erlaß aus der Qing-Zeit zeigt u. a. wie erfinderisch manche Prüflinge waren:

> "Die schlechten Prüflinge bestechen die wachhabenden Soldaten. Dadurch ist es beispielsweise möglich, daß Zettel mit den Prüfungsthemen an Steine gebunden und hinausgeworfen werden können. In Windeseile finden die Themen Verbreitung und alsbald haben literarisch versierte Männer außerhalb der Prüfungshalle die Aufsätze angefertigt. Auf ein verabredetes Signal hin, das z. B. im Anzünden eines Lichts auf einer längeren Bambusstange oder eines Feuerwerks bzw. im Freilassen abgerichteter und mit Glöckchen behangener Tauben besteht, ... werden die angefertigten Aufsätze wieder an Steine gebunden und auf das Prüfungsgelände geworfen. Die Prüflinge kommen so in den Genuß fertiger Arbeiten." [253]

Die Verleihung eines Grades führte keineswegs automatisch zu einem Amt bzw. zu einem dem jeweiligen Grad angemessenen Amt. Die Konkurrenz war relativ groß und nur durch Beziehungen oder Bestechung zu umgehen. Auch wer einen Posten erlangte, konnte keineswegs sicher sein, daß er ihn behielt. Dies hing von der Gnade der Vorgesetzten ab, die Amtsenthebungen relativ willkürlich vornehmen konnten. Deshalb versuchten Beamte einerseits soviel Reichtum wie nur möglich aus ihrem Amt zu ziehen, andererseits sich durch Geschenke und Schmeichelei die Gunst ihrer Vorgesetzten zu erhalten. Die Folge war ein ständiger Fluß von materiellen Werten von unten nach oben, der bis zum Kaiser persönlich reichte. Sich an dieses informelle System nicht halten zu wollen galt als "beruflicher Selbstmord".[254] Die Mandschu-Prinzessin Derling schilderte in einem Buch dieses Gebaren anläßlich des 60. Geburtstages der berühmten Kaiserinwitwe Ci Xi Ende des 19. Jahrhunderts. Zu diesem Anlaß wurden Hunderttausende von Geschenken von Beamten aller Ränge an den Hof geschickt. Ci Xi begutachtete jedes einzelne Geschenk und ließ die Namen derer notieren, deren Geschenke sie als unbefriedigend ansah.[255] Obwohl es sich hier nicht um eine direkte Form der Korruption handelte, wird deutlich, daß Geschenke im Interesse des eigenen Aufstiegs bzw. der eigenen Machterhaltung notwendig waren und verlangt wurden.

---

253 Li, Hongzhang u. a., Qinding da Qing huidian shili, op. cit. bei Vetter 1985: 40f.

254 Dazu Hsu 1972: 198ff.

255 op. cit. bei Hsu 1972: 201.

5.5 Korruption in der republikanischen Zeit

An diesen Praktiken änderte sich auch nach dem Sturz der letzten Kaiser-Dynastie wenig.[256] Die Einführung einer Verfassung und eines Parlaments nach westlichem Vorbild führten nicht automatisch zu einer Veränderung der Strukturen, auf denen die Korruption basierte. "Chinesen aller Schichten", schrieb Lyon Sharman, "verstehen, was es heißt, mit Autorität betraut und was es heißt, Autorität untergeordnet zu sein. Aber ein Sprung in gleichberechtigte Gruppen ohne Führungsautorität und ohne Untergeordnete hätte einen radikalen Wandel der gesamten Vorstellungswelt von menschlichen Beziehungen verlangt."[257] Die Bildung neuer Hierarchien, neuer Seilschaften und neuer Patronageverhältnisse, wie sie seit Jahrhunderten charakteristisch für die chinesische Bürokratie waren, war das Ergebnis. Nur fand dieser Prozeß in der neuen Bürokratie und in den Parlamenten statt, mit der Folge, daß dieses System rasch zerbrach und Warlords die Macht in den einzelnen Landesteilen ergriffen.

Unter diesen Bedingungen entstanden neue Korruptionsformen. Nach Gründung der Republik China im Jahre 1912 breitete sich die Korruption im Wahl- und Parlamentssystem aus. Nepotismus bei der Besetzung von Ämtern, Bestechung von Parlamentsmitgliedern und vor allem der Stimmenkauf und -verkauf waren weit verbreitet. In der Provinz Guangdong kostete 1913/14 eine Stimme zwischen einem und fünf Yuan. Mit einer Investition von mehreren hundert Yuan, so berichtete die Zeitschrift "Shibao" damals, habe man Wahlmann werden können, mit einigen weiteren hundert Yuan Parlamentsmitglied.[258] Die Militärmachthaber, die China bald darauf in Einflußzonen aufteilten, bereicherten sich und ihre Untergebenen zum Teil durch blühende Korruption.[259] 30 bis 40 Prozent der Soldgelder für die Soldaten wurden von den zuständigen Verwaltungsbeamten und Offizieren in die eigenen Taschen gesteckt.[260]

Allerdings gab es hierbei auch Ausnahmen. So rief der christliche General Feng Yuxiang 1927 eine Kampagne zur einfachen Lebensführung von Beamten ins Leben.[261]

---

256 Über Eliten- und Beamtenverhalten in den letzten Jahrzehnten der Qing-Dynastie vgl. Schoppa 1982; Fewsmith 1985 und Rankin 1986. Zum Beamtensystem de Bary 1957.

257 Sharman 1968: 363.

258 Zitiert bei Chang 1978: 298. Dort finden sich auch Beispiele aus anderen Provinzen. Zur Korruption in dieser Periode vgl. Nathan 1976: 71ff. und 92ff.

259 Siehe dazu Pye 1971; Ch'i 1976.

260 Nathan 1976: 71.

261 Vgl. Sheridan 1966.

Die Korruption unter der Guomindang-Herrschaft vor 1949 soll noch gravierender gewesen sein als während der Warlord-Periode 1916-26.[262] Eine weite Verbreitung dieses Phänomens in dieser Periode läßt sich nicht leugnen. Diese Erkenntnis stützt sich nicht auf die Aussagen der KPCh, deren Bewertung der Guomindang-Zeit der Einseitigkeit der jeweiligen Sieger in der chinesischen Geschichte entspricht, die ihre Vorgänger jeweils extremer Korruption beschuldigt haben. Sie stützt sich vielmehr auf Aussagen von allen Zeitzeugen, die damals in China gelebt haben. Der renommierte amerikanische China-Historiker John K. Fairbank z. B., der sich während des Zweiten Weltkrieges lange in China aufgehalten hat, nannte die Korruption ein "Merkmal" der Verwaltung der Guomindang.[263] Er schildert die Zusammenarbeit der Regierung mit der Unterwelt von Shanghai, die Erpressung von Unternehmern, die Gelder für den Aufbau einer Armee zur Verfügung stellen sollten, die Übersteuerung der Bauern durch korrupte Beamte, die einen Teil der Steuern in die eigenen Taschen steckten, die Bereicherung der Beamten durch Unterschlagung von Hilfsgeldern und -gütern für Notstandsgebiete usw. Abschließend stellt er fest: "Das Ganze stellte die schlechteste Form des 'bürokratischen Kapitalismus' dar, in dem die Beamten auf Kosten des Volkes reich wurden."[264]

Die Versuche Chiang Kai-sheks, dagegen vorzugehen, scheiterten. Gesetzliche Bestimmungen blieben wirkungslos, die Kontrollinstanzen (jianchayuan) waren mit zu wenig Kompetenzen ausgestattet und verfielen selbst der Korruption. Überdies ging Chiang nur selektiv gegen Korruption vor: seine engsten Berater und seine Familienangehörigen nahm er vor Strafverfolgungen in Schutz.[265] Seine periodischen Schläge gegen Korruption scheinen von daher eher von dem Interesse an Disziplinierung von Untergebenen und gegen politisch Unbequeme gerichtet gewesen zu sein. Berühmt sind die vier Familien (Chiang, die Familie Chiang Kai-sheks, Kong und Song, die mit der Familie Chiangs verschwägert waren und Chen, ebenfalls mit Chiangs Familie verwandt und befreundet), in deren Händen sich Kapital und Macht konzentrierten. So befand sich z. B. das gesamte Bankwesen in den Händen dieser vier Familien. Einem Bericht der Chinesischen Zentralbank von 1946 zufolge waren 3.490 der 4.635 Banken Chinas regierungseigene. Die Kontrolle darüber übten die vier Regierungs-Großbanken aus: die Bank of China (Aktienmehrheit in den Händen der Familie Song), die Zentralbank (im Besitz der Familie Kong) sowie die Bauern- und die Verkehrsbank (beide im Besitz der Familie Chen). Vorsitzender der übergeordneten Leitungsinstanz war Chiang Kai-shek. Im Laufe der Regierungsperiode Chiangs sollen diese Familien durch ihre Macht, Wirtschaftsmonopole, Nepotismus und Korruption ein Vermögen von 20

---

262 Eastman 1974: 17.

263 Fairbank 1989: 225.

264 Ibid.: 265.

265 Ibid.: 19f.; zum Cliquenwesen unter Chiang vgl. Tien 1972.

Milliarden US-$ in Form von Konzernen, Banken, Landbesitz usw. erlangt haben.[266]

Die Korruption in der herrschenden Guomindang-Partei setzte mit der Übernahme der Regierungsgewalt ein. Bereits Ende der 20er Jahre sollen sich die vormals mitellosen Funktionäre dieser Partei mit Hilfe ihrer Machtfunktionen bereichert haben. Die Vorwürfe in der damaligen Zeit weisen große Ähnlichkeiten mit denen in der Gegenwart auf.[267] Dazu kamen Klagen über die Beamtenauswahl. 1938 sollen weniger als vier Prozent der Beamten in der Nationalregierung ihre Posten (wie vorgeschrieben) über das Prüfungssystem erlangt haben. Die überwiegende Mehrheit gelangte über nicht-legale Kanäle in ein Amt.[268]

Zwar gab es auch in der Republik China Kontrollorganie wie den "Kontroll-Yuan" und Disziplinkommissionen.[269] Die Aufgaben dieser Kontrollinstitutionen, die - gemäß der Tradition des Zensorats und ganz im Sinne der Vorstellung von Sun Yat-sen (Zensorat als fünfte Gewalt im Staat) wirkten - blieben die gleichen wie in der Kaiserzeit: Kontrolle der staatlichen Institutionen, der Beamten, der Finanzen, Ermittlung bei Amtsvergehen, Überwachung der Maßnahmen bei Katastrophenhilfsprogrammen usw.[270] Doch sie vermochten die Korruption nicht effektiv zu bekämpfen, weil sie keine wirklichen Machtpositionen besaßen. Überdies galt die Mitgliedschaft im "Kontroll-Yuan" als einträglicher Ruheposten für alternde Beamte, der Yuan selbt wurde in der Öffentlichkeit als "Altersheim" (yanglaoyuan) verspottet.[271]

Diese Institution konnte nur Anzeige erstatten, aber keine Sanktionen aussprechen. Die wenigen Fälle, die tatsächlich zur Anklage gelangten, verliefen durch Einschaltung persönlicher Beziehungen meist im Sande. Von den 69.500 Beamten, gegen die vom "Kontroll-Yuan" wegen des Verdachts, in korrupte Handlungen verwickelt gewesen zu sein, zwischen 1931 (dem Jahr der Einrichtung dieses Organs) und 1937 ermittelt wurde, wurden lediglich 1.800 Personen angeklagt. 268 davon wurden von Gerichten für schuldig befunden; 214 gingen straffrei aus, 41 kamen mit der leichten Strafe einer zehnprozentigen Gehaltsreduzierung davon und nur 13 wurden aus ihren Ämtern entfernt.[272]

---

266 Dazu detaillierter: Jensen 1950: 240ff.; vgl. dazu auch die Dokumentation über die Song-Familie von Seagrave 1986.

267 Eastman 1974: 16f.

268 Mast 1967: 5.

269 Vgl. Ch'ien 1970: 259ff.

270 Walker 1947: 6.

271 Eastman 1974: 18.

272 Ibid.: 18f.

Die Ohnmacht der Zentralregierung bei der Korruptionsbekämpfung zeigte sich vor allem regional und lokal. Bekämpfungsversuche wurden durch die Größe des Landes, die heterogenen Strukturen und die innenpolitischen Wirren erschwert und scheiterten an dem Widerstand örtlicher Beziehungsnetze. Berichte aus der Westprovinz Xinjiang weisen darauf hin, worüber sich die Bevölkerung empörte: Ausplünderung durch Lokalbeamte und Armee, Zwangsrequirierungen durch das Militär, Drogenhandel durch Beamte, Kauf von Ämtern zur Eigenbereicherung, Unterschlagung öffentlicher Gelder, Bereicherung von Generälen durch Verkauf militärischer Ausrüstung, Erpressung durch Zollbeamte, die Reisenden, die sich weigerten, ein Bestechungsgeld zu zahlen, Opium in das Gepäck schmuggelten und die Betreffenden dann verhaften ließen (Opiumhandel wurde mit dem Tode bestraft!) usw.[273]

Die genannten Korruptionsphänomene existierten also dynastienübergreifend und trugen zum Sieg der Kommunisten bei. Ja, die letzteren boten sich gerade als Alternative zur Korruption des Guomindang-Regimes an.

Obgleich eine Neubewertung der Republik China unter Chiang Kai-shek notwendig ist[274], läßt sich nicht leugnen, daß die Korruption in jener Zeit gewaltig war. Dies mag, wie Sun Yat-sen, der Gründer der Republik von 1912, in den 20er Jahren konstatiert hat, mit dem Wandel des Wertesystems zusammenhängen, der "moralische Verwirrung in der Nation gestiftet hat, so daß unsere Mitbürger gegenwärtig nicht wissen, an welche Moralvorstellungen sie sich halten sollen." Die Folge, so Sun, sei, daß weder die alte noch die neue Moral greife, so daß das Land sich in dem "unwürdigen Zustand der Anarchie und des Chaos" befinde.[275]

Diese These, die der oben erwähnten von Huntington entspricht, reicht zur Erklärung der Korruption unter der Guomindang-Herrschaft allerdings nicht aus. Die Korruption war zugleich systembedingt. Dies geht u. a. aus einem Bericht des amerikanischen Generals Albert C. Wedemeyer an die Regierung der Vereinigten Staaten nach seiner Inspektionsreise im Jahre 1947 hervor:

> "... Gewissenlose Beamte in allen Stellungen nehmen mehr an Steuern, als die Bauern zu geben in der Lage sind, und schließlich endet das damit, daß die Bauern das Land im Stich lassen und Banden bilden. Im Gegensatz zu dieser rigorosen Besteuerung der Bauern versuchen chinesische Geschäftsleute und andere reiche Chinesen durch unehrliche Methoden der Regierung die gesetzmäßigen Steuern zu hinterziehen ... Man

---

273 Benson 1990: 94ff.; 170ff.

274 Vgl. dazu u. a. Domes 1969 und Mohr 1985, der auf die objektiven Schwierigkeiten der Guomindang hinweist.

hört überall von Vorfällen, die sich auf Korruptionsfälle unter den Regierungsbeamten, gleichgültig ob sie hohe oder niedrige Posten bekleiden, und auf Korruption im wirtschaftlichen Leben des Landes beziehen ... Gewisse reiche Familien, einige haben Angehörige in hohen Regierungsstellen, haben ihr Vermögen beträchtlich vergrößert ...".[276]

Gerade an dieser Systembedingtheit der Korruption setzten die Kommunisten bei ihrer Kritik an der Guomindang-Herrschaft an. Manche Autoren meinen sogar, das Erstarken der Kommunisten sei eine Reaktion der Bauern auf die Korruptheit des Regimes und dessen Mißwirtschaft gewesen.[277] Von daher stellt das gegenwärtige Ausmaß an Korruption auch das historische Selbstverständnis und das jahrzehntelang der Gesellschaft vermittelte Bild von der (im Gegensatz zur Guomindang-Regierung vor 1949) "sauberen" Kommunistischen Partei mit ihrem Yan'an-Geist des einfachen Lebens, der Selbstgenügsamkeit und des "dem Volke Dienens" und damit ihre Legitimität zur Herrschaftsausübung grundsätzlich in Frage.

---

275 Sun, Yat-sen 1963: 93.

276 Endicott 1956: 203. Dieses Ausmaß an Korruption unter Chiang bestätigt auch Ernst Günther Mohr, der von 1932-1937 als Diplomat an der deutschen Gesandtschaft in China tätig war und sich um ein objektiveres Bild jener Epoche bemüht. Mohr schreibt: "Das diktatorische Regime brachte fast automatisch Korruption mit sich", vgl. Mohr 1985: 276.

277 Eastman 1974: 17.

6. Das Phänomen der Korruption in der Volksrepublik China

6.1 Begriffsbestimmungen

Die gegenwärtig gebräuchliche, übergreifende Begrifflichkeit für Korruption lautet im Chinesischen "*fubai*". Die ursprüngliche Bedeutung von "fu" ist verfault, verwest, die von "bai" degeneriert, verdorben, verwelkt. Beide Wörter sind stark moralisch besetzt, beziehen sich u. a. auf "verdorbenes" Bewußtsein und sittliche oder moralische Verderbtheit.[278] Auf Menschen oder eine Regierung bezogen meint "fubai" - in konfuzianischem Sinne - den (moralischen und sittlichen) Verfall.

Dem westlichen Korruptionsbegriff ähnelt "*tanwu*", d. h. die Ausnutzung der Möglichkeiten eines öffentlichen Amtes zu eigener Bereicherung durch Veruntreuung (*daoyong*), Unterschlagung (*qintun*), Diebstahl (*daoqie*) oder Betrug (*pianqu*) auf Kosten des Staates oder des Kollektivs. Die Bestechlichkeit (*shouhui, huilu*) und die Aufforderung zu Bestechung (*suohui*) werden ebenfalls (zumindest teilweise) zu "tanwu" gezählt.[279] Auch die zweckwidrige Verwendung zweckgebundener Gelder (*nuoyong*) gehört in diese Kategorie. Allgemein wird die strafrechtlich relevante Korruption allerdings mit dem Doppelbegriffspaar "tanwu" und "huilu" (Bestechung) gefaßt.[280]

Neuerdings wird unter Juristen erörtert, ob der im chinesischen Strafgesetzbuch aufgeführte Begriff "tanwu" als Oberkategorie Geltung beanspruchen kann. Die darunter gefaßten einzelnen Straftaten würden sich - so argumentieren die Gegner des Einheitsbegriffs - von tanwu unterscheiden und seien daher gesondert aufzuführen.[281]

Im Chinesischen ist "tanwu" indessen nur eine Unterkategorie von "fubai". Während der erstere Begriff ein rechtlicher Terminus ist, der auch in das Strafgesetzbuch Eingang gefunden hat (§155), geht der letztere über den westlichen Korruptionsbegriff hinaus. Chinesische Wörterbücher definieren "fubai" u. a. als ideologisch überkommenes bzw. sittlich und moralisch verderbtes Verhalten sowie als

278 Vgl. Cihai 1979, Bd. 2: 1970 und Bd. 3: 3274.

279 Vgl. Cihai 1979, Bd. 1: 737; Li, Fang 1986: 382f.; Li, Guangcan 1984, Bd. 2: 542ff.

280 Vgl. Liu, Shulin 1988: 169, 675 und 685; Guo/Wang 1988: 207f. und 219f.

281 Vgl. Wang, Changxue 1990: 111ff.

Dekadenz oder Negativseiten eines Systems, einer Organisation, Struktur oder Maßnahme. Fubai steht also offenbar für all das, was mit der herrschenden Moralauffassung nicht übereinstimmt.[282] Dies kann von kriminellen Delikten von Partei- und Staatsfunktionären bzw. -organen (über den westlichen Korruptionsbegriff hinaus) bis hin zu politischen und ideologischen Verfehlungen ("bürgerlicher Liberalismus", Abweichen vom Marxismus-Leninismus, Verletzung der Parteidisziplin, Verstoß gegen Parteinormen oder gegen die gerade herrschende Parteilinie, Vernachlässigung der "Vier Grundprinzipien": Festhalten an der führenden Rolle der KP, am sozialistischen System, an der demokratischen Diktatur des Volkes, am Marxismus-Leninismus und an den Maozedongideen als ideologischer Leitlinie) reichen. Zeitweise erfährt dieser Terminus eine Ausdehnung auf alle Phänomene, die als sozial schädlich betrachtet werden. So wurde z. B. das "alle greifen zu" (dajia na), d. h. die private Aneignung staatlichen Eigentums durch einfache Beschäftigte in staatlichen Betrieben auch im kleinen (wie die Mitnahme von Materialien, Werkzeugen, Berufskleidung u. a. aus dem Betrieb zu privaten Zwecken) als "fubai" verurteilt. Dies wiege zwar nicht so schwer wie Bestechung oder Unterschlagung, gehöre aber in die gleiche Kategorie.[283] Auch der Besuch von Prostituierten sowie der Verkauf von Pornographie durch Parteimitglieder wurden Ende 1989 als "ernstes Phänomen der Korruption" (fubai) unter Strafe gestellt.[284]

Dies bestätigt auch ein chinesischer Beitrag, der sich mit einem anderen "Korruptionsphänomen", nämlich "kurzsichtigem Verhalten" (duanqi xingwei) befaßt. Als solches Verhalten wird genannt: langfristige Interessen kurzfristigen, gesamtgesellschaftliche sowie nationale Interessen individuellen oder Gruppeninteressen und Gesamtinteressen Partikularinteressen opfern. Ursache dafür sei, nach individuellem oder aktuellem Glück zu streben und so die "Interessen der Massen" zu verraten. Die Folgen dieser "Kurzsichtigkeit" seien steigende Kriminalität, das Ansteigen öffentlicher Ausgaben durch die Kollektive, kulturelle Kurzsichtigkeit, eine moralische Krise und die "Korruption des öffentlichen Willens" (renxin de fubai). Die "Überlegenheit des Sozialismus" werde dadurch geschwächt, die allgemeine Verbreitung von Korruption begünstigt.[285]

Diese Argumentation hebt den moralischen Zeigefinger gegen eine stärkere Betonung des Individuums und richtet sich im Kern gegen die Protestbewegung

---

282 Su, Shaozhi, der ehemalige Leiter des Instituts für Marxismus-Leninismus-Maozedongideen, beschreibt in seinem Aufsatz "Macht und Korruption" die "Korruption" von Kaisern und bestätigt damit ungewollt unsere Analyse. Als "Korruption" nennt er u. a.: das Führen eines "genüßlichen" Lebens, Arroganz gegenüber alten Freunden, herrschsüchtiges Verhalten, vgl. Su 1988: 17.

283 Ye, Shengya 1990.

284 Vgl. Renmin Ribao 8.12.89.

285 Lin, Ya 1990: 46ff.

von 1989. Durch den Korruptionsvorwurf, der sozialpsychologisch begründet wird, soll diese Bewegung ideologisch mit der Korruption in Verbindung gebracht werden. Zugleich wird Individualismus als korruptes oder zumindest Korruption begünstigendes Verhalten verdammt, das dem Kollektiv bzw. der Gesellschaft und damit der Nation Schaden bringe. Die eigentliche Kraft gegen Korruption ist, so erfährt der Leser, die Kommunistische Partei, denn sie hat die "langfristigen Interessen" im Auge. Und wer die Partei schwächt, stärkt die Korruption.[286]

Der catch-all Begriff "fubai" ist also von herrschender Seite flexibel als Begriffswaffe einsetzbar. Er lenkt von den Ursachen der Korruption ab und weist letztlich dem einzelnen oder einzelnen Gruppen eine moralische oder politische Schuld zu. Bei "tanwu", einem Verhalten, das sich direkt auf die Bereicherung von Beamten bezieht, könnte sich eher die Frage nach den Ursachen stellen, so daß dieser Begriff lediglich strafrechtlich gebraucht wird. "Fubai" erweist sich somit als Ideologiebegriff im Sinne der Kritischen Theorie (Ideologie als Rechtfertigung), wobei zugleich von einer traditionellen (konfuzianischen) Vorstellung ausgegangen wird, wenn man das Bewußtsein eines Beamten in Ordnung bringe, werde auch die Gesellschaft in Ordnung gebracht.

In Abgrenzung zum chinesischen Universalbegriff für "Korruption" (fubai), wollen wir der Einfachheit halber im folgenden "tanwu" mit "Amtsunterschlagung" übersetzen. Dies kommt dem Begriffsinhalt am nächsten, da es sich dabei um die nichtberechtigte Aneignung einer fremden Sache auf Grund einer Amtsbefugnis handelt. Der Leser sollte dabei berücksichtigen, daß "tanwu" im Kern die strafrechtlich relevante Korruption bezeichnet.

Eine einheitliche wissenschaftliche Definition von "Korruption" liegt in China bisher nicht vor. Die in den letzten Jahren einsetzende Diskussion darüber wurde nach dem Juni 1989 erst einmal abgeblockt. Korruption gilt zunächst als ein bürgerliches, dem Kapitalismus eigenes Übel, das im Sozialismus eigentlich keinen Platz mehr habe. In dieser Bewertung unterscheidet sich China nicht von entsprechenden Interpretationen anderer, ehemaliger sozialistischer Länder.[287]

In den Jahren 1951-54, im Zuge der "Drei-Anti-" (gegen Korruption, Verschwendung und Bürokratie in den Staatsorganen) und "Fünf-Anti-Bewegung" (gegen Bestechung, Steuerhinterziehung, Diebstahl von Staatseigentum, Betrug bei der Erfüllung staatlicher Aufträge und Wirtschaftsspionage)[288], konnten noch die

286 Ibid.: 53; ähnlich: Li, Huirang 1991.

287 So z. B. Danilenko 1983: 31, für den Korruption typisch für kapitalistische Gesellschaften ist und in der "Natur des bürgerlichen Systems" ruht.

288 Vgl. dazu Montell 1956: 136-196.

ehemaligen Guomindang-Beamten und die "Korrumpierungsversuche" der Privatunternehmer für die Korruption verantwortlich gemacht werden.

Mit dem Beginn der Kulturrevolution (1966-76) wurden im Zuge der Bekämpfung der "Machthaber auf dem kapitalistischen Weg" zahlreiche tatsächliche oder vermeintliche Korruptionsfälle von den "Rebellenorganisationen" aufgedeckt. Der "zersetzende Einfluß der Bourgeoisie" galt als Ursache korrupten Verhaltens.

1967 faßte Mao zahlreiche der Korruption zugehörige Tatbestände und Sachverhalte unter dem Begriff des "Bürokratismus" (guanliaozhuyi) zusammen. U. a. sprach er dabei von "unredlichem" ("die oberen Instanzen betrügen und die unteren hintergehen, Fehler und Irrtümer beschönigen"), "unfähigem" ("moralisch nicht seinem Amt gewachsen sein"), "formalistischem" ("viele Verwandte versorgen"), "Privilegierten-" ("durch die Hintertür schlüpfen; wenn einer Beamter geworden ist, die ganze Familie davon profitieren lassen; wenn einer es geschafft hat, Hühner und Hunde mit in den Himmel heben; Gäste einladen und Geschenke machen"), "eigensüchtigem" ("den eigenen Vorteil suchen, unter dem Schleier des Gemeinwohls die eigenen Geschäfte betreiben; die anderen überwachen, aber selbst klauen; Karrierismus und Spekulation betreiben; mehr verzehren und sich mehr aneignen"), "sektiererischem" ("Leute aus dem Bekanntenkreis in Dienst nehmen", "feudale Beziehungen unterhalten, Cliquen bilden und Eigeninteressen verfolgen; sich gegenseitig decken") und "entartetem" Bürokratismus ("nur um den eigenen Vorteil, jedoch nicht im geringsten um den Vorteil des Staates besorgt sein") sowie dem "Bürokratismus der Beamtenallüren" ("je mehr man im Amte aufsteigt ..., die Lebensansprüche ansteigen lassen, Haus und Einrichtung immer luxuriöser gestalten", in "Saus und Braus leben"), dem "Bürokratismus, der um Macht und eigenen Vorteil kämpft" ("um Macht und eigenen Vorteil ringen") sowie dem "Bürokratismus der widrigen Winde und unrichtigen Tendenzen" ("widrige Winde und unrichtige Tendenzen fördern; sich üblen Menschen und üblen Dingen gegenüber gemächlich geben; Verrat üben und gegen das Gesetz verstoßen; Karrierismus und Spekulantentum betreiben, Partei und Staat schädigen").[289] Ideologische und moralische Mängel und Defizite waren für ihn die Hauptursache dieser bürokratischen Entartung.

In den siebziger Jahren war von Korruption höchstens noch als "ideologisches Problem" die Rede, womit "bürgerliche Ideen und Auffassungen" gemeint waren.

Mit der kritischeren Berichterstattung über gesellschaftliche Probleme durfte die Presse ab 1978 wieder über Fälle von Bestechung, Amtsunterschlagung, Bestechlichkeit und Wirtschaftsverbrechen berichten.[290] Für diese Auswüchse wurde zwischen 1977 und 1980 die "linke Ideologie der Viererbande" verantwortlich gemacht. Zu Anfang der 80er Jahre wurde eine neue Begrifflichkeit gewählt,

---

289 Mao (1982): 315ff.

290 Ein Überblick bei Martin 1978: 270-272; vgl. auch Ishar/Schulz/Wegmann 1986.

da der drastische Anstieg der Korruption nicht mehr mit diesem Muster erklärbar schien. Die Parteiführung sprach nun von "ungesunden Tendenzen" (bu zheng zhi feng), womit die Erlangung persönlicher Vorteile auf Grund eines Amtes bzw. von persönlicher Macht gemeint war.[291] Die Korruption wurde zunächst als parteiinternes Problem begriffen, dem mit Disziplinierungsmaßnahmen (etwa auf Grund des Eingreifens der 1978 wiedererrichteten Disziplinkontrollkommission) zu begegnen sei. Mit der folgenden Verwendung des Begriffs "fubai" wurde zumindest eingestanden, daß es sich hier um ein soziales Phänomen handelt.

Da die Korruption ein politisch brisantes Thema ist, wagten sich nur wenige Wissenschaftler an Definitionsversuche und Ursachenbestimmung. Vom juristischen Standpunkt her gesehen stellt das Strafgesetzbuch der VR China eine Reihe von Delikten unter Strafe, die direkt der Korruption zuzuordnen sind: § 119 (Schmuggel bzw. Spekulation durch Funktionäre), § 155 (Unterschlagung durch Funktionäre), § 185 (Bestechlichkeit und Bestechung von Funktionären), § 188 (Amtsmißbrauch von Justizbeamten).[292] Ein Lexikon für Wirtschaftsrecht aus dem Jahre 1986 enthält allerdings keine Eintragung für den Begriff "Korruption", sondern nur für "Bestechung" und "Bestechlichkeit". Letzteres wird auf staatliche Funktionäre bezogen, die die Vorteile ihres Amtes mißbrauchen, um der bestechenden Person einen Vorteil zukommen zu lassen und dafür in ungesetzlicher Weise für sich etwas verlangen oder annehmen. Dabei müsse es sich (a) um Personen im Staatsdienst handeln, (b) müßten die Vorteile eines Amtes mißbraucht werden, wobei es unerheblich sei, ob das Ziel der Bestechung erreicht werde oder nicht, und (c) müsse die Annahme der Bestechung (wobei es sich um materielle oder immaterielle Vorteile handeln könne) rechtswidrig sein.[293]

Rechtlich gesehen wurde der Begriff der Korruption zunächst nur auf die Funktionäre in der staatlichen Verwaltung (guojia xingzheng jiguan gongzuo renyuan) bezogen. Für Parteifunktionäre galten nicht die Gesetze, sondern die parteiinternen Disziplinarbestimmungen. Das Strafgesetzbuch von 1979 weitete den Begriff des staatlichen Funktionärs dann auf den gesamten öffentlichen Dienst (gongwu renyuan) aus. In § 83 heißt es entsprechend:

> "Ist in diesem Gesetz von 'Staatsbediensteten' die Rede, so ist damit das gesamte Personal in staatlichen Organen, Betrieben, Institutionen oder anderes Personal gemeint, welches gemäß dem Gesetz mit einer öffentlichen Aufgabe betraut ist."[294]

---

291 Zhongguo baike nianjian 1985: 95. Zum Begriff "ungesunde Tendenzen" vgl. Nivison 1956: 61ff.

292 Vgl. Zhonghua Renmin Gongheguo fagui huibian 1986: 48-86; deutsch: China aktuell Juli 1979: 799-828.

293 Li, Fang 1986: 504.

294 Ishar 1986: 268.

Die "Ergänzungsbestimmungen zur Bestrafung von Korruption und Bestechung", die 1988 vom Ständigen Ausschuß des Nationalen Volkskongresses erlassen wurden, weiteten den Korruptionstatbestand auch auf Funktionäre im Kollektivsektor aus.[295] Damit wurde der Korruptionsbegriff erstmals auch auf den nichtstaatlichen Sektor des Kollektiveigentums angewandt. Auch juristische Personen und im Ruhestand befindliche ehemalige Staatsbedienstete fallen inzwischen unter diesen Straftatbestand.[296]

Allgemein gesehen gilt Korruption als das "Streben nach illegalen Vorteilen ... unter Ausnutzung einer Amtsfunktion durch Beschäftigte im Staatsdienst oder im Dienst der Regierung stehende Personen".[297] In einer jüngeren Arbeit hat Xiang Yibin, ein junger Ökonom an der Peking-Universität, den Versuch unternommen, unter Einbeziehung westlicher Theorien zu einer Definition zu kommen. Für ihn ist dann jemand der Korruption schuldig, wenn er eine Belohnung (materiell oder immateriell) annimmt für die Erledigung von Angelegenheiten, die ohnehin zu seinen Amtspflichten gehören, für etwas, was er pflichtgemäß zu unterlassen hätte, unter bestimmten Bedingungen tun könnte oder für die Ausnutzung von Gesetzeslücken mit Hilfe seiner Amtskompetenzen. Ökonomisch gesehen, so Xiang, werde dadurch Nationaleinkommen rechtswidrig für privaten Reichtum abgezweigt.[298] Mit dieser Definition folgt Xiang der Definition von McMullan [299] und ihrer Erweiterung durch Johnson.[300] Er unterscheidet weiter zwischen "Regierungskorruption" (zhengfu fubai), "DanweiKorruption" und "individueller Korruption", wobei die letztere in die Korruption von Individuen auf höherer und unterer Ebene unterteilt wird.[301]

---

295 Vgl. die Bestimmungen in Zuigao Renmin Jianchayuan bianjizu 1989: 17.

296 Siehe z. B. Kang, Junxin 1990: 79ff.

297 Xie 1988: 71.

298 Xiang 1989: 50/51.

299 McMullan 1961: 184/185.

300 Johnson 1975: 47.

301 Xiang 1989: 51.

6.2 Korruption, Bürokratie und politische Elite

6.2.1 Die Bürokratie

Korruption, so haben wir eingangs gezeigt, ist direkt mit der Beamtenschaft, ihrer Haltung und Arbeitsweise, d. h. mit der Bürokratie verknüpft. Wenn wir uns im folgenden mit dieser "Bürokratie" auseinandersetzen, so erfolgt dies unter dem Gesichtspunkt der Faktoren in einem bürokratischen System, die korruptes Verhalten begünstigen. Eine umfassende Auseinandersetzung mit dem breiten Spektrum der Bürokratietheorien ist im Rahmen unseres Themas weder möglich noch notwendig. Ausgehend von der Theorie Max Webers werden wir uns auf zentrale Aspekte der Bürokratie im Sozialismus und das chinesische Kadersystem konzentrieren.

Weber hat als erster eine Theorie der Bürokratie entwickelt. Dieser Theorie zufolge sind entscheidende Faktoren seines Idealtyps, den er *rationale Bürokratie* nennt:

- kontinuierliche Amtsgeschäfte, die nach festen Regeln und betriebsmäßig abgewickelt werden;
- abgegrenzte Zuständigkeitsbereiche;
- die Existenz einer Amtshierarchie mit Kontroll- und Beschwerdeinstanzen;
- Auswahl über fachliche Qualifikation;
- die Beamten sind nicht Besitzer der Verwaltungs- und Beschaffungsmittel;
- Amts- und Privatvermögen sind voneinander getrennt, Ämter stellen keine Pfründe dar;
- die Verwaltung erfolgt aktenmäßig, d. h. über schriftliche Fixierung.[302]

Webers Idealtyp der rationalen Bürokratie, der sich an der preußischen Verwaltungsbürokratie orientiert, trifft auf chinesische Verhältnisse nicht ohne weiteres zu. Auch im heutigen China fehlen weitgehend feste, rationale Regeln für die Amtsgeschäfte, so daß ein relativ hohes Maß an Willkür herrscht, das Korruption und Guanxi-Beziehungen erleichtert. Lee hat darauf hingewiesen, daß das chinesische Zeichen für "Beamter" (guan) aus einem Hut mit zwei Mündern darunter be-

---

302 Weber 1956, Bd. 1: 161ff.

steht, womit gemeint sei, daß der Beamte etwas für richtig, aber auch für falsch erklären könne.[303]

Auf das Fehlen fester Regeln weist auch der häufige Verweis von Beamten, die nach der Grundlage einer Entscheidung befragt werden, auf "you guiding" ("es gibt Bestimmungen") hin, wobei diese Bestimmungen weder schriftlich fixiert sind noch mündlich benannt werden können. Mit diesem Hinweis auf ominöse, meist nicht existierende Regeln, vermag die Bürokratie nicht-genehme Wünsche und Beschwerden abzublocken. Gegen kleine Gefälligkeiten kann ein Beamter eine "Lücke" in den "guiding" ausfindig machen, die die Realisierung des Ersuchens eines Klienten erlaubt.

Kompetenzen sind - anders als bei Webers rationaler Bürokratie - selten klar definiert; und es existieren nur eingeschränkt oder gar nicht Kontroll- und Beschwerdemöglichkeiten. Darauf weist u. a. hin, daß bei schriftlichen Beschwerden über soziale oder ökonomische Mängel oder Mißstände an höhere Stellen, diese in ihrer Antwort häufig auf anonyme "betreffende Abteilungen" (youguan bumen) verweisen, die der Beschwerdeführer um Abhilfe oder Lösung ersuchen soll. Diese Abteilungen werden indessen nicht konkret benannt. Die höheren Stellen vermeiden so direkte Kritik an anderen Institutionen oder Organen; die eigentlich verantwortliche Stelle gerät nicht durch Kritik unter Druck. Überdies setzt sich die höhere Stelle dadurch nicht der Gefahr aus, womöglich Kritik zu üben, die sich im nachhinein als falsch oder fehlerhaft erweisen könnte. Und dennoch kann sich die höhere Stelle darauf berufen, etwas unternommen zu haben (mit dem nach unten gegebenen Hinweis auf die "betreffenden Abteilungen"). Kommt es zu Komplikationen, läßt sich darauf verweisen, daß ja die "betreffende" Institution um Abhilfe gebeten werden sollte.

Die Partei ist für alles zuständig, in letzter Instanz die Führungsspitze. Dies zeigt sich auch an den Einrichtungen zur Entgegennahme von Bittbriefen bzw. zum Empfang von Bittstellern, die es auf allen Verwaltungsebenen gibt. Mit diesen Einrichtungen wird die Möglichkeit, sich direkt an die höchste Führung wenden zu können, institutionalisiert. Bei Problemen, die lokal nicht zu lösen sind, wenden sich Individuen oder Institutionen, die in Konflikte mit der Bürokratie geraten sind, häufig direkt an das Zentralkomitee, das Zentralorgan der Partei (Volkszeitung) oder die zentrale Führung. Dies knüpft an die Tradition der Eingaben an den Kaiser an, mit denen Klage gegen pflichtvergessene Beamte geführt werden konnte. Herlemann sieht darin eine "Institutionalisierung vorindustrieller Verwaltungsformen".[304]

Ämter, so zeigt auch die jüngere Erfahrung Chinas, können durchaus als Pfründe zur eigenen Bereicherung dienen. Die Beamtenschaft ist auch nicht fach-

303 Lee 1981: 361.
304 Herlemann 1976: 1074.

lich geschult. Wichtige Kriterien des Weberschen Idealtypus fehlen daher oder sind nur partiell gegeben. Von daher können wir uns auch nicht der These von Ju anschließen, der die chinesische Bürokratie für "rational" im Weberschen Sinne hält.[305]

Weber hat mit der Einführung des Begriffs der "traditionalen Bürokratie" bereits der Notwendigkeit der Differenzierung zwischen Gesellschaften Rechnung getragen. Die traditionale Bürokratie wird durch folgende Komponenten bestimmt:

- es existieren keine festen Regeln, die Bürokratie agiert vielmehr auf Grund von Pietät gegenüber dem Herrscher;
- die Amtsgeschäfte werden durch vom Herrscher bestimmte Autoritätspersonen oder durch Traditionen geleitet;
- es gibt lediglich regellose Zuständigkeitsbereiche;
- es existiert eine patriarchalische oder klientelistische Hierarchie mit fast ständisch zu nennender Schichtung;
- die Auswahl erfolgt nach traditionalen bzw. Pietätsgesichtspunkten;
- Ämter werden als Pfründe betrachtet.[306]

Diese Beschreibung trifft zumindest partiell auf China zu, wobei der Partei die Funktion des "Herrschers" zuzuschreiben wäre. Wie in traditionalen Gesellschaften dem Herrscher, so ist die Verwaltungsbürokratie im heutigen China der Partei verpflichtet. Man könnte, da die Bürokratie in China keine reine Willkürherrschaft ausübt, von einer "entwickelten patrimonialen Bürokratie" sprechen, obwohl dieser Begriff fast ein Paradoxon ist. Doch gerade in den 80er Jahren wurde versucht, die Bürokratie rationaler zu gestalten, etwa durch mehr Legalität, stärkere Kompetenzabgrenzung, Schaffung eines Rechtssystems und eine Reform des Beamtensystems, die u. a. das System der lebenslangen Amtsinhabe abzuschaffen versuchte. Die politische Verfassung, die einer kleinen Elite die Machtausübung garantiert, sowie die Umgehung von Regelungen durch die privilegierte Elite beschränken allerdings den Nutzen dieser Rationalisierungsversuche. Die Dominanz von Guanxi-Beziehungen, middlemen-Aktivitäten[307] bei der Beschaffung von Engpaßgütern für Betriebe und Einzelpersonen u. a. weisen ebenfalls auf ein relativ gering entwickeltes Maß an Rationalität der Bürokratie hin.

---

305 Ju 1986: 333.

306 Weber 1956: 167ff.

307 Zu middlemen-Aktivitäten bei Korruption in Entwicklungsländern vgl. Oldenburg 1987.

Weber hat mit seinen Kriterien für traditionale Bürokratie Grundzüge des chinesischen Verwaltungssystems benannt, die auch für die Ursachenbestimmung von Korruption wichtig sind. Traditionale Bürokratie ist auf Grund fehlender Regelungen, fehlender Kontroll- und Beschwerdeinstanzen sowie persönlicher Pietätsverpflichtungen (gegenüber der Partei) der Kontrolle von unten bzw. durch die Öffentlichkeit stärker entzogen und vermag ihre Machtpositionen daher ungehinderter zu nutzen als rationale Bürokratien, denen durch Recht, Gesetze, Kontrolle und Öffentlichkeit gewisse Grenzen gesetzt sind. Gleichwohl stellt sich natürlich die Frage, ob es eine allgemeine "Rationalität" unabhängig von Kultur und Gesellschaftsverfassung überhaupt geben kann, Rationalität also verallgemeinerbar ist, und ob Weber mit seinem Idealtypus die rationale Bürokratie nicht überschätzt und die negativen Aspekte unterschätzt hat.[308]

Webers Bestimmung von "traditionaler Bürokratie" genügt nicht zur Charakterisierung der bürokratischen Ordnung im heutigen China. Durch Übernahme sowjetischer Muster und deren Einbindung in eigene Strukturen entstand eine Mischform, die sowohl sowjet-sozialistischen ("stalinistischen")[309] wie traditionellen chinesischen Verwaltungsstrukturen ähnelt.

Dieser Begriff der "sowjet-sozialistischen Form" der Bürokratie soll zunächst kurz umrissen werden. Gerd Meyer hat ein Strukturmuster bürokratischer Herrschaft aufgestellt, daß uns zur Beschreibung geeignet scheint:

- die politische Führung, politische Verwaltungsanleitung und Kontrolle liegen in den Händen einer privilegierten Elite;
- diese Elite hat die Verfügungsgewalt über die wichtigsten Bereiche (Produktionsmittel, Wirtschaftspolitik, Kaderpolitik, staatliche Zwangsgewalt, Kommunikationsnetze und Organisationsapparate) inne;
- diese Verfügungsgewalt wird durch die Beherrschung von Partei und Staat erreicht.

Partizipation der Beherrschten fehlt in diesem System weitgehend. Die Elite genießt Privilegien, und es existiert Ungleichheit hinsichtlich der Ausgangsbedingungen für Lebensstandard und Bildung.[310] Privilegien müssen aber selbst wieder

308 Einen Überblick über Einwände gegen Webers Theorie, die wir hier nicht diskutieren können, weil sie in unserem Kontext ohne größere Bedeutung sind, geben Merton/Gray u. a. 1952: 27ff. und Albrow 1972: 762ff.

309 Dazu Kofler 1970.

310 Meyer 1977: 32f.

als Korruption gewertet werden, weil die Begünstigten dadurch zu Loyalität gegenüber der Partei angehalten werden sollen.

Als organisatorische Merkmale macht Meyer Hierarchisierung, "monokratisch-autoritäre Leistungsstrukturen", Überzentralisierung, Kompetenzüberschneidungen und ständige Eingriffe und Umbauten von oben aus, die sich nachhaltig auf die Effizienz der Verwaltungstätigkeit auswirken. Das externe Kontrollsystem verfügt nur über eingeschränkte Kompetenzen und reicht nicht bis zur Elite. Durch Ausschluß paralleler Machtstrukturen werden Konflikte in die Informalität gedrängt. Informelle Gruppierungen (Seilschaften, Fraktionen) nehmen Einfluß auf die Verteilung der Macht sowie die gesamte Tätigkeit und begünstigen sich bei Aufstieg und Postenvergabe. Die Bürokratie stellt sich als relativ feste, privilegierte und von der Gesellschaft abgehobene Gruppe dar.[311]

Eine einheitliche Definition von "Bürokratie" gibt es nicht.[312] Eine ausführliche Diskussion über die verschiedenen Definitionsmuster übersteigt den Rahmen dieser Arbeit. Dennoch ist es notwendig, zu erläutern, was in unserem Kontext unter Bürokratie zu verstehen ist. Dabei halten wir eine rein institutionelle Definition im Sinne einer Körperschaft von Beamten, die ernannt und bezahlt werden und mit Verwaltungsaufgaben betraut wurden, für ebenso wenig hilfreich wie eine Betonung lediglich der technischen Seite der Bürokratie bzw. ihrer Entfremdungskomponente im kafkaesken Sinne. Bürokratie existiert nicht losgelöst von Systembedingungen und Herrschaftsverhältnissen. Sie ist Teil eines Systems, das ihre Ausprägungen bestimmt. Hegedüs hat dies mit dem Begriff der Bürokratie als "Sozialpathologie der Verwaltung" zu fassen versucht.[313] Bei Bürokratie handelt es sich um ein Moment der Machtausübung, um die "Institutionalisierung von Herrschaftsausübung".[314] Von daher stimmen wir Meyer zu, der Bürokratie konkret faßt und den Begriff institutionell füllt. Danach zählen zur Bürokratie die politische Führung sowie die "politisch-administrativen Steuerungszentren der primär herrschaftsrelevanten Institutionen (Partei, Staat, Massenorganisationen)".[315] Lediglich Teil des Beamtenkörpers zu sein oder behördliche Schikane gegenüber Klienten sind keine Kriterien für die Zugehörigkeit zur Bürokratie. Meyer differenziert allerdings nach vertikalen Machtfaktoren. Demnach zählen zur Bürokratie:

> (1) der *politische Führungskern*, eine kleine Gruppe von Entscheidungsträgern an der Spitze;

---

311 Ibid.: 36f.

312 Vgl. u. a. Balla 1972: 1ff.; Albrow 1972: 99ff.

313 Hegedüs 1981: 163.

314 Balla 1972: 3.

315 Meyer, a. a. O.: 38.

(2) die *politische Elite*, die übrigen Führungskader auf zentraler und Provinzebene;

(3) die *politische Subelite*, die Teilbereiche führend verwaltet.[316]

Zum *politischen Führungskern* zählen diejenigen, die die eigentliche zentrale Entscheidungsgewalt besitzen und die Grundsatzentscheidungen treffen. Dies umfaßt die Mitglieder und Kandidaten des Politbüros, die Führungsspitze des Staatsrats und der Armee, die Vorsitzenden des Nationalen Volkskongresses, der Zentralen Beraterkommission des ZK sowie der Politischen Konsultativkonferenz des Chinesischen Volkes und ihre Stellvertreter, den Ministerpräsident und die Vizeministerpräsidenten, d. h. die Ebene ab Vizeministerpräsident aufwärts (fuzongli yishang de ganbu).

Selbst innerhalb dieser Gruppe muß differenziert werden. Die eigentlichen Entscheidungen werden zur Zeit noch von einer kleinen Schar machtvoller Altfunktionäre getroffen. Da die meisten dieser zehn bis zwanzig Personen keinerlei offizielle Ämter mehr innehaben, aber als tatsächliche Führungsgruppe von den übrigen Teilen der Elite akzeptiert sind, werden die Entscheidungen von dieser Gruppe auf informellem Wege gefällt. Dabei werden die zivilen und militärischen Führer der zentralen und regionalen Ebene durchaus beratend hinzugezogen.[317] Die wichtigsten Entscheidungen der letzten Jahre sind zumindest unter aktiver Mitwirkung bzw. unter dem Druck dieser Altführer zustande gekommen wie der Sturz der KP-Generalsekretäre Hu Yaobang und Zhao Ziyang oder die gewaltsame Niederschlagung der Protestbewegung im Juni 1989. Diejenigen, die realiter die Führungsposten innehaben, aber nicht zu diesem Zirkel zählen, sind von der Duldung und Unterstützung dieses Kreises in hohem Maße abhängig. Versuche der Verselbständigung wie im Falle Hu Yaobangs oder Zhao Ziyangs, endeten bisher mit deren Sturz. In Anlehnung an Luhmann und Ludz nennen wir diese Veteranen-Machtelite "strategische Entscheidungselite". Dieser Begriff, der aus der Betriebssoziologie stammt, bezieht sich auf informelle Entscheidungsgruppen wie in unserem Fall die Altfunktionärselite.[318]

Dennoch zählen auch die über die strategische Entscheidungselite hinausgehenden (oben genannten) Spitzenfunktionäre zum politischen Führungskern, weil sie, wenn auch unter Kontrolle des inneren Führungszirkels, über langfristige und strategische Fragen sowie Gesamtkonzepte *mit*bestimmen. Der politische Führungskern bestimmt darüber hinaus die übrigen Mitglieder der Bürokratie.

---

316 Ibid.: 140ff.

317 Dazu vgl. u. a. Schier 1987: 37f.

318 Vgl. Ludz 1970: 32; Luhmann 1972: 327ff.

Die *politische Elite* besteht aus der Gruppe von Funktionären, die über Teilbereiche des Systems mitentscheiden können. Dies betrifft die Mitglieder des Zentralkomitees, des Ständigen Ausschusses des Nationalen Volkskongresses, der Zentralen Beraterkommission des ZK bzw. der Politischen Konsultativkonferenz, die Provinzführungen im zivilen und militärischen Bereich, Minister und Vizeminister, die Leiter des Obersten Volksgerichts, der Obersten Staatsanwaltschaft, der Massenorganisationen, der Wissenschaftlichen Akademien und ihre Stellvertreter u. a., d. h. die Gruppe ab Vizeminister aufwärts (fubuzhang yishang de ganbu). Es handelt sich um die Gruppe, die "ein deutlich höheres Maß an bürokratischer Verfügungsgewalt in gesamtgesellschaftlich wichtigen Steuerungsprozessen" ausübt.[319]

Die *politische Subelite* setzt sich aus führenden Funktionären auf der Amtsleiter (ju) - Ebene, den übrigen Spitzenfunktionären der Provinzen, den Divisionskommandeuren und den jeweiligen Stellvertretern zusammen. Sie arbeitet im Rahmen der von der Elite vorgegebenen Rahmenkompetenzen relativ eigenständig. Im Unterschied zur Elite fällt sie "weniger 'strategische' oder 'exekutive' als operativ-politische Entscheidungen", ist "an der informatorischen Vorbereitung und administrativen Durchführung von Entscheidungen der politischen Elite und des Führungskerns beteiligt" und leistet "den funktionsnotwendigen Transfer" zwischen Elite und Parteibasis.[320]

Weggel führt noch eine vierte Ebene ein, die er "Parteikader" im Gegensatz zu den "Ausführungskadern" nennt.[321] Wir wollen sie als *lokale Subelite* bezeichnen. Hierbei handelt es sich vor allem um Abteilungsleiter auf zentraler und Provinzebene, leitende Funktionäre der Bezirke, Städte, Kreise, Gemeinden u. a.

Zum eigentlichen Führungskern gehören Weggel zufolge ca. 90 Personen, zur politischen Elite etwa 3.000 Personen, zur Subelite rund 80.000 Personen, zur lokalen Subelite schätzungsweise neun Millionen Personen, womit die gesamte Führungsschicht unter 1% der Bevölkerung bleibt.[322]

Die Aufgabe der unteren Kaderebene, die die eigentlichen "Ausführungskader" an der Basis stellt, besteht in der Umsetzung der politischen Richtlinien der Elite. Diese Gruppe zählt nicht zur Elite und, da sie nur mit unwesentlicher Macht ausgestattet ist, nicht zur Bürokratie. Sie umfaßt ca. 18 Millionen Personen. Der Unterschied zur lokalen Subelite besteht darin, daß diese Gruppe aufgrund ihrer sozialen und politischen Stellung den Beherrschten nähersteht als der Elite.

---

319 Ibid.: 141.

320 Ibid.: 142.

321 Vgl. Weggel 1987: 93f.

322 Ibid.; ähnlich Machetzki 1987: 22.

Ähnlich wie Meyer begreifen Kuron und Modzelewski die Bürokratie in Form der "Monopolbürokratie" als herrschende Elite, obgleich, wie sie selbst zugeben, eine Bestimmung der Zugehörigkeit zu dieser Gruppe schwierig ist:

> "Diese in Partei und Staat herrschende Elite, die jeder gesellschaftlichen Kontrolle entzogen ist und die eigenmächtig die Gesamtheit sowohl der wirtschaftlichen wie politischen Schlüsselstellungen von gesamtgesellschaftlicher Bedeutung einnimmt, nennen wir Monopolbürokratie."[323]

Mit dieser Bestimmung finden sie sich in Übereinstimmung mit allen wesentlichen marxistischen Theoretikern von Marx und Engels bis hin zu Lenin und Rosa Luxemburg.[324] Auch für Trotzki, der sich als erster eingehend mit dem bürokratischen System der Sowjetunion auseinandergesetzt hat, bildete die Bürokratie die herrschende, privilegierte Elite, die "herrschende Kaste".[325]

Während Meyer den Begriff der Bürokratie, trotz Abgrenzung, zu eng an die politische Elite bindet, praktisch mit der politischen Führung identifiziert, sind wir der Meinung, daß auch der untere Führungsbereich zur Bürokratie zu zählen ist. Hier handelt es sich zwar nicht um die bestimmende Elite, aber im Danwei-Bereich kann der leitende Funktionär, im Rahmen seiner von der Elite abgesteckten politischen Zielsetzungen, durchaus in gewissem Maße selbständig agieren. Dies trifft auch für die neue, technokratische Schicht der "Managerbürokratie" zu. Meyer vernachlässigt u. E. den Aspekt der lokalen Elite und schränkt den Bürokratiebegriff auf die zentrale oder maximal Provinzelite ein.

Die "Danwei" (Einheit) ist die Grundform der sozialen Organisation, die Grundeinheit, der eine Person arbeits- oder wohnmäßig zugeordnet ist. Die Einheiten haben soziale, ökonomische, politische und patriarchalische Funktionen. Vom traditionellen Familiensystem übernahmen sie die Funktion der Fürsorge und Sicherheit für den einzelnen. Politisch ist ihnen die Aufgabe zugedacht, soziale Harmonie und politische Stabilität sicherzustellen. Insofern ist sie Staat im kleinen, wie früher die Familienverbände. Die Größe des Landes und der Bevölkerung erschweren die Verwaltung bis hinunter in das Dorf. Der Staat bediente sich daher stets gewisser Organisationsstrukturen, die ihm Verwaltungsaufgaben abnahmen und doch eine wirksame Kontrolle, politische und soziale Stabilität und (indirekte) staatliche Präsenz gewährleisteten.

---

323 Kuron/Modzelewski 1969: 13.

324 Vgl. Kofler 1970: 13ff.; dazu Balla 1972: 16ff.; Albrow 1972: 78ff.; Leuenberger 1975: 34ff.; Ahlberg 1976: 7ff.; Schluchter 1987.

325 Dazu siehe Trotzki 1936.

Sie sind einerseits Sozial- und Fürsorge-, andererseits Kontrollinstanz.[326] Da die Mitglieder der Einheiten kein Recht auf freie Arbeitsplatzwahl haben, ist die persönliche Freiheit eingeengt. Ein Arbeitsplatzwechsel ist z. B. nur mit Genehmigung der Einheit möglich, Wohnungsvergabe, Aufnahme in Kindergärten, Heimaturlaub, alles bedarf ihrer Zustimmung. Die Abhängigkeit des Individuums von der Einheit und der Einheit von Partei und Staat schafft nicht nur die organisatorischen Voraussetzungen für zentralisierte Macht, sondern auch für Korruption in den Danweis. Von daher besitzen die leitenden Danwei-Funktionäre eine gewisse Macht über die Mitglieder der Einheiten, so daß auch sie als Teil der Bürokratie zu begreifen sind.

Die Bürokratie als herrschende, privilegierte Schicht, die von den Beherrschten nicht kontrollierbar ist, sich in gewisser Weise verselbständigt hat, über die Verschmelzung von herrschender Partei und Staat alle Schaltstellen der Macht kontrolliert und die Verfügungsgewalt über die Produktionsmittel besitzt, erlaubt ein hohes Maß an Korruption.

Hier bedarf es allerdings einer Differenzierung innerhalb der Funktionärsschicht. Die Funktionäre gliedern sich nämlich in zwei Gruppen: in die politische Elite, die sich selbst Macht gibt, alle möglichen Privilegien und Vergünstigungen gewährt und von niemandem kontrollierbar ist und in die übrige Funktionärsschicht, die nicht direkt Privilegien in großem Umfang aus ihrer Macht zu ziehen vermag, sondern zur Erlangung von Zusatzeinkommen ihre Macht gegen Geld oder andere Vorteile veräußern muß. Bayer weist darauf hin, daß beide Funktionärskategorien auf legalem Wege keine Spitzeneinkommen erlangen können, sondern dafür ihre Macht vermarkten müssen. Denn:

> "Was aber für die erste Kategorie zu keiner Verbesserung ihres Lebens führen kann (weil sie eigentlich kein Geld mehr brauchen) und vielleicht nur aus Habsucht getrieben wird, ist für die zweite Kategorie zu einer 'Notwendigkeit' geworden, weil sie keine andere Möglichkeit hat, sich auch in ihrem Lebensstandard von der Masse der Bevölkerung abzuheben. Der Verkauf der Macht ist die eigentliche Korruption in den Staaten des sowjetischen Typus, die Herrschaft der Nomenklatura ist die soziale Bedingung der Art und Verbreitung von Korruption dort".[327]

---

326 Vgl. Bjorklund 1986; Weggel 1987: 67ff., 176ff.; Lu, Feng 1989; Heberer/Weigelin 1990: 167ff.

327 Bayer 1989: 147. Einen grundlegenden Überblick über die Nomenklatura sowjetischen Typs: Lewytzkyj 1961; Harasymiw 1977a und 1977b.

Die Mitgliedschaft in der Partei ist Ausgangspunkt für berufliche Karriere, materielle Vorteile und gesellschaftliche Privilegien. Die Monopolstellung der Kommunistischen Partei im politischen, wirtschaftlichen und gesellschaftlichen Leben bewirkt daher Opportunismus, Karrierismus, Klientel- und Patronagedenken, zumal eine Kontrolle der Partei durch die Gesellschaft nicht möglich ist. Veränderungen in "Linien"fragen, d. h. in der Haltung und Bewertung der Parteielite gegenüber gesellschaftlichen Phänomenen, müssen sich die Mitglieder anpassen, um Degradierungen oder einem sozial diskriminierenden Ausschluß aus der Partei entgehen und ihre Karriere- und Vorteilsmöglichkeiten wahren zu können. Das organisatorische Grundprinzip der Partei, der demokratische Zentralismus, der Unterordnung des einzelnen unter die Organisation, Unterordnung der Minderheit unter die Mehrheit, Unterordnung der unteren Ebenen unter die höheren und Unterordnung der gesamten Partei unter das Zentralkomitee verlangt, verhindert a priori auch innerhalb der Partei Diskussion und Kontrolle von unten und richtet die Partei vollkommen zentralistisch aus. Er dient somit letztlich der Absicherung der Interessen der Parteielite.[328] Die genannten Mechanismen bilden eine wichtige Grundlage für korruptes Verhalten, nicht nur in der chinesischen Gesellschaft, sondern in allen Ein-Parteien-Systemen.

Ota Sik hat in seinem Werk über das kommunistische Machtsystem nicht nur diesen Zusammenhang von Macht und Privilegien (auf den wir im nächsten Abschnitt noch zurückkommen werden) und die daraus folgende Tendenz zu Korruption herausgearbeitet, sondern auch auf das Beharrung fördernde Moment hingewiesen:

> "Das entscheidende Interesse einer jede Bürokratie ist die Erhaltung und ständige maximale Ausweitung des bürokratischen Apparats. Nur mit der Existenz des jeweils gegebenen Apparats ist auch die Durchsetzung der spezifischen ökonomischen und machtmäßigen Interessen der Bürokratie gesichert. Das ökonomische Interesse der Bürokraten konzentriert sich auf ihre Besoldung (in unterentwickelten Ländern noch zusätzlich auf das Backschisch und andere Bestechungsgelder). Die Abstufung der Gehälter (und entsprechend auch der Bestechungsgelder) in einem hierarchisch organisierten Beamtensy-

328 Haupt weist zwar auf ein scheinbar funktionales Element hin, daß nämlich ohne diese Monopolisierung von Entscheidung die Perestroika in der Sowjetunion nicht denkbar gewesen wäre. Mit dem Demokratischen Zentralismus verfüge die Führungsspitze über einen Spielraum, der außergewöhnliche Entscheidungen zulasse (Haupt 1990: 43). Damit wertet er u. E. ein organisatorisches Moment auf, das in erster Linie repressiv im Interesse der Machterhaltung eingesetzt wird und keineswegs "Spielraum" für Demokratisierungsprozesse gewährt.

stem bewirkt ein starkes Streben nach Beförderung und Karriere."[329]

6.2. Die politische Elite[330]

Oben wurde mehrfach der Begriff der "politischen Elite" angesprochen. Damit bezeichnen wir diejenige politisch und sozial privilegierte Gruppe, welche die politischen und wirtschaftlichen Spitzenpositionen[331] innehat, regelmäßig[332] tatsächliche Macht ausübt, d. h. die wesentlichen Entscheidungen über gesamtgesellschaftliche Fragen trifft und die gesellschaftlichen Ressourcen kontrolliert. Diese Entscheidungsfunktion[333] bewirkt, daß die Elite auch die Verantwortung für die Entwicklung des Landes trägt, der sie sich nicht entziehen kann, wenn sie ihre Machtlegitimität nicht einbüßen will.

Bei der Elite wird zwischen "institutionalistischer" und "behavioristischer Elite" unterschieden. Die erstere bestimmt sich auf Grund von Schlüsselpositionen mit besonderen Entscheidungskompetenzen, wobei die jeweilige Machtfülle dieser Position und nicht der betreffenden Person zugeordnet wird. Dahrendorf, Zapf u. a. sprechen auch von einer "funktionalen" Elite[334], die personell mit den Spitzenpositionen oder -ämtern in Verbindung gebracht wird (auch "positional approach" genannt). Die Vertreter dieser Theorie glauben, daß die wesentlichen Entscheidungen von den Personen, welche die wichtigsten Positionen innehaben, qua Amtsbefugnis getroffen werden.

---

329 Sik 1976: 148.

330 Eine ausführliche Diskussion der Elitentheorien ist in diesem Zusammenhang nicht möglich. Vgl. dazu Mosca 1950; Aron 1950; Lasswell/Lerner/Rothwell 1952; Wiese 1955; Jaeggi 1960; Aron 1960; Dreitzel 1962; Hamann 1964; Zapf 1966; Laswell/Lerner 1966; Bottomore 1969; Lange 1970: 161ff.; Stammer/Weingart 1972: 130ff.; Scalapino 1972; Pareto 1976; Putnam 1976; Witjes 1976: 15ff.; Röhrich 1977: 15ff.; Mills 1977; Marger 1981; Herzog 1982; Hoffmann-Lang 1983; Felber 1986; Endruweit 1986.

331 Spitzenpositionen sind die "höchsten Rangplätze auf der Macht- oder der Prestigeskala der Gesellschaft", vgl. Dreitzel 1962: 71. Riggs nennt die Elite daher die "power-holders in a society", vgl. Riggs 1964: 125.

332 Dahrendorf weist auf die Wichtigkeit des Moments regelmäßiger Teilnahme an Entscheidungsprozessen hin, vgl. Witjes 1976: 22.

333 Etzioni 1969b: 61 spricht von "power positions".

334 Vgl. z. B. Dahrendorf 1965: 179 und Zapf 1965.

Die zweite Theorie, auch "decision-making approach" genannt, rechnet zur Elite Personen, die an den relevanten Entscheidungsprozessen maßgeblich beteiligt sind, unabhängig von der jeweiligen Position.[335] Politische Erfahrung, vergangene Leistungen, Einfluß und Prestige können für solche informelle Macht die Grundlagen sein.

Die institutionalistische Theorie vernachlässigt die nicht-positionsgebundenen Einflußgruppen und ist für eine Analyse der Machtverhältnisse in China allein nicht geeignet. Eisenstadt und von Beyme weisen entsprechend darauf hin, daß eine Elitetheorie, die lediglich auf Funktionen bezogen wird, sich der Gefahr der Tautologie aussetzt, weil "graue Eminenzen", "Drahtzieher" und "interessenmäßig begründete, impliziert autoritäre Einflußnahme" (wie in China seitens einer Gruppe von Veteranenfunktionären wie Deng Xiaoping, Chen Yun u. a.) unberücksichtigt bleiben.[336]

Das Beispiel China zeigt, daß diese Unterscheidung sinnvoll ist, da gegenwärtig nicht die Inhaber der nominell wichtigsten Ämter die höchste Entscheidungsgewalt innehaben, sondern "graue Eminenzen" im Hintergrund. Gleichwohl setzt sich die Führungselite - wie wir oben gezeigt haben - sowohl aus grauen Eminenzen als auch aus den Inhabern der höchsten Partei- und Staatsämter (Politbüro, Ministerpräsident, Armeeführung) zusammen.

Die Zugehörigkeit zur Elite bestimmt sich in China auf Grund politisch-organisatorischer (KP-Zugehörigkeit) und klientelistischer Voraussetzungen (Zugehörigkeit zu einer Seilschaft, die politischen Aufstieg ermöglicht oder Förderung durch einen Patron in der Hierarchiespitze). Das ideologische Moment, das häufig als Voraussetzung der Elitenzugehörigkeit angeführt wird, spielt eine untergeordnete Rolle. Zum einen wird die Mitgliedschaft in der Kommunistischen Partei (weitgehend die Voraussetzung für Elitenzugehörigkeit) mit einem "ideologisch korrekten Standpunkt" identifiziert, andererseits gibt es keinen ideologischen Standpunkt per se, sondern nur eine wechselnde, jeweils herrschende politische Grundlinie. Das Eintreten für diese Grundlinie wird von den Angehörigen der politischen Elite erwartet. Dies bewirkt aber keineswegs deren Homogenität. Es gibt unterschiedliche Auffassungen und Standpunkte (vgl. die Linienkämpfe seit Gründung der Volksrepublik oder die Auseinandersetzungen um das Reformkonzept bzw. um die Haltung gegenüber der Protestbewegung im Mai/Juni 1989) und Partikular- bzw. Gruppeninteressen, die sich zu ernsten Konflikten zwischen den verschiedenen Gruppierungen ausweiten können.

Der Elitebegriff ist eng mit dem Begriff der Herrschaft verbunden. Darauf haben bereits Pareto und Mosca, die Väter der Elitetheorie, aufmerksam ge-

---

335 Dazu: Witjes 1976: 21ff.; Endruweit 1986: 27ff.; Schneider 1989: 405.

336 Eisenstadt/von Beyme 1968: 110f.

macht.[337] Die Existenz einer politischen Elite weist schon auf das Moment sozialer Ungleichheit hin. Für Jaeggi sind die Angehörigen der Elite "Machtträger".[338] Und von Wiese konstatiert, daß die Geschichte bewiesen habe, daß Eliten zur Ausnutzung ihrer Macht tendierten.[339] Dies gilt indessen nur für *politische* Eliten. Die Frage, ob die politische Elite in China die herrschende *Klasse* darstellt, interessiert uns in diesem Zusammenhang nicht. Es liegt aber nahe, daß sich diese Elite als "Staatsklasse" im Elsenhanschen Sinne etabliert hat. Zwar fehlt der Besitz an Produktionsmitteln, die Elite übt aber in ihrer Gesamtheit die Verfügungsgewalt darüber aus.[340] Von daher weist Scalapino der Elite in China das negative Moment der Machtmanipulation zu: "Die Elite bilden diejenigen, die Macht manipulieren".[341]

Die Elite rechtfertigt ihre Herrschaft weniger mit der elitären Vorstellung einer "Avantgardepartei" im leninistischen Sinne, sondern mit vergangener ("Befreiung" Chinas) und künftiger Leistung (Modernisierung) sowie nationalistischer Zielsetzung (Erstarken der Nation). Wenn Leistung Voraussetzung für die Mitgliedschaft in der Elite ist, wie einige Autoren meinen[342], dann mag dies auf die Elitenveteranen wie Deng zutreffen, die sich auf revolutionäre Leistungen bzw. auf die Einleitung eines (bis 1988) durchaus erfolgreichen Reformprozesses verweisen können. Daneben bedarf es aber Elementen wie politischer Erfahrung, Einfluß und Prestige, um sich in der Elite behaupten zu können.

Die Mehrheit der Machtelite aus Alt-Funktionären - wir nannten sie oben strategische Elite - ist über 80 Jahre alt. Neue Elitenanwärter sind im Aufstieg begriffen oder bereits in Wartestellung. Sie schicken sich an, nach dem Ableben der strategischen Elite zur neuen Machtelite zu werden. In Anlehnung an amerikanische Sozialwissenschaftler unterscheidet Ludz bei diesen Anwärtern zwischen den "Parteibürokraten", die ihren Aufstieg der Karriere in der Partei verdanken, und der "industrializing elite", Intellektuellen, die eine akademische Ausbildung (meist mit einem Auslandsaufenthalt verbunden) absolviert haben und/oder sich im technisch-ökonomischen Bereich fachlich qualifiziert haben.[343] Die Akteure dieser aufstrebenden Elite sind in der Regel Innovationen und sozialem Wandel gegenüber aufgeschlossener als die strategische oder parteibürokratische Elite. Von dieser

---

337 Siehe auch Hamann 1964: 22ff.

338 Jaeggi 1960: 13. Macht definiert Jaeggi in Anlehnung an Max Weber als "Chance, daß innerhalb sozialer Beziehungen Weisungen und Befehle von bestimmten Personen bei anderen Personen Gehorsam finden", ibid.

339 von Wiese 1955. Lasswell/Lerner/Rothwell 1952: 8 definieren Macht als "Teilnahme am Entscheidungsprozeß".

340 Aron 1950 identifiziert die Elite generell mit der herrschenden Klasse; ähnlich Sik 1976: 257f.

341 Scalapino 1972: vi.

342 Vgl. z. B. Dreitzel 1962: 67.

343 Ludz 1970: 42.

Gruppe sind, nach Übernahme der Macht, daher grundlegende Veränderungen zu erwarten, die weniger politisch als technisch-ökonomisch begründet werden dürften. Von daher läßt sich auf diese Gruppe durchaus der häufig verwendete Begriff der "Gegenelite" anwenden.[344]

Der Wandel in der politischen Linie war in der Volksrepublik China stets mit Veränderungen in der Elitenzusammensetzung ("Elitenzirkulation"[345]) verbunden. Die derzeitige Machtelite der "grauen Eminenzen" besteht allerdings weitgehend aus Personen, die seit Gründung der Volksrepublik diesem Kreis angehören (mit Unterbrechungen wie während der Kulturrevolution). Erst mit dem Ableben dieser Gruppe wird sich eine neue Elite mit neuen Werten herausbilden. Einen solchen Wandel hält Parsons im Interesse der Erhaltung eines Systems mit Recht für notwendig, weil sonst gesellschaftlicher Fortschritt, Innovation und Kreativität behindert oder unmöglich gemacht werden.[346]

Aus der Erörterung der Bürokratie in Abschnitt 6.2.1 ergibt sich, daß die Trennlinie zwischen Bürokratie und Elite in der Literatur nicht eindeutig ist. Häufig werden beide Begriffe miteinander gleichgesetzt. Elite bezeichnet "Inhaber von Führungspositionen"[347], Bürokratie ein politisches System der "Machtausübung durch Beamte".[348] Die Elite im Sinne der "power elite"[349] reicht über den Bürokratiebegriff hinaus, denn sie kontrolliert die Bürokratie. Obgleich es Teileliten gibt, die Entscheidungen über Teilfragen fällen[350], wird der Begriff der Elite zunächst auf die nationale Elite ("power elite") bezogen. Der Begriff der Bürokratie umfaßt dagegen auch die Subeliten. Der Kaderbegriff geht, wir wir unten noch sehen werden, über Bürokratie und Elite hinaus.

Die unkontrollierte Machtstellung der Elite in China und ihre privilegierte Stellung erleichtern zum einen Korruption, Nepotismus und Patronage, ermöglichen andererseits ein legales Abweichen von rechtlichen und ethischen Normen, weil die Elite selbst über die offizielle Normierung befindet und sich von den gesellschaftlichen Normen ausnehmen kann.

Die Zugehörigkeit zur Elite oder Teilelite bringt den Vorzug der Privilegiennahme mit sich. Über die Vergabe von Privilegien, d. h. die Verteilung

---

344 Dazu Laswell/Kaplan 1952: 266f.; Riggs 1964: 135f.; Ludz 1970: 43f.; Endruweit 1986: 40f.

345 Vgl. Endruweit 1986: 224ff.

346 Parsons 1970.

347 von Beyme 1968: 103.

348 Eisenstadt/v. Beyme 1968: 103.

349 Vgl. Mills 1977.

350 Als Teilelite wird der Teil der Elite bezeichnet, der nur in einem Teilbereich als Elite fungiert. Wir haben oben dafür den Begriff "Subelite" verwendet. Teileliten, die nur in bestimmten Sektoren Elitenfunktion übernehmen, werden als "sektorale Eliten" bezeichnet, örtlich beschränkte als "lokale Eliten". Dazu: Endruweit 1986: 41ff.

eines Teils des gesellschaftlichen Surplus' an bestimmte soziale Gruppen, entscheidet die Machtelite. Die Privilegienvergabe ist damit direkt an Macht gebunden. Macht ist die "entscheidende Determinante" von Privilegien.[351] Hier trifft Webers Bestimmung von Macht als "Chance, innerhalb einer sozialen Beziehung den eigenen Willen auch gegen Widerstreben durchzusetzen"[352] zu. Wer Macht hat, so Lenski, bestimmt weitgehend über die Verteilung des Surplus' einer Gesellschaft.[353]

Privilegien dienen keineswegs nur dem Zweck der Eigenbereicherung. Sie stellen Belohnung für "revolutionäre Treue" dar, sollen einen Anreiz bieten, sich in der Partei führend zu betätigen, dienen zugleich als Integrationsfaktor zur Erhaltung des Status quo, sollen die Nutznießer dieser Vorrechte an das System binden und somit Stabilität sicherstellen.

Sie schaffen zugleich aber eine Trennlinie zwischen Elite und "Massen", fördern Opportunismus (Engagement für die Partei lediglich im Interesse der Erlangung der mit dem Elitestatus verbundenen Gratifikationen) und Karrierismus und schüren Unzufriedenheit bei der Nichtelite.

Von manchen Wissenschaftlern wird die These aufgestellt, Privilegien führten dazu, daß die Nutznießer vehement an deren Aurechterhaltung interessiert seien und sich daher jeder diesbezüglichen Veränderung widersetzten. Sie erwiesen sich somit in erheblichem Maße entwicklungshemmend.[354] Von anderer Seite werden Privilegien als notwendig zur Erfüllung der Funktionsaufgaben eines Machtträgers angesehen.[355]

Gewiß stellen Privilegien in China auch einen Anreiz dar, eine herausgehobene Position und Verantwortung zu übernehmen. Auch das Argument, daß gewisse Privilegien (Dienstwagen, Telefon in der Privatwohnung etc.) der Aufgabenerfüllung dienen, trifft partiell zu. Aber die Tatsache, daß die Diskussion darüber tabu ist, Informationen darüber zurückgehalten werden und Privilegien Formen annehmen, die direkte Kennzeichen sozialer Trennung zwischen Elite und Nichtelite sind (Sondergeschäfte, Sonderzugang zu Informationen, Konsumgütern, medizinischer Behandlung u. a.), zeigt, daß nicht die Funktionalität im Vordergrund steht, vielmehr Faktoren wie Belohnung, Abhebung von der Masse, Integration in das Elitesystem sowie das Bewußtsein eines elitären Sonderstatus' gegenüber der "Masse" dafür grundlegend sind. Entsprechend konstatiert Lenski,

---

351 Lenski 1973: 87.

352 Weber 1956, Bd. I: 38. Zur Analyse der verschiedenen Arten von Macht vgl. Etzioni 1969b: 60ff.

353 Lenski 1973: 71.

354 Vgl. Endruweit 1986: 137.

355 Siehe Ibid.: 136.

daß die "Verteilung von Gratifikationen in einer Gesellschaft von der Machtverteilung abhängt, nicht von den Bedürfnissen des Systems".[356]

Elsenhans weist auf das wichtige Moment hin, daß in Entwicklungsländern Privilegien der politischen Elite von den Massen durchaus akzeptiert werden, wenn und insofern diese "staatliche Funktionen ausübt und als Garant der Durchsetzung des allgemeinen Interesses erscheint."[357] Eine solche Bestimmung stellt die Einordnung von Privilegien in die Kategorie "Korruption" grundsätzlich in Frage. Wir haben oben aber gezeigt, daß wir in Privilegien nicht primär die Eigengewährung materieller Vorteile sehen, sondern ein Mittel zur Integrierung von Funktionsträgern in die Elite und damit einen Beitrag zur Systemstabilisierung sowie die bewußte Schaffung einer Trennlinie zwischen Elite und Volk. Die materielle und machtmäßige Privilegierung verwandelt sich dadurch in ein Mittel geistiger Korrumpierung. Überdies widersprechen die (durchaus legalen) Privilegien dem von der Partei proklamierten und propagierten sozialistischen Normensystem, das auf sozialer Gleichheit und Gerechtigkeit beruhen soll. Die monopolartige Machtstruktur und das Fehlen einer öffentlichen Kontrolle erlauben es der Elite, korruptes Verhalten zu legalisieren. Dadurch werden die Grenzen zwischen Legalität und Korruption verwischt.

6.2.3 Das Kadersystem

Aus dem bisher Gesagten geht hervor, daß in unserer Untersuchung mit dem Begriff der Korruption der Begriff "Kader" (ganbu) untrennbar verbunden ist. Der Begriff stammt aus der französischen Revolution und hatte ursprünglich eine militärische Bedeutung im Sinne des erfahrenen Kerns der Armee (Offiziere und Unteroffiziere), der neue Rekruten in den "Rahmen" (cadre) der Armee einzubauen hatte. Zu Beginn des Jahrhunderts fand der Begriff über Lenin und Rosa Luxemburg Eingang in die sozialistische Bewegung. Lenin bezeichnete damit zunächst den Stamm der Berufsrevolutionäre. Nach der russischen Revolution von 1917 waren damit die mit politischen und produktionstechnischen Aufgaben betraute Schicht von Akteuren gemeint sowie Nachwuchskräfte mit einer Hoch- oder Fachschulausbildung, die zu Leitungsaufgaben herangezogen werden sollten. Stalin hat dem Begriff in diesem Sinne Geltung verschafft.[358]

Der chinesische Begriff "*Ganbu*" hat zwei Bedeutungen: Einmal bezeichnet er alle öffentlich Bediensteten in staatlichen Ämtern und Institutionen, bei der Armee und in "Volksorganisationen" (renmin tuanti), ausgenommen Rekruten und

---

356 Lenski 1973: 87.

357 Elsenhans 1981: 167.

"einfaches Dienstpersonal" (qinza renyuan) in Institutionen und Betrieben. Zum anderen steht er für Personen mit gewissen Leitungs- und Verwaltungsfunktionen.[359] Weggel weist darauf hin, daß der Begriffsinhalt von "Ganbu" in der Geschichte der VR China wiederholt gewechselt habe. Selbst chinesische Quellen sprechen davon, daß Ganbu vieldeutig und vage verwendet wird und den Generalsekretär der Partei oder den Staatspräsidenten ebenso einschließt wie Ingenieure, Lehrer, Ärzte, Polizisten usw.[360] Tatsächlich umfaßt er die Führungsspitze, die Elite, Subelite, lokale Subelite, die Ausführungskader sowie den Führungsnachwuchs auf unterster Ebene und ist von daher kaum operationalisierbar.

"Kader" wird in China als Umschreibung des Begriffs "Funktionär" verwendet. Es gibt sowohl politisch ausgerichtete Kader (Parteikader, zhengzhi ganbu), die für Politik und Ideologie zuständig sind, als auch fachlich ausgerichtete (yewu ganbu wie Betriebsdirektoren, leitende Techniker u. a.), die nicht unbedingt Mitglieder der Kommunistischen Partei sein müssen. Anfang der 50er Jahre soll es 1,7 Mio Kader im zivilen Bereich gegeben haben, 1989 30 Millionen, davon 21 Mio. produktionstechnische.[361] Die 27 Mio. Kader mit leitenden Aufgaben im Jahre 1987 sollen sich aus folgenden Gruppen zusammengesetzt haben:

Tab. 3: Kader nach Sektoren (1987)

Kaderfunktion	in Mio.	in %
in Produktionsbetrieben	11,0	40,8
in öffentl. Institutionen	10,0	37,0
in Verwaltungsorganen	5,0	18,5
in der Partei	0,6	2,2
Sonstige	0,4	1,5
Gesamt	27,0	100,0

Quelle: Renmin Ribao 16.9.89.

358 Dazu Müller/Hodnett 1969: 452ff.; Balla 1972: 154f.

359 Xiandai hanyu cidian 1978: 353; Jin 1989; vgl. auch Schurmann 1966: 162ff.

360 So z. B. Yang/Yu 1988.

361 Renmin Ribao 16.9.89.

Die Kader sind seit 1956 in 25 Ränge (ji) eingeteilt, wobei Stufe 25 die niedrigste ist. Die Stufen 18 bis 25 umfassen die einfachen Staatsangestellten sowie die Keji- (Unterabteilungsleiter in Staatsbetrieben bzw. Leiter von Kreisämtern), teilweise auch die Chuji-Ebene (Abteilungsleiter sowie führende Kader auf Kreis- und Stadtebene). In den Stufen 14 bis 17 befinden sich die Kader mittlerer Ebene (ein großer Teil der Juji-, die Ebene der Amtsleiter auf nationaler, der Siji-, die Ebene der Abteilungsleiter auf Ministeriumsebene sowie der Tingji-Ebene, der Amtsleiter auf Provinzebene und der führenden Kader auf Bezirksebene). Ab Stufe 13 ist man ein hoher Kader (gaoji ganbu). Dies umfaßt u. a. die Kader auf Kommissions- und Hauptbüroebene (zong juji), die Führungskader auf Provinzebene sowie Funktionäre auf der Vizeminister- und Ministerebene (Fubuji und Buji-Ebene). Die Stufen von 7 aufwärts bleiben der Führungsschicht vorbehalten: den Parteisekretären der Provinzen, Kommandeuren der Militärregionen und Ministern und ihnen gleichgestellten Funktionären sowie den Partei- und Staatsführern.

Die jeweilige Stufe bestimmt nicht nur das Gehalt, sondern auch einen unterschiedlichen Zugang zu Informationen. Bei höheren Kadern regelt die Einteilung die Gewährung bestimmter Privilegien (Wohnungsgröße, Telefon in der Wohnung, Umfang des Dienstpersonals, Dienstwagen mit Chauffeur, Recht auf Dienstfahrten in der ersten Bahnklasse, bessere medizinische Versorgung, Zugang zu ausländischen Filmen und ausländischer Literatur usw.). Die Unterschiede reichen bis zu Kleinigkeiten wie Bürostühlen: Kader ab Stufe 13 haben Anspruch auf einen Lederdrehstuhl, solche von 14 bis 16 auf einen weich gepolsterten Stuhl mit Federung; wer Rang 17 erreicht hat, erhält einen Holzstuhl mit Kissen, diejenigen über 17 nur einen einfachen Holzstuhl.[362] Ofiziell wird dieses Rangsystem nie erwähnt, obwohl jeder Chinese es kennt.

Die ursprüngliche Einteilung richtete sich nach dem Beginn der Teilnahme an der Revolution.[363] Ideologisch einheitliche Ausrichtung, Rangeinteilung, Privilegien u. a. erinnern an das traditionelle Beamtensystem, dessen Einfluß sich das Kadersystem nicht zu entziehen vermochte. Denn bereits während der Kaiserzeit waren die Beamte in Ränge, die ji-Hierarchie, eingeteilt.[364] Dabei gab es zwei Hauptkategorien: Zivil- und Militärbeamte. Jede Kategorie war seit der Tang-Zeit (618-907) in neun Ränge unterteilt, wobei jeder Rang sich wieder in zwei Klassen, eine Ober- (shang) und eine Unterstufe (xia), aufteilte, so daß es insgesamt 18 Stufen gab. Jedem Rang entsprachen bestimmte Amtsinsignien und Gehälter.[365]

Daß niedrige Einkommen von Staatsbediensteten die Korruptionsgefahr erhöhen, haben wir bereits an anderer Stelle festgestellt. Von daher erscheint eine

---

362 Vgl. auch Butterfield 1982: 67.

363 Dazu u. a. Barnett 1967; Domes 1980: 154ff.; Gransow 1983: 319ff.; Manion 1985; Weggel 1987: 99ff.; Burns 1989.

364 Vgl. dazu Marsh 1960: 120ff.

kurze Untersuchung der Funktionärsgehälter angebracht. Das Einkommen eines Funktionärs richtet sich nach dem jeweiligen Kaderrang. "Hohe Kader" verdienen offiziellen Angaben zufolge monatlich über 250 Yuan, im Jahr somit 3.000 Yuan (nach dem Kurs von 1991 ca. DM 840.-). Der Durchschnittslohn eines Beschäftigten in einem Staatsunternehmen betrug 1987 etwa die Hälfte davon (1.546 Yuan). Doch neben dem Bargeldeinkommen müssen auch die materiellen Besserstellungen, die Privilegien hoher Funktionäre berücksichtigt werden: Dienstwagen, größere Wohnungen, kostenlose Spitzenversorgung im medizinischen Bereich, die unentgeltliche Zurverfügungstellung von Dienstpersonal (Chauffeur, Sekretär/-in) usw. Die Einkommen dieser Funktionäre sind somit weitaus höher anzusetzen. Allein ein Dienstwagen ist mit 20.000 - 30.000 Yuan jährlich zu veranschlagen. Dazu kommen die Kosten für den Fahrer (Lohn, Sozialleistungen, Mietzuschuß usw.), so daß der Staat für den Dienswagen plus Chauffeur eines einzigen Kaders etwa 30.000 Yuan jährlich zu zahlen hat. In ganz China sollen 210.000 Funktionäre solche "Privilegien für hohe Kader" genießen, davon 90.000 von der Ebene des stellvertretenden Amtsleiters (fujuji yishang lingdao ganbu) aufwärts.[366]

Je höher der Rang eines Funktionärs, desto größer ist der Anteil der Privilegien und immateriellen Vorteile an seinem Gesamteinkommen. Dazu kommt der Zugang zu Gütern, die auf dem Markt nicht erhältlich sind. Mit dem Verlust eines Amtes oder dem Ausschluß aus der Hierarchie entfällt nicht nur der Zugang zu diesen Gütern, sondern es erfolgt auch ein signifikantes Absinken des Lebensstandards.

Die hohen Funktionäre stehen trotz einer allgemeinen Verteuerung in den letzten Jahren finanziell nicht schlecht da, auch wenn die Kaufkraft ihrer Einkommen von Jahr zu Jahr sinkt. Privilegien und leichter Zugang zu pekuniären und nicht-pekuniären Zusatzeinkommen dämpfen in dieser Schicht den Anreiz zur Korruption.

Anders sieht dies auf der Ebene der unteren Funktionärsschicht aus. Die Einkommen der Staatsbediensteten in den Ämtern und Institutionen sind seit Ende 1978 erheblich langsamer gestiegen als die Löhne in den staatlichen Unternehmen. Angaben des Statistischen Amtes der Stadt Peking zufolge hat sich die Einkommensschere zwischen den beiden Gruppen von 6,4 Yuan (1984) auf 23,9 Yuan (1987) vergrößert. Da verschiedene Zusatzleistungen hierbei nicht berücksichtigt wurden, dürfte die tatsächliche Disparität noch wesentlich größer sein.[367]

Während eine wachsende Zahl von Facharbeitern und Intellektuellen sich durch Nebenerwerbstätigkeiten Zusatzeinkommen sichern, hat die Mehrzahl der

365 Navarra 1901: 53ff.; Marsh 1961: 206ff.; Bodde/Morris 1973: 114.

366 Nankai daxue shouru fenpei keti zu 1990: 7.

367 Vgl. Chen, Shiyan 1990.

Basiskader von der fachlichen Qualifikation her keine derartige Möglichkeit. Chinesische Ökonomen gingen 1989 davon aus, daß die Löhne und Gehälter nur noch maximal die Hälfte der Einkommen städtischer Haushalte ausmachen. In Shanghai sollen 1989 16,3% der Beschäftigten in Großbetrieben bereits einem "Zweitberuf" nachgegangen sein, in Guangzhou 1988 20% aller Erwerbstätigen. Landesweit wurde die Zahl der Doppelberufler 1988 auf 10-20% geschätzt. Die Einkommen aus dem Zweitberuf betragen in der Regel das Zwei- bis Dreifache derjenigen aus dem Erstberuf.[368] Eine solche Möglichkeit zu Zusatzeinkommen haben Basiskader in den wenigsten Fällen. Ihnen bleibt allein die Möglichkeit, ihre Machtbefugnisse zu vermarkten, wenn sie Nebenerwerbsquellen erschließen wollen.

Die unteren Funktionäre sind von daher Bestechungs- oder Unterschlagungsversuchen eher zugänglich als die höheren, da sie weder über die Einkommen noch über die Privilegien und Vorteile der letzteren verfügen. Durch Korruption, d. h. durch Mißbrauch ihrer Machtbefugnisse, versuchen sie diese Nachteile auszugleichen.

Das Problem der Privilegien wird kaum öffentlich diskutiert. Jede Kritik daran berührt direkt die Interessen der politischen Elite. Soweit es überhaupt einmal kritisch angesprochen wird, wird es auf die Schicht der mittleren oder zweitrangiger Funktionäre bezogen. Eine kritische Analyse unterbleibt ebenso wie eine Diskussion über den Abbau von Privilegien.[369]

Die Kaderpolitik, das Repressions- und Korruptionssystem sowie das Monopol der Ideologie sind Ota Sik zufolge die drei Primärfaktoren, über die der Parteiapparat nicht nur die gesamte Partei, sondern auch die gesamte Gesellschaft kontrolliert.[370] Bei der Kaderauswahl entscheiden organisatorische und ideologische Ein- und Unterordnung sowie Anpassung. Innovations-, Fortschritts- und kritisches Denken sind unerwünscht oder haben sich auf untergeordnete technisch-organisatorische Abläufe zu beschränken. Die Auswahl des Kadernachwuchses und seine Beförderung (alle Kader werden von oben ernannt) obliegen den übergeordneten Funktionären und bedürfen deren Zustimmung und Wohlwollen. Diese Auswahl bestimmt sich nach dem Eigeninteresse des dafür zuständigen höheren Funktionärs, da sich jede dieser Entscheidungen auf seinen eigenen Werdegang und seine persönliche Macht auswirkt. Er wird also ihm persönlich ergebene Personen aussuchen, die zur Ausweitung seiner Macht beitragen und ihn dabei unterstützen. Sik schlußfolgert daraus, daß aus diesem Grunde

> "die Kaderpolitik nicht nur das entscheidende Mittel für die qualitative Reproduzierung des ganzen Parteiapparats als der

---

368 Heberer 1989a: 330ff.; Heberer/Weigelin 1990: 177.

369 Vgl. Xiao, Dong 1988; Nankai daxue shouru fenpei keti zu 1990: 7.

eigentlichen Machtelite [ist], sondern zugleich das wichtigste Instrument in dem beständigen, gegenseitigen persönlichen Machtkampf zwischen den Funktionären."[371]

Die Folgen bestehen in geringer Effizienz, Opportunismus, Lethargie gegenüber gesellschaftlichen Problemen und Karrierismus. Zur Aufrechterhaltung eines solchen Systems bedarf es Sik zufolge nicht nur der Repression, sondern auch der Korrumpierung der Elite und Teilelite, um sie an das System zu binden. Diese Bindung erfolgt über die Gewährung von Vorteilen und Privilegien, durch Korrumpierung. Sik sieht von daher in der Korruption lediglich die "Kehrseite eines jeden Repressionssystems".[372]

Stalin hat diese Elitenkorruption auf die Spitze getrieben, indem er jeden Monat und je nach dem Verhalten der Mitglieder des Politbüros an diese persönlich Briefumschläge mit hohen Geldbeträgen als "Prämien" verteilte, ein Phänomen, das von anderen sozialistischen Ländern kopiert wurde.[373]

Trotz der Gewährung von Gratifikationen und Privilegien ist eine totale Homogenität der Partei nicht gegeben, weil die einfachen Mitglieder die Diskrepanz zwischen Schein und Realität durchaus wahrnehmen und ein latentes Oppositionspotential darstellen. In der Protestbewegung von 1989 hat sich gezeigt, daß ein großer Teil der Parteimitglieder in diesem Sinne aktiv an jener Bewegung teilgenommen hat.

6.3 Korruptionsformen[374]

Es lassen sich in China im wesentlichen vier Formen von Korruption unterscheiden: Bestechung/Bestechlichkeit; Nepotismus, Patronage und Klientelbeziehungen; tanwu, die Amtsunterschlagung bzw. Eigenbereicherung von Beamten durch verschiedene Mittel, und die Berichtsfälschung. Dies wollen wir im folgenden erläutern:

---

370 Sik 1976: 148ff.

371 Ibid.: 150.

372 Ibid.: 172.

373 Ibid.: 173.

374 Einen guten Einblick in die wuchernde Korruption der Nach-Mao Ära findet sich bei Nathan 1987; vgl. auch Liu, Binyan 1983, der eine detaillierte Beschreibung eines Korruptionsfalles liefert.

6.3.1 Bestechung/Bestechlichkeit

Bestechung (huilu) bedeutete ursprünglich Zueignung von Vermögenswerten oder Transfer von Geld von einer Hand in eine andere. Bestechung wird an Amtsträger gezahlt oder von ihnen gefordert, um Entscheidungsabläufe von Staats- oder Parteistellen zugunsten der bestechenden Seite zu beeinflussen oder um Güter, Dienstleistungen, Informationen oder Dokumente ungeachtet der Voraussetzungen von diesen Stellen zu erhalten. Zu unterscheiden ist zwischen der *Bestechlichkeit*, d. h. der Annahme, Forderung oder dem Sichversprechenlassen von Vorteilen und der *aktiven Bestechung*, d. h. der Gewährung, Anbietung oder der Versprechung solcher Vorteile.[375]

Hierbei muß zwischen Zahlungen zur Beschleunigung von Entscheidungsabläufen und solchen zur Verzerrung politischer Richtlinien oder staatlicher Entscheidungen unterschieden werden.[376] Eine Beschleunigung liegt z.B vor, wenn auf Grund einer Bestechungszahlung eine legitime Berechtigung zum Zuzug in eine Stadt schneller gewährt wird als ohne diese Zahlung, eine Verzerrung, wenn jemand eine Zuzugsberechtigung erhält, obgleich ihm eine solche nicht zusteht.

Zu den häufigsten Delikten dieser Art zählen:

- die Beschaffung von Engpaßgütern

Viele für die Produktion wichtige Güter wie Rohstoffe, Maschinen, Ersatzteile, Devisen, Energie, Transportkapazitäten u. a., die auf dem Markt nicht erhältlich und Mangelware sind, werden über den Plan verteilt. Aus diesem anteilsmäßigen Zuteilungssystem resultiert, daß die Betriebe tendenziell nicht genügend dieser gewünschten Güter erhalten. Ohne ausreichende Zuteilung vermögen sie aber den Produktionsplan nicht zu erfüllen. Sollen die staatlichen Betriebe das ihnen auferlegte Plansoll erfüllen, sind sie gezwungen, sich die notwendigen Güter außerhalb des Plans zu beschaffen. Die kollektiven und privaten Betriebe sind im Interesse ihrer Geschäftstätigkeit ebenfalls auf "Sonderbeschaffungen" angewiesen. Nicht anders müssen sich die Verbraucher verhalten, wenn sie notwendige, auf dem Markt nicht erhältliche, Güter oder Dienstleistungen erwerben wollen.

Unter den Bedingungen eines Verkäufermarktes müssen die Unternehmen also zu Eigenmaßnahmen greifen, um ihre Produktionstätigkeit aufrechterhalten und - im Falle staatlicher Unternehmen - den Plan erfüllen zu können. Betriebe aller Eigentumsformen schicken daher Einkäufer (caigouyuan) oder middlemen (Mittelsmänner, jingjiren) aus, um landesweit mit legalen und illegalen Mitteln Rohmaterialien und Rohstoffe, knappe Güter, Transportkapazitäten und Import-

---

375 Vgl. auch Kang, Junxin 1990: 178.

376 Vgl. Scott 1972a: 67.

waren zu beschaffen. Auch die Beschaffung von Waren und Dienstleistungen aller Art (Wohnungen, Engpaßgüter, der Erwerb von Fahrkarten für Bahnen und Flugzeuge u. v. a.) durch Betriebe oder Privatpersonen ist vielfach nur durch solche Mittel möglich.

Die Beschaffung kann über horizontalen Austausch erfolgen, wobei Betriebe, Lokalitäten, Institutionen oder Einzelpersonen Güter oder Dienstleistungen direkt austauschen (wie die berühmte Qingdaoer Bierbrauerei ihr Bier mit der Provinz Yunnan gegen namhafte Zigaretten tauscht) oder über vertikale Kanäle, d.h über Verbindungen zu übergeordneten Stellen, die für die Verwaltung bzw. Verteilung der benötigten Produkte zuständig sind.

Dies erfordert die Herstellung "besonderer Beziehungen" zu den Verwaltungs- und Verteilungsinstitutionen oder (horizontal) zu den jeweiligen Unternehmen oder Lokalitäten. Die Bestechung der zuständigen Akteure auf der Verwaltungsebene bzw. der Versorgungsbetriebe bis hinauf zum Management ist hierbei die Regel. Falls beide Seiten über Mangelwaren verfügen, kann zumindest ein Agreement über gegenseitige Vorzugsbelieferung bzw. ein Austausch von Gütern oder Dienstleistungen vereinbart werden (Qualitätszigaretten gegen Ersatzteile für Maschinen; Elektrogeräte gegen Fahrradersatzteile o. ä.). Ein solcher Austausch ist möglich, weil jeder Käufer zugleich ein Verkäufer ist. Dazu ist nicht einmal ein direkter Austausch notwendig. Es genügt, wie Kornai feststellt, die Vermittlung eines Austausches: "Der Kollege meines Kollegen wird dem Kollegen deines Kollegen helfen".[377]

Die Probleme werden dadurch noch verstärkt, weil - so Kornai - zeitliche Verzögerungen und Qualitätsverschlechterungen eintreten, die Vorteilsgewährung sich zuungunsten dritter Betriebe auswirkt und so die Versorgungsplanung der Zentralbehörden unterlaufen und unwirksam gemacht wird.[378]

- Dokumentenerwerb

Die Vergabe von Gewerbescheinen, Reisepässen, Ausreisevisa, Empfehlungsschreiben (von Einheiten, die u. a. erst den Einkauf beim staatlichen Großhandel ermöglichen), Qualitätszeugnissen für Produkte, Bildungs- und Fachqualifikationen, akademischen Graden, Importlizenzen, städtischen Arbeits-, Aufenthalts-, Wohn- und Zuzugsberechtigungen (hukou) u. a. wird, da in staatlichem Monopol, von den zuständigen Beamten zur Bereicherung genutzt.

Nehmen wir z. B. die städtischen Wohn- und Zuzugsberechtigungen. Landbewohner oder Bewohner anderer, kleinerer Städte können gewöhnlich keine solche Berechtigung für eine größere Stadt erlangen. Hält sich jemand aus der ge-

---

[377] Kornai 1980 Bd. 1: 77.

nannten Personengruppe dennoch permanent dort auf, bleibt er gleichwohl von dem städtischen Organisations- und Sozialsystem ausgeschlossen. Er erhält weder Arbeits- noch Aufenthaltserlaubnis, keine Wohnung, keine Schul- und Kindergartenplätze, keinerlei Zuschüsse und kann weder das soziale Versorgungsnetz (Krankenhäuser u. a.) noch das Zuteilungssystem (Getreidemarken u. a.) in Anspruch nehmen. Der offizielle Grund dafür liegt in dem Versuch, Landflucht und übermäßige Aufblähung der Großstädte zu verhindern; zugleich erlaubt dieses System ein hohes Maß an sozialer Kontrolle.[379] Bestechung und Beziehungen sind die einzigen Möglichkeiten, diese strengen Hukou-Bestimmungen zu umgehen.

- Arbeitsbeschaffung, Beförderungen, Ernennungen

Das System der staatlichen Arbeitsplatzzuweisung und der Mangel an Arbeitsplätzen zwingt Arbeitsuchende, sich über Bestechung einen Arbeitsplatz bzw. Arbeitsplatzwechsel zu sichern. Staatsunternehmen, die eine gewisse soziale Sicherheit bieten, gelten nach wie vor als bevorzugte Arbeitsplätze. Der Eintritt in Partei und Jugendverband, Beförderungen, die Vergabe von öffentlichen und Parteiämtern oder die Studienplatzvergabe für Auslandsstudien sowie die Ernennung zu "Modellarbeitern" oder "Modellbetrieben" (dies ist mit höheren Geldzuweisungen verbunden) fallen unter diese Kategorie. Auch die Armee ist davon nicht verschont. Die Aufnahme in die Armee, die Gewährung von Heimaturlaub, Versetzungen und Beförderungen sind häufig nur über Bestechung erreichbar.

- Andere Formen der Beeinflussung von Entscheidungsabläufen

Auf nahezu allen Ebenen sind Entscheidungsabläufe über Bestechung beeinflußbar. Dies betrifft auch den Bereich der Justiz (Rechtsbeugung) und Polizei, Aufnahmeprüfungen für höhere Lehranstalten, Minderung oder Erlaß von Steuerzahlungen, die Bewilligung von Krediten, die bevorzugte Erlangung staatlicher Aufträge, die Beeinflussung von Kontrolleuren, die Betriebe oder Lokalitäten auf Gesetzesverstöße, Umweltdelikte o. a. hin überprüfen.

Nehmen wir das Beispiel der Hochschulaufnahme: Die Aufnahme hängt nicht nur von den Prüfungsergebnissen ab, sondern auch von der physischen und psychischen (darunter fällt auch die politische) Verfassung der Kandidaten. Die

---

378 Ibid.: 80ff.

379 Ein solches Kontrollsystem stellt keineswegs ein Novum dar, sondern existiert bereits seit dem Altertum, vgl. White III 1977: 156ff.

Kriterienvielfalt erlaubt der über die Aufnahme entscheidenden Instanz Aufnahmen zu manipulieren, schafft daher Bedingungen für Bestechung.[380]

- Außenwirtschaft und Außenbeziehungen

Funktionäre erwarten oder verlangen von ausländischen Geschäftspartnern Geschenke, Einladungen zu Auslandsbesuchen oder andere Vorteile für sich und ihre Familienangehörigen.[381] Ausländische Unternehmen sichern sich zum Teil über Bestechung Aufträge. Geschäftsleute, besonders aus Hongkong und Macao sowie Überseechinesen, erstehen auf dem Schwarzmarkt gegen Devisen billige einheimische Währung (Renminbi) und kaufen damit zu Niedrigstpreisen Qualitätswaren auf dem chinesischen Markt. Dazu bedarf es ebenfalls der Bestechung der zuständigen Funktionäre. Auch Spionage, Geheimnisverrat oder der Erwerb vertraulicher Dokumente erfordern Bestechung.

Der illegale Im- und Export von Gütern zwischen dem Festland sowie Hongkong, Macao und Taiwan (Elektrogeräte, Automobile, Antiquitäten, Drogen usw.) über Bestechung von Zoll-, Grenz- und Sicherheitsbeamten spielt inzwischen eine große Rolle.

- Bestechlichkeit/ Überhöhte Gebührenerhebung

Funktionäre verlangen zunehmend aus eigener Initiative Geld- oder Sachzuwendungen bzw. die Zahlung von überhöhten Gebühren oder Geldern für die Erledigung normaler Dienstpflichten. Dabei gibt es sowohl individuell als auch kollektiv erhobene Forderungen, wobei die Einnahmen durch die letzteren unter das Kollektiv aufgeteilt werden. Durch überhöhte Gebührenerhebung, das willkürliche Verhängen von Bußgeldern u. a. Mittel wird der Tatbestand der Bestechlichkeit oder Amtsunterschlagung (tanwu) verschleiert, da es sich hierbei um scheinbar amtlich eingezogene Gelder handelt. Um Korruption handelt es sich, soweit diese Gelder durch private Verteilung an die jeweiligen Beamten (direkt oder in Form von Geld- oder Sachprämien), aber auch durch die Gewährung oder Schaffung von privaten oder kollektiven Vergünstigungen (Anschaffung luxuriöser Dienstfahrzeuge für die Dienststellenleiter, Bankette, scheinbare "Dienstreisen" o.a.) dem Staat entzogen werden.

Ein Beispiel aus der Provinz Henan soll hier stellvertretend für die Vielzahl von Berichten in der chinesischen Presse angeführt werden. Ein Lebensmittelge-

---

380 Im Juli 1990 erließ die Erziehungskommission ein spezielles Rundschreiben, in dem sie vor diesen Problemen warnte, vgl. Renmin Ribao 16.7.90. Laut Renmin Ribao 7.8.90 zeigt dieses Phänomen ansteigende Tendenz.

381 Dazu auch Pye 1982: 30 und 88ff.

schäft der kommunalen Gemüsegesellschaft der Stadt Anyang hatte im Jahre 1989 folgende Gebühren zu entrichten:

- 1.068 Yuan als Straßenbenutzungsgebühren an das Amt für Städtebau;
- 120 Yuan als Hygienegebühren an das Straßenbüro;
- 120 Yuan Sicherheitsgebühren an das Polizeirevier;
- 5 Yuan für einen Erlaubnisschein für den Verkauf an öffentlichen Stellen sowie 30 Yuan Sicherheitsleistung;
- 5 Yuan für einen Erlaubnisschein zum Verkauf von Feuerwerk, der jeweils nur für ein Jahr gilt;
- 25 Yuan pro Person für die Gesundheitsuntersuchung der Beschäftigten (125 Yuan für fünf Beschäftigte);
- 25 Yuan jährlich für Lebensmitteluntersuchung sowie 100 Yuan Kaution;
- 381 Yuan für die Erneuerung der Geschäftslizenz;
- 50 Yuan für eine "Jahresuntersuchung";
- 1.920 Yuan Verwaltungsgebühren für ambulante Verkaufsstände;
- 240 Yuan für die öffentliche Sicherheit,
- 240 Yuan Hygienegebühren,
- 200 Yuan Sicherheitsleistung und
- 70 Yuan für den Gewerbeschein für diese Stände sowie die entsprechende Kaution.[382]

Selbst im Erziehungswesen hat sich das Gebührenunwesen ausgebreitet. Pro Schüler wird von vielen Schulleitungen eine Gebühr je Schuljahr erhoben, die Gesamtsumme wird dann als "Prämie" oder "Zuschuß" an die Lehrer und Schulangestellten verteilt. Um zwei aus vielen Beispielen herauszugreifen: In einer Mittelschule im Kreis Xinshi (Provinz Jiangxi) waren dies in einem Schuljahr 10.921 Yuan, in einer Mittelschule im Kreis Zhaoyang (Provinz Hunan) zwischen 1984 und 1989 480.000 Yuan.[383] Im Kern handelt es sich hierbei um eine eigenmächtige Gehaltserhöhung. Die Lehrer, die zum Kreis der am schlechtesten bezahlten Per-

---

382 Renmin Ribao 13.10.90.

383 Li, Zhongchun 1990.

sonen gehören, suchen offensichtlich irreguläre Wege zur Erhöhung ihrer Einkommen.

Ausgaben dieser Art belasten nicht nur die Staatsunternehmen über Gebühr, sondern noch mehr die Bevölkerung und die privaten Betriebe in Stadt und Land.[384] Der Staat bekämpft dieses Gebührenunwesen primär deshalb, weil es den Staatsunternehmen Gelder entzieht, die dem Fiskus nicht mehr in Form von Steuern zufließen können, von den einziehenden Institutionen zugleich unkontrolliert oder privat genutzt werden. Alle Bemühungen der Zentrale, diesem Gebaren Einhalt zu gebieten, sind bisher erfolglos geblieben.[385]

Die Ursache für die Gebührenübererhebung reichen über den Aspekt der Bereicherung oder der reinen Einkommenserhöhung hinaus. Hohe Ausgaben, ob legitime oder illegitime (wie für Bestechungsgelder, Vergnügungsreisen, Eßgelage, "Geschenke" an die Beschäftigten u. a.) sowie eine geringere Mittelzuteilung durch die oberen Instanzen als erwartet sollen dadurch kompensiert werden.[386]

- Erhalt besserer Dienstleistungen

Im Gesundheitswesen, Gaststätten- und Reparaturgewerbe sowie bei sonstigen staatlich monopolisierten Dienstleistungen lassen sich über Zusatzleistungen (Geld, Geschenke) bessere und raschere Leistungsqualitäten (etwa bessere oder kompetentere ärztliche Behandlung) erzielen.

Die Bestechung erfolgt nicht nur über Geldzahlungen, sondern auch über Geschenke, Bewirtungen oder Gewährung bzw. Überlassung materieller Vorteile. So verlangen Ämter etwa für die Vergabe von Bauaufträgen Anteile an dem zu erstellenden Wohnraum oder Funktionäre die unentgeltliche Renovierung ihrer Wohnungen. Im Außenwirtschaftsbereich spielt u. a. die Beschaffung und Finanzierung von Studienaufenthalten im Ausland für die Kinder der zuständigen leitenden Funktionäre eine Rolle. Auch die sexuelle Erpressung von Frauen durch Kader ist auf dem Land keine Seltenheit.

Chinesische Autoren weisen noch auf eine weitere Form der Bestechung hin, die "immaterielle" (feiwuhua shouhui) oder "geistige Bestechung" (jingshen huilu). Dazu werden u. a. Schmeichelei, Servilität, Eigenlob, Selbstgefälligkeit und Lobhu-

---

384 Dazu: Heberer 1989a: 188ff.; zu diesem Problem auf dem Land vgl. u. a. Renmin Ribao 27.19.90.

385 Siehe z. B. den ZK-Beschluß gegen das willkürliche Erheben von Gebühren und Bußgeldern in Gongren Ribao 16.10.90.

386 Vgl. u. a. Renmin Ribao 13.11.90.

delei gegenüber Höhergestellten im Interesse der Erlangung von Vorteilen gezählt.[387] Oi beschreibt dieses Verhalten folgendermaßen:

> "Der Untergeordnete (client) ist der enthusiastischste Unterstützer und Helfer des Leiters. Auf ihn kann bei der lobenden Hervorhebung der Führungsqualität des Patrons gezählt werden. Und er spornt die anderen an, sich ähnlich zu verhalten. Er führt als erster die Befehle des Leiters aus und stellt sicher, daß die anderen das ebenfalls tun. Er ist das zusätzliche Auge und Ohr des Leiters und kümmert sich um dessen Stellung. Wird eine politische Sitzung einberufen, dann ist er der erste, der die Stellung des Leiters in ein günstiges Licht rückt und die anderen zu entsprechenden Äußerungen veranlaßt. Wenn der Leiter seinen Standpunkt nicht dargelegt hat, wird der Klient eine Meinung äußern, von der er glaubt, daß der Leiter sie hören will und unterstützen wird."[388]

Oi weist darauf hin, daß es hierbei nicht um bloße Schmeichelei geht. Einem Leiter komme es zugleich darauf an, daß man (etwa bei Inspektionen durch höhere Stellen) gut über ihn spreche und die Vorgesetzten auch bei Befragung der "Massen" ein positives Bild von ihm gewönnen.[389]

Chen arbeitet dabei unterschiedliche Verhaltensmuster heraus, die sich nach der jeweiligen Stellung (niedere, mittlere, höhere Ebene) richten: der Jasager (yingshengchong), für den jedes Wort des Vorgesetzten einem kaiserlichen Edikt gleichkomme (niedere Ebene); der Schmeichler und Lobhudler (chuigushou), der dadurch das Wohlwollen und die Gunst seiner Vorgesetzten auf sich ziehe (mittlere Ebene); und der Berechnende (youxinren), der die Schmeichelei perfekt beherrsche und einsetze, es verstehe, das uneingeschränkte Vertrauen seiner Vorgesetzten zu erwerben und schließlich eine nahezu unangreifbare Stellung einnehme.[390]

---

387 Vgl. Wang, Zhifu 1989; Gongren Ribao 20.5.90.

388 Oi 1985: 257.

389 Ibid.: 258.

390 Chen, Guohua 1989: 40.

6.3.2 Soziale Beziehungs- und Machtgeflechte

Durch "Beziehungen" (guanxi), Nepotismus (qundai guanxi), Patronage, Klientelbeziehungen und Seilschaften versuchen Individuen oder Gruppen von Individuen Einfluß, Macht oder Vorteile zu erlangen. In unserem Zusammenhang beziehen wir uns dabei auf informelle Gruppen von staatlichen Funktionsträgern bzw. von Funktionsträgern und Akteuren ohne Funktion. Da informelle Gruppen oder Beziehungsgeflechte zur Erlangung von Macht oder Vorteilen sich über staatlich gesetzte, ethisch-moralische, gesellschaftliche oder politische Normen hinwegsetzen, Normenverletzung bewußt in Kauf nehmen und den darin Involvierten dadurch Vorteile entstehen, ist dieses Verhalten als Teil von Korruption zu werten. Gleichwohl ist es von der "Marktkorruption", d. h. der Vermarktung von Macht zu unterscheiden und der "parochialen" Korruption im Sinne Scotts zuzuordnen.[391]

Wir wollen zunächst versuchen, die verschiedenen Begriffe zu präzisieren. Die definitorischen Bestimmungen für "Patronage", "Klientelismus" oder "Seilschaft" in der wissenschaftlichen Literatur erschweren dieses Bemühen. Gleichwohl erfordert unser Thema die Einbeziehung dieser Strukturen. Zu prüfen ist auch deren Anwendung auf China.

Die genannten Phänomene beziehen sich auf Förderungs- und Ausleseverfahren auf der Verwaltungsebene wie die Gewährung von Vorteilen für bzw. die Bevorzugung von Verwandten, Landsleuten, Angehörigen der gleichen ethnischen Gruppe, Studienkollegen (tongxue), Seilschaften aus Armee- und Parteibeziehungen bzw. auf Grund gemeinsamer Erfahrungen oder gemeinsamer Interessen sowie die Protektion von Gruppen oder Einzelpersonen aus diesen Beziehungskategorien, um ihnen Ämter, hohe Gewinne oder anderweitige Vorteile zu verschaffen.[392]

6.3.2.1 "Guanxi"[393]

Für Chinesen ist Gesellschaft in erster Linie eine hierarchisch gegliederte Ordnung und durch ein Netz von Beziehungen überwoben. Mögen für viele Europäer die Erscheinungsweise und das Auftreten eines Menschen wichtig sein, so für viele Chinesen, wen man kennt und zu welcher Gruppe oder Danwei jemand gehört. D.

---

391 Vgl. Scott 1971: 317f.

392 Dazu: Schmidt/Scott et al. 1977.

393 Da es für Guanxi kein deutsches Synonym gibt, das dem chinesischen Begriffsinhalt gerecht würde, behalten wir den chinesischen Begriff bei.

h., man wird nach seiner Funktion in einer vertikal organisierten Gesellschaft bewertet. Persönliche Beziehungen spielen in der Bürokratie eine dominierende Rolle. Von daher bestimmt sich der Einfluß eines Funktionärs nicht auf Grund seiner Position, sondern infolge der Beziehungen, über die er verfügt sowie der Seilschaft, der er angehört. Dieses informelle System trägt zur Untergrabung des formalen Bürokratiesystems bei. Die mit einem Amt verbundene Macht und die damit verbundenen Eigentumswerte werden als Pfründe zur Bereicherung der eigenen Person sowie der Klientel begriffen. Je höher das Amt und je besser seine Beziehungen zur Elite, desto leichter kann ein Funktionär gegen Bestimmungen verstoßen. Und seine Untergebenen können solche Bestimmungen unter Hinweis auf Anweisungen höherer Stellen beliebig umgehen.[394] Von daher lassen sich Seilschaften durchaus in den Bereich der Korruption einordnen.

Die Kulturrevolution trug in erheblichem Maße zur Verstärkung des Geflechts von Seilschaften und Beziehungen bei, da die Beseitigung der rechtlichen und institutionellen Strukturen ein hohes Maß an Willkür schufen, der nur über persönliche Beziehungen zu entgehen war. Walder hat zu Recht angeführt, daß in der Volksrepublik ein System der persönlichen Abhängigkeit von den Vorgesetzten entstand, da diese gleichzeitig für Anstellung, Beförderung, Belohnung, Bestrafung oder Bewertung der politischen Haltung zuständig waren und daher über das gesamte Leben und den Werdegang ihrer Untergebenen entscheiden konnten.[395] Dies wurde u. a. dadurch begünstigt, daß die Danweis, die Arbeitseinheiten, nicht nur für Arbeitsfragen zuständig sind, sondern auch für die politischen, wirtschaftlichen und sozialen Belange (Wohnungen, Gesundheitsversorgung, staatliche Zuschüsse, Heirat, Parteiaufnahme etc.). Dadurch wurde eine Kultur der Autorität, wurden persönliche Loyalitätsbeziehungen und Seilschaften gefördert.[396]

Guanxi, das persönliche, partikularistische Beziehungsnetz, und sein Ergebnis, die "Hintertür-Praktiken" (zou houmen) spielen hier eine besondere Rolle. Dies gilt besonders für Gesellschaften wie die chinesische, in denen Engpässe an vielen Gütern und Dienstleistungen herrschen, wobei der Staat diesen Mangel monopolistisch verwaltet und Privilegien den Beamten zugleich ermöglichen, über Guanxi all das zu beschaffen oder zu erreichen, was auf offiziellen Wegen nicht oder nur eingeschränkt erhältlich ist. Freundschaft und Bekanntschaft mit Kadern erleichtern materielle Probleme und begünstigen den beruflichen Aufstieg. Politische Karriere und Aufstieg sind allein abhängig von Beziehungen zu Führungsfunktionären, die Parteiinstanzen spielen dabei eine nebengeordnete Rolle. Ökonomisch gesehen bildet der "Ertragswert" von Beziehungen deren Ausgangspunkt.[397]

---

394 Vgl. Scott 1972a: 64ff.

395 Walder 1988: 20ff.

396 Ibid.: 22ff.

397 So Herrmann-Pillath 1990: 158.

Guanxi und Hintertür-Praktiken durchziehen das gesamte Gesellschaftsgefüge. Nahezu jeder ist darauf angewiesen, um reibungslose Lebens- und Arbeitsabläufe sicherzustellen. Diese Korruption des Volkes oder Kleinkorruption wird zwar gesellschaftlich als lästig empfunden, sie unterliegt aber nicht den strengen Beurteilungskriterien für das, was als eigentliche Korruption gilt.

Guanxi ist kein eng umrissener Begriff, sondern umfaßt partikularistische Beziehungen wie Verwandtschaft, gemeinsame lokale Herkunft oder gemeinsame Erfahrung (z. B. gemeinsame Schul-, Arbeits- oder Militärzeit), persönliche Bekanntschaft u. a. soziale Verflechtungen ebenso wie die vermittelte Bekanntschaft durch Dritte oder eine über Bestechung hergestellte Beziehung. Solche Beziehungen können auch über Geschenke, die Gewährung von Vorteilen oder Vermittlung durch Dritte aufgebaut werden. Sie beinhalten wechselseitige Verpflichtungen und Erwartungen. "Chinesen", so schrieb Yang Lien-sheng, "erwarten für jede Handlung eine Gegengabe. Gefallen, die man einem anderen erweist, gelten als "soziale Investitionen", die ansehnliche Erwiderungen verlangen."[398] Von daher ist Guanxi weniger eine private Beziehung als vielmehr ein Rollenspiel, das von einem erwartet wird auf Grund vergangener oder gegenwärtiger Umstände.[399] Und deshalb wird es eher von objektiven als von subjektiven Überlegungen bestimmt. Wer Vorteile gewährt, erlangt "Gesicht" und wird von anderen als jemand anerkannt, der sich gegenüber Dritten respektvoll verhält.[400] Nathan bezeichnet dies als "clientelist tie", als Beziehung zwischen zwei Personen, die sich auf Austausch gründet und in der wohlverstandene Rechte und Verpflichtungen zwischen zwei Parteien eingegangen werden.[401]

Guanxi entwickelt sich zunächst mit Personen, zu denen eine direkte Verbindung besteht. "Tong", die "Gemeinsamkeit", ist, wie erwähnt, die wichtigste Basis für Guanxi. Der "tongban" (Klassenkamerad), "tongbao" (Landsmann), "tonghang" (Fachkollege), "tongshi" (Arbeitskollege), "tongxiang" (Landsmann aus demselben Dorf oder Kreis) "tongxue" (Studienkollege) usw. stehen alle in besonderen Beziehungen zueinander (Tong-Beziehungen).

Solche Beziehungen spielen in der chinesischen Geschichte seit alters her eine wichtige Rolle. So bestand z. B. bei Beamten, die in der Kaiserzeit die gleiche Prüfung des höchsten Grades bestanden hatten, eine lebenslange Bindung, die auch gegenseitige politische Loyalität beinhaltete. Zugleich hielten sie politisch treu zu den höheren Beamten, die ihre Prüfer gewesen waren.[402] Dies bildete eine wichtige Basis zum Entstehen von Seilschaften, die sich heute in der Loyalität gegenüber "Studienkollegen" oder den ehemals politischen Lehrern fortsetzt. Und

398 Yang, Lien-sheng 1957: 291.

399 Pye 1988: 87.

400 Ibid.

401 Nathan 1973: 37.

Personen aus dem gleichen Dorf oder der gleichen Provinz schlossen sich in Orten außerhalb ihrer Heimat zu landsmannschaftlichen Vereinigungen (huiguan) zusammen, deren Mitglieder sich zu gegenseitiger Hilfe verpflichteten. Prüfungskandidaten aus der gleichen Provinz wohnten in den Häusern dieser Vereinigungen und erhielten von ihnen finanzielle und vorbereitende Unterstützung.[403]

Neben den Freunden fallen auch die Familienangehörigen sowie die Freunde von Freunden und die Freunde eigener Familienangehörigen in die Gruppe von Personen zu denen, wenn auch indirekt, Guanxi bestehen.

Freundschaft und Tong-Beziehungen ziehen bestimmte Verpflichtungen nach sich wie jederzeitige Bereitschaft zu Hilfe und Unterstützung, nicht nur für die direkt in die Beziehung involvierte Person, sondern auch für ihre Familienangehörigen und Freunde. Die Verweigerung derartiger Hilfe wurde gesellschaftlich höchst negativ bewertet, als Fehlen jeder Form von Ganqing oder menschlicher Gefühle bzw. als "bei de", d. h. als Tatsache, daß jemand nicht diejenigen liebt, mit denen er durch natürliche Bande verbunden und damit zu Liebe verpflichtet ist. Beides galt als höchste Form der Inhumanität und als Verletzung jeglicher Moralgesetze.[404]

Folsom beschreibt die Prinzipien dieser Verpflichtung am Beispiel der Hilfestellung bei der Beschaffung eines Arbeitsplatzes:

> "Eine Mutter würde damit drohen, ihren Sohn zu verstoßen, wenn er einem Lieblingsneffen nicht ein Amt zuweisen würde, selbst wenn dieser dafür völlig ungeeignet wäre. Die Frage ist nicht, ob der Verwandte oder Freund für den Posten qualifiziert ist oder nicht oder ob das Unternehmen oder die Institution eine zusätzliche Arbeitskraft benötigt oder nicht, sondern ob die betreffende Person ein Freund oder Verwandter ist, der einen Arbeitsplatz benötigt. Arbeitsplätze sichern den Lebensunterhalt, und dies ist wichtiger als Effizienz."[405]

Zu einflußreichen Personen, zu denen keine Verbindungen bestehen, "knüpft" man Beziehungen (la guanxi). D. h., man sucht eine Person aus dem eigenen Guanxi-Netz, die über verschiedene Kanäle die gewünschte Verbindung herzustellen vermag: A benötigt etwas von D. Aber zwischen beiden bestehen keine Guanxi. In dem Beziehungsnetz von A existiert B, der mit C in Verbindung steht.

---

402 Vgl. Hucker 1966: 45f.

403 Folsom 1968: 18f.

404 Levy 1949: 355.

C wiederum steht in Guanxi mit D. A bittet daher B, mit C in Kontakt zu treten. B hilft A und wendet sich an C, C will B helfen und tritt an D heran. D wiederum will C einen Gefallen tun und hilft daher A.[406] Daraus entstehen natürlich neue, wechselseitige Verpflichtungen.

An einem selbst erlebten Beispiel soll dies verdeutlicht werden: Bao, der Sohn eines hohen Kaders, wollte im Ausland studieren. Eine Bestimmung von Anfang der 80er Jahre untersagte aber, daß Kinder von Funktionären ab der Vizeministerebene zum Studium ins Ausland gehen. Daher lehnte die Organisationsabteilung des ZK, die über solche Fragen zu entscheiden hat, den entsprechenden Antrag ab. Bao wandte sich nun an Hong, seinen ehemaligen Schulkameraden, der wieder in Beziehung zu Yuan stand, einem Schwager des Neffen von Li. Li war eng befreundet mit Xu, einem Sekretär des Generalsekretärs der Partei. Über diese Vielecksbeziehung gelang es Bao schließlich, durch Intervention des Generalsekretärs eine Erlaubnis zum Auslandsstudium zu erhalten.[407]

Wenn Guanxi-Beziehungen mit persönlichen Emotionen oder Gefühlen verbunden sind, dann spricht man von "Ganqing" (Gefühlen) oder "Renqing" (menschlichen Gefühlsregungen). Letzteres drückt aus, daß man sich um die betreffende Person persönlich sorgt und daher bereit ist, ihr zu helfen.[408] Diese Bestimmung verdeutlicht, daß ein solches Gefühl nicht auf gleicher sozialer Stufe besteht, sondern zwischen Angehörigen verschiedener Sozialstufen. Dies macht auch den Unterschied zu einer Freundschaft aus.[409]

Daß Ganqing oder Renqing nicht nur auf Gefühl beruhen, zeigt sich an dem Begriff des "renqingli", d. h. des "Geschenks im Interesse der menschlichen Gefühle". Geschenke dieser Art, die seit einigen Jahren an Intensität, Qualität und Quantität zunehmen, dienen der Pflege des Ganqing.[410] Folgen dieses Verhaltens sind u. a. nicht-legale Gefälligkeiten durch Beamte (renqing an).[411]

Es gibt verschiedene Intensitätsstufen von Guanxi, die mit dem Grad an "Ganqing"[412] zusammenhängen. Jacobs nennt Ganqing "affective component" von Guanxi.[413] Je größer der Grad an Ganqing, desto enger ist eine Guanxi-Beziehung. Und je geringer der erstere, desto lockerer ist die letztere. Ganqing bestimmt also

---

405 Folsom 1968: 24.

406 Vgl. dazu Jacobs 1982: 230ff.

407 Dieser Fall hat sich tatsächlich ereignet, die Namen wurden allerdings geändert.

408 Dazu Fried 1956; Jacobs 1979 und 1982, der das für Taiwan untersucht hat; Walder 1983: 69ff.

409 So auch Fried ibid.: 226f.

410 Dazu Yang, Decheng 1990.

411 Vgl. Zhongguo Gongshang Bao 19.11.90.

412 Ganqing läßt sich mit keinem deutschen Begriff fassen, wir behalten daher den chinesischen Terminus bei.

413 Jacobs 1982: 226.

die Qualität der Beziehung und ist die Voraussetzung dafür, daß Guanxi auch politisch nutzbar gemacht werden kann.[414] Guanxi-Beziehungen auf der Basis gemeinsamer Erfahrung plus emotionaler Bindung sind von daher tiefer als solche, die sich lediglich auf Vermittlung durch Dritte gründen. Guanxi-Beziehungen lassen sich durch soziale Interaktion (Geschenke, Bewirtungen, Hilfestellungen) nicht nur herstellen, sondern auch bewahren und vertiefen.[415]

Ursache von Guanxi ist das Streben nach persönlichem Schutz. Lucian Pye hat durch Interviews ermittelt, daß Chinesen (auf Grund politischer und sozialer Erfahrungen) ein größeres Mißtrauen gegenüber ihrer Umwelt und ihren Mitmenschen entwickelt haben als beispielsweise Amerikaner.[416] Er schließt daraus, daß Mißtrauen und Unsicherheit dazu führen, daß die Menschen Sicherheit und Vertrauen nicht im politischen, sondern im privaten Bereich und in Guanxi-Beziehungen suchen - ein wichtiger Faktor für die Bildung von Fraktionen und Seilschaften.[417]

6.3.2.2 Patronage, Klientelismus, Seilschaften

Es stellt sich zunächst die grundsätzliche Frage, ob soziale Beziehungsformen wie "Patronage" und "Klientelismus" überhaupt auf China anwendbar sind und ob ähnliche Erscheinungen wie "Guanxi" der klassischen Patron-Klienten Beziehung entsprechen. Dazu bedarf es erst einmal einer Definition dieser Beziehung.

Lemarchand und Legg definieren politische Patronage als

> "eine mehr oder weniger personalisierte affektive und wechselseitige Beziehung zwischen Akteuren oder einer Gruppe von Akteuren, die über unterschiedliche Mittel verfügen, Transaktionen zu gegenseitigem Vorteil vornehmen und die weit verzweigte politische Verbindungen über die unmittelbare Sphäre dyadischer Beziehungen hinaus besitzen."[418]

414 Vgl. ibid.: 210ff.; Fried 1956: 130.
415 Jacobs ibid.: 228f.
416 Pye 1981: 69.
417 Ibid.: 70.
418 Lemarchand/Legg 1972: 151f.

In ähnlichem Sinne bestimmt Carl Landé diesen Begriff ("patron-client relationship") als

> "vertikale dyadische Allianz, d. h. eine Allianz zwischen zwei Personen, die unterschiedlichen Status, unterschiedliche Macht und unterschiedliche Ressourcen besitzen; und von denen jede es nützlich findet, einen jeweils Höher- oder Niedrigergestellten als Verbündeten zu haben.[419]

Im Kern gewährt beim Patron-Klienten Verhältnis eine wichtige Person im öffentlichen Leben wirtschaftliche oder politische Vorteile bzw. Gefälligkeiten, wodurch sie sich die Loyalität oder Unterstützung des begünstigten Akteurs sichert. Die Definition von Lemarchand und Legg geht inhaltlich tiefer als die von Landé, wobei uns vor allem der Aspekt der "Affektivität" wichtig zu sein scheint, da "Ganqing" - wie oben ausgeführt - Teil von Guanxi-Beziehungen sein kann. Landés Definition reduziert Patronage auf zwei Akteure, während die Definition von Lemarchand und Legg die soziale Verästelung einbezieht.

Es gibt, wie wir unten noch zeigen werden, affektive (auf Grund von Verwandtschaft, gemeinsamer geographischer Herkunft oder gemeinsamen Erfahrungen) und nicht-affektive Beziehungen (etwa auf Grund reiner Macht- oder Karriereinteressen; intrainstitutionelle Seilschaften). In China überwiegen die affektiven Seilschaftsbeziehungen. Ziele des Zusammenschlusses zu solchen informellen Gruppen können politische Interessen sowie politische Karriereinteressen ihrer Akteure sein. Patronagebeziehungen können besseren Zugang zum Markt und zu Gütern und Dienstleistungen, an denen Mangel herrscht, ermöglichen sowie beruflichen Aufstieg und Karriere über ein Klientelnetz.

Diese Bestimmungen kommen den Guanxi-Beziehungen recht nahe. Versorgungsengpässe, Verkäufermarkt sowie rechtliche und politische Unsicherheit bilden eine wichtige Grundlage für Guanxi und darüber hinausgehende dyadische Beziehungen[420] wie das Patron-Klienten Verhältnis.

Während es sich bei dem Patron-Klienten Verhältnis (Patronage) um eine individuelle Beziehung handelt, meint Klientelismus ein Netz individueller Beziehungen. Dies entspricht dem Begriff der hierarchisch ausgerichteten Seilschaft, die weitgehend in der Politik agiert. Der Begriff der "Seilschaft" wird häufig mit Patronage und Klientelbeziehungen gleichgesetzt.[421]

---

419 Landé 1977: xx; ähnlich: Foster 1967a.

420 Bezeichnung für die soziale Beziehung einer Zweiergruppe, vgl. Landé 1973: 104ff.

421 Weingrod 1967-68: 377 weist auf voneinander abweichende Definitionen hin.

Seilschafts- oder Patronagebeziehungen existieren in sich entwickelnden Gesellschaften ebenso wie in industrialisierten Ländern.[422] Allerdings gibt es graduelle Unterschiede in bezug auf das Normensystem und die Funktionen solcher Beziehungen.

Die Existenz solcher Beziehungsmuster wird überwiegend aus der sozialen Unsicherheit erklärt.[423] Powell und Bauman glauben, hier die Nachwirkung von bäuerlicher Sozialstruktur erkennen zu können. In derartigen Gesellschaften habe die existentielle Unsicherheit Patronagebeziehungen aus Existenzgründen notwendig werden lassen.[424] Sie knüpfen damit an die Theorie der "limited goods" von Foster an, nach der Bauern in bäuerlichen Gesellschaften auf Grund der begrenzten natürlichen und sozialen Ressourcen ihres Dorfes und ihres unmittelbaren Lebensumfeldes ein Weltbild allgemeiner Knappheit verinnerlichen. Dieses Weltbild drückt sich aus in dem Wunsch nach ökonomischer und sozialer Sicherheit sowie politischer und persönlicher Protektion im Umgang mit Personen und Institutionen außerhalb des Dorfes, d. h. nach einem Patron.[425]

Ähnlich sieht Kenny darin eine "down-to-earth insurance policy" gegen soziale Unsicherheit[426], besonders wenn andere Sicherungsstrukturen wie Clan oder Stamm ihrer Funktion nicht mehr gerecht werden könnten[427], Popkin ein "safety first" Prinzip zur Absicherung gegen ökonomische Risiken.[428]

Rigby hält dagegen das Fehlen politischer Alternativstrukturen für die Kernursache. Man könne nur über die bürokratische Hierarchie aufsteigen, der Aufstieg hänge von der Bewertung des Verhaltens durch die Höhergestellten ab, es gebe dafür keine Verfahrensregeln. Von daher bedürfe es eines Patrons, der dem Klienten zu Aufstieg und Karriere verhelfe.[429] Diese Verhaltensanpassung läßt Dahrendorf in der Ämterpatronage eine "Verteilung von Herrschaft als Entschädigung für bestimmte Qualität oder Leistungen" sehen.[430]

Oi sieht ganz im Sinne der Funktionalitätstheorie im Klientelismus eine Form der Verbindung zwischen Elite und Massen, mittels derer Partei und Staat die Kontrolle über die lokale Ebene ausübten und die den einzelnen eine Artikulation seiner Interessen und damit eine Partizipation am politischen System ermögli-

---

422 Eine vergleichende soziologische Analyse liefern Eisenstadt/Lemarchand 1981 und Eisenstadt/Roniger 1984.

423 Siehe z. B. Fried 1956: 129; Popkin 1979: 8; Minagawa 1983.

424 Powell 1970; Bauman 1979: 184.

425 Foster 1967b: 304f.

426 Kenny 1960: 17.

427 Abercrombie/Hill 1976: 421.

428 Popkin 1979: 8.

429 Rigby 1970: 177.

430 Dahrendorf 1966: 31.

che.[431] Mit seiner Argumentation hat Oi insofern Recht, als Partizipations- und Entscheidungsstrukturen in China nicht allein durch Analyse formaler Kanäle erklärt werden können. Wo die Partizipationsmöglichkeiten gering sind, bilden sich informelle Strukturen der Interessensverfolgung heraus. Auf der Dorfebene, auf der der Einfluß des Staates nach wie vor begrenzt ist, ist - wie Oi konstatiert - ein kommunistisches System per se klientelistisch.[432] Die Dorffunktionäre haben die Macht zu eigenständigen Entscheidungen und können die zentral verordnete Politik manipulieren. Von daher ist die Bauernschaft von diesen Funktionären abhängig (etwa bei der vertraglichen Vergabe von Boden, der Zuteilung von Kunstdünger, Insektiziden und Brennstoffen, beim Ankauf von Getreide, der Einstellung in die ländlichen Betriebe, der Erlaubnis, in der Stadt Handel zu treiben oder zu arbeiten). Im Zuge der Reformpolitik ist die Macht- und Entscheidungsfülle der Dorffunktionäre noch gewachsen. Aber es fragt sich, ob dies als "Partizipation" zu begreifen ist oder als notwendige Folge der Verwaltung von Mangel, der Ausnutzung von Machtbefugnissen und im Interesse der Umgehung staatlicher Politik.

Das Patron-Klienten Verhältnis, wie es für die meisten Entwicklungsländer beschrieben wird, entspringt zweifellos dem bäuerlichen Milieu und seiner politischen, ökonomischen und sozialen Ungleichheit. Dies trifft auch auf das traditionelle China zu. Aber dies vermag nicht die Existenz von Patronagemustern im heutigen China zu erklären. Rigbys These vom politischen Machtmonopol ist sicher ein zentrales Moment für die Entstehung von Seilschaften und Patronage, wenngleich seine Reduzierung auf hierarchieabhängige Aufstiegschancen nur einen Teilaspekt umfaßt. Auch hier scheint uns der in Abschnitt 6.4.2 formulierte "länderspezifische Ansatz", d. h. zur Erklärung politischer, ökonomischer und sozialer Phänomene eine Trichotomie von Tradition, Entwicklungsmomenten und Sozialismus heranzuziehen, hilfreich zu sein. Das bäuerliche Element und die traditionellen, auf Verwandtschaft, lokaler Herkunft u. a. aufgebauten Beziehungen und der bäuerliche Typus des Parteikaders entstammen der traditionalen Gesellschaft. Soziale Unsicherheit und Mangelwirtschaft sind Zeichen für ein Entwicklungsland, und das Entscheidungs- und Machtmonopol der Partei entstammt dem Sozialismus sowjetischer Prägung. Viele Dienstleistungen und Güter sind nur über Beziehungen erhältlich (Wohnungen, Mangelgüter usw.). Unsicherheit herrscht bei Anstellungen, Ernennungen, Beförderungen, Parteiaufnahme, in den ständigen politischen Kampagnen. Diese Unsicherheit wird durch das weitgehende Fehlen rechtlicher Institutionen noch verstärkt. Patronagemuster erleichtern das Leben und sind Ausgangspunkt für sozialen und beruflichen Aufstieg. Bauman

---

431 Oi 1989: 7f.

432 Ibid.: 9.

hat mit Ernst Gellner entsprechend konstatiert, daß die kommunistischen Staaten eine "machine for the making and unmaking of patrons" seien.[433]

Burns ist der Auffassung, daß die klassischen Patron-Klienten Beziehungen in den chinesischen Landregionen kaum mehr existieren.[434] Verwandtschaft und andere Beziehungen spielten heute eine größere Rolle. Patronage sei eher in den lokalen Kader-Kader Beziehungen feststellbar.[435] Dies mag für die 60er und 70er Jahre gegolten haben. Die ökonomische Lockerung im Zuge der Wirtschaftsreformen, die Ausbreitung von Privatwirtschaft und die vertragliche Vergabe von Boden an die Haushalte hat auch wieder Patronageverhältnisse entstehen lassen. Die vertragliche Vergabe von Bodenanteilen, die unterschiedlicher Qualität sind, an die Haushalte und die Zulassung privater Wirtschaftstätigkeit können von den ländlichen Funktionären jeweils ausgeweitet oder eingeschränkt werden. Eine Patron-Klienten Symbiose zwischen Kadern und Bauern bringt für beide Seiten Vorteile. Die systemischen Veränderungen in China haben einen Wandel der Patronagebeziehungen bewirkt, nicht jedoch deren Beseitigung.

In diesem Sinne ist der These Ois zuzustimmen, daß Klientelismus und Patronage keineswegs nur an Mangel und soziale Unsicherheit gebunden sind, sondern auch in den Dienst von Maximierungsstrategien gestellt werden können.[436] Die jüngere Entwicklung in der VR China, die eine Renaissance des Patron-Klienten Verhältnisses auf dem Land bewirkt hat, untermauert u. E. diese These.

Für Madsen war der traditionelle Patron Angehöriger der Gentry, der heutige Patron ist der politische Führer des Dorfes. Letzteren bezeichnet er als "member of the Communist gentry". Die Angehörigen der kommunistischen Gentry seien zwar keine Großgrundbesitzer, aber Verwalter des Kollektiveigentums (z. B. des Bodens) im Auftrag des Staates. Diese Funktion der Verwaltung des Kollektiveigentums und der Verfügungsgewalt über die ökonomischen Ressourcen mache Patronage möglich. Da ein solches Verhalten illegal sei, versuche der Dorffunktionär, sich loyal gegenüber seinen übergeordneten Instanzen zu verhalten. Er bemühe sich, die geforderten Getreidequoten zu erfüllen, die Ordnung im Dorf aufrechtzuerhalten und die offizielle Politik der Partei zumindest verbal zu unterstützen. Dieses Verhalten sei im Interesse der Partei, weil so ohne äußere Einmischung soziale Kontrolle stattfinde. Wolle der Staat gegen die dörfliche Patronage vorgehen, bedürfe es enormer Anstrengungen von Partei und Staat: Entsendung von "Arbeitsgruppen" zu Recherchen und Säuberung, Absetzung der ent-

---

433 Vgl. Bauman 1979: 186f.; auch für Oi (1989: 9) ist ein kommunistisches System auf der Dorfebene per se klientelistisch.

434 Dazu: Taxton 1975: 323ff.; Eisenstadt/Roniger 1984: 139f.

435 Burns 1979: 193.

436 Oi 1989: 9ff.

sprechenden Kader, Einsetzung neuer Kader, die u. U. zunächst nicht über die Autorität wie die abgesetzten verfügten usw. Unruhe mit beträchtlichen Nebeneffekten in dem betreffenden Dorf sei die Folge. Von daher dulde die Partei in der Regel dörfliche Patronage, jedenfalls solange wie die soziale Harmonie und Ordnung in einem Dorf gewährleistet sei.

Bei dieser Position ist kritisch anzumerken, daß Patronage sich keineswegs auf autarke Dörfer beschränkt, sondern über die Grenzen der Dörfer hinausreicht. Der Patron existiert nicht nur auf einer bestimmten Ebene der politischen Hierarchie: Es kann sich um einen Funktionär auf zentraler Ebene, Provinz-, Kreis- oder Gemeindeebene handeln, um einen zivilen oder Militärkader, um einen Funktionsträger in Wirtschaft, Verwaltung oder Politik. Überdies hat Patronage keineswegs primär positive Funktionalität im Sinne der Aufrechterhaltung sozialer Harmonie. Sie verschärft im Gegenteil die sozialen Spannungen und Konflikte, da nur ein Teil der Dorfbewohner in den Genuß der Patronagebeziehung kommt, der andere Teil davon ausgesperrt bleibt und eine ungerechte Verteilung der Ressourcen erfolgt.

Das Patron-Klienten Verhältnis darf nicht mit den Chinesen so wichtigen Guanxi-Beziehungen verwechselt werden. Das erstere ist vertikal und hierarchisch strukturiert und spielt sich in China eher im Bereich der politischen Elite und Subelite sowie in den ländlichen Regionen ab, während Guanxi sowohl vertikal als auch horizontal, sowohl hierarchisch als auch gleichberechtigt angelegt sein können und das gesamte Gesellschaftsgefüge durchziehen. Das Patron-Klienten Verhältnis unterscheidet sich von den Guanxi-Beziehungen erstens durch die Ungleichheit in Status, Reichtum und Einfluß der Personen einer dyadischen Beziehung (was keine Voraussetzung für Guanxi ist); zweitens durch die stärkere Betonung des Austauschcharakters und drittens durch die persönliche Nähe der Beziehung. Zwar können auch die letzteren hierarchisch strukturiert sein, sie sind aber weitaus lokkerer und zufälliger.

Bei den südostasiatischen Patron-Klienten Beziehungen ist der Status des Patrons in hohem Maße mit ländlichem Großgrundbesitz verbunden und der des Klienten mit dem der landlosen Bauernschaft, die auf die Unterstützung durch einen Patron angewiesen ist, um überleben zu können.[437] Auch wenn die Patronage in China nicht mehr mit landloser Bauernschaft und Großgrundbesitz (den es so nicht mehr gibt) in Verbindung gebracht werden kann, so gibt es auf dem Land dennoch Patronage, etwa zwischen einem bäuerlichen Privatunternehmer, der der politischen Unterstützung eines Funktionärs bedarf, um seine Wirtschaftstätigkeiten ohne Schwierigkeiten abwickeln oder um expandieren zu können, während er finanziell und ideell den Funktionär, seinen Aufstieg und die Ausweitung

---

437 Vgl. Powell 1970: 412; Scott 1972b; Landé 1973; Kaufman 1974.

von dessen Machtbereich unterstützt. Dies geht über Guanxi weit hinaus. Patronage ist eine stärker institutionalisierte Form von Guanxi, wobei es zwischen beiden partielle Ähnlichkeiten und Überlappungen gibt. Eine solche Unterscheidung zwischen Guanxi und Patronage erscheint uns notwendig, weil sonst nicht zwischen verschiedenen Beziehungsebenen sowie organisierten und nicht-organisierten Beziehungen unterschieden werden kann.

Die Patronagebeziehungen in China weichen von der "typischen" Patronage ab. Eisenstadt und Roniger weisen darauf hin, daß in kommunistischen Gesellschaften Patron-Klienten Beziehungen weniger normativ geregelt, weniger eng und eher auf einzelne Teilbereiche beschränkt sind. Sie bauen mehr auf "subversiven Freundschaften" auf, nicht auf "Ehre" und werden sowohl von den Beteiligten als auch von Außenstehenden als illegitim begriffen.[438] Sie bilden sich nicht nur auf der zentralen, sondern auch auf der lokalen und regionalen Ebene, vornehmlich im Bereich der Partei. Von Beyme spricht in diesem Zusammenhang von "parteilicher Ämterpatronage".[439]

Patronage ist nicht per se Bestandteil von Korruption. Solange äquivalente Güter und Dienstleistungen ausgetauscht werden, handelt es sich nicht um Korruption im eigentlichen Sinne. Zur Korruption wird Patronage erst, wenn der Patron ein öffentliches Amt innehat und dieses für die Patronagebeziehung mißbraucht. Aufgrund der Monopolstruktur des Partei- und Verwaltungsapparates sind Patrone in China in der Regel Funktionäre oder Verwaltungspersonen, die die Verfügungsgewalt über bestimmte Güter besitzen.

Patronage und Klientelismus werden von der Führungselite als Angriff auf ihr Machtmonopol angesehen und je nach Sachlage als "Fraktionismus" oder "Korruption" (etwa wenn es um den Versuch der Monopolisierung von Märkten, Gütern oder Dienstleistungen durch Funktionärsgruppen geht) bekämpft.

Patronage und Klientelverbindungen reichen über Guanxi hinaus, weil sie in der Regel Abhängigkeitsverhältnisse zwischen Personen von unterschiedlichem Status implizieren sowie ein organisiertes Netzwerk. Nathan hat, auf China bezogen, folgende Merkmale solcher Verbindungen genannt: (a) eine Beziehung zwischen zwei Personen, deren Pflege im speziellen Interesse eines Klientelnetzes ist; (b) diese Beziehung wird durch konstanten Austausch von Geschenken oder Gefälligkeiten gepflegt; (c) da ein solcher Austausch die Bereitstellung von Gütern und die Gewährung von Gefälligkeiten verlangt, die der andere benötigt, sind die beiden Parteien in einer solchen Verbindung ungleich; sie unterscheiden sich daher durch Status, Reichtum und Macht; (d) Klientelverbindungen gründen sich auf wohlverstandene, obgleich selten explizite, Rechte und Verpflichtungen zwischen den Partnern; (e) sie können jederzeit abgebrochen werden; (f) die Beziehungen

---

438 Eisenstadt/Roniger 1981: 239.

439 von Beyme 1977: 144.

sind nicht exklusiv, d. h. jede der beiden Seiten kann gleichzeitig andere Verbindungen eingehen, solange sich daraus keine Verpflichtungen ergeben, die im Widerspruch zu den vorher eingegangenen stehen.[440] Derartige Beziehungen manifestieren sich in den Seilschaften und Parteifraktionen.

Zum Zwecke der Stärkung ihres Einflusses versuchen Seilschaften Personen, zu denen Guanxi bestehen, in anderen, für sie wichtigen Institutionen unterzubringen.[441] Dies versuchte die sogenannte "Viererbande" während der Kulturrevolution ebenso wie Deng Xiaoping in der ersten Hälfte der 80er Jahre, der 1987 abgesetzte Generalsekretär der KPCh Hu Yaobang während seiner Amtsperiode (durch Einsetzung von Personen, mit denen er während seiner Funktion als Sekretär des Kommunistischen Jugendverbandes zusammengearbeitet hatte) oder Ministerpräsident Li Peng (Beförderung von Personen, die wie Li in den 50er Jahren in Moskau ausgebildet worden waren, auf leitende Posten). Seilschaften und Guanxi sind nicht statisch, sondern Veränderungen unterworfen, etwa durch neue Machtverteilung, interne Auseinandersetzungen oder mangelnde Effektivität bei der Durchsetzung von Interessen.

Bei den Seilschaften spielen alte Beziehungsgeflechte eine erhebliche Rolle, so etwa die Zugehörigkeit zur gleichen Truppeneinheit der Roten Armee vor Gründung der Volksrepublik.[442] Dies läßt sich u.a an der Auswahl der Streitkräfteführung ablesen, die Deng Xiaoping nach 1985 vorgenommen hat. Ein nicht geringer Teil dieser Posten wurde mit Militärs besetzt, die unter Deng in der 2. Feldarmee gedient hatten.[443] Und im zweiten Halbjahr 1990 wurden in einer Wandzeitung in der Pekinger Militärakademie Yang Shangkun (Vizevorsitzender der Zentralen Militärkommission und Staatspräsident) und seinem Bruder Yang Baibing (Generalsekretär der Zentralen Militärkommission) vorgeworfen, alle Schlüsselpositionen in der Armee mit Personen der eigenen Seilschaft zu besetzen. Jüngere Offiziere befürchten, daß nicht fachliche Qualität, sondern Klientel- und Seilschaftsbeziehungen für Beförderungen ausschlaggebend bleiben.[444]

Seilschaften unter Kindern hochrangiger Funktionäre sind durch den Besuch von Eliteschulen, die ausschließlich für solche Kinder reserviert waren, entstanden. Die ehemaligen Schüler dieser Schulen, die es seit der Kulturrevolution nicht mehr in diesem Umfang gibt, haben inzwischen sogar "Ehemaligenverbände" (tongxuehui) gegründet, über die die alten Beziehungen aufrechterhalten und fortentwickelt werden.

---

440 Nathan 1977: 382f.

441 Konkrete Beispiele finden sich bei Lieberthal/Oksenberg 1988: 63ff. und 169ff.

442 Dazu: Parish Jr. 1973; Gold 1985.

443 Vgl. Li, Kwok Sing 1990: 40f.

444 Siehe Far Eastern Economic Review 20.9.90: 9.

Eastman erklärt die Bedeutung der Seilschaften aus der aus der traditionellen Familienstruktur herrührenden vertikalen Ordnung der chinesischen Gesellschaft. Im Familienverband habe der einzelne gelernt, daß er allein in der Welt nichts ausrichten könne. Sicherheit und Zufriedenheit verlangten vielmehr die Unterstützung durch andere. Dies gelte für die Familie und die nach patriarchalischen Gesichtspunkten organisierte Gesellschaft, für Machtträger wie für Untergebene gleichermaßen. Die letzteren erwarteten von den ersteren Beistand und Schutz, die Machtträger von den Untergebenen Loyalität, Gehorsam und Unterstützung im Bedarfsfall. Beide Seiten seien aufeinander angewiesen.[445]

Sozialpsychologen weisen darauf hin, daß dieses Verhalten Teil der kindlichen Sozialisation ist. Erwartet werden Gehorsam gegenüber Autoritäten statt Eigeninitiative, Imitation statt Kreativität, Abhängigkeit statt Selbständigkeit.[446] Die chinesische Autoritätskultur ist daher mit verantwortlich für das traditionell starke Gefüge von Nepotismus und Patronage.

6.3.2.3 Nepotismus

In dem aus dem 17. Jhdt. stammenden Kurzgeschichtenband "Liaozhai zhi yi" (Seltsame Geschichten aus dem Liao-Studio) von Pu Songling findet sich ein prägnantes Beispiel für das dem Nepotismus und Guanxi inhärente Denken. Chu, der Held einer Geschichte, war unglücklich, weil er dazu bestimmt sein sollte, nach dem Tode nicht als Mensch, Tier oder Insekt wiedergeboren zu werden, sondern als Geist durch die Welt zu streifen. Aber unser Held wußte einen Ausweg: "Mein Cousin mütterlicherseits ist ein Sekretär im Büro des Königs der Unterwelt. Er vermag gewiß zu arrangieren, daß ich in der Familie meiner Wahl wiedergeboren werde."[447]

Nepotismus und Familienhilfe, die der Konfuzianismus zum kategorischen Imperativ erklärte, spielten im politischen System traditionell eine führende Rolle. Erst im Zuge des sozialen Wandels in diesem Jahrhundert begann das Familienmoment gegenüber Kriterien wie gemeinsame lokale Herkunft oder Erfahrung zurückzutreten. Letzteres spielt heute in den urbanen Zentren eine größere Rolle, während der familiär bedingte Nepotismus auf dem Land nach wie vor dominiert. Bei Einstellungen in Staats-, Kollektiv- oder Privatunternehmen, der

---

445 Eastman 1974: 291.

446 Vgl. Lang 1950: 24ff., 238ff.; Cohen 1970; Wolf 1970; Solomon 1971; Wilson 1974; R. Martin 1975; Wolf 1978; Baum/Baum 1979; Bond 1986; Grant 1989.

447 Op. cit. bei Lang 1950: 22.

Besetzung von Ämtern und bei allen Formen der Vorteilsgewährung existiert auch heute noch ein erhebliches Maß an Nepotismus.

Der Begriff "Nepotismus" bezieht sich nicht nur auf die Förderung von Verwandten, sondern auf

> "... die Auslesebevorzugung von Kreisen, in denen durch die Intimität oder Dichtigkeit mehr oder minder institutionalisierter Beziehungen ausgeprägte Solidaritätsvorstellungen entstehen und gepflegt werden, und zwar durch Personen, die einerseits über Ämter verfügen, andererseits derartigen Kreisen angehören."[448]

Eschenburg spricht von "Elitennepotismus", wenn eine Gruppe meint, infolge spezifischer Qualitätsmerkmale über besondere Eignung zu verfügen.[449]

Ein den Nepotismus besonders förderndes Phänomen besteht in der Herstellung von Beziehungen durch Heirat zwischen Funktionärskindern. Nach wie vor wird in China weitgehend schichtenspezifisch geheiratet. Funktionärseltern erwarten, daß ihre Kinder sich Ehepartner aus der Funktionärsschicht höherer oder horizontaler Ebene suchen. Soweit dies eingehalten wird, lassen sich dadurch neue Guanxi-Netze herstellen, die wiederum karrieremäßig oder materiell für die ganze Familie nutzbar gemacht werden können. Es ist ein offenes Geheimnis, welche Funktionäre durch Verbindungen dieser Art in hohe oder höchste Ämter gelangt sind. Für karrierebewußte junge Männer und Frauen ist die (keineswegs einfache) Einheirat in eine Funktionärsfamilie oft ein besseres und einfacheres Sprungbrett in eine Karriere (und materielle Sicherheit und Bequemlichkeit) als auf dem Weg durch die Parteiinstanzen.

Selbstverständlich profitieren auch die Kinder und Enkel hoher Funktionäre von den Ämtern ihrer Eltern oder Großeltern. Die dadurch zustande gekommenen Verbindungen können geschäftlich oder karrieremäßig genutzt werden. Während der Studentenproteste im Jahre 1989 wurden z. B. die familiären Verflechtungen auf der Führungsebene offen angeprangert.[450]

Downs weist darauf hin, daß Nepotismus einem Spitzenbeamten ermöglicht, seine Entscheidungsmacht auszuweiten, indem einer oder mehrere seiner Verwandten in einem Ausmaß mit ihm identifiziert werden, daß ihre Anordnungen genauso akzeptiert werden wie seine eigenen. Auf diese Weise könne er bestimmte

---

448 Eschenburg 1961: 19.

449 Ibid.: 19f.

450 Vgl. u. a. Bartke 1989: 823/9-825/11.

Aufgaben und Entscheidungskompetenzen delegieren, die seine Untergebenen sonst alleine in seine Entscheidungsgewalt legen würden. Dies erweitere sein Handlungsvermögen ohne Verlust von Autorität.[451]

Andererseits bringt dies auch negative Begleiterscheinungen mit sich: diese Verwandten sind schwierig zu kontrollieren, zumal sie wissen, daß sie nur schwer durch andere, ebenso loyale Beamte zu ersetzen sind. Dies ermöglicht ihnen einen gewissen selbständigen Handlungsspielraum, den sie für eigene Interessen, die nicht unbedingt im Sinne des Spitzenbeamten sein müssen, nutzen können. Überdies schafft die Einsetzung von Verwandten Unmut unter den Untergebenen, die in den Verwandten eine Bedrohung ihrer eigenen Position, unerwünschte Kontrolleure oder Personen ohne Autorität sehen, die allein durch persönliche Beziehungen, nicht aber auf Grund persönlicher Fähigkeiten in ihr Amt gelangt sind.

Die derartige Wirkung von Nepotismus bezieht sich nicht nur auf Verwandtschaft, sondern gleichermaßen auf ethnische Zugehörigkeit, Seilschaften, Tong-Beziehungen, Patronage u. ä.

Die ausgeprägte Rolle von Beziehungsnetzen wie Guanxi, Patronage oder Nepotismus resultieren zweifellos aus Momenten sozialer Unsicherheit, die solche Netze für die Menschen aus Sicherheits- und Überlebensgründen notwendig machen. Zu fragen wäre aber auch, ob das Verhalten der Menschen gegenüber dem Staat oder der Gesellschaft hierbei nicht ebenfalls eine Rolle spielt. Niemals ist - wie im Abendland - die Loyalität gegenüber der Nation, dem Staat oder der Gesellschaft über die gegenüber der Familie gestellt worden. Folsom weist z. B. darauf hin, daß sich erst in diesem Jahrhundert so etwas wie Nationalismus in China herauszubilden begann; so sei etwa 1862 erst eine Staatsflagge geschaffen worden, jedoch nicht aus nationalen, sondern aus diplomatischen Gründen.[452] Vom Staat erwarteten die Menschen Schutz und Hilfe in Notzeiten. Doch auf Grund der Größe und der Beschaffenheit des Landes war dies schwierig zu leisten, so daß die Menschen sich eher auf ihre unmittelbaren Beziehungsstrukturen (Familie, Clan, Dorf) verließen als auf den Staat. Diese Haltung wurde durch die historische Erfahrung bestärkt, daß der Staat, wenn er in Erscheinung trat, hohe Anforderungen an die Bevölkerung stellte (in Form von Steuern, Abgaben oder Rekruten), aber der Bevölkerung wenig zu geben schien. Jean-Luc Domenach hat dieses Fehlen eines übergeordneten Gemeinschaftssinnes bis in die Gegenwart hinein folgendermaßen beschrieben:

> "Es gibt nur wenige Länder der Erde, in denen der gesellschaftliche Zusammenhalt so schwach ist wie in China, wo die Einzelegoismen derart entfesselt sind und wirtschaftliche und

---

451 Downs 1967: 157.

> soziale - manchmal regional auch sehr starke - Interessen zäh verteidigt werden. Jedes Dorf, jede Fabrik, jeder Distrikt und jede Provinz kämpft um ihren Vorteil, ohne sich um die Nachbarn oder die nationalen Interessen zu kümmern."[453]

Zu den Folgen dieses fehlenden Gemeinschaftssinns gehört auch, daß die Menschen sich nur wenig mit "dem Staat" identifizieren. Durch korruptes Verhalten wird eine anonyme Institution geschädigt, nicht eine Person, eine Gruppe von Personen oder eine Institution im unmittelbaren oder mittelbaren sozialen Umfeld.[454]

6.3.3 Unterschlagung, Veruntreuung, Bereicherung (tanwu)

Hierzu zählen die mißbräuchliche Verwendung staatlicher Vermögenswerte, staatlichen Eigentums sowie von Geldern für die Katastrophenhilfe[455] für eigene oder Gruppeninteressen (wie für Prämienausschüttungen, ungenehmigte Projekte wie den Kauf von Personenwagen für Funktionäre, Bewirtungen, Hochzeiten, Bestattungen, Reisen und Geschenke auf Staatskosten, die Errichtung von Repräsentationsgebäuden oder Funktionärswohnungen, aber auch die Fälschung von Betriebsbilanzen) oder Steuerhinterziehung durch staatliche Funktionäre im Interesse der Eigenbereicherung. Unter diese Kategorie fallen weiter der illegale Handel mit Engpaß- oder Importgütern, Spekulationsgeschäfte (d. h. die Gewinnerzielung unter Ausnutzung von zeitlichen Preisunterschieden bzw. Preisveränderungen), illegale Importe, Schmuggel, Bodenspekulation, Diebstahl bzw. illegaler Verkauf von öffentlichem Eigentum, die Unterschlagung oder Erschleichung von öffentlichen Geldern (weit verbreitetes Verhalten in dieser Hinsicht sind u. a. die bezahlte Beförderung von Personen oder Gütern ohne Ausgabe von Fahrkarten oder Abrechnungen unter Vorlage falscher Quittungen und Belege[456]), die zweckwidrige Ver-

---

452 Folsom 1968: 31.

453 Domenach 1990.

454 Dieser Faktor dürfte allerdings in allen Gesellschaften eine Rolle spielen, wenngleich es große Unterschiede in der Ausprägung gibt.

455 Dies sowie die Unterschlagung solcher Gelder ist heute wieder ein gravierendes Problem, vgl. Renmin Ribao 19.1.91.

456 Siehe u. a. die zahlreichen Beschwerdeberichte in Gongren Ribao 23.10.90 (Fahrkarten) und Renmin Ribao 13.9.90 (Fälschung von Quittungen). Eine Untersuchung im Shenyanger Stadtbezirk Tiexi soll ergeben haben, daß es sich bei 10% aller Fälle von Wirtschaftskriminalität im Jahre 1989 um dieses Delikt gehandelt hat, vgl. ibid. In den Städten sind bereits illegale Märkte

wendung zweckgebundener öffentlicher Mittel oder betrugsmäßige Aneignung von Staatseigentum durch Amtsträger sowie der Bau von dörflichen Funktionärshäusern auf landwirtschaftlicher Nutzfläche.[457]

Welches Ausmaß die einzelnen Straftatbestände annehmen, läßt sich etwa am Beispiel der Belegfälschung zeigen. Eine Untersuchung in 39 Unternehmen der Stadt Yueyang (Provinz Hunan) im Jahre 1990 ergab, daß mehrere hunderttausend Yuan an "Spesen" ohne Quittungsbelege abgerechnet worden waren. In einer Fabrik hatten sich die Betriebsleiter und der Buchhalter monatlich 90 Yuan pro Person ohne Quittungen als "Reisespesen" auszahlen lassen.[458]

Auch der Betrug am Kunden durch Preisbetrug, Gewichts- oder Qualitätsverfälschung sowie die Benutzung von staatlichem Eigentum für illegale oder Untergrundproduktion gehören in diese Kategorie. Zu erwähnen wären auch Phänomene wie die Anhebung der Löhne und Gehälter von Günstlingen durch die jeweiligen Leiter kurz vor dem Eintritt in das Rentenalter, um den betreffenden Personen höhere Renten zu sichern.

6.3.4 Ausnutzung von Amtsbefugnissen im Interesse privater Bereicherung

Funktionäre von Partei und Staat, sogenannte "Guandao" (Beamtenschieber), verschieben Engpaß- oder Importgüter sowie ausländische Währung mit hohen Gewinnen oder veräußern Im- und Exportlizenzen. Dafür werden zum Teil eigene Firmen gegründet, die Gewinne fließen in private Taschen.[459] Es gibt zwei Arten solcher Firmen: solche, die von Partei- und Regierungsorganen sowie diejenigen, die von Familienangehörigen hochrangiger Funktionäre betrieben werden. Beiden gemeinsam ist, daß sie sich nur auf Grund von Amtskompetenzen und Beziehungen entwickeln und dadurch erhebliche Profite erwirtschaften können, die zumindest zum Teil in private Kanäle wandern.[460]

---

entstanden, auf denen man leere Quittungen und Quittungsblocks aus verschiedenen Bereichen (Bahn, Warenhäuser, Großhandel, Buchläden usw.) zur Fälschung von Spesenabrechnungen kaufen kann, vgl. Renmin Ribao 26.1.91.

457 Dieses Phänomen hat so sehr zugenommen, daß es von der Presse wiederholt in den Mittelpunkt der Kritik gestellt wurde. Vgl. z. B. Renmin Ribao 14.2.90; Renmin Ribao 9.5.90.

458 Renmin Ribao 4.12.90.

459 Vgl. Wang, Changxue 1989: 72ff.

460 Siehe Han, Minzhu 1990: 28ff.

6.3.5 Berichtsfälschung

Das Abgeben falscher Berichte oder Daten über Arbeitsleistungen, Gewinne, Verluste oder Planerfüllung; unzutreffende Angaben für statistische Zwecke, um die Zuteilung größerer Kredit-, Material- oder Investitionskontingente bzw. höherer Prämien oder die Senkung vorgegebener Plannormen oder Steuerzahlungen zu erreichen; die Aufführung von fiktiven Beschäftigten auf Lohn- und Gehaltslisten; falsche Angaben über Lager- oder Materialbestände, um Diebstahl, Unterschlagung oder Verluste zu vertuschen usw. zählen zu dieser Kategorie. Auch diese Methoden, die sich aus dem Widerspruch zwischen zentralen Planvorgaben und betrieblichen Interessen ergeben, sind der Korruption zuzuordnen.

Da jedes Unternehmen einen möglichst großen Anteil an Ressourcen, Produktionsmitteln und Kapital, aber möglichst geringe Planauflagen zugewiesen haben möchte, werden in der Regel Daten nach oben gegeben, die im Interesse der gewünschten Zuteilungsmengen über- bzw. untertreiben. Den Planbehörden ist durchaus bekannt, daß die Daten der Betriebe nicht mit den Realitäten übereinstimmen. Entsprechend werden die angeforderten Quantitäten von ihnen gekürzt, die Planquotenwünsche angehoben. Die Betriebe erhalten somit höhere Planauflagen und gleichzeitig geringere Produktionsmittel und -materialien. Auf diesen Mechanismus haben sie sich durch Manipulation der Daten eingestellt. Unternehmen, die reale Daten nach oben melden, setzen sich automatisch der Gefahr aus, bei weitem zu geringe Rohstoff- und Materialquoten zu erhalten.[461]

Auf dem Land bezieht sich die Berichtsfälschung u. a. auf falsche Angaben über die Anbaufläche, die Ertragslage (um geringere Plan- und staatliche Ankaufsquoten zu erhalten und mehr Feldfrüchte für den Eigenbedarf bzw. für die Eigenvermarktung zurückbehalten zu können) bzw. die Übertreibung von Armuts- und Katastrophenverhältnissen (um mehr öffentliche Zuschüsse zu erhalten).

6.4 Ursachen der Korruption

6.4.1 Chinesische Erklärungsmuster

Was die Ursachenbestimmung anbelangt, so gab es in der innerchinesischen Diskussion der 80er und frühen 90er Jahre im wesentlichen sechs Standpunkte: Korruption als politisches, als ideologisches, als kulturhistorisches, als moralisches, als ökonomisches und als gesellschaftliches Problem.

---

461 Dazu auch Tarkowski 1988: 54ff.

Die politischen Ursachen wurden Anfang der 80er Jahre von Deng Xiaoping selbst benannt, wenn auch nicht direkt auf Korruption bezogen, sondern auf das politische System insgesamt. Deng machte die Überzentralisierung, ein fehlendes Verantwortlichkeitssystem in bezug auf die Funktionäre, das Fehlen von Regeln und Bestimmungen für Ernennung, Beförderung, Absetzung, Versetzung in den Ruhestand, Amtsenthebung und Versetzung sowie das System der lebenslangen Amtsinhabe für den Bürokratismus verantwortlich.[462]

Weiter ging der ehemalige Leiter des Forschungsinstituts für Marxismus-Leninismus-Maozedongideen, Su Shaozhi, der nach dem 4. Juni 1989 ins Ausland floh. Seiner Meinung nach ist die "Konzentration von Macht" die Kernursache von Korruption.[463] Mit diesem Standpunkt, der sich kritisch gegen das politische System richtet, blieb er in der offenen Diskussion weitgehend allein. Deng u. a. wollten die Verwaltungsstrukturen reformieren, nicht aber das System. Die Macht sollte konzentriert bleiben.

Die von Deng vorgeschlagenen organisatorischen Änderungen lösten das Grundproblem von daher nicht. Den ökonomischen Veränderungen folgten nur geringfügige politische Veränderungen. Das Machtmonopol der Partei blieb intakt, Kontrollmechanismen wurden nicht installiert, so daß die politische Macht von den Funktionären ökonomisch genutzt werden konnte. Probleme der politischen Struktur und der politischen Verfassung wurden 1989/90 in der Korruptionsdiskussion wieder weitgehend tabuisiert.

Wu Shuqing, Rektor der Peking-Universität, wies die Systemimmanenz sogar ausdrücklich zurück. Insgesamt gesehen sei die Kommunistische Partei "gut", sie sei die "am wenigsten korrupte Kraft in der chinesischen Geschichte". Das Wesen von Gemeineigentum und Kommunistischer Partei wirke korruptem Verhalten "diametral entgegen", während dem Privateigentum und den "Parteien der Ausbeuterklassen" Korruption immanent sei. Den Beweis blieb Wu schuldig, denn seine Argumentation sei ja dadurch bewiesen, daß die Kommunistische Partei die "Vorhutorganisation des Proletariats" sei und "dem Volke diene". Allerdings hätten die Medien versäumt aufzuzeigen, daß gerade in Ländern mit Privateigentums- und Mehrparteiensystem die Korruption blühe. Da Wu das Ausmaß der Korruption in China nicht leugnen konnte, fand er den Schuldigen: Zhao Ziyang, der ehemalige Generalsekretär der Kommunistischen Partei, und seine "Passivität" gegenüber den "Vier Grundprinzipien" sowie gegenüber dem "Kampf gegen den bürgerlichen Liberalismus".[464]

Dies leitet zur zweiten Ursachenbestimmung über, dem ideologischen Erklärungsansatz. Dieser bezeichnet zum einen Korruption als "Überbleibsel der Gesell-

---

462 Vgl. Deng 1980: 289.

463 Su 1988: 16ff.

464 Wu, Shuqing 1989.

schaft der Ausbeuterklasse", das dem Sozialismus fremd sei. Die Wurzel der Korruption finde sich "im Kaptalismus und den anderen Ausbeutungsgesellschaften".[465] Die von außen eingedrungenen "verfaulten Ideologien und Verhaltensweisen" bewirkten Korruption. Korrumpierte seien Personen mit "bürgerlich-individualistischer Ideologie".[466] Die Reformierung des Wirtschaftssystems führe zugleich zu Lücken und Mängeln in der Verwaltung der Gesellschaft und begünstige korruptes Verhalten. Wenn manche Autoren behaupten, in den kapitalistischen Ländern sei die Korruption "noch viel schlimmer" als in China[467], so dürfte sich dies über die materielle und politische Korruption hinaus gerade auf geistig-ideologische Momente beziehen.

Zum anderen wird die "Weltanschauung" der Menschen, vorzugsweise der Parteimitglieder, für Korruption verantwortlich gemacht. Der "Individualismus" (gerenzhuyi) von Parteimitgliedern, obgleich zunächst ein individuelles Problem, führe zu einer Änderung der "ideologischen Einstellung" der Betreffenden. Das Individuum allein wird also für die Korruption verantwortlich gemacht.[468]

Bereits oben haben wir auf die "individualistische Ideologie" als innerchinesischer Ursachenerklärung hingewiesen ("kurzsichtiges Verhalten"). Individualismus und Partikularinteressen werden von Apologeten bestehender Verhältnisse als korruptionsfördernde Elemente bewertet, denen nur die Interessenvertreterin utilitaristischer ("langfristiger") Interessen, die Kommunistische Partei, entgegenwirken könne.[469] Vom moralischen Standpunkt aus geht es bei Korruption zwar um die Durchsetzung von Partikularinteressen, aber die Vertreter dieser Argumentation analysieren nicht die Ursachen des wachsenden Individualismus, sondern versuchen, Individualinteressen als negativ, Kollektivinteressen als positiv zu charakterisieren. Tarkowski hat darauf hingewiesen, daß dieser Widerspruch zwischen "Makro- und Mikrorationalität", d. h. zwischen Partikular- und Utilitätsinteressen keineswegs verwunderlich ist, sondern organisationssoziologisch in allen Systemen existiert. Gleichwohl mag er im Sozialismus besonders stark ausgeprägt sein:

> "Die Zentrale zieht bei ihren Beschlüssen das Gesamtsystem in Betracht und geht von einer langfristigen Perspektive aus. Die Arbeitseinheiten ... werden durch unmittelbarere Erfordernisse und Partikularinteressen wie Löhne, Prämien, Inve-

---

465 An, Zhiguo 1985: 4.

466 Chen, Gang 1987: 93; Liu, Fuzhi 1990; Beijing Ribao 24.2.90; bereits Mao schrieb die Korruption Anfang der 50er Jahre dem "zersetzenden Einfluß der Bourgeoisie" auf die Kader zu, vgl. Mao 1978: 68.

467 Vgl. z. B. Wen, Di 1990: 17.

468 Li, Yannian 1991; Li, Huirang 1991.

469 Lin, Ya 1990: 46ff.; ähnlich: Renmin Ribao 13.10. und 10.11.90.

> stitionen usw. motiviert. Manchmal widerspricht ein Beschluß der Zentrale diametral den Interessen einer solchen Einheit. Dann ist keineswegs evident, wie die Leiter der untergeordneten Einheit die gesamtgesellschaftlichen Aufgaben mit ihren speziellen Befürfnissen in Einklang bringen können. In der Theorie sollte sich die Einheit den Anordnungen von oben beugen und den erforderlichen Pflichten nachkommen. Aber ihre unmittelbaren Vorgesetzten können die Leistungen einer Einheit nicht realiter danach bewerten, ob sie zum allgemeinen Wohl und zur Realisierung der nationalen Ziele beigetragen haben. Sie bewerten sie vielmehr danach, wie sie ihre Einheit führen und wie sie die ihnen zugewiesenen Pläne erfüllen. Untere und mittlere Funktionäre sind wesentlich auf partikularistische, parochiale Ziele hin orientiert, nicht aber auf vage, unklare allgemeine Aufgaben und Pläne."[470]

Orthodoxe Kräfte sehen in der Korruption auch eine Folge des "Mammonismus" (chongjinzhuyi), d. h. der Geldgier, als ein Übel des "bürgerlichen Liberalismus".[471] Nach dem Juni 1989 wurde diese Entwicklung vor allem dem entmachteten Parteichef Zhao Ziyang angelastet, der Korruption als unvermeidlich bei Wirtschaftsentwicklung und Öffnungspolitik bezeichnet habe. Die Tolerierung der Korruption habe ihre Ursache in der Unterschätzung dieses Phänomens. Leitungskader - so lautete die Argumentation - nähmen korrupte Funktionäre mit dem Argument in Schutz, es handle sich um "unerfahrene" junge oder um "verdienstvolle" alte Kader, die ohnehin bald in den Ruhestand träten. Die Einheiten (Danweis) würden ihre Mitglieder aus "falsch verstandenem Ressortgeist" heraus schützen und hohe Funktionäre die Angehörigen ihrer Familien bzw. Seilschaften. Hier sei "ideologische Arbeit" notwendig.[472] Diese Position bestimmte die Ursachen primär als von außen kommend, als Folge der Öffnungspolitik. Obgleich Nepotismus und Patronage bzw. Klientelismus angesprochen wurden, unterblieb eine Analyse der inneren Ursachen weitgehend.

Diese Auffassung schreibt die Korruption überdies jeweils dem Personenkreis oder den Positionen zu, die von der gerade herrschenden Gruppe angegriffen oder bekämpft werden: Anfang der 50er Jahre wurden die von der Guomindang übernommenen Beamten und die Privatunternehmer dafür verantwortlich gemacht, Mitte der 50er Jahre die in Ungnade gefallenen Parteiführer Gao Gang und Rao Shushi, 1964/65 (damals unterlag ein erheblicher Teil der ländlichen Funktio-

---

470 Tarkowski 1988: 52.

471 Gao, Weiguo 1990.

472 Zhongyang Jiwei 1989: 30-34; Cai, Shixing 1989.

näre der Korruption[473]), während der "Sozialistischen Erziehungsbewegung", die kapitalistischen Momente in der Landwirtschaft (für die später Liu Shaoqi und Deng Xiaoping verantwortlich gemacht wurden), in der Kulturrevolution die "Machthaber auf dem kapitalistischen Weg", nach 1976 die "Viererbande" und nach dem Juni 1989 Zhao Ziyang, der "bürgerliche Liberalismus" sowie der angeblich vom Ausland betriebene Versuch der "friedlichen Evolution" (heping biandong) zum Sturz des Sozialismus.[474]. "Korruption", so hieß es in einem Beitrag von Wu Jianguo im theoretischen Organ der KPCh "Qiushi", sei "ein Universalsyndrom des bürgerlichen Liberalismus, und sie ist sein natürliches Sekret". Der bürgerliche Liberalismus bringe Korruption hervor, und die korrupten Elemente fänden in diesem die Grundlage ihrer Existenz. Ja, dieser sei sogar die "Hauptquelle der Korruption".[475]

Schauen wir uns die innerparteilichen Auseinandersetzungen etwa seit der Kulturrevolution an, so wurden die "Verlierer" jeder Auseinandersetzung jeweils der persönlichen oder zumindest ideologischen Korruption bezichtigt. Ein "Bericht über die Untersuchung der Verbrechen des Renegaten, versteckten Kollaborateurs und Arbeiterverräters Liu Shaoqi" aus dem Jahr 1968 bezichtigte den ehemaligen Parteivizevorsitzenden und Staatspräsidenten Liu Shaoqi, Maos Hauptgegner, der während der Kulturrevolution ums Leben kam, sich in die Partei "eingeschlichen", korrupte und dekadente Ideen verfolgt, "konterrevolutionäre und doppelzünglerische Taktiken" angewandt und mit dem Ausland konspiriert zu haben. Ihm wurden persönlicher Eigennutz, die Verfolgung von Eigeninteressen, Machtstreben, das Streben nach persönlichem Ruhm, Karrierismus u. a. vorgeworfen.[476]

Nachdem Lin Biao, der während der Kulturrevolution zum "Nachfolger" Maos und zweiten Mann hinter ihm avancierte, nach einem gescheiterten Putschversuch 1971 ums Leben gekommen war, wurde ihm in einer "Kritikbewegung" vorgeworfen, ein "politischer Hochstapler" zu sein, der "weder Bücher, Zeitungen noch Dokumente las" und darüber hinaus ein "Tyrann", "Militärmachthaber" und "Ignorant" gewesen sein soll. Über seinem Bett soll er konfuzianische Lehrsätze angebracht haben, in denen sein Wunsch nach Usurpierung der Macht durch ihn und seine Familie zum Ausdruck gekommen sein soll. Er habe, so weitere Vorwürfe, "eine Menge Renegaten, Agenten, klassenfremde, degenerierte und rechte Elemente" um sich geschart, sei ein Karrierist gewesen, der eine despotische

473 Vgl. Baum 1975.

474 So der Pekinger Parteichef Li, Ximing nach Beijing Ribao vom 24.2.90 und Wang, Renzhong 1990: 18.

475 Wu, Jianguo 1989: 26-28; ähnlich: Feng, Zhao 1989 sowie Tian/Li/Ye 1991.

476 Vgl. u. a. die verschiedenen Artikel aus der chinesischen Presse in Milton/Milton/Schurmann 1974: 318ff.; Dittmer 1974 und die Dokumente in Liu, Shaoqi, Bd. II, 1982: 291ff.

Familiendiktatur habe errichten wollen. Er habe zugleich die Menschen "ideologisch korrumpiert".[477]

Nach der Ausschaltung der "Viererbande" im Herbst 1976 wurde deren Mitgliedern vorgeworfen ein "Geheimagent der Guomindang" (Zhang Chunqiao), eine "Verräterin" (Jiang Qing), ein "klassenfremdes Element" (Yao Wenyuan) und ein "neubourgeoises Element" (Wang Hongwen) gewesen zu sein.[478] Der gesamten Bevölkerung (und auch uns in China tätigen Ausländern) wurden 1977 Dokumente vorgelesen, die die moralische Verkommenheit und den korrupten und dekadenten Lebensstil dieser vier Personen seit frühester Jugend belegen sollten. In der folgenden Kritikbewegung hieß es u. a., an den "von ihnen kontrollierten Orten" hätten sich "schlechte Elemente aller Art hervorgewagt" und "Korruption, Diebstahl, Spekulation und Schwarzhandel" ausgebreitet. Ihnen wurden Unterschlagung, Diebstahl, Betrug, Raub, Dokumentenfälschung, Verschwörung, das "Umsichsammeln übler Elemente", Eigenbereicherung und ausschweifender und lasterhafter Lebenswandel vorgeworfen.[479]

Auch die Führer der Studentenproteste im Frühsommer 1989 wurden nach der Niederschlagung dieser Bewegung "moralisch" angegriffen. Wuer Kaixi z. B. wurde u. a. vorgeworfen, ein "fauler Student" und in "Schiebergeschäfte verwickelt" gewesen zu sein. Er sei machtgierig und habe wiederholt "Schlägereien angezettelt".[480] Lin Mohan, ehemals Vizekulturminister und Vizedirektor der Propagandaabteilung des ZK der KPCh warf den Führern der Protestbewegung noch Ende 1990 vor, selbst durch und durch korrupt gewesen zu sein und im Namen der Korruptionsbekämpfung nach der Macht gestrebt zu haben. Hätten sie gesiegt, so Lin, hätte das Problem der Korruption sich weiter verschärft. Eine Begründung seiner These liefert er nicht.[481]

Da die Partei, das politische System oder einfach die siegreiche Fraktion das gesellschaftlich Positive verkörpern, unterbleibt eine eingehende Analyse der gesellschaftlichen Hintergründe von Auseinandersetzungen. Diese werden vielmehr mit dem "schlechten Charakter" der Verlierer begründet. Opposition oder oppositionelle Strömungen werden damit individualisiert. Eine inhaltliche Auseinandersetzung mit deren politischen Positionen erfolgt nicht oder nur höchst oberflächlich. Pye sieht hinter diesem Verhalten die konfuzianische Tradition des

477 Dazu u. a. Beijing Rundschau 52/1973: 6; 6/1974: 5f.; 7/1974: 5f.; 16/1974: 6ff.; 30/1974: 7; 42/1974: 9ff.; Baumberger/Baumberger 1975.

478 Dazu u. a.: Huoguo yangmin de "sirenbang" 1977; Zhang Chunqiao shi Jiang Jieshi de chuigushou 1976; Renmin Ribao 27.4.77.

479 Vgl. ibid. und u. a.: Beijing Rundschau 6/1977: 11ff. und 7/1977: 18.

480 Dazu u. a. Jian, Chuan 1989: 23ff.

481 Vgl. Lin, Mohan 1991.

"destroying the public man by exposing the private man".[482] Für den Konfuzianismus war die Moral der Beamtenschaft entscheidend für das Funktionieren des Staates. Abweichendes Verhalten galt als Ausdruck fehlender moralischer Integrität. Zugleich ermöglicht die Hinterfragung der moralischen Integrität von Funktionären, daß diejenigen, die ihnen gefolgt sind, als irregeleitet hingestellt werden und sich reinwaschen können, indem sie ihre früheren "Führer" als moralisch zweifelhafte Person anklagen.

Kulturhistorische Erklärungsversuche führen die Korruption auf den "Einfluß des Feudalismus", patriarchalisches Denken und Nachwirkungen "feudaler Tradition" (Privilegien der Beamten usw.) zurück.[483] Dabei werden im wesentlichen nur diejenigen Negativfaktoren benannt, die ohnehin offiziell bekämpft oder verringert werden sollen wie Bürokratismus, Patriarchalismus, lebenslange Amtsinhabe, Spekulation von Beamten etc.[484] Diese Argumentation rechnet die Korruption den "Übeln der alten Gesellschaft und der überkommenen Kultur" zu, d. h. dem Einfluß traditionaler Momente, und negiert somit die Systemimmanenz dieses Phänomens.

Das moralische Argument beklagt den Moralverfall der Funktionäre ("Manche Kader vergessen, daß sie dem Volke dienen sollen") und deren mangelndes Rechtsbewußtsein.[485]

Ökonomisch werden einerseits "kapitalistische Relikte" (Privateigentum, Ausbeutung, Warenwirtschaft, monetäre Beziehungen), aber auch die "Verbindung von Plan und Markt" sowie das doppelgleisige Preissystem für die Korruption verantwortlich gemacht.[486]

Wenn Korruption als gesellschaftliches Phänomen begriffen wird, dann höchstens als Folge von Lücken, die im Zuge des sozialen Wandels aufgetreten sind (Gesetzeslücken, nicht ausreichende soziale Kontrollmechanismen, mangelnde Strenge in der Bestrafung, Vernachlässigung der ideologisch-politischen Erziehungsarbeit).[487]

Diese verschiedenen Ansätze werden häufig miteinander kombiniert. Einzelne neuere Ansätze versuchten, westliche Theoriemuster auf China anzuwenden, wobei teilweise auf systemimmanente Widersprüche hingewiesen wird. He Jiacheng griff die Theorie Huntingtons auf und überlegt, ob die Modernisierung und

---

482 Pye 1981: 189.

483 Vgl. Fei, Xiaotong in Yi, Shu 1986: 28; Chen, Gang 1987: 93; Yang, Yongzhong 1989; Cai, Shixing 1989; China im Aufbau 11/1989: 5; Cheng, Yan 1989.

484 Vgl. Wu, Jianguo 1989: 23.

485 Fei, Xiaotong, ibid.; Rao, Fengqi 1989: 28.

486 Rao, Fengqi 1989: 27; Yang, Yongzhong 1989; Wu, Jinglian 1990. Dieses System soll Berichten zufolge allmählich abgebaut werden, vgl. China Daily 2.5.90.

der damit verbundene Widerstreit zwischen altem und neuem System sowie die Abnahme institutionalisierter Kontrolle nicht zu dem Anstieg der Korruption geführt hätten. Auch die Theorie der amerikanischen Ökonomin Anne O. Krueger von der "rent-seeking society"[488], derzufolge staatlicher Interventionismus Korruption fördere, weil der Staat die Marktgesetze außer Kraft setze, die Verteilungsprioritäten nach politischen Richtlinien festlege und damit ermögliche, über Preis- und Wettbewerbsverzerrung Zusatzeinkommen zu erlangen[489], wurde von He geprüft. Obgleich He die Anwendbarkeit dieser Theorien für China in Frage stellte, übernahm er vor allem die erstere in weiten Teilen. Wenn Zhao Ziyang die These von der "Unvermeidbarkeit der Korruption" im Modernisierungsprozeß zugerechnet wurde, so dürfte dies auf den Einfluß Huntingtons auf seinen Beraterstab zurückzuführen sein, dem He (als Mitglied des Forschungsinstituts für Systemreform) angehörte.[490] Zhao hatte in seinem Bericht auf der 3. Plenartagung des XIII. ZK der KPCh im September 1988 erklärt:

> "Von der historischen Warte aus gesehen, können es die Machtorgane eines Staates, der sich noch in einer bestimmten Entwicklungsetappe der Warenwirtschaft befindet, in der das Rechtswesen in den Anfängen steckt, Verordnungen und Vorschriften noch nicht vollständig ausgearbeitet sind, des öfteren nicht leicht vermeiden, daß korrupte Erscheinungen auftreten."[491]

Einen anderen Ansatz versuchte Wu Jiaxiang von der Forschungsstelle des Hauptbüros des Zentralkomitees der KPCh. Seines Erachtens ist Korruption die Folge des Austausches von Macht gegen Güter:

> "Diejenigen, die Macht besitzen, möchten Handelsgüter, diejenigen, die diese Güter haben, benötigen Produktionsmaterialien. Dies führt zu einem Austausch von Macht gegen Güter. Die Macht wird kommerzialisiert, die Waren erhalten

487 Vgl. Fei, Xiaotong, ibid.; Chen, Gang 1987: 9; Cai, Shixing 1989; Liu, Fuzhi 1990.

488 Vgl. dazu unsere Ausführungen in Abschnitt 3.4.

489 Krueger 1974. Auch Wu, Jinglian 1990 erwähnt diesen Ansatz.

490 Vgl. He, Jiacheng 1989: 18-25; Han, Zhanhui 1989; Zhang/Wang 1989; ähnlich: Sui, Zhen 1989: 12f. und Zhao, Suisheng 1990: 58ff.

491 Zhao, Ziyang 1988: XI.

> Macht. Diese Art von Korruption weist zwei Formen auf: Der Beamte wird korrupt, der Markt folgt in die Korruption."[492]

Die niedrigen Gehälter der Funktionäre zwängen diese zur Erschließung neuer Einnahmequellen, d. h. zur gewinnbringenden Nutzung ihrer Machtbefugnisse. Funktionäre, die nichts anzubieten hätten, errichteten Hindernisse, um ebenfalls finanziell profitieren zu können.

Die Ökonomen Hua Sheng, Zhang Xuejin und Luo Xiaopeng hielten die monopolistische Eigentumsstruktur für eine wesentliche Ursache. Da die Funktionäre vom Staat völlig abhängig seien, sähen sie in ihrer Funktion ein Monopol, aus dem sich maximaler persönlicher Profit herausschlagen lasse, eine Theorie, die an das oben erwähnte ökonomische Muster der Ursachenerklärung anknüpft.[493]

Li Lan kombinierte die beiden letztgenannten Ansätze miteinander. Die einseitige Verfügungsgewalt der Bürokratie über die Güter und die Ausweitung des Marktes stünden in Widerspruch zueinander. Die Verteilung der Güter und Materialien, die Kontrolle der Investitionsmittel und Kredite, die Festlegung der Preise und die Arbeitskräfteverwaltung befänden sich nahezu ausschließlich in den Händen der Bürokratie. Dies bilde die Grundlage für den Austausch von Macht gegen Geld.[494]

Wang Xin zufolge mangelt es Partei und Staat an Möglichkeiten zur Durchsetzung eines an den Interessen der Bevölkerung orientierten Kaderverhaltens sowie an geeigneten Kontrollmöglichkeiten. Die Bürokratie schaffe daher ihren eigenen politisch-ökonomischen Apparat in Form von Beziehungsgeflechten (guanxi gang).[495] Diese Position erinnert an den oben erwähnten Entwicklungsdefizit-Ansatz von Nye.

6.4.2 Multidimensionaler Erklärungsansatz

Ausgehend von unserer These der Notwendigkeit eines länderspezifischen Erklärungsansatzes gilt die an anderer Stelle von uns entwickelte These, daß soziale Phänomene in China von drei Ansätzen her zu beleuchten sind, nämlich von der

---

492 Wu, Jiaxiang 1989: 11; vgl. auch Lun fubai de genyuan 1989: 13.

493 Hua/Zhang/Luo 1988: 10ff.

494 Vgl. Xiandai Qiye Daokan (Leitfaden für moderne Unternehmen), op. cit. in Jingji Cankao 21.1.90.

495 Wang, Xin 1988: 64f.

Trichotomie sozialistisches Land[496]/Entwicklungsland/Kulturtradition. China ist ein Land mit für Entwicklungsländer typischen Problemen; anderseits weist China spezifische Merkmale des sowjetischen etatistischen Systems (Stalinismus) auf. Gleichermaßen ist es aber durch seine traditionale Kultur geprägt. Von daher genügt ein einzelnes Erklärungsmuster zur Analyse sozialer Phänomene nicht. Die Korruption in China ist u. E. nur durch eine Faktorenvielfalt zu erklären, wobei es kulturspezifische, regionale, ethnische u. a. Spezifika gibt, die wir hier nicht im einzelnen untersuchen können.[497] Die Kommunistische Partei eröffnet durch ihr unkontrollierbares Machtmonopol den einzelnen die Möglichkeit, durch Parteieintritt materielle und persönliche Vorteile zu erlangen.

Liu unterscheidet systemimmanente und kulturelle Faktoren der Korruption und weist auf ihre Wechselwirkung hin. Unter systemimmanenten versteht er politische (Zentralisierung, Monopolisierung, Verschmelzung von Partei und Staat, fehlende klare Trennung von öffentlichem und privatem Bereich) und ökonomische Faktoren (zentrale bürokratische Planung, Fehlplanungen, rigide Normenfestsetzung, Mangel an Versorgungsgütern für Betriebe und Bevölkerung), unter kulturellen oder der "Kultur der Korruption" traditionale (Guanxi, Patronage, Nepotismus, Seilschaften) und ideologische (Vorstellungen bzw. Bewertung der Korruption, Wertewandel, d. h. das, was Myrdal "Folklore der Korruption" nennt [498]). Die Notwendigkeit der Ausdifferenzierung von Korruptionsursachen wurde von Liu zwar richtig erkannt, er ließ allerdings das dritte Element, das Entwicklungsdefizit, außer Betracht.[499]

Nepotismus, das Guanxi-Beziehungsgeflecht, Patronage, Seil- und Gefolgschaften, Familiensinn, Privilegien und Geschenkpraktiken sowie die traditionelle Auffassung von politischen Ämtern als Einnahmequellen sind in der Kulturtradition beheimatet. Das Fehlen eines institutionalisierten Beamtenrecht- und Kontrollsystems, Gesetzeslücken, Defizite in ökonomischen und sozialen Bereichen (nicht ausreichende ärztliche Versorgung, Beschäftigungsprobleme, Stadt-Land Gefälle, Existenz eines informellen Wirtschaftssektors, Defizit an höheren Bildungsinstitutionen u. a.) sind typische Phänomene in Entwicklungsländern. Bestechung vermag hier die ökonomische und politische Benachteiligung von Gesellschaftsgruppen (Privatunternehmer, Bauern usw.) auszugleichen.

---

496 Wir sind uns der Problematik des Sozialismusbegriffes bewußt, der erst wieder neu zu füllen ist. Auf China bezogen bezieht sich dieser Begriff auf die weitgehend von der Sowjetunion übernommenen Strukturen. Im übrigen ist der These zuzustimmen, daß ein Entwicklungsland "im Extremfall" "nur deshalb sozialistisch ist, weil es sich selbst als sozialistisch definiert", vgl. Meyns 1990: 3.

497 Vgl. Heberer/Taubmann 1988: 233ff.; Heberer 1989a: 1ff.; zum Kulturansatz vgl.Heberer 1990a; Heberer 1990b.

498 Myrdal 1980: 198.

499 Liu, A. P. J. 1983: 610ff.

Wenn von Tradition die Rede ist, dann darf nicht vergessen werden, daß neu eingeführte Gesetzesnormen, die sich an westlichem Recht orientieren, in Widerspruch zu traditionellem Gewohnheitsrecht geraten können. Diese Diskrepanz zwischen geschriebenem und überliefertem Recht findet sich als "lex scripta" und "lex nonscripta" bereits im Römischen Recht.[500]

Extrem zentralisierte Planung, ökonomische und politische Monopolisierung durch Partei und Staat, die Vermischung dieser beiden Institutionen, durch Überzentralisierung der Volkswirtschaft bedingte Versorgungsengpässe, Reformen, die Plan und Markt zu mischen und unter Beibehaltung des politischen Monopols einer Partei ökonomisch zu dezentralisieren versuchen, sowie die ideologische Krise (bedingt durch das Scheitern des revolutionären Modells in der Kulturrevolution), die Wirtschaftsreformen und die Außenöffnung sind Ursachen, die dem von der Sowjetunion übernommenen stalinistischen Wirtschaftsmodell zuzuordnen sind. Wo der Staat Produktion und Verteilung im Wirtschaftsprozeß weitgehend monopolistisch regelt und zugleich kontrollunabhängig funktioniert, sind die Möglichkeiten und Anreize zur Korruption groß. Überdies sind die Unternehmen (ob staatlich, kollektiv oder privat) häufig gezwungen, zum Zwecke der Planerfüllung die dafür notwendigen, aber knappen Güter und Materialien selbst zu beschaffen.

Andererseits führt, wie McCormick zu Recht hervorhebt, der leninistische Versuch der "totalen" Organisation der Gesellschaft (wobei der Rekurs auf den Leninismus für China zu einseitig ist, da traditionale Herrschaftsmuster hineinspielen, wie die "orientalische Despotie", an die der Leninismus anzuknüpfen vermochte) zur Allgegenwart persönlicher Beziehungen und persönlicher Herrschaft.[501] Dies begünstigt korruptes Verhalten, weil das Durchbrechen der Totalität materielle Beeinflussung, d. h. Bestechung, geradezu herausfordert. Je umfassender die unkontrollierte Macht der Bürokratie und je monopolisierter das Wirtschaftssystem, desto größer sind die Möglichkeiten der Eigenbereicherung durch eben diese Bürokratie.[502]

Entwicklungsbedingte Mängel, traditionsbedingte Werte- und Verhaltensmuster sowie zentralverwaltungswirtschaftliche (sozialistische) Strukturen greifen dabei ineinander. Diese Faktorenvielfalt weist zugleich darauf hin, daß es zur Ursachenerklärung eines länderspezifischen Ansatzes bedarf. Dies heißt nicht, daß sich nicht einzelne allgemeine Muster korrupten Verhaltens (staaten- und systemübergreifend) herausarbeiten ließen. Und in Ländern mit ähnlichen Strukturen (sozialistische Staaten, Entwicklungsländer, ostasiatische Staaten) lassen sich - bezogen auf die jeweils gemeinsamen Faktoren (sozialistische, entwicklungsbedingte u. a.) - auch ähnliche Strukturmuster herausarbeiten.

---

500 Dazu etwa Gilpatrick 1950.

501 Vgl. McCormick 1985, zit. bei Roth 1987: 118.

502 Vgl. dazu Hegedüs 1981.

7. Korruption und ökonomisch-sozialer Wandel

7.1 Reform und Korruption

Huntington hat darauf hingewiesen, daß in sich entwickelnden Gesellschaften rasches wirtschaftliches Wachstum zu politischer Instabilität führt. Er begründet dies mit der Auflösung traditionaler Sozialstrukturen (Familie, Clan); der Entstehung einer Schicht von "Neureichen", die auf Grund ihrer ökonomischen Stellung auch nach politischer Macht streben; der Zunahme geographischer Mobilität und rascher Migration vom Land in die Städte; einer wachsenden Zahl von Personen, deren Lebensstandard sinkt sowie einer Ausweitung der Divergenz zwischen arm und reich; einer allgemeinen Einschränkung des Konsums im Interesse von Investitionen; der Hebung des Bildungsniveaus und des Zugangs zu Massenmedien, die Erwartungen wecken, die nicht zu befriedigen sind; einer Verschärfung regionaler und ethnischer Konflikte über die Allokation von Investitionen und Konsumgütern; sowie dem wachsenden Vermögen zu Gruppenorganisation und folglich zu einer Stärkung der Gruppenansprüche gegenüber der Regierung, die die letztere nicht zu erfüllen vermag. Materielle Besserstellung werde von sozialer Frustration begleitet.[503]

Obgleich die Folgen dieses Prozesses sich von Land zu Land graduell unterscheiden (etwa auf Grund erheblicher staatlicher Kontrolle und Intervention in wirtschaftliche und soziale Prozesse) und von der Konstellation schwache-starke Staaten abhängig sind, trifft die Bestimmung grundsätzlich auch auf das Reformchina der 80er Jahre zu. Solche Bedingungen bilden zugleich einen guten Nährboden für korruptes Verhalten.

Die Einleitung von Reformen hat in China Momente freigesetzt, die Korruption begünstigen. Schöpflin hat in diesem Zusammenhang für die osteuropäischen Länder eine Reihe von korruptionsfördernden Faktoren genannt, die auch für China gelten können:

---

503 Huntington 1968: 49f.

- Die Depolitisierung ökonomischer Aktivitäten, bedingt durch wirtschaftliche Liberalisierung sowie durch Akzeptanz individueller Initiative und individueller Entscheidungsmöglichkeiten in Wirtschaftstätigkeiten;
- die Herausbildung von Immunitätsmechanismen gegen das herrschende System: Terrorerfahrung (in China durch die Kulturrevolution) versuchten viele Bürger durch ökonomische Aktivitäten zu kompensieren; gegen offizielle Verhaltensvorschriften habe sich Abneigung entwickelt, informelle Werte seien entstanden;
- Mangel an Macht: Die Macht befinde sich in den Händen einer kleinen Elite, der alles untergeordnet sei. Daraus entwickele sich die Tendenz, Gemeinschaftsziele und -moral im persönlichen Interesse zu ignorieren;
- traditionelles Mißtrauen gegenüber dem Staat: das politische System und seine Machthaber galten als Parasiten an der Gesellschaft. Daran hat sich in der Volksmeinung wenig geändert, wie die gegenwärtige Unzufriedenheit der Bevölkerung mit der korrupten Beamtenschaft bestätigt. Die Funktionärsschicht versucht durch Korruption westlichen Lebensstandard zu erlangen;
- wachsende Bedürfnisse, bedingt durch wirtschaftliches Wachstum bei gleichzeitigem Mangel in wichtigen Bereichen, bewirkten automatisch Korruption durch Austausch von Macht gegen Güter oder Dienstleistungen, zumal die Funktionäre nur aus ihrer Machtfunktion Gewinn ziehen könnten;
- Verfall des politischen Systems: Werde die Hoffnung der Massen auf größere politische Partizipation enttäuscht, sei allein wirtschaftliche Partizipation möglich. Halte die Elite mit allen Mitteln an ihrer Macht fest, dann führe dies zur Erosion des politischen Systems sowie des offiziellen Wertesystems.[504]

Die Richtigkeit dieser Thesen wird sich im Fortgang unserer Untersuchung bestätigen.

Ohne Zweifel haben die Ende der 70er Jahre in Angriff genommenen Wirtschaftsreformen die Ausbreitung von Korruption begünstigt. Weitgehende ökonomische Liberalisierung (Dezentralisierung, Öffnung nach außen, Ausweitung der Marktmechanismen, größere Freizügigkeit für die Bevölkerung, die zu umfangreichen Wanderungsbewegungen führte, größerer Nachfragebedarf durch gestiegene Einkommen, wachsende Einkommensdisparitäten, Diversifizierung der Eigentumsstruktur durch Wiederzulassung des Privat- und Ausweitung des Kollektivsektors, Lockerung der administrativen Preisfestsetzung, das doppelgleisige

504 Schöpflin 1984: 389ff.

Preissystem u. a.) förderte Umfang und Ausmaß von Korruption. Das weitgehende Ausbleiben politischer Reformen hat dieser Tendenz zugearbeitet. Das Machtmonopol der KP wurde nicht angetastet, Instrumente zur Kontrolle der Kader nicht installiert, so daß die Funktionäre relativ ungehindert ihre Macht zur Eigenbereicherung nutzen konnten. Da die Löhne und Gehälter der Funktionäre nicht angehoben wurden, die Entwicklung ihres Lebensstandards hinter dem der Gesamtgesellschaft zurückblieb, begannen sie die Gewinnträchtigkeit ihrer Amtsbefugnisse stärker zu nutzen. Sie fühlten sich gegenüber den anderen sozialen Gruppen ungerecht behandelt und benachteiligt. Dazu kam, daß ihr sozialer Status im Zuge der Ausweitung der Reformen und der Marktverhältnisse sank und das Privileg lebenslanger Amtsinhabe abgebaut wurde.

Durch die Gründung spezieller Handelsfirmen (s. unten) oder Mitwirkung in solchen Firmen versuchen viele Funktionäre, ihre Amtsbefugnisse zu Zusatzeinkommen zu nutzen. Das mehrfach erlassene Verbot solcher Tätigkeiten führte lediglich zu einer Verlagerung der Korruption in parallelwirtschaftliche oder Untergrundbereiche.[505]

Der Nachfragebedarf an Gütern, Rohstoffen und Dienstleistungen und das doppelgleisige Preissystem begünstigten dieses Verhalten. Dieses Preissystem entstand, weil der Staat die Preise für Produktionsgüter einerseits künstlich niedrig hielt, andererseits den Betrieben den Verkauf von Produkten, die über das Plansoll hinaus erzeugt werden, zu höheren als den staatlich festgesetzten Preisen gestattete. Es entstand eine Preisdifferenz zwischen dem amtlich festgelegten Standardpreis und dem Höchst- oder Marktpreis. Das Bemühen von Betrieben oder Einzelpersonen, möglichst billig an Produktionsgüter heranzukommen und das Monopol auf diese Güter begünstigten Korruption.[506] Funktionäre oder Betriebe kaufen Produktionsgüter zu staatlich subventionierten Preisen an und veräußern sie zu Marktpreisen an Dritte. Dies ist ein wesentliches Mittel der Bereicherung.

Engpaßbereiche (Versorgung mit Rohstoffen, Rohmaterialien, Transportkapazitäten, Energie, Kapital u. a.) sind ein bevorzugtes Feld für Korruption, weil einerseits die staatlichen Planvorgaben erfüllt werden müssen, andererseits die staatlichen Funktionäre die Verfügungs- und Verteilungskompetenzen besitzen. Wirtschaftlicher Erfolg beruht von daher auf Beziehungen, nicht auf Effizienz und Marktverhalten.

Der Leiter eines Leichtindustrieamtes in einem Kreis der Provinz Anhui schilderte Anfang der 80er Jahre die Probleme in dieser Hinsicht:

---

505 Eine Übersicht über Reformprobleme findet sich bei Heberer/Weigelin 1990.

506 Zu dieser Frage vgl. Ishihara 1989: 2-9.

> "Geschenke, Bestechungsangebote und Hintertür-Praktiken sind zu den Mitteln geworden, mit denen unsere Betriebe sich die notwendigen Materialien beschaffen und nicht vermarktungsfähige Produkte verkaufen können. Zur Sicherstellung der Versorgung der Betriebe ... durchstreifen unsere Einkäufer das ganze Land. Ihre Ausgaben für Reisen, Geschenke und Einladungen [gemeint sind Bankette] sind inzwischen riesig geworden. In nur eineinhalb Monaten ... hat das Amt für Leichtindustrie Nr. 2 mehr als 10.000 Yuan allein für Einladungen ausgegeben. Dies umfaßt nicht die Kosten für Geschenke und Bestechungen. Und die Fabrik für Kunsthandwerk hat in den ersten sechs Wochen dieses Jahres 4.000 Yuan für Geschenke ausgegeben. Auch die Schaffung von Möglichkeiten zum Absatz schwer verkaufbarer Produkte bedarf der Bestechung bzw. der Vergabe von Geschenken."[507]

Die Unternehmen müssen sich nicht nur über Korruption die notwendigen Materialien besorgen, sie werden auch von korrupten Beamten direkt zur Kasse gebeten:

> "Manche Personen nutzen ihre Verfügungsgewalt über Güter und Materialien, um auf allen Ebenen Hindernisse zu errichten ... und anderen Steine in den Weg zu legen ... Sie deuten an, daß sie Bestechung erwarten, greifen zum Mittel der Erpressung ... und blockieren die normalen Kanäle der Warenzirkulation. Wer keine Bankette für sie gibt, keine Geschenke schickt und nicht besticht, wird [bei Belieferungen] hingehalten, so daß das betreffende Unternehmen keine Rohmaterialien erhält und seine Produkte nicht auf den Markt gelangen können".[508]

Es kommt zu einem Wettkampf um Kredite, Rohstoffe und Rohmaterialien, den die wohlhabenderen Küstenregionen in der Regel für sich entscheiden. Staatliche Entwicklungspläne werden dadurch unterlaufen, und das interregionale Entwicklungsgefälle vergrößert sich weiter.

---

507 Zhengming Ribao 24.7.81 nach McCormick 1985: 117f.

508 Beijing Ribao 29.9.81 nach ibid.: 118.

Auf der gesellschaftlichen Ebene spielt auch der Wertewandel eine Rolle.[509] Traditionale Moralvorstellungen und die Parteiideologie gerieten auf Grund des ökonomischen Wandels in Widerspruch zu neuen Ziel- und Wertvorstellungen (vgl. etwa Deng Xiaopings "Egal ob weiße oder schwarze Katzen, Hauptsache, sie fangen Mäuse" oder die Losung "Laßt einige zuerst reich werden"). Ein Untersuchungsbericht über Kader im Kreis Zhongxiang (Provinz Hebei), die zwischen 1982 und 1988 korrupte Verfehlungen begangen hatten, nannte sechs Grundhaltungen als Ursachen: (a) Die erste Haltung sei durch die Einstellung "Reform, das heißt Geld machen" bestimmt. Der Aufruf der Partei zur "Bereicherung" dürfte u. a. die Grundlage für diese Haltung bilden; (b) die monopolistische Machtstellung der Parteisekretäre begünstige in einem Klima von Bereicherungsmöglichkeiten die Haltung "Wer Macht hat, sie aber nicht gebraucht, wird später das Nachsehen haben"; (c) die dritte Haltung gehe davon aus, daß - so das Denken vieler Kader - man sich lange genug für die Interessen der Partei bzw. des Volkes geopfert habe, es nunmehr einer Entschädigung dafür bedürfe.

Solche Überlegungen dürften nicht nur die Funktionäre selbst anstellen. Familienangehörige versuchen vielmehr in diesem Sinne auf Kaderangehörige einzuwirken. Der ehrliche Funktionär wird von den eigenen Angehörigen bedrängt, von anderen bemitleidet oder verspottet. Er gilt als der Dumme, der die Chance verpaßt, sich während seiner Amtszeit an der Verteilung des gesellschaftlichen Kuchens zu beteiligen; (d) die vierte Haltung sei durch die Erwartung von Gabe-Gegengabe geprägt: "Ich helfe dir mittels meiner Machtbefugnisse und du dankst mir dafür durch entsprechende Gegenleistungen"; (e) die fünfte Haltung bestehe im Nachahmungseffekt: "Andere wirtschaften ungestraft in die eigene Tasche, warum soll ich dies nicht tun?"; (f) als letzte Ursache wird der "Neid" angeführt: "Andere verdienen durch ihr Amt, das will ich auch."[510]

Auch wenn hier eine tiefere Analyse des sozialen Hintergrundes unterbleibt, so werden doch die Denkmuster deutlich. Entscheidende Grundursache bleibt die unkontrollierte Machtstruktur leitender Parteikader, die solches Denken erst ermöglicht. Überdies schuf der Veränderungsprozeß wachsende Verunsicherung und Unklarheit über das, was legal zulässig bzw. illegal, halblegal oder unzulässig ist. Das Normensystem geriet in Fluß, Abweichungen sind oftmals schwierig zu definieren. Rechtslücken begünstigten wirtschaftliches Agieren, das nachträglich mit Strafe belegt wurde (durch Formulierung neuer Rechtsnormen). Die Klagen von Funktionären, sie würden für etwas bestraft, was kurze Zeit vorher noch erwünscht und gang und gäbe gewesen sei, sind häufig zu hören. Der (westliche) Rechtsgrundsatz des "nulla poena sine lege", d. h., daß man nur für solche Delikte rechtlich belangt werden kann, die per Gesetz unter Strafe gestellt sind, findet in China keine Anwendung.

---

509 Zu Fragen des Wertewandels in China vgl. Wilson/Wilson/Greenblatt 1979.

510 Renmin Ribao 23.9.89.

Das Ausbleiben politischer Reformen bewirkte, daß die gesellschaftlichen und staatlichen Kontroll- und Durchsetzungsmechanismen hinter der Herausbildung neuer wirtschaftlicher Strukturen zurückblieben und den Wandlungsprozeß nicht mehr zu regulieren vermochten. Dies führte zu einer Schwächung der Legitimation der staatlichen und Parteiinstitutionen und damit zu einer Schwächung von Partei und Staat schlechthin. Mit der blutigen Niederschlagung der Protestbewegung im Juni 1989 versuchte die Führung, dieser Schwächung mit Gewalt entgegenzuwirken.

7.2 Neue Privatwirtschaft und Korruption

Die Wiederzulassung des privaten Wirtschaftssektors[511] nach 1978 förderte auf verschiedene Weise Korruption. Unter den Bedingungen einer Zentralverwaltungswirtschaft, in der alle wichtigen Güter von staatlichen Stellen zugeteilt und der private Sektor gegenüber dem staatseigenen diskriminiert wird, sind private Unternehmer meist gezwungen, sich die zur Bewirtschaftung notwendigen Voraussetzungen über das Mittel der Bestechung zu beschaffen. Dies fängt mit der Erteilung von Gewerbescheinen und anderen behördlichen Voraussetzungen (Gesundheitszeugnisse, Qualifikationsnachweise etc.) an und pflanzt sich über Bankkredite, Elektrizitäts- und Wasserversorgung, Beschaffung bzw. Zulassung von Geschäftsstandorten bis zur Versorgung mit für die Produktion notwendigen Gütern fort. Als Korruptionsphänomene sind aber auch das Erheben willkürlicher Gebühren oder Bußgelder (die in die Taschen der Beamten wandern), die rechtswidrige Konfiszierung von Gewerbescheinen (die über Bestechung wieder auslösbar sind) oder schleppende Genehmigungsverfahren (die sich über Bestechung beschleunigen lassen) zu bewerten.

Eine Kritik an korrupten Praktiken des für den privaten Wirtschaftssektor zuständigen Verwaltungsamtes für Industrie und Handel weist auf die Korruptionspalette der Beamten hin. In einem Artikel in der "Zhongguo Gongshang Bao" wurden neun Verhaltensweisen kritisiert:

> (1) Willkürliche Beschlagnahmung von Gewerbescheinen, Geld, Produktionsgütern und Materialien sowie rechtswidrige Einfrierung von Konten bzw. Transfer auf eigene Konten;

---

511 Vgl. Jamann/Menkhoff 1988; Kraus 1989; Heberer 1989a.

(2) Schikane, abweisendes, grobes oder beleidigendes Verhalten; Versuche, den Klienten alle möglichen Hindernisse in den Weg zu legen;

(3) die eigene Macht nutzen, um sich kostenlos zu verköstigen oder zu bedienen, kostenlose Vorteile oder Güter zu fordern, sich Kredite einräumen zu lassen, die nie zurückgezahlt werden;

(4) in Geschäfte einsteigen oder einem Nebenerwerb in einem (abhängigen) Betrieb nachgehen; sich zum Teilhaber von Firmen machen lassen oder anderweitig aus Geschäftstätigkeit Nutzen ziehen;

(5) im Rahmen der eigenen Befugnisse geschäftlich tätigen Verwandten und Freunden Vorteile verschaffen;

(6) Unterschlagung von beschlagnahmten Gütern und Bußgeldern;

(7) Vergabe von Gewerbescheinen, Erhebung von Gebühren und Erfüllung der Dienstpflichten unter persönlichen Gesichtspunkten (Gefühl);

(8) Vergabe von Gewerbescheinen, Marktständen und Lagerplätzen, Erhebung von Gebühren sowie Erfüllung der Dienstpflichten nur auf Grundlage von Bestechung, Erpressung von Geld- oder Sachwerten oder Geschenken;

(9) Personen, die Gesetze verletzen, durch Warnungen und Hinweise, Schutzgewährung oder Intrigen vor Verfolgung schützen, an Beschwerdeführern Rache üben, Straftaten dekken oder selbst an illegalen Wirtschaftstätigkeiten teilnehmen.[512]

Klagen, daß Beamte "auf Kredit" einkaufen, ohne je zu bezahlen, Geld und Sachwerte erpressen, Gewerbe- und Gesundheitszertifikate nur über Bestechung abgeben oder unter der Drohung des Gewerbescheinentzugs Geschenke oder Sachleistungen verlangen, sind häufig. Mancher Polizist, dessen "Geschenkwünsche" vormittags nicht erfüllt wurden, rächt sich nachmittags durch

---

512 Zhongguo Gongshang Bao 6.9.90.

ein Bußgeld wegen "Verkehrsbehinderung" oder konfisziert ohne Begründung den Gewerbeschein.[513]

In besonderem Maße sind Restaurants davon betroffen. Gastwirte klagen über die wachsende Schar von Beamten, die sich kostenlos oder verbilligt verköstigen läßt. Käme man den Wünschen nicht nach, hagele es Schwierigkeiten und willkürliche Strafen. Bei der Öffnung eines Restaurants, klagte ein Pekinger Gastronom gegenüber dem Verfasser, müßten neun Ämter zustimmen, ebenso bei Verlängerungen des Gewerbescheines. Durch kostenlose Verköstigung ließen sich Prozeduren erleichtern. Ein beträchtlicher Teil der Geschäftsgewinne müsse für derartige Einladungen verwendet werden. Und der Inhaber eines Standes an einer wichtigen Pekinger Straße erklärte, hier dürfe eigentlich kein Stand stehen. Nur über Schmiergelder an Polizei und Verkehrsbeamte habe er eine Genehmigung erhalten.

Ein spektakulärer Fall war der des Gastwirtes Chu Ruitang in Tangshan (Provinz Hebei), der durch eine Beschwerde bei dem Vizeparteisekretär der Stadt im Juni 1987 den Stein ins Rollen brachte. Chu hatte ein Restaurant geleast und in nur einem Jahr 8.000 Yuan zur Befriedigung von Beamtenwünschen ausgeben müssen. Zur Erlangung der Hygienebescheinigung bedurfte es diverser Geschenke, die er den Zuständigen nach Hause bringen mußte. Für das Gesundheitszertifikat und den Gewerbeschein hatte er ein Essen für die Beamten zu geben. Nach der Eröffnung erschienen zwei Beamte des Preisamtes, die sofort "Bußgelder" erhoben und ihre Bußgeldbescheide erst einstellten, als für ihr leibliches Wohl gesorgt war. Die Beamten der Kohlezuteilungsstelle lieferten erst nach ausgiebigen Mahlzeiten. Sie kamen recht häufig, da Kohle unverzichtbarer Bestandteil einer Restauranttätigkeit ist. Einmal kamen sie während der Hauptgeschäftszeit mit 40 Personen. Das Restaurant mußte geschlossen werden und zu ihrer Verfügung stehen. Danach kamen die Herren vom Wasserwerk. Da die Beamten das erste Mal nicht kostenlos bewirtet wurden, wurde dem Restaurant am Tag darauf das Wasser abgestellt. Auch die Polizei verlangte nach Verköstigung, sonst könne man "den Schutz des Restaurants nicht sicherstellen". Die Beamten brachten ihre Familien mit, dann Verwandte und Bekannte. Als Chu einen Bankkredit beantragte, kamen die Bankbeamten zum Essen usw. Die kostenlose Bewirtung wurde durch mehr oder minder versteckte Drohungen erzwungen. So erklärte ein Leiter der Kohleversorgungsstelle: "Wenn wir hier einige Mahlzeiten umsonst einnehmen, so ist das doch nur zu deinem Besten, für etwas mehr oder bessere Kohle. Das holst du doch leicht wieder rein".[514]

---

513 Vgl. Gongren Ribao 30.4.84, 4.11.86, 7.5.87 und 26.5.88; Renmin Ribao 9.6.84, 1.11.86, 11.12.86, 9.1.87, 18.1.87 und 22.5.87; Tianjin Ribao 14.8.86.

514 Gongren Ribao 27.6.87.

In einigen Fällen wurden Privatbetriebe durch solche Beamte in den Ruin getrieben.[515]

Beschwerden von Privatwirtschaftenden verlaufen in der Regel im Sand und setzen den Beschwerdeführer einer Flut von Schikanen aus. Einem Privatunternehmer, dem der Vizeleiter eines städtischen Elektrizitätswerkes den Strom abstellen ließ, weil er den privaten Forderungen dieses Leiters nicht nachgekommen war, halfen alle Beschwerden bei höheren Instanzen nichts.[516] Selbst die Polizei verlangt vielfach Geschenke oder Einladungen, damit sie bei Straftaten gegen Privatwirtschaftende überhaupt einschreitet.

Mangel- und Qualitätsgüter sind für private Unternehmer schwer erhältlich. Für den Einkauf von Industriewaren beim staatlichen Großhandel sind z. B. "Empfehlungsschreiben" (jieshaoxin) der kaufenden Einheit notwendig. Da Privatwirtschaftende keine "Einheiten" darstellen, können sie keine derartigen Schreiben ausstellen. Der Einkauf von Rohstoffen oder von Gütern, die rationiert sind oder einer einzelnen Behörde unterstehen, ist ebenso kompliziert. In den einheitlichen Verteilungsplänen ist der private Sektor nicht berücksichtigt. Dies gilt für Güter wie Holz, Metalle, Elektrizität, Kohle, Speiseöl, Benzin, Ersatzteile für Fahrräder oder Elektrogeräte usw. Alle diese Produkte dürfen zwar an Privatunternehmen verkauft werden, doch gerade bei derartigen Mangelwaren können staatliche Stellen solche Unternehmer mit dem Hinweis auf Engpässe abweisen. Viele Privatwirtschaftende versuchen daher über Beziehungen oder Bestechung an solche Güter heranzukommen. Das gilt etwa für bekannte Bier- oder Schnapssorten, Zigaretten, gutes Fleisch, Süßwasser- und Meeresprodukte, qualitätsgerechte Stoffe oder Wolle. Vielfach versorgen Familienangehörige, Freunde oder Verwandte, die an entsprechenden staatlichen Quellen sitzen, die Privaten mit benötigten Gütern und Waren. Dies ist so verbreitet, daß solche Kontaktpersonen im Volksmund bereits "halber Privatunternehmer" genannt werden. Und das Handelsministerium sah sich genötigt, die Weitergabe von staatlich zu verteilenden Materialien an Verwandte von Privatunternehmern ausdrücklich zu untersagen.[517] Eine Untersuchung in einer Versorgungs- und Absatzgenossenschaft im Kreis Chaling (Provinz Hunan) ergab, daß Familienangehörige von einem Drittel der 133 hauptamtlich dort Beschäftigten im Privathandel tätig waren.[518] Auf diesem Weg gelangen Mangelwaren häufig in die Kanäle des privaten Sektors, während die Staatsläden sie nicht anzubieten vermögen. Dabei geht es den Privatunternehmern nicht nur um die Versorgung mit Sondergütern, sondern auch um möglichst billige Preise, die ihnen dieses Beziehungsnetz sichert. Teilweise mag für die

515 Vgl. China Daily 17.6.86; Gongren Ribao 24.8.87 und 10.10.87; Renmin Ribao 23.12.87.

516 Renmin Ribao 9.10.86.

517 Jingji Ribao 23.3.84.

518 Shangye Gongzuo 8/1983: 60.

Entscheidung, im privaten Sektor tätig zu werden, die Existenz solch wichtiger Versorgungsbeziehungen eine Rolle spielen.

Die Versorgungsprobleme des privaten Sektors führten zur Herausbildung eines illegalen Versorgungsnetzes. Privatwirtschaftende, zum Teil Arbeitslose ohne Gewerbeschein, zum Teil Gewerbescheininhaber mit anderweitiger legaler Tätigkeit, kaufen von staatlichen Firmen illegal oder über Bestechung Engpaß- oder Qualitätswaren an und verkaufen sie zu hohen Preisen an andere Privatunternehmer weiter. Diese Personen werden "Daoye" genannt, was soviel wie "Spekulantenfürsten" bedeutet. Für diese Art von Geschäften werden nicht nur Beziehungen genutzt. Die Staatsfirmen sind an solchen Transaktionen interessiert, weil sie für ihre Produkte mehr Geld erhalten und diese Überschüsse (rechtswidrig) als Prämien unter den Beschäftigten aufgeteilt werden können. So kaufen Daoye Yunnaner Qualitätszigaretten zu teuren Preisen an und verkaufen sie mit hundertprozentigem Gewinn nach Nord- und Nordostchina weiter. 1987 wurden Händler festgenommen, die allein im ersten Halbjahr jenes Jahres 250.000 Stangen Zigaretten auf diese Weise an Privatbetriebe verkauft hatten. Von Strümpfen über Zigaretten und Schnäpse bis hin zu Metallen, Kunstdünger, Kraftwagen und ausländischer Währung läßt sich alles über Daoye erstehen.

Es gibt "kleine" Daoye, die nur gelegentlich oder mit kleineren Warenmengen spekulieren und "große", die eigene Handelsnetze und Untergrundbetriebe aufgezogen haben.[519] In den Städten bilden sich Daoye-Banden, die die Märkte unter sich aufteilen.

Zunehmend steigen auch Funktionäre (oder deren Kinder) in das profitable Spekulationsgeschäft ein, indem sie Rohmaterialien und Mangelgüter zu staatlich festgelegten Preisen an- und zu hohen Preisen weiterverkaufen. Entsprechend werden sie "Guandao" (Beamten-Spekulanten) genannt.

Wo die Nachfrage nach Gütern nicht gedeckt werden kann, da machen sich automatisch Spekulantentum, Schwarzmarkt und Korruption breit. Dieses Problem läßt sich höchstens eingrenzen, etwa durch bessere staatliche Versorgung des privaten Sektors, aber nicht beseitigen. Bestechung ist für Privatwirtschaftende in vieler Hinsicht eine Frage wirtschaftlichen Überlebens. Je größer die staatliche Diskriminierung des privaten Sektors, desto notwendiger der Zwang zur Bestechung der Beamten seitens der Privatunternehmer.

Die Schmiergeldzahlungen machen einen hohen Prozentsatz der Betriebsausgaben privater Unternehmen aus. Der Rückgang in der Entwicklung dieses Sektors im ersten Halbjahr 1986 und im Jahre 1989 wurde u. a. mit "bürokratischer Schikane" und der "Gebührenfülle" erklärt. Hinter diesen Begriffen verbirgt sich zu

---

519 Dazu: Renmin Ribao 6.8.87, 11.8.87 und 4.9.87; Gongren Ribao 13.8.87 und 17.10.87.

einem erheblichen Teil die Erpressung durch Beamte und die erzwungene Zahlung immer höherer Bestechungssummen.

Andererseits nutzen Privatunternehmer (ebenso wie staatliche und kollektive Betriebe) die wirtschaftliche Lage der Beamten, um über Bestechungen Sonderkonditionen zu erhalten oder rechtliche Vorschriften umgehen zu können. Allein in der Provinzhauptstadt Shenyang (Provinz Liaoning) sollen den 3.000 Beamten des Verwaltungsamtes für Industrie und Handel in den Jahren 1989/90 über 10.000 "abgelehnte" (jujue) Bestechungsangebote gemacht worden sein. (Die Zahl der nicht-abgelehnten Fälle ist Dunkelziffer.)[520]

Ähnliche Probleme gibt es bei den Steuerzahlungen. Viele Steuerbeamte lassen sich bestechen oder unterschlagen Steuergelder. Sie legen die Steuerhöhe nach Belieben fest, setzen sie zu hoch an, verkürzen die Zahlungsfristen, beschlagnahmen Eigentum der privaten Unternehmer, schließen Geschäfte usw.[521] Umgekehrt veröffentlichte die Volkszeitung eine ganze Liste mit Bestechungsmethoden von Privatwirtschaftenden, die ihre Steuern verringert oder erlassen haben wollten.[522]

Schmiergelder werden nicht nur für die Beschleunigung von Behördenabläufen oder die Vermeidung ungerechter Behandlung gezahlt, sondern auch für den behördlichen Schutz, für Sonder- oder Ausnahmegenehmigungen, für die Vermeidung strafrechtlicher Verfolgung, für die (steuerlich und politisch günstigere) Einstufung von Privatunternehmen als "Kollektivbetriebe" oder für Auszeichnungen wie "Modellunternehmer".[523]

Die Korruption wird überdies dadurch gefördert, daß, vor allem in den ländlichen Regionen, wohlhabende Privatunternehmer in Partei- und Staatsfunktionen aufrücken und damit auch auf der Verwaltungsebene direkten Einfluß bekommen. Fälle, in denen Privatunternehmer als "Wohltäter" des Dorfes oder der Gemeinde in die Verwaltungshierarchie einrücken, etwa als Leiter oder Vizeleiter eines Dorfes oder einer Gemeinde, nehmen zu. So war 1987 z. B. einer der größten Privatunternehmer der Provinz Sichuan zugleich Parteisekretär seiner Firma. Auch der Kauf von Kaderämtern hat vor allem auf dem Land beträchtlich zugenommen.[524]

Hier bilden sich, wiederum vor allem auf dem Land, Strukturen heraus, die ökonomische Macht und Interessen mit politischer Macht und politischen Interes-

---

520 Gongren Ribao 4.2.91.

521 Vgl. Henan Jingji 7/1984: 60ff.; China Daily 21.6.86; Renmin Ribao 2.2.87 und 17.10.88; Gongren Ribao 19.9.88.

522 Renmin Ribao 17.7.87.

523 Vgl. auch Renmin Ribao 19.7.89.

524 Siehe z. B. Renmin Ribao 5.1.91.

sen verbinden und neue Dorfhierarchien entstehen lassen, die ihre politische Funktion in den Dienst ihrer Privatunternehmen stellen.

Die größeren Unternehmer im ländlichen Raum setzen sich zu einem großen Teil aus ehemaligen städtischen Schulabgängern, die während der Kulturrevolution auf das Land geschickt wurden und meist gute Beziehungen zu den örtlichen Beamten unterhalten, und aus Angehörigen einflußreicher örtlicher Familien (Angehörige, Verwandte und Freunde lokaler oder überregionaler Funktionäre) zusammen. Sie suchen auf vielfältige Weise die Zusammenarbeit mit diesen Kadern, wobei auch das Mittel direkter oder indirekter Bestechung (etwa durch Überlassung von Gütern oder Materialien zu günstigem Preis, unentgeltliche Hilfe beim Bau von Häusern oder bei der Beschaffung schwer erhältlicher Konsumgüter) angewandt wird. Für die Privatunternehmer wichtige Beamte werden so in Abhängigkeit gebracht.

Andererseits kaufen sich Funktionäre mit geringen Summen in Privatbetriebe ein, um finanziell zu profitieren. Für die Selbständigen ist dies ein idealer Schutz und ermöglicht u. U. wirtschaftliche Vorteile über die Inanspruchnahme öffentlicher Mittel (Kredite, Verbesserung der lokalen Infrastruktur, geringe Steuern und Abgaben usw.). Kader, die derart mit privatwirtschaftlichen Interessen verflochten sind, sind realiter nicht mehr Repräsentanten von Partei oder Staat, sondern Interessenvertreter der Privatwirtschaft. Mit ihrer Hilfe können die Selbständigen selbst von oben kommende Anordnungen umgehen. Und auf dieser Grundlage können sie versuchen, Produkte des staatlichen Sektors zugunsten ihrer Produkte allmählich vom Markt zu verdrängen. Ökonomische Macht ermöglicht so auf dem Land nach und nach mittelbare oder sogar unmittelbare politische Macht. Dabei spielen die traditionellen Verwandtschafts-, Clan- und Dorfstrukturen zunehmend wieder eine stärkere Rolle.[525]

Die Diversifizierung des Eigentumsystems hat einen Dualismus von ökonomischer und politischer Macht entstehen lassen. Die größeren Privatunternehmer auf dem Land bemühen sich um mehr politische, Funktionäre über den Einstieg in die Privatwirtschaft um größere ökonomische Partizipation und Macht. Die Schwächung der politischen Kontrolle hat zu einem Wiederaufleben traditionaler Strukturen geführt (Clans, Geheimgesellschaften etc.). Die Korruption verbindet hier zwei bisher getrennte Gruppen, d. h. sie dient zunehmend als Bindeglied zwischen ökonomischem Reichtum (Privatunternehmer) und politischer Macht (Funktionäre).

Auch für den Privatsektor gilt, daß die monopolistische Wirtschaftsstruktur Bestechungsaktivitäten begünstigt. Neugebauer hat zu Recht einen Zusammenhang zwischen der Beschränkung der Eigentumsrechte und Korruption

---

[525] Dazu: Liu, Yingjie: 1988: 87-95.

nachgewiesen.[526] Je weniger der Privatsektor staatlichen Einschränkungen unterworfen ist, desto geringer ist der Anreiz bzw. die Notwendigkeit der Bestechung.

Vor allem in der Phase neuerlicher Einschränkung des privaten Sektors 1989/90 war der Vorwurf, Privatwirtschaftende korrumpierten aus Eigennutz staatliche Beamte, ein Argument zur Begründung rigiderer Methoden gegen diesen Sektor. Zahlenangaben wie die, eine Untersuchung von "zehn Einzelwirtschaftshaushalten in irgendeinem Gebiet" habe ergeben, daß "60% davon" zu dem Mittel der Bestechung gegriffen hätten[527], weisen auf die politische Absicht solcher Aussagen hin: Mit Scheinargumenten wurde hier versucht, die öffentliche Meinung gegen den Privatsektor zu lenken, um das eigentliche Ziel, die Beschneidung des Reformprogramms, durchzusetzen. Nach den Gründen für dieses Bestechungsverhalten wurde nicht gefragt. Hier zeigt sich, wie "Korruption" als Waffe zur Durchsetzung politischer Ziele eingesetzt wird.

---

526 Neugebauer 1978: 54ff.

527 Jiang, Guoping 1990.

8. Folgen der Korruption

8.1 Ausmaß

Mit der Liberalisierung im Innern und der Öffnung nach außen breitete sich die Korruption rasch aus. Dies ging von den Küstenregionen aus und griff von dort auf andere Landesteile über. Bereits 1982 wurde die Korruption zu einem der sozialen Kernprobleme erklärt.

Das exakte Ausmaß an Korruption ist statistisch nicht erfaßbar. Allenfalls die chinesischen Medien liefern einige Anhaltspunkte. Hierbei ist allerdings zu berücksichtigen, daß in der Presse weitgehend nur über die Korruption einer bestimmten Kaderebene gesprochen wird. Dies betrifft primär die Funktionäre von der Kreisebene abwärts und reicht selten bis zur Provinzebene. Über leitende Kader der Provinz- und zentralen Ebene wird nur in Einzelfällen berichtet. Und wenn, dann handelt es sich um Personen, die man - meist aus anderen Gründen - ohnehin loswerden wollte bzw. die über keine Protektion verfügen. Dies betraf in den letzten Jahren u. a. Yang Yibang, Vizeminister für Chemische Industrie, der sich von ausländischen Geschäftsleuten bestechen ließ; den Schriftsteller Zhou Erfu, Vizepräsident der Gesellschaft des Chinesischen Volkes für Freundschaft mit dem Ausland, dem unmoralisches Verhalten bei einem Japan-Besuch vorgeworfen wurde; Zhang Jun, Minister für Raumfahrt, der für Spekulationsgeschäfte von Unternehmen unter seinem Ministerium verantwortlich gemacht wurde; Jin Deqin, Präsident der Bank of China, der wegen Unregelmäßigkeiten bei Devisengeschäften entlassen wurde; Ni Xiance, Gouverneur von Jiangxi, dem Korruption und Nepotismus vorgeworfen wurden, Liang Xiang, Gouverneur von Hainan, der in Korruptionsfälle verwickelt gewesen sein soll, Luo Yunguang, Vizeminister für Eisenbahnwesen, der wegen passiver Bestechung, grober Pflichtverletzung und Amtsmißbrauch amtsenthoben und aus der Partei ausgeschlossen wurde; Sun Ruixiang, Gouverneur der Provinz Qinghai und sein Stellvertreter Ma Yuanbiao, die der groben Verletzung ihrer Amtspflichten in einem Bestechungsskandal bezichtigt wurden, Lei Zuhua, Vizepräsident der Bank of China, der wegen Teilnahme an mehreren "nicht notwendigen" aufwendigen Bewirtungen auf Staatskosten (in Höhe von 7.491 Yuan, ca. DM 2.100) disziplinarisch bestraft wurde sowie Qian Yongchang, Minister für Verkehrswesen und Lin Hanxiong, Minister für Bauwesen, die beide wegen "Disziplinverletzung" und Nutzung ihrer Machtbefugnisse im Privatinteresse entlassen wurden.

In keinem Fall ist etwas darüber bekannt geworden, daß die betreffenden Funktionäre strafrechtlich zur Verantwortung gezogen worden wären. Im Regelfall folgten lediglich die Amtsenthebung oder maximal der Parteiausschluß. Überdies handelt es sich bei diesen Kadern keineswegs um Funktionäre der Parteispitze. Man kann daher davon ausgehen, daß hier an Personen ohne Protektion Exempel statuiert wurden. Zu einer Amtsenthebung kam es ohnehin stets in Zusammenhang mit Antikorruptionskampagnen und erst nach erheblicher Intervention der Zentrale.

Den Presseberichten zufolge wächst die Zahl der aufgedeckten Korruptionsfälle. Dabei zeigen sich offenbar folgende Merkmale:

> (a) Die schweren Fälle mit hohen Geldbeträgen (als solche gelten Amtsunterschlagungs- oder Bestechungssummen von mehr als 10.000 Yuan) nehmen zu. Galten in den 50er Jahren Fälle mit einem durch Korruption erlangten Einkommen von über 1.000 Yuan als "schwere Fälle", so sind heute Fälle mit illegalen Einkommen von einigen hunderttausend Yuan keine Einzelfälle mehr. Die Zahl der Straftaten mit weniger als 30.000 Yuan war 1986 gegenüber 1985 um 179% gestiegen, die der Fälle mit über 30.000 Yuan um 359%. 1988 klärte die Volksstaatsanwaltschaft 122 Fälle auf, in denen die involvierten Summen jeweils zwischen 100.000 und 500.000 Yuan, 72 Fälle, bei denen sie zwischen 500.000 und einer Million und 15 Fälle, bei denen sie über einer Million Yuan lagen.[528]
>
> Im ersten Halbjahr 1989 wurden einem Bericht der Obersten Volksstaatsanwaltschaft zufolge ca. 1.000 "schwere Fälle" ermittelt (das 4,7fache von 1988). Bei 78 davon lagen die jeweiligen Summen zwischen 100.000 und 300.000 Yuan, bei acht zwischen 300.000 und 500.000 Yuan und bei sechs Fällen über 500.000 Yuan. Im schwersten Fall waren 1,86 Mio. Yuan involviert.[529] Dieser Trend hielt 1990 an.[530]
>
> (b) Zunehmend werden Korruptionsfälle aus Kontroll- und Exekutivorganen bekannt. In 36% der 1988 in der Stadt Dalian (Provinz Liaoning) aufgedeckten Fälle waren Beamte der Polizei, der Steuerämter, der Verwaltungsämter für Industrie und

528 Nankai daxue shouru fenpei keti zu 1990: 7.

529 Renmin Ribao 8.8.89.

530 Renmin Ribao 8.11.90.

Handel, der technischen Überwachung u. a. verwickelt.[531] Im Bezirk Shangrao (Provinz Jiangxi) sollen 1990 Kontroll- und Rechtsorgane in 67% aller aufgedeckten Fälle involviert gewesen sein.[532]

(c) Der Anteil leitender Funktionäre nimmt zu. Untersuchungen in Städten der Provinz Liaoning zufolge lag der Prozentsatz der leitenden Kader auf der Ebene der Ämter und Betriebe bei Korruptionsfällen im Jahre 1988 zwischen 61% und 74%.[533] Eine Untersuchung in der südwestchinesischen Industriemetropole Chongqing (Provinz Sichuan) ergab, daß 68,5% der Personen, die im Jahre 1989 in Korruptionsfälle verwickelt waren, leitende Kader waren.[534] Da Funktionäre in der Regel Parteimitglieder sind, handelt es sich bei den in Korruptionsfälle Involvierten zu einem hohen Prozentsatz um Mitglieder der Kommunistischen Partei. Politbüromitglied Qiao Shi zufolge waren 1990 69% aller Kader in Staatsorganen und 96% aller Funktionäre von der Kreisebene aufwärts Mitglieder der Kommunistischen Partei.[535] Einer Untersuchung im Autonomen Bezirk Xiangxi (Provinz Hunan) im Jahre 1990 zufolge sollen z. B. 51% der in jenem Jahr in Fälle von Wirtschaftskriminalität Involvierten Parteifunktionäre gewesen sein.[536]

(d) Jüngere Funktionäre machen einen hohen Anteil aus. In der Provinz Anhui sollen im ersten Halbjahr 1989 49% der in Korruptionsfälle verwickelten Kader jünger als 35 Jahre alt gewesen sein[537], in Chongqing zwischen Januar 1988 und März 1989 mehr als die Hälfte jünger als 30.[538] Einerseits dürfte das moralische Wertesystem bei älteren Parteimitgliedern stärker verankert sein, andererseits verfügen die Älteren über ein aus-

---

531 Liaoning Ribao 13.2.89.
532 Renmin Ribao 30.10.90.
533 Ibid.
534 Renmin Ribao 15.9.90.
535 Qiao, Shi 1990.
536 Renmin Ribao 27.11.90.
537 Gongren Ribao 21.8.89.
538 Renmin Ribao 9.8.89.

geprägtes Guanxi-System, das Korruption deckt und die Aufdeckung von Straftaten erschwert.

(e) Die Höhe der durchschnittlichen Bestechungssumme nimmt zu. Einer Untersuchung in der Stadt Chongqing zufolge soll sie 1987 bei 3.000 Yuan pro Kopf gelegen haben, 1988 bei 4.500 Yuan, 1989 bei 7.100 Yuan. Die Zahl der Fälle mit mehr als 10.000 Yuan Bestechungssumme soll sich 1989 gegenüber 1988 (mit 81 entdeckten Fällen und 98 involvierten Personen) verfünffacht haben[539], wobei aus dem Bericht allerdings nicht hervorgeht, ob diese Zunahme aus intensivierten Untersuchungen und Kontrollen resultiert oder tatsächlich aus einem Anstieg der Bestechungsdelikte.

Eine soziale Erhebung chinesischer Wissenschaftler unter der Korruption überführten Straftätern in einem nicht namentlich genannten Bezirk soll folgende Daten ergeben haben:

Tab. 4: Der Korruption überführte Personen nach Alter, Geschlecht, Bildungsgrad und Beruf

(a) *Altersstruktur*

17-24 Jahre	13,9%
25-35 Jahre	41,8%
36-50 Jahre	36,7%
über 50 Jahre	7,6%
Gesamt	100,0%

539 Renmin Ribao 14.7.90.

(b) *Geschlecht*

männlich	92,4%
weiblich	7,6%
Gesamt	100,0%

(c) *Bildungsgrad*

Analphabeten	1,3%
Grundschule	16,4%
Untere Mittel.	41,8%
Obere Mittel.	31,6%
Hochschule	8,9%
Gesamt	100,0%

(d) *Beruf*

Kader v. Unterabteilungs-ebene aufwärts	20,3%
Geschäftsführer	13,9%
Fabrikdirektor	3,8%
Buchhalter	13,9%
Kassierer	8,9%
Lagerverwalter	10,1%
Sonstige Fachkräfte	21,5%
gewöhnliche Arbeiter u. Angest.	7,6%
Gesamt	100,0%

Quelle: Gongren Ribao 25.3.90.

Obgleich gegenüber chinesischen Erhebungen Vorsicht geboten ist, weil die Methoden und Personenauswahlkriterien meist nicht genannt werden, so deutet sich hier doch an, daß die Mehrheit der in Korruptionsfälle verwickelten Personen der Altersgruppe zwischen 25 und 50 Jahren zuzuordnen ist, über Mittelschulbildung verfügt und ein mit spezifischen Befugnissen ausgestattetes Amt innehat.

Einem Bericht über Korruptionsbekämpfung der Volksstaatsanwaltschaft der südchinesischen Provinz Guangdong zufolge waren der Finanzsektor, das Bauwesen und der Außenhandel am stärksten von Korruption betroffen. In der Wirtschaftssonderzone Shenzhen sollen 1989 in 46,9% aller aufgedeckten Korruptionsfälle Bereiche des Bausektors bzw. für Investitionen und Investbau zuständige Behörden und Institutionen involviert gewesen sein.[540] Die Knappheit an Finanzen und Krediten, die sich durch die Austerity-Politik seit 1988 verstärkt hat, dürfte hier ebenso eine Rolle spielen wie Versuche der Erlangung profitträchtiger Aufträge im Bausektor, die Beschaffung von Engpaßmaterialien für den Bau über illegale Kanäle (u. a. im Interesse der Einhaltung von Baufristen) oder die Spekulation mit solchen Materialien.

Dem Leiter der Obersten Volksstaatsanwaltschaft Liu Fuzhi zufolge zeigten sich 1989 folgende Merkmale der Korruption: die Verwicklung größerer Personengruppen in einzelne Fälle, die Unterschlagung von "schwarzen" Geldern (außerhalb der Buchführung) bzw. deren Nutzung für Bestechungszwecke sowie die Kaschierung von Bestechungsgeldern an übergeordnete Organe unter Titeln wie "Prämien" oder "Arbeitsgebühren" (laowufei).[541] Amtsunterschlagung und Bestechung machten laut Angaben des Kontrollministeriums im ersten Halbjahr 1990 mit 34% den größten Teil der Korruptionsfälle aus, gefolgt von Verstößen gegen die Finanzdisziplin und Wirtschaftspolitik (15%) sowie Erpressung von Bestechungsgeldern (9%).[542]

8.1.1 Gongsi und andere Formen partei- und staatsinstitutioneller Korruption

Was die in der chinesischen Presse häufig erwähnten Aktivitäten von Partei- und Regierungsfunktionären bzw. von deren Familienangehörigen in Wirtschafts- und Handelsgesellschaften anbelangt, in denen die ersteren mittels ihrer Machtbefug-

540 Renmin Ribao 16.3.90.

541 Liu, Fuzhi 1990; ebenso: Zhang, Siying, Vizeleiter der Obersten Volksstaatsanwaltschaft in Renmin Ribao 11.5.90.

542 Gongren Ribao 9.8.90.

nisse durch Spekulations-, Schiebergeschäfte und Bestechung ansehnliche Nebeneinkünfte erzielen können, so nannte Ren Zhonglin, der damalige Direktor des Staatlichen Verwaltungsamtes für Industrie und Handel, im September 1989 folgende Zahlen: 1985 soll es 27.000 von Partei- und Regierungsorganen betriebene "Gongsi" (Gesellschaften) gegeben haben, die auf Geheiß der Zentrale in jenem Jahr aufgelöst werden mußten. Ende Oktober 1988 sollen bereits wieder 24.000 neue entstanden sein. Darin seien 47.956 Funktionäre von der Kreisebene aufwärts (zweitberuflich) tätig gewesen.[543] Da solche Firmen häufig nur die "Beratung" (Beziehungen) von Funktionären oder deren Machtbefugnisse in Anspruch nehmen und die Verwaltungsämter für Industrie und Handel nicht unbedingt über die Verwicklung von Kadern in diese Gongsi informiert sind, dürfte die Zahl der darin verwickelten Funktionäre erheblich höher sein.

Die überwiegende Mehrheit der 1989 knapp 250.000 Gongsi (mit Zweigfirmen über 477.000) handelte mit Produktionsmitteln und anderen Engpaß- sowie begehrten Konsumgütern. 63% davon waren allein mit middlemen-Aktivitäten (Materialbeschaffung für Unternehmen) beschäftigt[544], d. h. mit der Beschaffung von Roh- und Halbfertigprodukten, Rohstoffen, Produktionsmitteln, Ersatzteilen u. a. Da sich solche Güter selten ohne ein Beziehungsnetz beschaffen lassen, ist praktisch jede Firma auf die Mithilfe von Funktionären oder deren Familienangehörigen angewiesen. Selbst wenn sich kein Partei- oder Staatskader auf der Gehaltsliste findet, sind Kinder, Enkel, Frauen oder Geschwister leitender Funktionäre maßgeblich an solchen Firmen beteiligt.

Über Gongsi verkaufen Betriebe hergestellte oder zu staatlichen Billigpreisen zugeteilte oder anderweitig erworbene Engpaßgüter zu Höchstpreisen oder verschieben ausländische Währung oder Devisengeld, wobei die Gewinne unter die Firmeninhaber aufgeteilt werden. Auf Grund ihrer Verbindungen erhalten solche Firmen häufig Vorzugskredite und steuerliche Vergünstigungen.

Von den 381.315 illegalen Spekulations- und Schiebergeschäften, die das Verwaltungsamt für Industrie und Handel im ersten Halbjahr 1989 untersucht hat, sollen 38.381 (10,1%) "schwere Fälle" gewesen sein. Bei den 309 Kapitalfällen betrug die involvierte Summe in 37 Fällen jeweils über eine Mio. Yuan. In 175 Fällen wurden Produktionsmittel verschoben (vor allem Stahl, Buntmetalle, Kraftwagen, Benzin, Dieselöl, Zement, Holz und Kunstdünger), in 55 Fällen andere Engpaßgüter und in 51 Fällen Importwaren.[545]

Unter solchen Bedingungen beginnt sich das organisierte Verbrechen und Geheimbundunwesen wieder auszubreiten, das sehr eng mit Korruption verbunden

543 Ren 1989.

544 Ibid.

545 Zhongguo Gongshang Bao 28.8.89.

ist.[546] In Südchina gibt es bereits eine enge Zusammenarbeit bzw. organisatorische Zusammenschlüsse zwischen kriminellen Banden auf dem Festland und den Hongkonger "Triaden". In der Provinz Guangdong blüht laut Angaben der Hongkonger Polizei ("Wahrscheinlich ist von vier chinesischen Funktionären einer bestechlich") die Korruption. Vor allem Waffen- und Rauschgifthändler bestechen die zuständigen Beamten, um ihre Ware problemlos nach Hongkong bringen zu können.[547]

Selbst in der Armee blühen Korruption und Nepotismus. Hohe Offiziere machen sich ihre Verbindungen und Machtkompetenzen ebenso zur Bereicherung zunutze wie zivile Funktionäre. Unter Berufung auf Geheimhaltung und Sicherheitsinteressen nutzen sie die Transportmöglichkeiten der Streitkräfte zu illegalen Geschäften. Selbst in Rauschgiftschmuggel sind Armeeteile involviert. Die unteren Dienstgrade, denen es an Möglichkeiten zu größeren Geschäften mangelt, lassen sich von Soldaten für Beförderungen, Versetzungen, Heimaturlaub, Parteieintritt u. a. materiell "belohnen".[548]

Auch im Außenwirtschaftsbereich spielt - wie oben erwähnt - Korruption mittlerweile eine beträchtliche Rolle. Bestechung besitzt einen wichtigen Stellenwert bei der Beeinflussung von Entscheidungsprozessen. Dies gilt etwa bei Exporten von hochwertigen, auf dem Weltmarkt gefragten Gütern wie Rohseide, Angorawolle, Heilkräutern u. a. (bei der Beschaffung von Mengen über die kontingentierten hinaus, der Gewährung günstiger Preise usw.) sowie bei Importen (von Produkten minderer Qualität, solchen zu überhöhten Preisen oder zu ungünstigeren Konditionen). Eine Befragung von 150 Investoren aus Singapur im Jahre 1989 ergab, daß 35% Korruption als ein großes Problem bei ihren Chinageschäften ansahen.[549] Häufig bieten Personen mit "guten Verbindungen" Mittlerdienste für ausländische Geschäftsleute an, denen sie dann über ihr Beziehungsnetz sowie über Bestechung bevorzugte Ein- oder Verkaufsmöglichkeiten verschaffen.[550]

Nach der Niederschlagung der Protestbewegung im Juni 1989 gerieten ausländische Geschäftsleute zunehmend unter den Druck ihrer chinesischen Gesprächspartner, für sie und/oder deren Kinder Auslandsaufenthalte sicherzustellen.[551] Es wäre allerdings falsch, lediglich in den chinesischen Funktionären die Verursacher von Korruption im Außenhandel zu sehen. Die ersten Versuche, Ka-

---

546 Vgl. Renmin Ribao 19.10.89; Gongren Ribao 12.6.90.

547 Frankfurter Allgemeine Zeitung 24. 9.90.

548 Vgl. auch Far Eastern Economic Review 20.3.86: 36; Renmin Ribao 21.6.90.

549 Vgl. Wilson 1989: 10.

550 Zur Bestechung im Ost-West Handel siehe Franklin 1981. Dort finden sich zahlreiche Fallbeispiele.

551 Vgl. Far Eastern Economic Review 5.10.89: 12.

der durch Geschenke u.a Gefälligkeiten für die eigenen Interessen zu gewinnen, gingen von ausländischen Geschäftspartnern aus. Mit der "chinesischen Seele" besser vertraute Geschäftsleute vornehmlich aus Ostasien (Geschäftsleute aus Hongkong, Macao, Japan, Südostasien) waren hierbei die Vorreiter.

8.1.2 Geschenkpraktiken und Bewirtungen

Ausgiebige Bewirtungen und Geschenke dienen in China primär der Herstellung von Guanxi. Soweit sie aus staatlichen Mitteln finanziert werden, fallen sie in den Bereich der privaten Aneignung staatlichen Eigentums. In diesem Fall und/oder wenn sie als Mittel der Bestechung dienen, gelten sie als Korruption. Soweit es um minder schwere Fälle geht, sind sie der Kleinkorruption zuzurechnen. Allerdings muß zwischen Geschenk und Bestechung unterschieden werden, da nicht jedes Geschenk eine Bestechung darstellt. Gerade im Guanxi-Bereich ist eine Unterscheidung sehr schwierig. Allgemein gesagt handelt es sich um eine Bestechung, wenn Geber und Empfänger sich bewußt und einig sind, daß dadurch eine nicht-legale Gegenleistung unter Ausnutzung einer Amtsbefugnis bewirkt werden soll.

Da mit zunehmender Mobilität der Gesellschaft Guanxi immer wichtiger wurden, weiteten sich auch die Geschenkpraktiken und -beträge aus. Eine Untersuchung in 2.150 urbanen Haushalten in 20 Städten und Kreisen ergab, daß in den ersten drei Monaten des Jahres 1987 jede Familie im Durchschnitt 64,62 Yuan für Geschenke ausgegeben haben soll.[552]

Statistiker sprechen von einer Verfünffachung der Bargeldgeschenke in den ländlichen Gebieten der Provinz Hebei. 1988 sollen dort pro Kopf der Landbevölkerung durchschnittlich 19,4 Yuan (91,3 Yuan je Haushalt) an Bargeld verschenkt worden sein. Das wären fast eine Milliarde Yuan in der ganzen Provinz gewesen.[553]

Untersuchungen in der Stadt Guilin (Autonomes Gebiet Guangxi) zwischen 1983 und 1989 sollen eine Verdreifachung der jährlichen pro-Kopf Ausgaben für Geschenke ergeben haben:

552 Sichuan Gongren Ribao (Arbeiterzeitung von Sichuan) nach China aktuell Juni 1987: 461.

553 Hou/Hou 1989: 29.

Tab. 5: Ausgaben für Geschenke in Guilin (1983-89)

Jahr	Yuan
1983	18,27
1984	23,43
1985	26,46
1986	39,86
1987	52,89
1988	59,34
1989	55,76

Quelle: Wang, Ning 1990.

Dabei sollen die Ausgaben für Geschenke (+20%) schneller gestiegen sein als die Einkommen (+17,5%). Bei Familien mit niedrigem Einkommen soll diese Disparität mit 1,7% (Einkommenszuwachs) bzw. 21,5% (Zuwachs der Ausgaben für Geschenke) noch erheblich größer gewesen sein. 17% aller Ausgaben dieser Familien sollen für Geschenke getätigt worden sein.[554]

Einer Untersuchung unter 100 Haushalten in der Stadt Jinzhou (Provinz Liaoning) zufolge setzte sich dieser Trend fort, wobei die allgemeine Teuerung und das Ansteigen des Lebensstandards auch mehr und teurere Geschenke verlangten. Von Januar 1989 bis Februar 1990 sollen pro Familie im Durchschnitt 397,6 Yuan für Geschenke ausgegeben worden sein.[555] Im Jahre 1990 sollen in Jinzhou pro Kopf der Bevölkerung 103 Yuan für Geschenke aufgewendet worden sein, das 4,8fache der Summe von 1983 (17,55 Yuan pro Kopf) und 27,4% mehr als 1989 (80,9 Yuan pro Kopf). Gegenüber 1983 seien auch hier die Ausgaben für Geschenke schneller gestiegen (um das 4,8fache) als die Einkommen (um das 1,9fache). Das gleiche Bild ergebe sich für 1990: Anstieg der Geschenke gegenüber 1989 um 27,4% und der Einkommen um 6,8%.[556]

554 Wang, Ning 1990.

555 Yang, Decheng 1990.

556 Yu, Si 1991.

Dabei wird zwischen zwei Arten von Geschenken unterschieden: zwischen (a) "Kontakt"- (wanglaili) oder "Beziehungsgeschenken" (renqingli) zur Pflege von Kontakten und Beziehungen zu Personen, von denen die schenkende Seite annimmt, daß sie irgendwann deren Hilfe benötigt; Geschenke dieser Art werden in der Regel zu besonderen Anlässen wie Festen, Feierlichkeiten oder Jubiläen gemacht (Ausgabenhöhe in Jinzhou 1989/90: 288,7 Yuan); und (b) "Dankesgeschenke" (chouxieli) als Vorabgeschenk für zu erwartende oder als Dank für geleistete Hilfe (etwa für Hilfe bei Einstellungen wie bei der Beschaffung von Arbeitsplätzen, Versetzungen, Beförderungen, Wohnungszuteilung, Lohnstufenhöhergruppierung, der Aufnahme in höhere Bildungsanstalten usw.) (Ausgabenhöhe: 108,9 Yuan).[557]

Das traditionale Geschenkverhalten sieht nicht den Austausch gleichrangiger Werte vor. Die Reziprozität verlangt vielmehr - im Sinne Polanyis - "die Angemessenheit der Gegengabe, nicht aber eine mathematische Gleichwertigkeit."[558]

Obgleich es keine festen Wert- oder Tauschraten gibt, spricht Wang Ning von einem "ungeschriebenen Gesetz" der Geschenkpraktiken:

> "Geschenke sind zu erbringen; sind keine zu erbringen, müssen sie dennoch gemacht werden. Andere haben dir Geschenke zu machen, ohne Geschenke geht es nicht. Ganz gleich, ob hohes oder niedriges Einkommen, die Kriterien für Geschenke sind die gleichen: weniger geht nicht."[559]

Ein Geschenk nicht zu erwidern, bringt "Gesichtsverlust" mit sich. Die traditionelle Sittlichkeit verlangt die Erwiderung in Sach- oder Dienstleistungen. Allerdings gibt es Unterschiede zwischen den Geschenken in Stadt und Land. Auf dem Land bestehen sie meist aus einheimischen, zum Teil selbst erzeugten Produkten, in wohlhabenderen Gebieten auch aus Geld. In den Städten sind es (neben Geldgeschenken) Mangel- und begehrenswerte Konsumgüter, vorzugsweise ausländische Fabrikate. Auch kostenlose Dienstleistungen sind keine Seltenheit.

Marcel Mauss hat in seiner Untersuchung über den Geschenkaustausch in archaischen Gesellschaften die Pflicht des Gebens, des Nehmens und des Erwiderns von Geschenken untersucht. Er kommt zu dem Schluß, daß dort das Schenken und Gegenschenken einerseits als soziale Verpflichtung noch an Stelle unseres Kauf- und Verkaufsystems existiert, andererseits hier nicht nur ein ökonomischer Tausch vorliegt, sondern eine soziale, religiöse, magische und rechtliche Handlung,

---

557 Yang, Decheng 1990; ähnlich: Gu 1991.

558 Polanyi 1979: 159.

ein "fait social total". In China wirkt dieses Geschenkverhalten noch in starkem Maße nach. Gerade in den Guanxi-Beziehungen manifestiert sich der Austausch von Geschenkgütern gegen Gefälligkeiten. Die Pflicht des Nehmens, Gebens und Erwiderns ist hier nach wie vor existent. Mauss' Feststellung, daß es keine Freiheit gebe, Geschenke nicht anzunehmen und daß es einer "Kriegserklärung" gleichkomme, falls sich jemand weigere, etwas zu geben bzw. die Annahme eines Geschenks ablehne, weil dies als Verweigerung von Freundschaft und Gemeinschaft gesehen werde, trifft auch auf China und die Guanxi zu.[560]

Geschenke waren ursprünglich nicht auf einen Nutzen ausgerichtet, sondern "rituelle Verpflichtung". Levi-Strauss schreibt Geschenken, Essenseinladungen u. a. eine politische Bedeutung zu, die u. a. den Wunsch nach Zusammenarbeit zum Ausdruck bringen soll.[561] Denn dadurch ergebe sich

> "ein ganzes Geflecht zarter sozialer Bindungen, in dem man ein Recht erwirbt, wenn man anbietet, und eine Verpflichtung eingeht, wenn man empfängt, und zwar in beiden Fällen über das hinaus, was gegeben oder akzeptiert wurde."[562]

Dies trifft den Kern des Geschenkverhaltens in der VR China: Zweck von Geschenken oder Einladungen zu Eß- und Trinkgelagen, die heute von der Elite so heftig attackiert werden, ist die Herstellung von Guanxi, u. a. durch ein Angebot, dessen Annahme zu einer Gegenleistung verpflichtet.

Die eben genannten Einladungen zu ausgiebigen Eß- und Trinkgelagen sind ein weiteres Phänomen, das schwerpunktmäßig als "Korruption" kritisiert und bekämpft wird. Traditionell dienen solche Einladungen der Herstellung bzw. Verstärkung von Guanxi. Wie Geschenke gelten sie als notwendige soziale Verpflichtung, mit der das Wohlwollen der Gäste gegenüber der gastgebenden Seite erwirkt werden soll. Dies wird, vor allem von der ländlichen Bevölkerung, weniger als Korruption angesehen, sondern als normales Verhalten akzeptiert. Ein Verstoß gegen das "Bankettgebot" wird als Mißachtung der Personen gewertet, deren Wohlwollen

---

559 Wang, Ning 1990.

560 Vgl. Mauss 1978: 13ff.; ob Geben auch - wie Mauss meint - Demonstration von Überlegenheit und höherem Status ist (vgl. Mauss 1990: 170f.), ist eine nicht unberechtigte Überlegung, obgleich dies eher im Umgang mit höheren Funktionären eine Rolle spielt. Denn dann soll der Wert eines Geschenkes auch Auskunft über die Möglichkeiten und die Beziehungen, über die der Geber verfügt (etwa um ein schwer erhältliches oder sehr begehrtes Produkt zu erlangen), geben.

561 Levi-Strauss 1981: 110f.

562 Ibid.: 117.

ein Akteur oder eine Gruppe von Akteuren bedarf. Diese Verpflichtung gilt nicht nur im täglichen Umgang der Menschen untereinander, sondern auch im Umgang mit den Göttern. So war und ist es zum Teil noch heute üblich, dem Herdgott, der dem Volksglauben zufolge alles beobachtet und vor dem Neujahrsfest dem Himmelsgott Bericht über jede Familie erstattet, ein Abschiedsmahl zu geben oder Honig um den Mund zu schmieren, damit er nur Gutes berichten möge.

Als "Eß- und Trinkwind" (chi he feng) werden solche kostspieligen Einladungen von Kadern auf Staatskosten heute öffentlich angeprangert. Chinesische Schätzungen gehen von jährlich "einigen hundert Millionen Yuan" aus, die dafür ausgegeben werden. Stichproben in verschiedenen Lokalitäten scheinen dies zu bestätigen: Im Kreis Nanhe (Provinz Hunan) z. B., mit einem Finanzaufkommen von lediglich 8,45 Mio. Yuan (1988), sollen in jenem Jahr 897.400 Yuan (10,6%) aus öffentlichen Mitteln für Bewirtungen und Geschenke ausgegeben worden sein. Im Kreis Gaoyi (Provinz Hebei) verbrauchten drei Fabriken in nur 20 Monaten über 200.000 Yuan für diese Zwecke. In der Chemiefabrik jenes Kreises wurden aus diesem Zeitraum 547 Rechnungen über 88.011 Yuan (ca. 145 Yuan pro Tag im Durchschnitt) entdeckt. Die Direktoren dieser drei Betriebe sollen in dem genannten Zeitraum 75.399 Yuan buchstäblich verfressen haben.[563] Im Kreis Qidong (Provinz Hunan) haben die der Absatz- und Versorgungsgenossenschaft des Kreises zugehörigen Abteilungen laut der "Volkszeitung" im Jahre 1988 mehr als eine Million Yuan für Eß- und Trinkgelage ausgegeben.[564] Würde man diese Summen auf die 1.936 Kreise Chinas umlegen, dann käme man auf 1,5 bis 2 Milliarden Yuan. Da sich zahlreiche Ausgaben für solche Zwecke hinter anderen Titeln verbergen, dürfte die tatsächliche Summe weitaus höher sein.

Nicht nur in ländlichen Regionen und in Kreisstädten, auch bei zentralen Einheiten stellt sich dieses Problem. Beispielhaft sei nur ein Fall, beileibe kein krasser, angeführt: Im Frühjahr 1991 leitete das Kontrollministerium gegen den dem Ministerium für Maschinenbau- und Elektronikindustrie unterstehenden Verlag für die Herausgabe der Elektronikzeitung Ermittlungen ein. Anläßlich der sechsten (!) Wiederkehr des Zeitungsgründungstages gab der Verlag ein Fest mit 510 Gästen, die im renommierten Pekinger "Hotel International" für 29.580 Yuan dinierten. Jeder Gast erhielt darüber hinaus ein hochwertiges Radiogerät und eine Dokumentenmappe als "Geschenk". Die Gesamtkosten für die Feier beliefen sich auf über 100.000 Yuan.[565]

Ein Abgeordneter des Nationalen Volkskongresses erklärte im Jahre 1987, landesweiten Berichten über öffentliche Ausgaben für Bewirtungen, Geschenke und den Kauf von Limousinen zufolge seien hierfür in einem Jahr 53 Milliarden Yuan ausgegeben worden. Allein in der Provinz Sichuan sollen zwischen 1986 und

---

563 Renmin Ribao 23.3.90.

564 Renmin Ribao 28.2.90.

1989 zwei Milliarden Yuan für die Beschaffung von Dienstwagen ausgegeben worden sein, aber lediglich 1,56 Milliarden Yuan für die Landwirtschaft.[566]

8.1.3 Ländliches Finanzgebaren und Überschreitung der Wohnflächenkriterien

Die bisher geringe Kontrolle des Finanzgebarens in den ländlichen Gebieten erleichtert Korruption und ihre weite Verbreitung. Einer Untersuchung in 39 Fabriken der Stadt Yueyang (Provinz Hunan) zufolge gingen die "Spesenabrechnungen" ohne Belege dort in die Hunderttausende[567]. Aus dem Kreis Qichun (Provinz Hubei) wurde gemeldet, daß lokale Beamte große Summen der Bodengebühren (tudi guanli fei) unterschlugen.[568] Als ein weiteres Beispiel unter vielen führte die Volkszeitung die Gemeinde Ji'an (Kreis Nanchong, Provinz Sichuan) an: Dort unterschlugen eine Reihe von Gemeinde- und Dorffunktionären in den letzten Jahren 57.000 Yuan an öffentlichen Mitteln bzw. "liehen öffentliche Mittel aus, ohne sie zurückzuzahlen". Acht Dorfkader steckten die Subventionsmittel für Dieselöl für die Bauern in die eigenen Taschen, in neun Dörfern die für Katastrophenhilfe zur Verfügung gestellten Mittel.[569]

Zwischen 21,4% und 62,4% der Beschwerdebriefe an die Disziplinkontrollkommissionen der Partei in den der Stadt Hangzhou (Provinz Zhejiang) unterstehenden Kreise sollen sich mit dem Finanzgebaren der dörflichen Funktionäre befaßt haben. Die letzteren kämen ihrer Pflicht zur Rechnungslegung der Dorffinanzen in den wenigsten Fällen nach. Eine Überprüfung der Dorffinanzen in 204 Dörfern im Kreis Lin'an ergab laut "Renmin Ribao", daß 7.384 Dorffunktionäre 4,73 Mio. Yuan in die eigene Tasche gesteckt hatten: Sie hatten sich rechtswidrig "Vorschüsse" auf ihre Gehälter auszahlen lassen bzw. öffentliche Gelder ohne Rückzahlungsvereinbarung "geliehen", veruntreut oder unterschlagen. Untersuchungen in anderen Kreisen und Provinzen ergaben ähnliche Vorfälle, wobei die unterschlagenen Summen pro Kopf zum Teil die 10.000-Yuan Grenze überschritten.[570]

---

565 Renmin Ribao 9.2.91.

566 Vgl. Han, Minzhu 1990: 33.

567 Renmin Ribao 4.12.90.

568 Renmin Ribao 11.12.90.

569 Vgl. Renmin Ribao 14.4.90.

570 Renmin Ribao 9.10.90.

Funktionäre (vor allem auf dem Land, weil die Stadt hier flächenmäßige Grenzen setzt) errichten private Häuser oder Wohnungen illegal auf Arealen, die der Landwirtschaft vorbehalten sind. Sie finanzieren die dafür notwendigen Baumaterialien aus öffentlichen Mitteln (durch Unterschlagung, Veruntreuung oder falsche Abrechnungen) oder erhalten diese Materialien auf Grund persönlicher Beziehungen zu "Freundschaftspreisen", d. h. weit unter den amtlichen Preisen. So beschaffte sich ein Betriebsleiter in Nantong (Provinz Sichuan) mittels betrieblicher Verbindungen und unter Ausnutzung seiner Funktion über zwei Tonnen Stahl, zwei Kubikmeter Holz, zehn Tonnen Zement und 30.000 Ziegel; dafür wurden ihm 5.800 Yuan weniger berechnet als preislich vorgeschrieben. Überdies setzen Funktionäre für den Bau ihrer Privathäuser (bzw. für den Bau der Häuser von Verwandten oder Freunden) Untergebene unentgeltlich oder auf Kosten der jeweiligen Arbeitseinheiten als Arbeitskräfte ein.[571] In drei der Stadt Wenzhou (Provinz Zhejiang) unterstehenden Kreise sollen 40% aller Funktionäre auf Marktflecken- (zhen) und Gemeindeebene (xiang) auf diese Weise zu privaten Wohnhäusern gekommen sein. In den Kleinstädten der Provinz Jiangxi soll es viele entsprechende, vom Volksmund "Beamtenstraßen" (guanjie) genannte, Wohnviertel geben.

In einer (nicht genannten Provinz) gaben zwanzig Kader, von Leitern von Provinzbehörden (tingzhang) aufwärts, insgesamt 185.000 Yuan aus öffentlichen Mitteln für private Häuser aus. In der Stadt Erzhou (Provinz Hubei) ließ sich ein Fabrikdirektor eine 1000 qm große Villa mit 60 Zimmern bauen. Zu den dafür erforderlichen 270.000 Yuan steuerte er lediglich 80.000 Yuan bei. Ein Kreisparteisekretär in Hubei baute zwischen 1986 und 1988 für 100.000 Yuan drei neue Häuser. Die Herkunft des Geldes, das nicht aus dem Monatseinkommen von 100 Yuan stammen konnte, "blieb unklar". Eine Untersuchung ergab, daß der Funktionär weitere 24.000 Yuan auf einem Bankkonto deponiert hatte. Allein in der Provinz Hubei sollen in den letzten Jahren über 100 Mio. Yuan aus öffentlichen Geldern für Privathäuser von Funktionären zweckentfremdet worden sein.[572]

Zunehmend werden die finanziellen Mittel dafür durch Unterschlagung oder Zweckentfremdung öffentlicher Mittel, Bestechung, Betrug, Erpressung u. a. Methoden beschafft.[573] In der Stadt Hengyang (Provinz Hunan) veruntreute der Vizeleiter eines Stadtbezirks 170.000 Yuan für den Bau zweier Häuser. Eines davon verkaufte er, das andere vermietete er privat. Dem Parteisekretär des Kreises Yuanguang (Provinz Guangdong) reichte sein 1985 errichtetes großes Haus, wegen dessen Errichtung er bereits verwarnt worden war, nicht. 1988 baute er sich ein neues, 460 qm großes. Die anderen Kreisfunktionäre fühlten sich dadurch ange-

---

571 Renmin Ribao 9.5. und 10.6.90.

572 Renmin Ribao 15.9.90.

573 Wei, Xinde 1990.

spornt, seinem Beispiel zu folgen. Daraufhin wurde er abgesetzt.[574] Untersuchungsberichte aus verschiedenen Provinzen weisen auf die durchgängige Verbreitung dieses Phänomens hin.[575] Dabei geht es nicht nur um den Bau von Häusern mit illegalen Mitteln, sondern auch um rechtswidrige Vermietung und Veräußerung. Diese Probleme haben derartige Ausmaße angenommen, daß sich die Disziplinkontrollkommission des Zentralkomitees im Juni 1990 erneut veranlaßt sah, Funktionäre "dringend" vor solchen Praktiken zu warnen und strenges Vorgehen dagegen zu fordern.[576]

In der Regel wird die "mangelnde ideologische Erziehung" dafür verantwortlich gemacht, die ja für so viele Probleme als Ursache herhalten muß. Eine Bestrafung nach dem Gesetz erfolgt nur in den seltensten Fällen. Von 3.499 Personen, die in Hubei eines solchen Delikts (Bau privater Häuser unter zweckwidriger Verwendung oder durch Unterschlagung öffentlicher Mittel) überführt worden waren, wurden lediglich 300 disziplinarisch "bestraft" (meist verwarnt oder auf einen gleichrangigen oder höheren Posten versetzt) und nur 47 strafrechtlich belangt. Die meisten Fälle wurden niedergeschlagen.[577]

Ein nicht geringes Maß an Kritik in diesem Bereich gilt der Überschreitung der für die jeweilige Kaderebene vorgeschriebenen Wohnraumgröße. In der Stadt Dalian (Provinz Liaoning) z. B. soll eine Untersuchung ergeben haben, daß zwischen 1986 und 1988 58% aller Funktionäre von der Vizeamtsleiterebene (fujuji yishang de ganbu) aufwärts die vorgeschriebenen Wohnraumgrößen überschritten haben.[578] Solche Untersuchungen enden weitgehend auf der unteren Ebene der Stadt- und Provinzführungen. Die Elite bleibt davon unberührt. Gerade diese Zwiespältigkeit in der "Korruptionsbekämpfung", daß nämlich ranghöhere Funktionäre den rangniedrigeren untersagen, sich Wohnraum in einer Größenordnung anzueignen, die ihrem Rang nicht entspricht, erschwert das Vorgehen gegen dieses "Delikt". Der "Spillover-Effekt", daß das Gebaren führender Gruppen sich auf die unteren auswirkt, wird hier deutlich. Andererseits finden wir das gleiche Denken wie bei dem oben erwähnten "yuefen shechi" der imperialen Zeit, d. h. die Kritik an der Inanspruchnahme von Vorrechten, die dem eigenen Rang nicht entsprechen.

---

574 Gongren Ribao 14.6.90.

575 Siehe u. a. Renmin Ribao 14.4., 7.8., 9.8., 18.11., 8.12 und 15.12.90 sowie Renmin Ribao 27.1., 3.2. und 21.2.91.

576 Renmin Ribao 14.6.90.

577 Renmin Ribao 15.9.90.

578 Renmin Ribao 11.9.90.

8.1.4 Prämienzahlungen an Funktionäre und Nepotismus

Ein weiteres Korruptionsphänomen betrifft "Prämienzahlungen" von Betrieben und Ämtern an leitende Funktionäre für die Gewährung von Vorteilen bzw. die Unterstützung von deren Wirtschafts- oder Amtstätigkeit. Auch dies ist, so zeigen Berichte aus verschiedenen Provinzen, kein Einzelfall, sondern ein weit verbreitetes Phänomen.[579] Einer Untersuchung im Bezirk Nanchong (Provinz Sichuan) zufolge haben zwischen Februar 1988 und Januar 1989 allein in einem Kreis sieben Fabriken und drei Ämter "Prämien" an führende Kader des Bezirks und des Kreises bezahlt. Kreisfunktionäre erhielten in diesem Zeitraum 99.255 Yuan "Prämien", davon 60 führende Kader von der Kreisebene aufwärts (xianji he xianji yishang lingdao ganbu), d. h. vom stellvertretenden Kreisleiter aufwärts, insgesamt 26.450 Yuan (im Durchschnitt 440 Yuan pro Kopf, das Vierfache eines monatlichen Arbeiterdurchschnittslohns). Davon wiederum kassierten 13 Führungskader auf der "Kreisebene" 13.910 Yuan (1.070 Yuan durchschnittlich), der höchstbezahlte Funktionär 4.450 Yuan. Prämien dieser Art wurden insgesamt zehnmal gezahlt.

In einem anderen Kreis des Bezirks Nanchong wurden in den ersten acht Monaten des Jahres 1988 an 12 Kader der Kreisebene 7.300 Yuan gezahlt. Der Kreisparteisekretär und der Kreisvorsteher erhielten jeweils 1.400 Yuan.

Diese Gelder stammen sowohl aus den verschiedenen Betriebsfonds als auch aus Geldern, die von den Betriebsleitungen zu privater Verwendung und Verteilung unterschlagen bzw. zweckentfremdet wurden. Zu besonderen Anlässen (Neujahrsfest) wurden die "Prämien" als "Neujahrsglückwunsch" (bai nian) überreicht.

Dabei steigt die "Prämienhöhe" mit dem Rang eines Funktionärs. Kader erwarten eine ihrem Rang und ihrer Machtkompetenz entsprechende "Prämie". Sie sehen darin eine notwendige Aufbesserung ihrer schmalen Gehälter, eine "selbstverständliche wirtschaftliche Kompensation" (jingji buchang).

Da die Funktionäre über das Schicksal der Betriebe entscheiden und jederzeit in den Betriebsablauf intervenieren können, versuchen die Betriebe durch solche "Gefühlsinvestitionen" (ganqing touzi) die Gunst der für sie entscheidenden Funktionäre zu erwerben. Die lückenhaften Vorschriften über Prämienvergabe erleichtern diese Praktiken. So heißt es z. B. in den Bestimmungen über die Prämienvergabe, daß alle diejenigen, die zum wirtschaftlichen Erfolg einer Einheit beigetragen haben (you gongxian de youguan renyuan) an den Prämienauszahlungen beteiligt werden können.[580]

---

579 Renmin Ribao 15.5.90 und 21.11.90.

580 Ibid.

Was den Nepotismus anbelangt, so hat eine Untersuchung in 40 Arbeitseinheiten (Danweis) unter der Regierung der Provinz Anhui ergeben, daß 18% aller dort Beschäftigten Verwandte von Funktionären der gleichen Einheit waren, 15,5% davon Verwandte von Kadern der Provinzämterebene (tingji ganbu). In zehn untersuchten Einheiten auf Provinzämterebene waren 25% der Beschäftigten Verwandte von Funktionären, davon 17,5% deren Ehepartner, 4% deren Eltern bzw. Kinder.[581] Da entferntere Verwandte sowie Freundes- und Bekanntenguanxi dabei nicht berücksichtigt wurden, liegt der Schluß nahe, daß ein hoher Prozentsatz von Stellen über Verwandtschafts- und andere soziale Beziehungen vergeben wird. Eine weitere Untersuchung unter 706 Funktionären in Tonglin (Provinz Anhui) soll gezeigt haben, daß über die Hälfte davon miteinander verwandt waren.[582]

Die genannten Phänomene sind keineswegs ein Produkt der Volksrepublik, sondern Fortwirkungen jahrhundertealter Verhaltensweisen. Olga Lang hat diese Phänomene schon in den 30er Jahren beschrieben und u. a. darauf hingewiesen, daß der Nepotismus von jeher die vorherrschende Form des "spoil system" (Pfründesystems) gewesen ist.[583]

8.2 Politische und soziale Folgen

Die allgemeinen Folgen von Korruption, die wir bereits in Abschnitt 4 dieser Arbeit benannt haben, treffen auch auf die Volksrepublik China zu: Ungerechtigkeit, Ineffizienz, Mißtrauen der Bürger gegenüber dem Staat (bzw. der Kommunistischen Partei), Verschwendung öffentlicher Ressourcen, politische Instabilität, Umgehen der Regierungspolitik, Dämpfung von Unternehmens-, Innovations- und Investitionsinitiativen. Korruption war ein wichtiger Faktor für die Proteste der urbanen Bevölkerung im Frühsommer 1989 und energischere Bekämpfung von Korruption eine der Forderungen, in der sich alle Bevölkerungsteile einig waren. Neun von zehn Funktionären, so eine Wandzeitung in der Peking-Universität vom Mai 1989, seien korrupt. Die Bevölkerung habe erkannt, daß die Korruption in der Kommunistischen Partei die der Guomindang in den 40er Jahren bereits übertroffen habe.[584] Diese subjektive Aussage sagt indessen noch nichts über das tatsächliche Ausmaß und die Stimmung der Bevölkerung insgesamt aus.

Umfrageergebnisse, die auf Grund der Auswahl der Befragten und der Art der Befragungsdurchführung Anlaß zu Zweifeln geben mögen, lassen zumindest

---

581 Renmin Ribao 28.10.89.

582 China Daily 1.3.90.

583 Lang 1950: 185.

Tendenzen erkennen: Einer Umfrage der Akademie der Sozialwissenschaften im ersten Halbjahr 1988 zufolge hielten 83% der urbanen Bevölkerung die Bürokratie für korrupt. Bei der Unzufriedenheitsskala lag die Korruption prozentual an der Spitze (83,7 % der Befragten), noch vor der Unzufriedenheit mit der wachsenden Chancen- und Einkommensungleichheit (71,6 %) und der Inflation (70,9%). Selbst 63% der Kader sollen dieser Umfrage zufolge zugegeben haben, in korrupte Praktiken involviert gewesen zu sein.[585]

Eine Auswertung von 1.694 Fragebögen, mit denen städtische Bewohner nach "schädlichen Praktiken" (bu zheng zhi feng) von Funktionären befragt worden waren, erbrachte im gleichen Zeitraum drei Bewertungslinien: (a) am meisten gehaßtes Verhalten; (b) Verhalten mit den negativsten Auswirkungen; (c) Verhalten, das die größte Unzufriedenheit hervorruft.

Unter (a) nannten 67,7% der Befragten verschiedene Formen der Korruption; die übrigen verwiesen auf bürokratischen Arbeitsstil (15,0%), unmoralisches Verhalten (17,5%) und andere negative Verhaltensweisen (4,0%). Mit Abstand an der Spitze lagen Bestechung/Amtsunterschlagung (23,5%), vor Machtmißbrauch bei Beförderungen, bei Geschäftstätigkeit, bei der Aufnahme in höhere Lehranstalten, bei der Arbeitsbeschaffung, bei Lohnerhöhungen, bei der Vergabe von städtischen Wohnberechtigungen, bei der Gewährung von Auslandsaufenthalten u. a. im Interesse der eigenen Person bzw. von Verwandten oder Freunden (im folgenden Machtmißbrauch genannt) mit 11,2% und Vetternwirtschaft, Patronage- und Seilschaftsdenken bei der Kaderauswahl mit 10,7%.

Bei (b) entschieden sich 53,9% für Korruption als das Verhalten mit den negativsten Auswirkungen, 23,0% für unmoralisches Verhalten, 19,1% für bürokratischen Arbeitsstil und 4,0% für andere Verhaltensweisen. Die negativsten Auswirkungen sahen 14,9% in Machtmißbrauch, 9,1% in Vetternwirtschaft, 8,1% in Geschenken und Bewirtungen auf Staatskosten.

Bei (c) votierten 38,4% für Korruption, 29,2% für unmoralisches Verhalten, 25,7% für bürokratischen Arbeitsstil und 6,7% für andere Verhaltensweisen, die größte Unzufriedenheit hervorrufen. Die größte Unzufriedenheit riefen bei den Befragten nicht korrupte Verhaltensweisen hervor, sondern bürokratischer Arbeitsstil (21,5%) und betrügerische Machenschaften (10,5%)[586], die indessen eng mit Korruption verbunden sind. Unklarheiten bei den Befragten über Begrifflichkeiten lassen an der Einstufungsexaktheit ebenfalls Zweifel aufkommen, da die Grenzen zwischen Korruption, unmoralischem, bürokratischem oder

584 Han, Minzhu 1990: 164.

585 Far Eastern Economic Review 16.6.88: 22; Xinhua News Agency News Bulletin, nach China aktuell Mai 1988: 355.

586 Ge, Yaoliang 1989: 38.

betrügerischem Verhalten vielfach verwischt oder diese Verhaltensweisen miteinander gleichgesetzt werden.

Die "psychischen" Folgen für das Bewußtsein der Bevölkerung werden hier deutlich. Gegenüber "Unzufriedenheit" und "negativen Auswirkungen" ist "Haß" eindeutig die schwerwiegendste Bewertung. Darin manifestiert sich die Unzufriedenheit und emotionale Ablehnung der Bevölkerung am deutlichsten.

Bei der Bewertung der Funktionärsgruppen hatten 49,2% von hohen Funktionären ein gutes oder sehr gutes Bild. Die Kader mittlerer Ebene genossen nur bei 26,3% der Befragten ein solch positives Image. Die Basiskader waren mit einem Anteil von nur 24% Positivbewertung offensichtlich am unbeliebtesten. Hier mag auch die Ferne des einfachen Bürgers zu hohen Kadern eine Rolle spielen, während er das Verhalten der kleinen Funktionäre Tag für Tag zu spüren bekommt.

Während 7,7% ein negatives Image von hohen Kadern hatten, waren dies bei mittleren Funktionären 13,8% und bei unteren 23,5%. Das Image von Parteifunktionären bewerteten 29% positiv, 13% negativ, das von Staatsfunktionären 28,7% positiv, 10,0% negativ. Von Steuerbeamten hatten lediglich 15,5% ein positives, 37,2% ein negatives Bild. Am schlechtesten kamen die Beamten des Verwaltungsamtes für Industrie und Handel weg, die u. a. für die Märkte und die Privatwirtschaft zuständig sind: Nur 12,5% bescheinigten ihnen ein positives, 34,6% dagegen ein negatives Image.[587] Eine aktuelle Umfrage würde, davon darf man ausgehen, Funktionären heute ein wesentlich schlechteres Image zuerkennen.

Die Korruption führt zu einer steigenden Negativbewertung der Partei- und Staatsbürokratie, d. h. der herrschenden Partei, des politischen Systems und seiner Träger. Sie bewirkt Unzufriedenheit mit den herrschenden Verhältnissen und begünstigt gesellschaftliche Instabilität. Von daher stellt sie für die Herrschenden eine Gefahr dar. Und dies erklärt auch, weshalb diese Forderung der Protestbewegung im Frühsommer 1989 von der Parteiführung danach scheinbar so vehement aufgegriffen wurde.

Die drohende Gefahr wird von Teilen der Machtelite durchaus erkannt. Im Juni 1990 äußerte der Vorsitzende des Nationalen Volkskongresses und Politbüromitglied Wan Li auf einer nationalen Konferenz über Propagandaarbeit, Bürokratismus und Korruption hätten sich in einem Ausmaß breitgemacht, daß die Partei "in den letzten Jahren an den Rand unserer eigenen Vernichtung angelangt" sei.[588]

Eine Umfrage im zweiten Halbjahr 1988 unter 12.000 Arbeitern in 16 Städten, ergab, daß 46% der Befragten Korruption unter Funktionären für das gesell-

---

587 Ibid.: 39.

588 Zitiert in China aktuell August 1990: 610.

schaftliche Kernproblem hielten, weitere 15% dieses in der Wirtschaftskriminalität bzw. Kriminalität schlechthin zu erblicken glaubten. Für den politischen Bereich nannten 63% "Untaten" von Parteimitgliedern, 55% Fehlverhalten dieses Personenkreises als Kernprobleme[589], ebenfalls indirekte Hinweise auf Korruption.

Über die Korruption auf höchster Ebene wird wenig bekannt. Der Führungskreis besitzt alle erdenklichen Privilegien, so daß die Grenze zwischen Privilegien und Korruption verschwimmt. Je mehr der Umfang an Privilegien abnimmt, desto mehr nimmt die offene Korruption zu. Zwar sind die Bestechungssummen und unterschlagenen Summen wegen des Kompetenzrahmens der Funktionäre auf der mittleren Ebene höher, doch dort ist auch die Gefahr der Entdeckung größer als auf der unteren Ebene.

Gegenüber der mittleren Kaderebene dürfte das Ausmaß an offener Korruption von der Kreisebene abwärts am deutlichsten sein. Denn hier sind die Kontrollmöglichkeiten am geringsten. Verglichen mit der Korruption auf mittlerer und höherer Ebene sind die involvierten Summen vergleichsweise gering. Ein Beispiel für die Korruption auf der Dorfebene gibt ein Pressebericht über das Dorf Niutan im Kreis Xiangcheng (Provinz Henan). Dort brachte das korrupte Verhalten von acht Dorf- und fünf Kreis- bzw. Gemeindekadern dem Staat Verluste von ca. 220.000 Yuan. Die Dorffunktionäre unterschlugen in den Jahren 1987 und 1988 allein 25.000 Yuan durch Einreichen falscher Rechnungen. Sie verkauften kollektiveigene Maschinen, Anlagen und Getreide auf dem Schwarzmarkt und teilten die Erlöse unter sich auf. Staatliche Zuwendungen für bedürftige Familien steckten sie in die eigenen Taschen. Für die vertraglich übernommenen Böden zahlten sie keinen Pfennig Pacht, und sie eigneten sich unrechtmäßig Boden für den Bau von Wohnhäusern an. Sie mißbrauchten öffentliche Gelder für Gelage mit Freunden und Verwandten (1986-88 31.300 Yuan), für "Zulagen", die sie an sich selbst zahlten und für das Begehen "feierlicher Anlässe" wie Hochzeiten, Geburten, Beerdigungen, ja selbst für Nachwuchs bei Hausvieh. Allein 9.000 Yuan wurden für das Vorführen von Filmen für diese Kader aufgewendet.

Bei der Ursachenforschung machte es sich die "Disziplinkontrollkommission des Bezirks Zhukou" einfach: Bei der Durchführung der letzten Kampagne zur Reinigung der Partei sowie der Bereinigung der Finanzlage sei dort oberflächlich vorgegangen worden, die seit Jahren grassierende Korruption ohne Folgen für die Betroffenen geblieben, das Parteileben zum Erliegen gekommen, die Dorfbevölkerung über die staatliche Politik nicht mehr informiert und im Unklaren gelassen worden (Dokumente höherer Stellen seien den Dorfbewohnern nicht mehr bekanntgegeben, die Tageszeitungen seien ihnen vorenthalten, staatliche Lieferungen an Brennstoffen, Pflanzenöl, Kunstdünger o. ä. seien unterschlagen worden). Die Buchhaltung habe sich in einem desolaten Zustand befunden. Überdies hätten die Gemeinde- und Kreisfunktionäre, die sich zum Teil an diesen Praktiken beteiligt

---

589 Far Eastern Economic Review 2.3.89.

hätten, die Dorfkader gedeckt. Ein Vorschlag von Anfang 1989, den Parteisekretär des Dorfes abzusetzen, sei von der Mehrheit des Gemeindeparteikomitees nicht nur abgelehnt, sondern jener sogar noch für seine Verdienste ausgezeichnet worden.[590]

Berichte über derartige Praktiken werden in der Regel nur dann veröffentlicht, wenn es sich um eine verbreitete Tendenz handelt. Der geschilderte Fall ist daher mit Sicherheit kein Einzelfall. Die Ursachen dafür sind vielfältig, ein Korruptionsvorsatz muß nicht unbedingt gegeben sein. Ein falsches Verständnis von der eigenen Funktion (etwa in dem Sinne: Parteikomitee = Dorfverwaltung, die öffentlichen Mittel sind daher Eigentum des Parteikomitees bzw. seiner Mitglieder), ein teilhaben wollen an der "Bereicherung" und an dem, was höhere Stellen offensichtlich ungestraft praktizieren, die Suche nach einer "Entschädigung" für die nicht vergütete "Parteiarbeit" und andere Faktoren dürften bei den Dorffunktionären eine wichtige Rolle spielen. Die monopolistische Struktur der Partei und das Guanxi-Netz ermöglichen schließlich korruptes Verhalten.

Dies bewirkt wachsende Spannungen zwischen der Dorfbevölkerung und den Funktionären. Einer Umfrage im Kreis Chengcheng (Provinz Shaanxi) im Jahre 1990 zufolge sollen 35% der Befragten die Beziehungen zwischen beiden Gruppen als "gespannt" (jinzhang) bezeichnet haben, 50% als "mittelmäßig" (yiban) und nur 15% als "harmonisch" (rongqia). Berücksichtigt man, daß sich bei Meinungsumfragen in China ein Großteil der Befragten eher vorsichtig äußert, so weist das Umfrageergebnis auf eine deutliche Störung des Verhältnisses hin. Die Befragten warfen den Kadern vor, nur an ihr eigenes Wohlergehen zu denken, sie durch willkürliche Abgaben- und Bußgelderhebungen zu schröpfen (1989 sollen dies pro Kopf der Bevölkerung 27,65 Yuan gewesen sein, 6,2% des durchschnittlichen Jahreseinkommens), ihr Finanzgebaren zu verheimlichen, um Unterschlagung, Zweckentfremdung öffentlicher Mittel u. a. zu vertuschen (Untersuchungen zufolge wurden in 13 Dörfern 707.500 Yuan zweckwidrig verwendet: davon 600.000 Yuan für Gelage auf Staatskosten, 10.200 Yuan wurden unterschlagen und 43.100 Yuan anderweitig zweckwidrig verwendet; nahezu die Hälfte aller Dorffunktionäre soll in solche Fälle verwickelt gewesen sein), korrupten Praktiken nachzugehen und sich nicht um die örtlichen Probleme zu kümmern.[591]

---

590 Renmin Ribao 27.12.89.

591 Renmin Ribao 16.6.90.

8.3 Ökonomische Folgen

Oben haben wir bereits gezeigt, daß Korruption eines der Haupthindernisse für die Entwicklung des privaten Wirtschaftssektors ist, weil sie die Unternehmens- und Innovationsinitiative lähmt, schattenwirtschaftliche Tätigkeiten und Steuerhinterziehung begünstigt und effektive Kontrolle erschwert.

Der spekulative Handel mit Produktionsgütern, Produktionsmitteln und Engpaßgütern trägt nicht nur zur allgemeinen Verteuerung und damit zur Inflation bei. Er bewirkt auch, daß die staatliche Subventionierung in private Bereicherung verwandelt wird und somit nicht mehr der Gesellschaft, sondern Einzelpersonen zugute kommt.

Korruption fördert wachsende Einkommensdisparitäten und nicht gewünschte Verteilungseffekte. Diejenigen Funktionäre, die die Verfügung über die Güter haben, können durch das Verlangen hoher Bestechungssummen an der Knappheit verdienen, während die Löhne und Gehälter der übrigen Beschäftigten hinter dem allgemeinen Preisauftrieb, der derzeit in China herrscht, zurückbleiben. Durch Bestechung von Funktionären kann ein bestechendes Unternehmen bzw. eine bestechende Einzelperson sich Vorteile verschaffen, die sich vermögenswirksam auswirken. Und der Bestochene erzielt ein Zusatzeinkommen, das er auf legalem Weg nicht erlangen könnte. Während im ersten Fall der Staat durch steuerliche Maßnahmen auf Dauer Zugriffs- und Abschöpfungsmaßnahmen schaffen, finanziell also dadurch profitieren könnte, hat er auf die Zusatzeinkommen der Bestochenen keinen Zugriff. Da erzielte Bestechungsgelder zur Verdeckung der Korruption kaum produktiv verwendet werden dürften, wird weder ein Steuereinnahme- noch ein Investitionseffekt erzielt.

Doch die Palette negativer Faktoren für die Wirtschaft reicht noch weiter. Unproduktive Betriebe verschaffen sich u. U. durch Bestechung Ressourcen- oder Finanzvorteile zum Nachteil von produktiven Betrieben, denen die notwendigen Güter und Finanzmittel dann fehlen. So entsteht ein Allokationseffekt für einzelne Unternehmen auf Kosten anderer oder der Gesamtwirtschaft. Gesellschaftliche Präferenzen können somit umgangen werden. Die erzwungene Zahlung von Bestechungsgeldern bewirkt überdies ein Ansteigen der allgemeinen Verwaltungskosten, da die betreffenden Unternehmen neben Steuern und Gebühren auch noch zum Teil beträchtliche Bestechungssummen aufwenden müssen. Staatliche Zielsetzungen (Normenerfüllung, Effizienzverbesserung, Steuererhebung usw.) werden u. U. durch Korruption unterlaufen. Auf die finanziellen Verluste des Staates durch Amtsunterschlagungen oder Eßgelage- und Geschenkpraktiken haben wir oben schon hingewiesen.

9. Funktionalität

Die Auffassung, Korruption besitze entwicklungsfördernde oder herrschaftsstabilisierende Wirkung, haben wir bereits in Kapitel 4 zurückgewiesen. Lediglich in Einzelfällen lassen sich falsche oder schädliche Bürokratieentscheidungen auf dem Wege der Bestechung korrigieren oder vermeiden. Die oben erwähnten Korruptionsformen sind in ihren Auswirkungen grundsätzlich negativer Natur.

Für die Parteiführung am bedeutsamsten mag die Tatsache sein, daß ihre eigene Legitimität, d. h. die Legitimität der "Führungsrolle" der Kommunistischen Partei, dadurch verlorenzugehen droht. Die Korruption schwächt die Unterstützung der Partei und der Staatsbürokratie durch die Bürger und untergräbt die öffentliche Moral. Die Disfunktionalität der Korruption ist von daher so groß, daß sie das Gesamtsystem beeinträchtigt. Dies wirkt sich nicht nur auf die Ökonomie und das tägliche Leben aus. Ämter werden mit nichtqualifizierten Personen besetzt, qualifiziertes Personal bleibt in untergeordneten Stellungen, wandert in nichtstaatliche Bereiche ab oder geht ins Ausland. Insgesamt gesehen nimmt die Effizienz der Bürokratie durch Korruption ab. Beträchtliche Mengen an Zeit und Energie sind nicht produktiv nutzbar, sondern müssen auf die Herstellung von Beziehungen, Seilschaften u. a. verwendet werden. Gelder für produktive Bereiche werden in unproduktive (Prestigegebäude, Anschaffung von Limousinen usw.) umgeleitet. Und letztlich besitzt Korruption einen infizierenden Effekt: Sie dehnt sich im ganzen Verwaltungsapparat aus und zersetzt ihn.

In Anlehnung an den von Merton, Scott und Huntington vertretenen Ansatz der "Korruption als Integrationsfaktor"[592] gehen einige Autoren davon aus, daß Korruption den chinesischen Bauern eine Teilnahme an lokaler Politik ermögliche.[593] Tatsächlich geht es dabei aber weniger um politische Partizipation als um die Umgehung von politischen oder gesetzlichen Richtlinien, die Gewährung von Vorteilen oder um die Erledigung von Angelegenheiten, die ohnehin zu den Aufgaben der Funktionäre gehören wie die Beschaffung von Kunstdünger, Pestiziden oder Baumaterial, die Umgehung von Bauverboten auf Ackerland, die Umgehung der Geburtenplanungspolitik, die Besorgung von Arbeitsplätzen in der ländlichen oder urbanen Industrie, die Verpachtung von Ackerland an Unternehmen oder Einzelpersonen, die Verringerung oder Vermeidung von Steuer- und Gebührenzahlungen, die Verdeckung illegaler Praktiken usw. Die fehlenden Möglichkeiten der Organisierung von unabhängigen Interessengruppen (Bauern, Privathändler),

---

592 Vgl. Abschnitt 4.1 dieses Buches.

593 Vgl. Oi 1985: 238; Burns 1988: 153f.

die sich für die Interessen ihrer Mitglieder einsetzen könnten, tragen ebenfalls zur Korruptionsausweitung bei, da solche Interessen gegenüber der unkontrollierbaren, monopolartigen Bürokratie oft nur über Bestechung durchgesetzt werden können.

Bei der Umgehung politischer oder rechtlicher Richtlinien muß zwischen Korruption im Interesse der Überwindung bürokratischer Hindernisse oder Einschränkungen und Korruption im Interesse der Verdeckung illegaler Praktiken oder der Erlangung gesetzwidriger Vorteile unterschieden werden. Eine Grenzziehung zwischen beiden Korruptionsursachen ist in Staaten wie China, in denen weitgehende Rechtsunsicherheit herrscht, allerdings schwierig.

Wie wir oben gesehen haben, ist für Unternehmen, bei denen die Versorgung mit Rohstoffen, Rohmaterialien, Energie und Finanzmitteln, Marketing, Transport u. a. nicht im Staatsplan enthalten sind (Privatunternehmen, kleine Kollektivbetriebe) oder die bei der Ressourcenverteilung benachteiligt werden, Bestechung oft die einzige Möglichkeit, sich die zur Aufrechterhaltung der Bewirtschaftung notwendigen Ressourcen zu beschaffen. Positiv wäre ein solcher Effekt u. U. dann, wenn ohnehin knappe Materialien und Gelder statt in unprofitable Staatsunternehmen in effizient arbeitende Privat- oder Kollektivbetriebe fließen würden. In solchen Fällen mag eine funktionale Wirkung der Korruption gegeben sein. Zugleich sei hier aber auf die "Trade-off-Beziehung" zwischen volkswirtschaftlicher Effizienz und Verteilungsgerechtigkeit hingewiesen, d. h. auf die negative Verteilungswirkung.[594]

---

594 Vgl. Neugebauer 1978: 121.

10. Maßnahmen zur Korruptionsbekämpfung

10.1 Korruption und Korruptionsbekämpfung seit Gründung der Volksrepublik

Daß nach der Machtergreifung das Problem der Korruption auf die Partei und ihre Funktionäre zukommen würde, hatte Mao bereits Ende der 40er Jahre erkannt. Er warnte damals vor den "Zuckergeschossen" der "Bourgeoisie".[595] Die Entwicklung in den Jahren nach Gründung der Volksrepublik bestätigte diese Einschätzung. Bereits im November 1951 schrieb Mao in einer Direktive an das Zentralkomitee der Partei:

> "Der Kampf gegen Korruption und Verschwendung ist eine wichtige, die ganze Partei betreffende Angelegenheit, der ihr ... eure volle Aufmerksamkeit schenken müßt. Wir brauchen eine großangelegte Säuberung der ganzen Partei, in deren Verlauf alle Fälle von Korruption, ob große, mittlere oder geringe, restlos ans Licht gebracht werden. Dabei ist der Hauptschlag gegen die Korruptesten zu richten, während gegenüber jenen, die sich der Korruption mittleren oder geringeren Ausmaßes schuldig gemacht haben, eine Politik der Erziehung und Umerziehung zu verfolgen ist, damit sie nicht wieder rückfällig werden. Nur so können wir die ernste Gefahr einer Korrumpierung vieler Parteimitglieder durch die Bourgeoisie abwenden."[596]

U. a. empfahl er, die Schuldigen zu kritisieren und zu erziehen, in schwereren Fällen, sie "ihrer Ämter zu entheben, zu Gefängnis zu verurteilen (um durch kör-

---

595 Mao 1969: 398.

596 Mao 1978: 68.

perliche Arbeit umerzogen zu werden) oder anders zu bestrafen, und die Allerkorruptesten" zu erschießen.[597]

Im Sinne der chinesischen Rechtstradition legte Mao hier bereits den Grundstein für die Behandlung von korrupten Funktionären bis in die Gegenwart hinein: Erziehung und Umerziehung statt strafrechtlicher Belangung. Dies schloß die Formulierung von Rechtsgrundsätzen, in denen Vergehen aufgelistet wurden, keineswegs aus.

Erfahrungen in der Korruptionsbekämpfung sammelten die Kommunisten bereits in den 50er und 60er Jahren. Anfang der 50er Jahre, im Rahmen der "Drei-Anti-Kampagne" (sanfan)[598], wurden rechtliche Bestimmungen zur Bekämpfung der Korruption erlassen.[599] Soweit weniger als eine Million Yuan involviert waren (dies bezog sich auf den alten Yuan, bei dem 1 Mio. etwa 60 US-$ entsprachen), wurde von einer Bestrafung abgesehen, wenn der/die Täter ihr Fehlverhalten gestanden und den Schaden wiedergutmachten. Bei Summen zwischen einer und zehn Millionen wurden die Schuldigen disziplinarisch, bei über zehn Millionen auch strafrechtlich belangt. Letzteres entfiel, wenn die Täter Reue zeigten und andere Täter oder Straftaten denunzierten. Disziplinarische Strafen konnten von Ermahnung bis zur Entlassung reichen, strafrechtliche Verurteilung von ein- bis zweijähriger "Arbeit unter Aufsicht" in der bisherigen Arbeitseinheit eines Täters bis hin zu Zwangsarbeit zwischen zwei und vier Jahren bzw. zeitiger bis lebenslanger Haftstrafe.[600] In schweren Fällen, in denen mehr als 100 Mio. Yuan involviert waren, wurde sogar die Todesstrafe verhängt.[601]

In einer landesweiten Bewegung und mit drakonischen Strafen sollte die Korruption unter Kontrolle gebracht und minimiert werden. Die neue Führung wollte beweisen, daß sie in der Lage war, erfolgreich dagegen vorzugehen. Und sie wollte zugleich ein neues, der Korruption abträgliches soziales Klima und Umfeld schaffen. Denn Korruption, darauf hat Barnett entsprechend hingewiesen, wurde in den Jahrzehnten davor kaum oder gar nicht verfolgt:

> "Chinesische Geschäftsleute waren viele Jahre lang in einer relativ amoralischen Atmosphäre tätig, in der Gesetze, Regeln und Bestimmungen in erster Linie als zu vermeidende Hindernisse angesehen wurden; und Steuerhinterziehung, Bestechung, die Nutzung von Beziehungen zu Beamten sowie raffi-

---

597 Ibid.: 69.

598 Sie richtete sich gegen Unterschlagung, Verschwendung und Bürokratismus. Dazu u. a. Harding 1981: 47ff.; White III 1988: 337ff.; Laclany 1988: 185ff.

599 Vgl. Zhongyang renmin zhengfu fazhi weiyuanhui, Jg. 1952, 1982: 10-19 und 25-32.

600 Dazu: Laclany 1988: 185ff.

nierte Geschäfte waren allgemein üblich bzw. normale Praktiken."[602]

Mit der Nationalisierung von Industrie und Handel in den Städten 1955/56 glaubte die Parteiführung, die für Korruption verantwortliche Klasse ökonomisch eliminiert zu haben. Doch die Korruption hörte damit nicht auf.

1957, als in der "Hundert-Blumen-Kampagne" die Intellektuellen zu Kritik aufgerufen wurden, wofür sie in der kurz darauf folgenden Bewegung gegen "rechte Elemente" (fan youpai douzheng) schwerste Kritik und Verfolgung hinnehmen mußten, war auch Kritik an der Korruption im Partei- und Beamtenapparat geübt worden. U. a. wurden die Privilegien der führenden Funktionäre (wie Ferienhäuser, beleuchtete Tennisplätze, Sonderzuteilungen an Qualitätsprodukten, Wagen mit Chauffeur, Vorzugsbehandlung bei Theateraufführungen, Sonderbehandlung in Spezialkrankenhäusern, bessere Lehranstalten für ihre Kinder) heftig angegriffen.[603] Ein führendes Mitglied einer der sogenannten "demokratischen Parteien" kritisierte damals:

> "Privilegien ... sind nicht einfach eine ansteckende Krankheit die sich [unter kommunistischen Veteranen, als sie in die Städte kamen] nach der Befreiung verbreitete. Sie sind vielmehr ein Nebenprodukt des absurden hierarchischen Systems, das das ganze Land durchzieht. Die Diskrepanz in der materiellen Entlohnung z. B. zwischen einem Minister, einem Amtsleiter, einem Abteilungsleiter, einem Büroleiter, einem Unterabteilungsleiter und einem Basiskader ist unangemessen hoch ... Wer spricht noch davon, in einem hierarchischen System wie unserem die Nöte mit den Massen zu teilen!"[604]

Die Führung sah sich daher veranlaßt, Ende 1957 die "Provisorischen Bestimmungen zur Bestrafung von Mitarbeitern der staatlichen Verwaltungsorgane" zu erlassen, mit denen korrupte Delikte erneut unter Strafe gestellt wurden.[605]

Die durch die katastrophalen Ergebnisse des "Großen Sprungs nach Vorn" (u. a. eine Hungersnot mit Millionen von Toten) bedingte Krisensituation führte

601 Ibid.: 29.
602 Barnett 1964: 157.
603 Dazu: MacFarquhar 1960: 65ff.und 1974.
604 MacFarquhar 1960: 227.
605 Diese Bestimmungen finden sich in Guowuyuan fazhiju 1989: 133-138.

dazu, daß Funktionäre an der Basis versuchten, sich mit Hilfe ihrer Machtfunktion bessere Nahrungsmittel zu verschaffen, öffentliche Gelder oder Kollektivland zu privater Nutzung widerrechtlich anzueignen oder Gelder zu Wucherzinsen an arme Bauernhaushalte verliehen.[606]

Im Frühjahr 1960 wurde daher die im Ausland wenig bekannt gewordene "Neue-Drei-Anti-Kampagne" (xin sanfan) gegen Bestechung, Verschwendung und Amtsmißbrauch von Funktionären inszeniert. Nach dem üblichen "Kampagnenverfahren" wurden "Leitungsgruppen" gebildet (in der Regel aus den Reihen der Leitungskader der entsprechenden Ebene), die eine Liste der "betroffenen" Kader erstellten und den Kampagnenablauf planten. Auf Versammlungen wurden den "Massen" Ablauf, Zweck und Ziele der Bewegung vorgestellt. In "Studiengruppen" wurden verdächtigte Funktionäre zu "Geständnissen" aufgefordert und kritisiert. Irregulär erworbene Geld- oder Sachwerte mußten zurückerstattet werden, eine weitere Bestrafung unterblieb.[607]

Wenige Jahre später wurde mit der Bewegung der "Vier Säuberungen" (siqing yundong, 1963-65) versucht, der Korruption ländlicher Kader, die ihre Einkommen durch willkürliche Festlegung hoher Leistungssummen eigenmächtig erhöht hatten, öffentliche Gelder unterschlugen, sich bestechen ließen, Nepotismus betrieben u. a., Einhalt zu gebieten.[608] Nach den drei Krisenjahren von 1959-62 glaubten die Basisfunktionäre, ihre eigene Lage durch gewinnbringende Nutzung ihrer Machtfunktionen verbessern zu können. Die Schuldzuweisung der Partei für dieses Verhalten ging an die "Ausbeuterklassen, Großgrundbesitzer und reichen Bauern", die angeblich die Funktionäre im Interesse der "Klassenrache" zu korrumpieren versuchten.[609] "Ideologische" oder "Klassenerziehung" sollte die Moral der Kaderbasis stärken und sie dadurch vor korrupten Praktiken schützen. Eine Inspektionsreise des Staatspräsidenten Liu Shaoqi und seiner Frau im Jahre 1964 soll jedoch ergeben haben, daß nach einjähriger Kampagne keinerlei Besserung eingetreten war. Nach ihrer Rückkehr aus Südchina berichteten sie der Zentrale, fast ein Drittel aller Kader sei korrupt.[610] Sie forderten drastischere Strafen und rigoroses Vorgehen gegen alle Rechtsbrecher unter den Funktionären. Ein Beschluß des Zentralkomitees leitete 1964 die "Sozialistische Erziehungsbewegung" ein. Dieser Beschluß sieht u. a. vor, daß Funktionäre durch Korruption erlangte Werte zurückgeben bzw. den verursachten Schaden ersetzen müssen. Wer gestehe und Kompensation leiste, bleibe straffrei, falls die "Empörung der Massen nicht allzu

---

606 Harding 1981: 196f.

607 Whyte 1974: 72f.

608 Vgl. Baum 1975: 103ff.; zum konreten Ablauf: Whyte 1974: 73ff.

609 Vgl. "Beschluß des ZK der KPCh über Probleme, die bei der laufenden ländlichen Arbeit existieren" (die sog. "Ersten Zehn Punkte" - qian shi tiao) vom September 1963, in: Baum/Teiwes 1968: 58-71.

610 Harris 1978: 58.

groß" sei.[611] Im Sinne seiner Theorie, daß der Klassenkampf das bestimmende Moment im Sozialismus sei, kritisierte Mao die Verlagerung des Schwergewichts auf rechtliche Fragen und funktionierte die "Sozialistische Erziehungsbewegung" zu einer politischen Bewegung um, in der das politische Bewußtsein durch ideologische Schulung, "Bekämpfung der feindlichen Klassen" und Kritik an der "bürgerlichen Ideologie" geschärft werden sollte. Im Kern ging es dabei um die Durchsetzung der politischen Moral im Sinne Maos gegen die dörflichen, traditionalen Moralvorstellungen.

Da dies nicht gelang, sollte mit der "Kulturrevolution" diese politische Moral durchgesetzt werden. Korruption wurde nun als Teil "bürgerlicher Denkweise" und "bürgerlichen Lebensstils" kritisiert, was deren Ausbreitung unter den Aufsteigern aus der "Rebellenschaft" allerdings nicht verhinderte. Der Vorwurf der Korruption diente den Parteiführern um Mao vielmehr zur Ausschaltung ihrer innerparteilichen Gegner, wobei auf die latente Abneigung der Massen gegenüber Kaderprivilegien zurückgegriffen wurde. Als radikale (offiziell als "ultralinks" bezeichnete) Rotgardisten sich gegen die "roten Kapitalisten", ihre Privilegien und hohen Einkommen wandten und der Partei vorwarfen, "90 Prozent der oberen Kader" bildeten eine korrupte "privilegierte Klasse", die gestürzt werden müsse[612], wurden sie von der Parteiführung um Mao unterdrückt.

Bereits 1970 ging die Parteiführung mit der Bewegung "yida sanfan" (ein Angriff und drei Anti: gegen Konterrevolutionäre sowie gegen Korruption, Spekulation und Verschwendung) nicht nur gegen politische Gegner, sondern auch gegen Rotgardistenorganisationen vor, die Mao kurze Zeit zuvor noch zur Niederschlagung seiner Gegner benutzt hatte.[613] Während der "Kampagne zur Kritik an Konfuzius und Lin Biao" (pi Lin pi Kong) nach dem gescheiterten Putschversuch des Mao-Stellvertreters Lin Biao im Jahre 1971 wurden Lin und seinen Anhängern Korruption, Nepotismus, Fraktionismus und Klienteldenken vorgeworfen.[614] Yao Wenyuan, später zum Mitglied der "Viererbande" erklärt, warf Lin Biao 1975 vor, "Gastmahle, Geschenke, Beförderungen in hohe Ämter und das Versprechen anderer Vergünstigungen als Mittel" benutzt zu haben, um "Leute zur Cliquenbildung zu ködern, zu fraktionieren und Verschwörungen zu schmieden".[615]

---

611 Dieser "Spätere Zehn Punkte" (hou shi tiao) genannte Beschluß des ZK der KPCh findet sich bei Baum/Teiwes 1968: 72-94; zur "Sozialistischen Erziehungsbewegung" siehe auch Harding 1981: 216ff.

612 So die radikale Hunaner Rotgardistenorganisation "Shengwulian" (Proletarisches Bündnis der Provinz Hunan) in ihrem Manifest, vgl. Mehnert 1969: 82ff.

613 Vgl. Domes 1975: 104f.

614 Siehe beispielhaft: PiLin piKong wenxuan 1974; Baumberger/Baumberger 1975, die den damaligen offiziellen Standpunkt wiedergeben; eine Analyse der Ereignisse bei Spengler 1976.

615 Yao 1975: 9.

Eine auch im Ausland bekannt gewordene oppositionelle Wandzeitung unter dem Pseudonym "Li Yi Zhe" (die Verfasser wurden verhaftet und jahrelang inhaftiert) führte 1974 das "Lin Biao-System" nicht nur auf historische Umstände zurück, sondern auch auf das existierende politische System und seine Privilegien für Führungskader. Die Autoren kritisierten darin das Machtmonopol einer privilegierten, entarteten Funktionärselite.[616] Damit gingen sie offen über das erlaubte Maß an Kritik hinaus und stellten ein System in Frage, das stets nur seine Gegner der Korruption bezichtigt hat.

Auf dem X. Parteitag der KPCh im August 1973 wandte sich der in der Kulturrevolution vom "Rebellen" zum stellvertretenden Vorsitzenden der Partei aufgestiegene Wang Hongwen (er war ein Mitglied der sogenannten "Viererbande") in seinem Bericht an den Parteitag gegen korrupte Tendenzen, für die er die "bürgerliche Ideologie" verantwortlich machte (man vergleiche die Ähnlichkeit zu heute!). Mit Privilegien, "ungesunden Tendenzen" (womit im allgemeinen Korruption umschrieben wird) und Hintertür-Praktiken müsse Schluß gemacht werden.[617] Wenige Jahre später war er selbst Objekt des Korruptionsvorwurfes. Da durch die Kulturrevolution die Legitimität der Partei in Frage gestellt worden war, wurde die Hauptschuld für diese Auswüchse der "Viererbande" gegeben, der nun selbst wieder Korruption nachgewiesen wurde.

1977 und 1978 versuchte die Partei mit der Bewegung der "zwei Schläge" (shuangda douzheng) gegen Korruption vorzugehen.[618] Das Strafgesetzbuch von 1979 stellte bestimmte Formen der Korruption unter Strafe. Zwischen 1982 und 1989 wurden zahlreiche neue Verordnungen und Bestimmungen zur Bekämpfung der Korruption erlassen, so u. a.: Ein Beschluß des Staatsrats gegen die Annahme bzw. Vergabe von Geschenken bei Auslandskontakten (1980); Verhaltensregeln für Mitarbeiter des Staatsrates (1982); Bestimmungen gegen Konferenzen in namhaften touristischen Orten (1982); Verordnungen gegen Privatreisen auf Staatskosten (1983 und 1987); Bestimmungen des Staatsrates über die Neuordnung von Gesellschaften (gongsi) (1984, 1985, 1987 und 1989); ein Erlaß gegen Schmuggeltätigkeiten von Beamten (1986); Verbote der Handelstätigkeit von Partei- und Staatsfunktionären (1986 und 1988); Bestimmungen gegen Bewirtungen und Geschenke auf Staatskosten (1986 und 1988); ein Erlaß gegen den illegalen Verkauf städtischer Aufenthaltsberechtigungen (1988); Bestimmungen gegen die Annahme bzw. Vergabe von Geschenken durch Staatsbedienstete (1988) u. a.[619]

1988 erließ der Ständige Ausschuß des Nationalen Volkskongresses die "Ergänzungsbestimmungen für die Bestrafung von Amtsunterschlagung und

---

616 Li Yi Zhe/Opletal/Schier 1977.

617 Wang, Hung-wen 1973: 61f.

618 Zu den Kampagnen zwischen 1977 und 1980 vgl. Morgan 1981.

619 Siehe Guowuyuan fazhiju 1989: 139ff.

Bestechung"[620], in denen das Strafmaß nach den involvierten Summen je Einzelperson festgelegt wurde:

Tab. 6: Strafmaß nach Summen

< 2.000 Yuan	< 2 Jahre Gefängnis;
2.000 - 9.999 Yuan	1-7 Jahre Gefängnis (in besonders schweren Fällen 7-10 Jahre);
10.000 - 49.999 Yuan	5 Jahre bis lebenslänglich (letzteres in besonders schweren Fällen);
> 50.000 Yuan	10 Jahre bis lebenslänglich (in besonders schweren Fällen Todesstrafe).

Quelle: Zuigao Renmin Jianchayuan bianjizu 1989: 17f.

Der Staatsrat verkündete im gleichen Jahr die "Provisorischen Bestimmungen über Disziplinarstrafen für Amtsunterschlagung und Bestechung von Mitarbeitern der Staatlichen Verwaltungsorgane"[621] sowie (1989) dazugehörige Ausführungsbestimmungen.[622]

620 Ibid.: 381ff.

621 Ibid.: 396ff.

622 Gongren Ribao 14.9.89.

10.2 Ergebnisse der Korruptionsbekämpfung

Die gesetzlichen Bestimmungen gegen Korruption aus den 50er Jahren fanden lange Zeit keine Anwendung. Seit Ende der 50er Jahre wurde versucht, Korruptionserscheinungen mit politischen Kampagnen zu bekämpfen.[623] Diesem politischen Konzept Maos lag die traditionelle Vorstellung zugrunde, daß korrupte Verhaltensweisen auf persönliches Fehlverhalten sowie Charakter- oder Bewußtseinsschwäche zurückzuführen seien. Durch "ideologische Erziehung", d. h. durch das "Studium" von Dokumenten, die in konzentrierter Form die gerade vorherrschende politische Position repräsentierten, und durch das "Hinabschicken" von Funktionären zu körperlicher Arbeit glaubte man, Korruptionsverhalten ändern zu können. Die Funktionäre sollten dadurch auf die vorherrschenden Normen und das kollektive Interesse ausgerichtet werden.

Das Scheitern dieses Konzepts und die Rechtsunsicherheit, die es kennzeichnete, bewirkten ab Ende der 70er Jahre eine Hinwendung zu größerer rechtlicher Bewertung und zur Schaffung einer Rechtsordnung. Das Problem der Korruption als soziales und rechtliches Problem wurde ebenfalls erst in diesem Zeitraum wieder öffentlich aufgegriffen, nachdem Parteiführer vor der wachsenden Korruption und ihren Folgen für die Legitimität der Kommunistischen Partei gewarnt hatten. Die Korruption wurde damals weitgehend als parteiinternes Problem betrachtet. Ende 1978 wurden wieder Disziplinkontrollkommissionen (jilü jiancha weiyuanhui) auf allen Ebenen der Partei eingerichtet, zu deren Aufgaben u. a. die Verfolgung von Korruptionsfällen gehört.[624] Die Organe für öffentliche Sicherheit wurden, soweit Parteifunktionäre betroffen waren, nicht damit befaßt. Dies entsprach den Anschauungen orthodoxer Parteiführer wie Chen Yun (damals Vizevorsitzender des Zentralkomitees der KPCh und Vorsitzender der Zentralen Disziplinkontrollkommission), der in der Korruption primär ein ideologisches Problem sah, dem durch Stärkung der ideologischen und politischen Disziplin in der Partei beizukommen sei.

Zirkulare der Partei- und Staatsführung bzw. der Zentralen Disziplinkontrollkommission zur Bekämpfung korrupten Verhaltens (gegen Bestechung, Spekulantentum, Unterschlagung, Betrug, Diebstahl öffentlichen Eigentums) im August 1981 und Januar 1982 blieben ohne große Resonanz. Im Februar 1982 hob der Ständige Ausschuß des V. Nationalen Volkskongresses daher die Strafen für Korruption und Wirtschaftsverbrechen an und rief in Korruptionsfälle verwickelte Personen auf, sich den Behörden zu stellen. Wer sich stelle, werde mit Milde behandelt.[625] Im April des gleichen Jahres erließen das Zentralkomitee

---

623 Riegel 1989 beschäftigt sich mit dem "Reinigungscharakter" dieser Kampagnen, die seiner Meinung nach die Partei vor Identitätsverlust schützen sollen.

624 Zur Tätigkeit dieser Organe vor und nach der Kulturrevolution vgl. G. Young 1984.

625 Zhongguo baike nianjian 1983: 227.

der KPCh und der Staatsrat einen neuerlichen Aufruf zur Bekämpfung der Wirtschaftskriminalität.[626] 1983 versuchte die Parteiführung dem Problem mit einer Parteisäuberungskampagne beizukommen. Im Dezember 1985 kritisierte ein Rundschreiben von ZK und Staatsrat erneut die Korruption unter den Funktionären. U. a. wurden der Kauf von ausländischen Kraftwagen durch Staatsorgane, die Ersetzung alter Limousinen leitender Kader durch luxuriöse neue auf Staatskosten, In- und Auslandsreisen, Bewirtungen und Geschenke auf öffentliche Kosten sowie Firmengründungen von Partei- und Staatsorganen, Mißbrauch der Machtbefugnisse, Bestechung und illegale Nebeneinnahmen von Funktionären kritisiert.[627] Bis März 1986 sollte eine Änderung herbeigeführt werden. Auf einer Konferenz von 8.000 Führungsfunktionären zur Bekämpfung der Korruption kündigte Politbüromitglied Hu Qili eine neue Kampagne gegen Korruption an.[628] Hu gab zu, daß alle Maßnahmen zur Korruptionsbekämpfung erfolglos geblieben seien.

Die Parteiführung ging zunächst auch gegen eine Reihe hoher Funktionäre vor. Wie oben bereits erwähnt, wurden Zhang Jun, Minister für Raumfahrtindustrie und Cheng Lianchang, einer seiner Stellvertreter, für den illegalen Import von 180.000 Fernsehgeräten im Interesse profitträchtigen Wiederverkaufs verantwortlich gemacht und öffentlich verwarnt. Ni Xiance, Gouverneur der Provinz Jiangxi, wurde wegen Nepotismus und Korruption entlassen; Song Ruixiang, Gouverneur von Qinghai und sein Stellvertreter Ma Yuanbiao sowie der Vizeminister für Eisenbahnwesen Luo Yunguang wurden wegen Bestechung bzw. grober Pflichtverletzung ihrer Ämter enthoben.[629] Vier Mitglieder des Nationalen Volkskongresses wurden wegen Wirtschaftsverbrechen belangt. Dies waren einige der prominentesten Fälle.

Doch bei Amtsenthebungen in China auf Grund solcher Vorwürfe treten immer Zweifel auf, da die Grenzen zwischen strafrechtlich relevanter Korruption und dem Parteiverständnis von "politischer Korruption" (wozu u. a. auch das Abweichen von der herrschenden Linie gezählt wird) häufig verwischt werden. So sollen der im Herbst 1989 abgesetzte Gouverneur von Hainan Liang Xiang weniger wegen Verstrickung in Korruption als wegen seiner Unterstützung für Zhao Ziyang, Verkehrsminister Qian Yongchang im Februar 1991 nicht wegen Machtmißbrauchs, sondern wegen seiner ablehnenden Haltung gegenüber der Verhängung des Kriegsrechts im Mai 1989 und Bauminister Lin Hanxiong ebenfalls weniger wegen "Machtmißbrauchs", als vielmehr wegen seiner Differenzen mit dem Staatsrat und mächtigen Chef der Planungskommission Zou Jiahua in Un-

626 Zuigao Renmin Jianchayuan bianjizu 1989: 6ff.

627 Vgl. Renmin Ribao 10.12.85; Beijing Rundschau 51/1985: 6f.

628 Vgl. Renmin Ribao 13.1.86.

629 Vgl. Zhongguo baike nianjian 1987: 113; Gongren Ribao 10.3. und 11.3.90; Renmin Ribao 9.6. und 10.6.90.

gnade gefallen sein. Auch der Vizegouverneur der Autonomen Region Xinjiang, der Uigure T. Shabir[630], soll primär nicht wegen korrupten Verhaltens, sondern wegen der Unterstützung nationalistischer Tendenzen entlassen worden sein.[631]

Gerade was den letzteren Fall anbelangt, so wissen wir aus Beispielen aus der Sowjetunion, daß Korruptionsvorwürfe gegenüber Funktionären aus ethnischen Minderheiten genutzt werden, um die Kontrolle über Partei- und Staatsorgane, die sich in den Händen ethnischer oder lokaler Interessengruppen befinden, zurückzuerlangen.[632]

Abgesetzte Führungskräfte müssen nicht selbst in Korruption verstrickt gewesen sein. In China gibt es eine Tradition kollektiver Verantwortlichkeit, nach der der (womöglich unschuldige) Leiter einer Institution, in der eine schwere (strafrechtliche oder politische) Verfehlung begangen wurde, der gleichen Kritik ausgesetzt wird wie der eigentliche Urheber und so sein Amt verliert. Dies mag mit dem traditionellen Seilschafts- und Patronagemusterdenken zusammenhängen. Neue Leiter pflegen wichtige Posten unter ihrer Leitung mit Personen aus der eigenen Seilschaft zu besetzen. Von daher werden sie bei Fehlverhalten ihrer Untergebenen für deren Fehlverhalten mit verantwortlich gemacht, da sie offensichtlich die "falschen" Leute ausgesucht haben. Parallelen ergeben sich aber auch aus der Rechtstradition kollektiver Verantwortlichkeit, derzufolge bei Straftaten nicht nur der Täter, sondern auch unschuldige Familienangehörige oder Vorgesetzte/Untergebene mit bestraft wurden (Solidarhaftung). Dies geschah einerseits, um psychischen Druck auf die Bevölkerung auszuüben und so Straftaten von vornherein zu verhindern, andererseits, um die gegenseitige Kontrolle und Verantwortlichkeit der Beherrschten untereinander zu stärken.[633]

Im Januar und Februar 1986 erließen Partei- und Staatsführung erneut fünf Rundschreiben gegen "ungesunde Tendenzen" (bu zheng zhi feng), nämlich gegen unnötige Auslandsreisen, Verschwendung öffentlicher Gelder bei Inspektionsbesuchen, Nepotismus bei der Besetzung von Ämtern, Reisen und Bewirtungen auf Staatskosten sowie ein Verbot der Gründung von Firmen durch Partei- und Staatsorgane sowie einzelne Funktionäre.[634]

---

630 Vgl. Renmin Ribao 2.9.89.

631 Zu den beiden letzten Fällen vgl. Renmin Ribao 3.3.91 und Far Eastern Economic Review 14.3.91: 18.

632 Dazu Critchlow 1988.

633 Siehe Baker 1979: 121.

634 Ibid.: 112.

10.3 Organe zur Korruptionsbekämpfung

Da auch die Antikorruptionskampagnen im Jahre 1986 nicht die gewünschten Erfolge brachten, beschloß der Ständige Ausschuß des VI. Nationalen Volkskongresses im Dezember des gleichen Jahres die Wiederherstellung des 1959 aufgelösten Ministeriums für Staatliche Kontrolle (jianchabu). Mitte 1987 nahm es seine Arbeit auf.

Dieses Ministerium schließt an die traditionelle Institution des Zensorats der Kaiserzeit an, ein Moment, auf das die neuere chinesische Literatur sogar explizite hinweist.[635] Seine Aufgaben bestehen in der Kontrolle und Überwachung der Regierungsorgane, der Staatsbetriebe sowie u. a. in der Bekämpfung von Korruption, Bestechung und Amtsmißbrauch.[636] Entsprechende Überwachungsorgane wurden auf der regionalen und lokalen Ebene (bis hin zur Kreisebene) errichtet. Neben ihrer Untersuchungsfunktion können die Kontrollorgane auch Disziplinarstrafen verhängen.

Ende 1990 erließ der Staatsrat die "Bestimmungen der VR China über Verwaltungskontrolle" (Zhonghua Renmin Gongheguo xingzheng jiancha tiaolie), die dem Kontrollministerium und seinen lokalen Instanzen die Kontrolle aller Regierungsabteilungen von der Zentrale bis zur Gemeindeebene erlauben. Dazu zählt auch die Überprüfung der Direktoren von Staatsbetrieben, die von den Regierungen der jeweiligen Ebenen ernannt wurden. Diese Bestimmungen erleichtern den Kontrollorganen die Überprüfung und Ermittlung bei Korruptionsverdacht, die Überprüfung der Konten von Verdächtigten mit Hilfe der jeweiligen Bank und die vorübergehende Suspendierung von Verdachtspersonen von ihren Ämtern. Die Kontrollorgane erhielten das Recht zur Verhängung von Disziplinarstrafen (Verwarnungen, Degradierungen und Beschlagnahme illegal erworbener Gewinne). Korruptionsfälle sollen innerhalb von sechs Monaten, maximal innerhalb eines Jahres abgeschlossen sein.[637]

Während die Disziplinkontrollkommissionen sich auf innerparteiliche Kontrolle konzentrieren sollen, soll das Kontrollministerium mehr die Regierungsorgane und Staatsbetriebe kontrollieren. Gegen die Korruption im staatlichen Bereich wurden entsprechende Gesetze ausgearbeitet, während die Disziplinkontrollkommission des Zentralkomitees der KPCh parteiinterne Disziplinarbestimmungen erließ.[638]

635 Vgl. Peng/Gong 1989; Zhou, Jichong 1989.

636 Vgl. Zhonghua Renmin Gongheguo Quan Guo Renmin Daibiao Da Hui Changwu Weiyuanhui Gongbao 7/1986: 94f.

637 Renmin Ribao 25.12.90.

638 Z. B. die Bestimmungen über die Bestrafung von Parteimitgliedern bei Verstößen gegen die sozialistische Moral, in: Renmin Ribao 18.1.90.

Mitte 1988 soll es landesweit ca. 20.000 Kontrolleure gegeben haben, Ende 1988 26.000. Ende 1989 verfügten die dem Ministerium unterstehenden Organe über mehr als 60.000 Mitarbeiter.[639] Im August jenes Jahres wies Kontrollminister Wei Jianxing auf das Problem der Korrumpierung der Kontrolleure hin, ein Problem, das die Aufgabenerfüllung des Ministeriums offensichtlich erheblich beeinträchtigt. Er rief die Kontrolleure auf, nicht "auf Schmeicheleien hereinzufallen" und von Vetternwirtschaft Abstand zu nehmen.[640] In korrupten Gesellschaften werden auch die Kontrolleure schnell von der Korruption erfaßt.

Darüber hinaus wurden bei den Staatsanwaltschaften in den Städten "Meldezentren für Wirtschaftsverbrechen" (jingji zuian jubao zhongxin) ins Leben gerufen.[641] Ende 1988 soll es landesweit 900 solcher Einrichtungen gegeben haben, Ende 1989 1.800[642]. Die Zunahme von Racheakten an Personen, die Korruptionsfälle meldeten, soll allerdings schon bald zu einem beträchtlichen Rückgang der Anzeigen aus der Bevölkerung geführt haben.[643]

Immerhin sollen Ende 1990 3.168 solcher Meldezentren existiert haben. Zwischen Juli 1988 und November 1990 sind offiziellen Angaben zufolge bei diesen Stellen 1,087 Mio. Anzeigen eingegangen. 479.000 davon sollen sich auf Bestechung und Amtsunterschlagung bezogen haben.[644] Zwischen Januar und Oktober 1990 sollen bei diesen Stellen 695.518 Anzeigen eingegangen sein, wovon es sich bei 55,3% der Fälle um derartige Korruptionsfälle gehandelt habe. Bei 23,7% der gemeldeten Fälle habe es sich um Machtmißbrauch in privatem Interesse, Aufforderung zu Bestechung und Erpressung durch öffentlich Bedienstete gehandelt, in 21,5% um Bestechung und Amtsunterschlagung und bei 10,1% der Fälle um Verschwendung öffentlicher Mittel, Bankette und Geschenke auf öffentliche Kosten sowie um Verletzung der Finanzdisziplin.[645]

Hierbei muß erwähnt werden, daß Personen, die Hinweise auf Korruptionsfälle in ihren Einheiten geben, von Parteileitung und Management als Störenfriede und Nestbeschmutzer angesehen werden, die den Ruf ihrer Danwei schädigen und Belegschaft und Betriebsführung in Schwierigkeiten bringen. Da Parteiführung und Management - soweit ein größerer betrieblicher Korruptionsfall vorliegt - gewöhnlich beide darin verwickelt sind, kann eine Anzeige nicht nur zu sozialer Isolierung des Anzeigenden, sondern auch zu Entlassung, Versetzung oder Lohnkürzung führen. Es erschwert auf jeden Fall Aufstieg und Karriere. Entlassungen in solchen Fällen sind häufig, oft wird der Anzeigende im nachhinein selbst krimineller oder

---

639 Renmin Ribao 9.2.90.

640 Beijing Rundschau 34/1988: 8.

641 Zu deren Aufgaben vgl. Zuigao Renmin Jianchayuan bianjizu 1989: 38ff.

642 Beijing Rundschau 46/1988: 4; Renmin Ribao 9.2.90.

643 Gongren Ribao 16.11.89; Renmin Ribao 23.9.89 und 23.2.91.

644 Renmin Ribao 23.2.91.

politischer Delikte oder Motive bezichtigt. Auch die Instanzen, bei denen die Beschwerde oder Anzeige eingeht, werden nicht unbedingt im Sinne der Anzeige tätig. Aufgrund personeller Verflechtungen oder Beziehungen sowie infolge von Befürchtungen, einc größere Untersuchung von oben könne eine Sachlage zutage fördern, die die leitende oder Aufsichtsbehörde mit in Schwierigkeiten bringt oder einfach die Tatsache, daß gewisse Formen der Korruption im Interesse der Planerfüllung liegen, lassen übergeordnete Instanzen in der Regel gegen den Anzeigenden Partei ergreifen. Aufgedeckte Korruptionsfälle werfen ein schlechtes Licht auch auf die übergeordneten Instanzen einer involvierten Einheit. Wie zahlreiche Presseberichte zeigen, werden solche Instanzen erst auf Anweisung höherer Stellen hin aktiv und ergreifen auch dann nur absolut unumgängliche Maßnahmen wie die Absetzung des Verantwortlichen, wobei dieser häufig eine gleichwertige Stelle in einer anderen Einheit erhält.[646]

Das Kontrollministerium arbeitete eine Reihe von Bestimmungen gegen Korruption aus wie die "Vorläufigen Strafbestimmungen bei Amtsunterschlagung und Bestechung von/durch Mitarbeiter staatlicher Organe", die "Bestimmungen über das Verbot der Vergabe und Annahme von Geschenken für die staatlichen Organe und deren Mitarbeiter bei Ausübung des Dienstes".[647]

Offensichtlich haben die höheren Rechtsorgane Zweifel an der Arbeit der ihnen unterstehenden Organe. In der Provinz Yunnan schickte die oberste Provinzstaatsanwaltschaft eigens "Arbeitsgruppen" in die Bezirks-, Stadt- und Kreisgerichte, um deren Arbeit "anzuleiten" und zu kontrollieren.[648] Die Korruptionsbekämpfung steht auf der lokalen Ebene vor einer Mauer von Guanxi-Beziehungsgeflechten und Widerständen von Seiten der Bürokratie. Die Bereitschaft zur Korruptionsbekämpfung ist auf dieser Ebene nicht groß. Von daher bedarf es der Intervention höherer Stellen, um diese Widerstände zu brechen.

Wie massiv inzwischen versucht wird, auf die für die Korruptionsbekämpfung zuständigen Organe einzuwirken, zeigt ein Bericht in der Volkszeitung von Anfang 1990: Darin wurden die zunehmenden Versuche der Einflußnahme auf Gerichtspersonal, die Strafverfolgungskorruption, beklagt. Laut Angaben der Disziplinkontrollgruppe des Obersten Volksgerichtshofs haben 16 Höhere Volksgerichte (auf Provinzebene) 1987 55.754 (erfaßte) Bestechungsversuche mit angebotenen Bestechungswerten von 1,73 Mio. Yuan zurückgewiesen. 1988 sollen an 14 Höhere Volksgerichte 55.143 (erfaßte) Bestechungsangebote in Höhe von 3,41 Mio. Yuan sowie von 40.000 Hongkong-Dollar herangetragen worden sein. Ein großer Teil

---

645 Gongren Ribao 19.1.91 und Renmin Ribao 19.1.91.

646 Hier sei angemerkt, daß Anzeigen aus der Bevölkerung zum Teil nicht nur der Sorge um rechtswidriges Verhalten entspringen, sondern auch aus Neid, Ärger, Haß oder Mißgunst getätigt werden.

647 Beijing Rundschau 3/1989: 26; Gongren Ribao 4.12.88; Wu, Naitao 1989: 22f.

der Angebote seien von Mitarbeitern von Partei- und Staatsorganen sowie von leitenden Kadern vorgenommen worden. Im Autonomen Gebiet Guangxi sollen im Jahre 1988 327 von 1.601 erfaßten Bestechungsversuchen von leitenden Funktionären begangen worden sein.[649] In der Stadt Anshan (Provinz Liaoning) sollen Funktionäre des Mittleren Gerichtshofes der Stadt allein 1988/89 498 Bestechungsversuche mit über 100.000 Yuan zurückgewiesen haben.[650] Auch die Bestechungswerte nehmen den Berichten zufolge zu. Von Zigaretten, Alkoholika und Obst seien die Bestechenden inzwischen zu Goldschmuck, Motorrädern und hochwertigen Elektrogeräten übergegangen, von Bargeldsummen von einigen Dutzend Yuan zu einigen hundert, tausend oder zehntausend Yuan. Die Bestechungsversuche werden nicht nur direkt vorgenommen, sondern auch über Familienangehörige, Verwandte und Vorgesetzte der Richter und Staatsanwälte.[651] Auf der Ebene der Höheren Gerichtshöfe dürfte die Ranghöhe der eingreifenden Funktionäre für die Frage von Strafvermeidung oder -milderung entscheidend sein. Das Ansinnen bestimmter Führungsfunktionäre kann die Justiz nicht unberücksichtigt lassen. Und diese Personen brauchen nicht zum Mittel der Bestechung zu greifen. Anders sieht es in den Landregionen aus. Bei den dortigen Gerichten spielt Bestechung eine sehr große Rolle.

Auf allen Ebenen verhindern oder erschweren die vielfältigen Beziehungsgeflechte höherer Kader die Verfolgung und Bestrafung dieser Funktionäre und ihrer Familienangehörigen. Disziplinkontrollkommissionen und Überwachungsorgane können nur Disziplinarstrafen verhängen, aber niemanden strafrechtlich zur Rechenschaft ziehen. Dies haben sie den Staatsanwaltschaften zu überlassen. Auf Grund dieser Kompetenzüberschneidungen und der Vielzahl von Kontrollorganen gibt es eine große Zahl von Möglichkeiten, Verfahren totlaufen oder einstellen zu lassen.

Vor allem auf den unteren Ebenen kommen Verfahren ohne Einflußnahme der Provinz- oder Zentralorgane oft gar nicht in Gang. Ein Leserbrief mehrerer Bauern an die "Renmin Ribao", der im Herbst 1990 veröffentlicht wurde, weist auf diese Problematik hin: Bauern aus einem Dorf im Kreis Funan (Provinz Anhui) hatten dem örtlichen Kreisparteikomitee mehrfach mitgeteilt, daß Funktionäre ihres Dorfes Geld unterschlagen hätten. Diese Anzeigen blieben ohne Resonanz. Erst nachdem die Bauern sich an die "Renmin Ribao", das Zentralorgan der Partei, gewendet hatten, zentrale Instanzen in Peking intervenierten, wurde lokal etwas unternommen. Der Leiter des Dorfverwaltungskomitees, der rund 1.250 Yuan unterschlagen bzw. veruntreut hatte, wurde "kritisiert und erzogen" (piping jiaoyu). Weil er den größten Teil der Summe inzwischen zurückgezahlt habe und seine

---

648 Renmin Ribao 26.12.89.

649 Renmin Ribao 3.1.90.

650 Renmin Ribao 16.6.90.

651 Renmin Ribao 3.1.90; Renmin Ribao 16.6.90; einen konkreten Fall schildert Li, Xiling 1990.

"Haltung zu seinen Fehlern relativ gut" (rencuo taidu bijiao hao) sei, habe man von disziplinarischen Maßnahmen Abstand genommen. Der Amtssekretär des Dorfes, ein untergeordnetes Mitglied des Dorfparteikomitees, wurde wegen einer etwas höheren Summe (ca. 4.700 Yuan), allerdings ohne nähere Angabe von Gründen, aus der Partei ausgeschlossen und strafrechtlich belangt.[652] Der korrupte Verwaltungschef, der für die Verbreitung der Korruption in diesem Dorf im Grunde genommen die Verantwortung trägt und mit Sicherheit über das Treiben des Sekretärs Bescheid wußte, blieb ungestraft, während sein Untergebener bestraft wurde. Wahrscheinlich hatte der letztere im Gegensatz zu ersterem keine Lobby im Kreisparteikomitee und wurde deshalb geopfert.

Die Bevölkerung bleibt zu Recht skeptisch gegenüber Erfolgsmeldungen bei der Korruptionsbekämpfung. Einer Umfrage des Allchinesischen Gewerkschaftsverbandes unter 770.000 Arbeitern im Jahre 1986 zufolge waren bereits damals 47% der Befragten der Auffassung, die Partei sei nicht in der Lage, sich von negativen Momenten (wie der Korruption) zu "reinigen". Nur 7% glaubten an die Möglichkeit einer "spürbaren Verbesserung".[653] Bei einer Umfrage unter 1.430 Beschäftigten im Östlichen Stadtbezirk von Peking zwischen Oktober 1988 und Januar 1989 glaubten nur 24% an einen Erfolg der Korruptionsbekämpfung durch die Partei. 76% meinten, die entsprechende Politik werde nur halbherzig durchgeführt (22,9%) oder sei ohnehin erfolglos (53,1%).[654] Die breite städtische Protestbewegung von 1989, die sich u. a. gegen die Korruption richtete, wies darauf hin, daß die Skepsis der Bürger noch gewachsen ist.

Von daher griff die Parteiführung die Forderung nach strikter Bekämpfung der Korruption nach der Niederschlagung der Protestbewegung im Juni 1989 auf. Sie erklärte sogar in diesem Punkt ihre Übereinstimmung mit den Protesten. Bereits Ende Juli 1989 beschloß sie die Überprüfung der von Funktionären bzw. Partei- oder Staatsorganen betriebenen Handelsfirmen; sie unterband die Handelstätigkeit der Familienangehörigen von Spitzenfunktionären, schränkte die Privilegien führender Kader (wie bevorzugte Versorgung mit Lebensmitteln, Bereitstellung ausländischer Dienstwagen und Auslandsreisen) ein und untersagte Einladungen und Geschenke auf Staatskosten.[655] In den Provinzen und Lokalitäten wurden entsprechende "Anti-Korruptionsmaßnahmen" beschlossen.[656] Selbst in Kreisen wurden solche Bestimmungen erlassen. Der Kreis Xinghe (Autonomes Gebiet Innere Mongolei) verbot u. a. die Vergabe neuer Wohnungen an Funktionäre, Bewirtungen auf öffentliche Kosten, Bevorzugung von Familienangehörigen, Verwandten oder Freunden, die Annahme bzw. Vergabe von Geschenken durch

---

652 Renmin Ribao 16.10.90.

653 Christian 1989: 22.

654 Dong, Min 1989: 63.

655 Gongren Ribao 29.7.89.

656 Vgl. z. B. Gongren Ribao 22.7.89; Jingji Cankao 24.7.89; Li, Jianjun 1989: 16ff.

Kader. Dadurch soll sich das Guanxi-Netz verdünnt haben, die Bankettlage im örtlichen Gästehaus der Kreisregierung habe sich "entspannt". Unter den Funktionären des Kreises soll aber noch die "irrige" Meinung verbreitet gewesen sein, daß man "die Verbesserung des Arbeitsstils der Partei mit dem Verlust an Freunden" bezahle.[657] Solche Maßnahmen dürften also weder bei den Funktionären noch bei ihrem Umfeld besonders populär sein. Darauf wies auch ein Artikel in der "Renmin Ribao" hin, in dem es hieß, "manche" (womit in der chinesischen Presse in der Regel durchaus größere Gruppen gemeint sind) seien der Ansicht, "etwas zu essen oder zu trinken bringe die Menschen einander näher" und sei "von Vorteil für die Beziehungen zu anderen Einheiten".[658]

Als vorbildlich und besonders effizient wurden die detaillierten Antikorruptionsbestimmungen der Stadt Shanghai gelobt. Dort waren im März 1990 "Bestimmungen zur Wahrung der Rechtschaffenheit (lianjie) von Mitarbeitern von Partei und Staatsorganen" sowie "Bestimmungen zur Wahrung der Rechtschaffenheit von führenden Kadern in Betrieben und Unternehmen" erlassen worden, mit sehr ins Detail gehenden Festlegungen. Diese Bestimmungen, so unterstrich die Presse, verböten nicht nur die Annahme von Geschenken, sondern regelten auch, soweit die Annahme unumgänglich sei, die weitere Handhabung: Den Bestimmungen zufolge muß der Empfänger sie innerhalb eines Monats bei der dafür zuständigen Stelle seiner Arbeitseinheit abliefern, wo sie dann "registriert und verwaltet" würden. Bei Essenseinladungen, die im Zuge der Abwicklung von Arbeitsaufträgen unvermeidlich seien, dürften die an dem Essen teilnehmenden Personen der gastgebenden Seite "nicht mehr als die Hälfte der Zahl der Gäste" betragen. Bei fünf Gästen dürfe die Zahl von drei Personen der gastgebenden Seite nicht überschritten werden. Ungenaue Festlegungen, so der Verfasser des Artikels, hätten die Umgehung von Bestimmungen bislang erleichtert. In einer früheren Verordnung sei z. B. festgelegt worden, daß bei Einladungen aus öffentlichen Mitteln maximal "vier Gerichte und eine Suppe" gereicht werden dürften. Man habe dies umgangen, indem verschiedene Gemüse-, Fisch- oder Fleischsorten jeweils auf einer großen oder "riesengroßen" Schüssel angerichtet und als "ein Gericht" deklariert worden seien.[659] Doch die Erfahrung beweist, daß noch so detaillierte Bestimmungen den Versuch der Umgehung nicht verhindern können.

Auch die staatlichen Institutionen haben gesonderte Festlegungen gegen Korruption getroffen: so etwa das Eisenbahnministerium (1985), die Staatliche Planungskommission (1988), das Ministerium für Zivilverwaltung (1988), das Ministerium für Personalwesen (1988), das Ministerium für Materialwesen(1988), das Arbeitsministerium (1988), das Verkehrsministerium (1988), das Landwirtschaftsministerium (1988), das Außenhandelsministerium (1988), die Staatliche Kommis-

---

657 Renmin Ribao 29.12.89.

658 Renmin Ribao 23.3.90.

659 Li, Qiao 1990.

sion für Geburtenplanung (1988), das Staatliche Verwaltungsamt für Industrie und Handel (1988), die Staatliche Zollverwaltung (1988), das Staatsamt für Tourismus (1988), das Staatliche Steueramt (1989), die Chinesische Volksbank (1989) u. a.[660]

Das Verwaltungsamt für Industrie und Handel hat darüber hinaus Anfang 1990 noch "Rechtschaffenheitsvorschriften für Beamte des Verwaltungsamtes für Industrie und Handel" (Gongshang xingzheng guanli renyuan lianjie shouze) erlassen, die korrupte Praktiken wie Entgegennahme von Einladungen und Geschenken sowie Bestechungsgelder für die Unterlassung oder Ausführung von Amtshandlungen, zu denen die Beamten eigentlich verpflichtet sind, Handelstätigkeit, Spekulation u. a. verbieten. Begleitende Vorschriften über Disziplinarmaßnahmen bei Verstößen reichen von Prämienentzug über Bußgelder, Abmahnung, Degradierung bis hin zu Entlassung.[661]

Im August 1989 erließen das Oberste Volksgericht und die Oberste Volksstaatsanwaltschaft eine gemeinsame Bekanntmachung, derzufolge alle diejenigen, die in Korruptionsfälle verwickelt waren oder gewesen sind und die sich bis Ende Oktober des gleichen Jahres freiwillig den Behörden gestellt hätten, mit Milde behandelt würden.[662] (Das Kontrollministerium erließ kurz darauf eine entsprechende Mitteilung.[663]) Gleichzeitig wurde das der Obersten Volksstaatsanwaltschaft unterstehende Amt für Wirtschaftsdelikte in "Amt zur Bekämpfung von Korruptions- und Bestechungsdelikten" (fan tanwu huilu gongzuo ju) umbenannt. Dieses Amt soll sich ausschließlich der Bekämpfung der Korruption widmen, die bis dahin ohnehin 80% aller verfolgten Delikte dieser Behörde ausmachten.[664] Bis Mai 1990 hatten bereits 19 Provinzeinheiten solche Ämter eingerichtet.[665]

Amtlichen Angaben zufolge sollen sich bis Ende Oktober 1989 17.600 Personen gestellt und Geständnisse abgelegt haben, davon ca. 15.000 aus den Regionen, der Rest von zentralen Behörden. In 1.942 Fällen sollen mehr als 10.000 Yuan involviert gewesen sein. Es wurde indessen nur gegen 955 Personen Anklage erhoben, 1.814 Personen gingen auf Grund ihrer Geständnisse straffrei aus.[666] Ende November 1989 gab der stellvertretende Präsident der Obersten Volksstaatsanwaltschaft Zhang Siqing bekannt, fast 100.000 Fälle seien zwischen August und Ende Oktober 1989 den Justizbehörden bekannt geworden, sowohl durch Selbstanzeige als auch durch Anzeige von Einheiten. Dazu kämen 300.000 Fälle, die von

660 Guowuyuan fazhiju 1989: 444ff.

661 Vgl. Zhongguo Gongshang Bao 9.4.90.

662 Renmin Ribao 16.8.89, 20.8.89 und 3.9.90.

663 Gongren Ribao 20.8.89.

664 Beijing Rundschau 8/1989: 8.

665 Renmin Ribao 22.5.90.

666 Gongren Ribao 22.12.89.

den "Massen" gemeldet worden seien.[667] Nun ist solchen Zahlen mit Vorsicht zu begegnen, da sie weder über die Schwere des Falles, die Stichhaltigkeit, die Anzahl der darin verwickelten Personen noch über den Prozentsatz der Fälle, die zur Bestrafung kommen, etwas aussagen. Da "Kampagnen" in China stets mit "Planerfüllung" verbunden sind, läßt das "Plandenken" die Zahlen oft beachtlich anschwellen.

Dem Bericht des Leiters der Obersten Volksstaatsanwaltschaft, Liu Fuzhi, auf der 3. Tagung des VII. Nationalen Volkskongresses im März 1990 zufolge sind dieser Behörde 1989 116.763 Fälle von Amtsunterschlagung und Bestechung (das 1,6fache gegenüber 1988) bekannt geworden. 58.926 davon wurden untersucht, davon 33.681 Fälle von Amtsunterschlagung und 25.245 Fälle von Bestechung. 20.794 Personen wurden bestraft (davon 31 mit dem Tode), gegen 19.406 sei Anklage erhoben worden. In 13.057 Fällen sollen mehr als 10.000 Yuan involviert gewesen sein. Von den Straftätern sollen 875 Kader von der Kreis- bzw. Abteilungsleiterebene aufwärts, 70 Kader auf Amts- bzw. Ministerialdirektorebene (si ji), einer Provinzvizegouverneur und einer Vizeminister gewesen sein.[668]

In den ersten neun Monaten des Jahres 1990 wurden Angaben der Obersten Volksstaatsanwaltschaft zufolge den Staatsanwaltschaften aller Ebenen 77.163 Fälle von Amtsunterschlagung und Bestechung bekannt (+11,9% gegenüber dem Vergleichszeitraum des Vorjahres). In 42.234 Fällen wurde ein Verfahren eingeleitet (+16,4%), 36.190 Verfahren gegen 39.557 Personen wurden abgeschlossen (+85,7%), nahezu 530 Mio. Yuan sichergestellt.[669] Die jeweiligen Steigerungsraten werden, Planziffern nicht unähnlich, mit sichtlichem Stolz der Öffentlichkeit präsentiert.

Zweifellos wird die Korruption bekämpft, vor allem im unteren und mittleren Funktionärsapparat. 1987 und 1988 ermittelten die Disziplinkontrollkommissionen der Partei jeweils gegen mehr als 100.000 Personen. Zwischen Februar 1982 und Juni 1986 sollen 67.000 Parteimitglieder wegen Wirtschaftsdelikten disziplinarisch bestraft, 25.598 davon aus der Partei ausgeschlossen worden sein.[670] 1989 sollen die Disziplinkontrollkommissionen aller Ebenen 1,486 Mio. briefliche Anzeigen aus der Bevölkerung und 381.900 Beschwerdebesucher empfangen haben. 197.424 Fälle (doppelt so viele wie 1989) habe man untersucht, 89,5% davon aufgeklärt. 158.826 Parteimitglieder seien bestraft worden: 33.487 davon sollen aus der Partei ausgeschlossen worden sein, bei 37.734 Personen sei die Mitgliedschaft zur Bewäh-

---

667 Renmin Ribao 30.11.89.

668 Vgl. Renmin Ribao 16.3., 31.3. und 11.4.90.

669 Renmin Ribao 8.11.90.

670 Wu, Naitao 1989: 21f.

rung ausgesetzt worden, 4.498 Personen seien aller Posten in und außerhalb der Partei enthoben worden.[671]

Dem Kontrollministerium und seinen Untergliederungen wurden 1989 224.461 Fälle bekannt. 59.697 davon wurden offiziellen Angaben zufolge untersucht, 56.232 abgeschlossen. 40.507 Personen sollen bestraft worden sein, davon 1.675 von der Kreis- bzw. Abteilungsleiter (chuji)-Ebene aufwärts, 205 auf der Provinzführungs- bzw. Ministerebene.[672] 1990 sollen 221.549 Fälle bekannt geworden sein. 51.261 davon sollen untersucht, 42.490 abgeschlossen, 46.811 Personen bestraft worden sein, davon vier Personen auf der Minister- bzw. Provinzführungsebene, 129 auf der Ebene von Amtsleitern auf nationaler oder Provinzebene und 1.782 auf Abteilungs- oder Kreisführungsebene. 3.385 Personen seien den Justizbehörden übergeben worden.[673] Die absolute Mehrheit der Personen wurde also disziplinarisch belangt, nicht strafrechtlich.

Auch die in Abschnitt 7.1 erwähnten, von Funktionären oder deren Familienangehörigen betriebenen, Firmen (gongsi) sollen weitgehend aufgelöst oder in Staats- oder Kollektivbetriebe integriert worden sein. Der Direktor des Staatlichen Verwaltungsamtes für Industrie und Handel Liu Minxue erklärte auf einer Pressekonferenz im Juni 1990, bis Ende April des gleichen Jahres seien Statistiken aus allen Provinzen zufolge von 13.913 Gongsi, die von Partei- oder Regierungsorganen betrieben worden seien, 11.934 aufgelöst oder in andere Einheiten integriert worden. Die übrigen hätten ihre Tätigkeiten weitgehend eingestellt. Von den 49.292 darin beschäftigten Staats- und Parteikadern (einschließlich der im Ruhestand befindlichen) hätten 47.503 bereits ihre Gongsi-Tätigkeiten eingestellt.[674] Dem Vizedirektor dieses Amtes, Zao Tianzhan, zufolge, wurden bis Ende April 1990 insgesamt 102.111 solcher Gongsi aufgelöst.[675] In den Provinzen wurden "Führungsgruppen zur Überprüfung und Reorganisierung von Gongsi" gebildet, die bis Mitte 1990 über 90.000 Gongsi überprüft hätten, die gegen rechtliche Bestimmungen verstoßen haben, d. h. in Korruptionsfälle verwickelt gewesen sein sollen.[676]

Diese Tätigkeit scheint bereits zu jenem Zeitpunkt weitgehend abgeschlossen gewesen zu sein. Denn bis Ende 1990 sollen 103.772 Gongsi aufgelöst oder in andere Unternehmen integriert worden sein (1.161 mehr als bis April 1990). Allerdings soll es sich dabei nur um 35,2% aller bestehenden Gongsi gehandelt haben.

---

671 Renmin Ribao 27.3. und 14.4.90.

672 Renmin Zhengxie Bao 27.3.90.

673 Renmin Ribao 26.1.91.

674 Zhongguo Gongshang Bao 9.7.90.

675 Vergleiche seinen Bericht in Zhongguo Gongshang Bao 12.7.90.

676 Vgl. Renmin Ribao 14.6.90.

Die Mehrheit der aufgelösten Firmen (52,2%) sei in der Zirkulationssphäre angesiedelt gewesen, d. h. im Handel.[677]

Bei der Strafverfolgung stellen sich den Behörden neue Probleme. In 50% aller Fälle, so klagten die Justizbehörden der Stadt Yuanjiang (Provinz Hunan) Ende 1990, schützten die lokalen Behörden bei Wirtschaftsdelikten einheimische Betriebe und Personen gegen Strafverfolgung durch auswärtige Polizei- oder Justizorgane. Jede Form der Zusammenarbeit werde selbst von den lokalen Justizbehörden abgelehnt.[678] Wen wundert es, daß die Polizei- und Justizbehörden zunehmend zu Formen der Selbstjustiz greifen. Im November 1990 klagte die Oberste Staatsanwaltschaft darüber, daß Polizei und Justiz durch Entführung (bangjia) und illegale Inhaftierung (kouya) die Rückzahlung von Geldern oder Sachwerten, die auswärtige Personen an örtliche Institutionen oder Betriebe zu leisten hätten, zu erreichen suchten.[679] Dieser Justizprotektionismus geht einher mit einem wirtschaftlichen Protektionismus, durch den Provinzen ihre eigenen Produkte vor "Importen" aus anderen Provinzen zu schützen versuchen.

Wenn die Behörden trotz aller Probleme Erfolge bei der Korruptionsbekämpfung melden[680], so düfte es in der Tat solche Erfolge geben. In Zeiten verstärkter Bekämpfung von Straftaten nimmt deren Zahl erst einmal ab, weil Täter aus Furcht vor Entdeckung ihr strafbares Handeln vorübergehend einstellen, andere zeitweilig vor solchen Handlungen zurückschrecken. Neue Methoden werden erfunden, um unentdeckt zu bleiben, Transaktionen werden konspirativer gehandhabt. Dies sind ganz natüliche, temporäre Folgen von "Korruptionskampagnen". Ein längerfristiger Erfolg ist damit noch nicht erzielt.

10.4 Probleme der Korruptionsbekämpfung

Die Korruptionsbekämpfung geht über eine bestimmte Funktionärsebene nicht hinaus. Die herrschende Elite braucht die Antikorruptionskampagnen nicht zu fürchten: Spitzenfunktionäre, deren Familienangehörige oder Funktionäre mit guten Beziehungen zur Führungsspitze bleiben davon weitgehend verschont. Das weitverzweigte Beziehungsnetz erschwert ohnehin ein effizientes Vorgehen gegen Korruption.[681]

---

677 Jingji Cankao 24.1.91; Zhongguo Gongshang Bao 28.1.91.

678 Renmin Ribao 17.11.90.

679 Renmin Ribao 9.11.90.

680 Vgl. z. B. Zhongguo Gongshang Bao 13.9.90.

681 Die gleichen Probleme bei der Korruptionsbekämpfung gab es auch in der Guomindang-Zeit, vgl. Eastman 1974: 18f.

Zu den prominentesten in Korruptionsfälle verwickelten Kindern von Spitzenfunktionären in den letzten Jahren gehörten u. a. ein Sohn des früheren Politbüromitglieds Hu Qiaomu sowie eine Tochter des ehemaligen Politbüromitglieds und Vorsitzenden des Ständigen Ausschusses des Nationalen Volkskongresses Peng Zhen (die letztere hatte Kohle unter dem amtlich festgelegten Preis exportieren lassen und pro Tonne einen US-$ Bestechungsgeld kassiert). Gegen beide wurde keine Untersuchung eingeleitet. Erst Hu Yaobang, der Anfang 1987 gestürzte und 1989 verstorbene ehemalige Generalsekretär der KPCh, bemühte sich 1986 vergeblich, Kinder von Spitzenfunktionären, die sich strafbar gemacht hatten, strafrechtlich zu belangen. Er versuchte angeblich zugleich, die Beförderung einer wachsenden Zahl von Kindern führender Funktionäre in das Zentralkomitee zu verhindern.[682] Dies soll mit zu seinem Sturz beigetragen haben.

Selbst der Sohn Deng Xiaopings, Deng Pufang, geriet in Verdacht, in finanzielle Unregelmäßigkeiten verwickelt gewesen zu sein (als Vorsitzender des Behindertenverbandes und Initiator des Kanghua-Konzerns).[683] Die Bestrafung dieses Unternehmens und vier weiterer Konzerne mit Beteiligung anderer Angehöriger von Spitzenfunktionären zeigt, daß Vorwürfe wie die gegenüber Deng Pufang nicht grundlos erfolgten. Bestraft wurden allerdings nur die Unternehmen, nicht die verantwortlichen Personen.[684] Eine Ausnahme bildete 1986 die Verurteilung von Ye Zhifeng, der Tochter des früheren Oberbefehlshabers der Marine Ye Fei, die als Hauptschuldige für hohe Bestechungssummen geheime Wirtschaftsinformationen über einen Kollegen an Ausländer weitergegeben hatte. Dieser Kollege, Sohn eines nicht ganz so hohen Funktionärs, wurde hingerichtet. Ye Zhifeng erhielt eine Gefängnisstrafe von 17 Jahren, soll aber nach einiger Zeit aus "Gesundheitsgründen" wieder auf freien Fuß gesetzt worden sein. Mit dieser Verurteilung suchte der Kreis um Hu Yaobang damals ein Exempel zu statuieren. Dies war möglich, weil Ye Fei nicht dem engsten Führungszirkel angehörte. In den Medien wurde die familiäre Herkunft der Tochter nicht erwähnt.[685]

Das relativ rasche Abklingen der periodischen Antikorruptionskampagnen läßt Zweifel an der Ernsthaftigkeit der Korruptionsbekämpfung aufkommen. Was die im Sommer 1989 initiierte Kampagne anbelangte, so erklärte Jiang Zemin, der Generalsekretär der KPCh, bereits wenige Wochen später, die Aufgabe der Presse bestehe in "positiver" Berichterstattung.[686] Mit dieser Erklärung ging die Anzahl der Berichte über Korruptionsfälle schlagartig zurück. Interessanterweise trat neben dem Begriff der Korruption sodann ein unverfänglicherer Begriff auf, nämlich

---

682 Dazu Schier 1987a: 150.

683 Vgl. China aktuell, Januar 1989: 15f.; dazu ausführlich: Cheng, Lu 1990.

684 Jingji Cankao 17.8.89.

685 Konkrete Beispiele für die Korruption hoher Funktionärskinder und für die Niederschlagung der Strafverfolgungen finden sich bei Zheng, Zhenyi 1987.

686 Gongren Ribao 16.11.89 und 30.11.89.

der der "Amtsstraftat" (zhiwu fanzui). Dieser Terminus ist nicht nur verwaschen, sondern er kann auch dazu verwendet werden, das eigentliche Problem zu verschleiern.[687]

Ein weiterer Begriff rückte seit Ende 1988 in den Mittelpunkt: der Begriff "lianjie", das chinesische Antonym zu "korrupt". Lian und jie stehen seit dem Altertum für unbestechliches, rechtschaffenes und sauberes Verhalten von Beamten. So hatte u. a. Gu Yanwu (1613-1682), ein namhafter Gelehrter der späten Ming- und frühen Qing-Zeit, in seinen Schriften über konfuzianische Moral festgestellt:

> "So wie li (Riten) und yi (Rechtschaffenheit) die großen Regeln für die Selbstkontrolle der Menschen sind, bilden lian (Unbestechlichkeit) und chi (Schamgefühl) die großen Merkmale für die Bildung des Charakters. Denn ohne lian würde man nicht zögern, sich irgend etwas widerrechtlich anzueignen und ohne Schamgefühl würde man nicht zögern, irgend etwas Schlechtes zu tun."[688]

Dieser traditionsbeladene Begriff (den wir im folgenden mit "rechtschaffen" übersetzen wollen, weil dieser Begriff weiter reicht als die Bestimmung "unbestechlich") wurde zum "Wesenszug" und zur "hervorragenden Tradition" der Partei erklärt. Die früheren Klassen hätten das Ziel einer rechtschaffenen Regierung nicht erreichen können, erst die Kommunistische Partei sei hierzu in der Lage.[689] Deshalb wurde von Ende 1989 an in der Presse der "Aufbau einer rechtschaffenen Regierung" (lianzheng jianshe) propagiert. Dies sollte nicht nur durch "ideologische Erziehung" (in deren Vernachlässigung die Grundursache der Korruption gesehen wird) und den Ausbau rechtlicher Bestimmungen, sondern auch durch die "Verbindung der Funktionäre mit den Massen" erreicht werden.[690] Auch auf die Ausbildung und Stärkung der Moral (daode) der Kader sollte strenger geachtet werden.[691] 1989 wurden bei den Parteikomitees von der Kreissebene aufwärts "Leitungsgruppen für die Schaffung rechtschaffener Regierungen" (lianzheng gongzuo lingdao xiaozu) gebildet.[692]

Hier wurde nicht nur versucht, dem negativen Begriff der Korruption den positiven "lianjie" gegenüberzustellen und somit dem Problem eine positive (Begriffs-)

---

687 Renmin Ribao 26.1.90.

688 Gu Yanwu, Ri zhi lu, op. cit. bei Vetter 1985: 19f.

689 Vgl. Fu, Xilu 1989: 257ff.; Chen, Jianbang 1990: 76; Yang, Mingan 1990: 34-36.

690 Ibid.: 265ff.

691 Ibid.: 309ff.

692 Renmin Ribao 14.4.90.

Wendung zu geben. Zugleich wurde an traditionalen Begriffsmustern angeknüpft, um zu zeigen, daß die Kommunistische Partei einerseits in der historischen Antikorruption-Tradition stehe, andererseits die erste Organisation in der Geschichte sei, die die Utopie einer "rechtschaffenen Regierung" realisieren könne. Zur Durchsetzung griff die Partei wiederum zu traditionalen Mustern (Moralerziehung, geistig-ideologische Erziehung) und schickte die Funktionäre wieder (wie in früheren Kampagnen) an die "Basis", um von "den Massen zu lernen".[693] Ganz im konfuzianischen Sinne sollten die hohen Funktionäre (Beamten) eine (moralische) Vorbildfunktion (biaoshuai zuoyong) wahrnehmen.[694] Welche merkwürdigen Blüten dies trieb, zeigte etwa ein Bericht aus dem Kreis Nanxian (Provinz Hunan). Dort ordnete das lokale Parteikomitee an, daß jeder von der Produktion freigestellte Zhen (Marktflecken)-Kader zwanzig Tage im Monat sich in die Gemeinden begeben, wenigstens zehn Tage an der landwirtschaftlichen Produktion teilnehmen und "mindestens fünf Bauern als Freunde" haben müsse.[695]

Im August 1990 führte Ministerpräsident Li Peng eine Telefonkonferenz zum Thema "Schaffung einer rechtschaffenen Regierung" durch, mit der er sich erneut gegen die weit verbreitete Korruption in staatlichen Institutionen wandte. Er wandte sich direkt gegen korrupte Praktiken u. a. bei der Polizei, im Eisenbahnwesen und im Erziehungssektor. In vielen Bereichen sei für die Bevölkerung ohne Bestechung kaum etwas erreichbar. Dies sei eine große Quelle der Unzufriedenheit. Er forderte, das Schwergewicht der Korruptionsbekämpfung auf "ungesunde Tendenzen in einzelnen Sektoren" (hangye buzheng zhi feng) zu legen.[696]

Die Korruption einzelner Bereiche wurde in der folgenden Zeit selektiv einer Kritik unterzogen. U. a. wurden in der Presse jeweils die Untergliederungen der Polizei wegen Bestechung, Erpressung (wie bei der Ausstellung von städtischen Wohnberechtigungen, Führerscheinen und Pässen für Auslandsaufenthalte, der Ausgabe von Kennzeichen für Kraftfahrzeuge) und willkürlicher Bestrafung; des Verwaltungsamtes für Industrie und Handel wegen Bestechung, Erpressung, Schikane, des willkürlichen Erhebens von Gebühren und der Verschiebung von Engpaßgütern; des Zolls wegen Einstellung von Verfahren bei Zollstraftaten, Duldung von Schmuggel und Erlaß von Zollzahlungen nach Bestechung; des Finanzsektors wegen korrupten Finanzgebarens; der Zigarettenindustrie wegen der Spekulation mit Tabakwaren; der Bahn wegen des Fahrkartenschwarzmarktes; des Ministeriums für Post- und Fernmeldewesen wegen Erpressung von Bestechungsgeldern und wegen des Forderns überhöhter Gebühren bei der Installation von Fernmel-

693 Siehe z. B. Zhonggong Zhongyang guanyu jiaqiang dang tong renmin qunzhong lianxi de jueding (Beschluß des Zentralkomitees der KP Chinas über die Stärkung der Verbindungen zwischen Partei und Volksmassen), in: Renmin Ribao 21.4.90 und Wang, Maolin 1990.

694 Vgl. z. B. He, Yiting 1990: 31.

695 Renmin Ribao 16.6.90.

696 Renmin Ribao 24.8.90.

deeinrichtungen, Spekulation mit Briefmarken, Diebstahl von Postgut; des Gesundheitswesens wegen willkürlicher Festlegung der Behandlungskosten, Gewährung von ordentlicher Behandlung und Verschreibung notwendiger Arzneimittel nur auf Grund von Bestechungszahlungen; des Energieministeriums wegen Abgabe von Energie erst nach Bestechung; des Außenwirtschaftsministeriums wegen Bestechung für die Verteilung importierter Güter, die Ausstellung von Importlizenzen, die Vergabe von Devisen und die Erpressung ausländischer Geschäftsleute; des Verkehrsministeriums wegen der Unterschlagung von Fahrt- und Transportgeldern sowie von Frachtgut; des Bodenverwaltungsamtes wegen der Duldung von Zweckentfremdung oder des Verkaufs von Boden; des Arbeitsministeriums wegen Bestechung für die Beschaffung von individuellen Arbeitsplätzen usw. kritisiert.[697] Aber auch die Organisationen der Partei wurden wegen Bestechungen und Erpressungen im Zusammenhang mit Parteiaufnahmen, Kaderranganhebungen und Besetzungen leitender Posten angeprangert.[698]

Zur Begründung dieser Kampagne, die als Teil der Korruptionsbekämpfung begriffen wird, hieß es in einem Beitrag des theoretischen Organs der Partei, zum einen manifestiere sich die Korruption in ganz bestimmten Bereichen wie in den für die Wirtschaft, die Kontrolle und die Rechtsexekutive zuständigen Abteilungen sowie bei den öffentlichen Dienstleistungen. Zum anderen führe die Korruption in diesen Bereichen besonders zur Frustration der "Massen", da alle Bereiche des täglichen Lebens wie Arbeitssuche, Aufnahme an Lehranstalten, Wohnsitznahme, ärztliche Behandlung, Energie- und Wasserversorgung, Rechtsprechung davon betroffen seien.[699]

Im Kampagnenstil wurden daher Bereiche ausgewählt, in denen Korruption stärker verbreitet ist und diese zur "Selbstreinigung" aufgefordert. Viele Funktionäre nutzen solche Kampagnen, um gegen Verhaltensweisen und Personen, die ihnen mißliebig sind, vorzugehen. So kritisierte die "Renmin Ribao" im Laufe der genannten Kampagne, es werde gegen "alles mögliche" vorgegangen (selbst gegen scheinbar "illegitime Beziehungen zwischen Mann und Frau"), nur nicht gegen die Kernprobleme in den einzelnen Sektoren.[700]

Gleichwohl hält die Parteiführung an der kampagnenartigen Bekämpfung fest und ordnet dem Korruptionsphänomen immer neue Begriffe zu. Durch den

---

697 Siehe u. a. Renmin Ribao 18.8., 23.8., 25.8., 27.8., 28.8., 29.8., 4.9., 9.9., 12.9., 13.9., 15.9., 24.9., 13.10., 30.10., 1.11., 4.11., 5.11., 10.11., 30.11., 6.12 und 18.12.90 sowie 10.1.91; Gongren Ribao 5.9., 9.9., 14.9. und 30.10.90; Zhongguo Gongshang Bao 6.9., 10.9. und 19.11.90; Jingji Cankao 16.9.90; Luo, Hua 1990;

698 Vgl. u. a. Renmin Ribao 30.10.90.

699 Chen, Zuolin 1990b: 9ff.

700 Liu, Chaohua 1990.

permanenten Wechsel in den Begrifflichkeiten und in der Schuldzuweisung wird das eigentliche Problem und seine Ursachen verschleiert.

Quantitative Ziele sind in solchen "Kampagnen" qualitativen übergeordnet. Hohe Zahlen gelten als Beweis korrekter Durchführung. Entsprechend wurde auf einer Konferenz über "Arbeitsstil-Erziehung" hervorgehoben, daß 1989 bereits 800.000 Parteimitglieder sich 3.400 Vorträge über das Thema "Verbesserung des Arbeitsstils" anhören mußten und "15,25 Mio. Schriftzeichen an Erziehungsmaterial verfaßt sowie 3,8 Mio. Exemplare davon gedruckt" worden seien.[701]

Konzepte aus der Ära Mao Zedongs werden wieder ausgegraben: So erklärte Ministerpräsident Li Peng auf einer Pressekonferenz im April 1990, das "Lernen von Lei Feng"[702] sei eine wichtige Maßnahme zur Schaffung einer nichtkorrupten Regierung. Jeder in Staatsdiensten Beschäftigte, einschließlich der führenden Kader, sollte von Lei Feng lernen und "seinen Arbeitsstil verbessern".[703] Allerdings greifen derartige Konzepte nicht mehr wie in früheren Zeiten. Die Bevölkerung begegnet ihnen weitgehend mit Ablehnung, passivem Widerstand und Ironie.

Ein zu geringes Strafmaß und halbherzige Korruptionsbekämpfung sind wichtige Faktoren für Ausbreitung bzw. Bestand der Korruption. Ein Großteil der in Korruptionsfälle Involvierten wird selbst bei Aufdeckung nur disziplinarisch belangt. Viele Ermittlungen verlaufen im Sande oder werden niedergeschlagen. Dies liegt nicht nur an Patronagemustern und den sich gegenseitig schützenden Seilschaften, sondern auch an der Ablehnung der Korruptionsbekämpfung in Funktionärskreisen. Auffassungen wie die, Korruptionsbekämpfung sei der "politischen, ökonomischen und sozialen Stabilität abträglich", sie behindere die Wirtschaftsentwicklung oder Korruption sei kein "Kernproblem", sind weit verbreitet.[704] Teilweise, so kritisierte ein Mitglied der Politischen Konsultativkonferenz des Chinesischen Volkes (PKdCV) auf der PKdCV-Tagung im März 1990, werde die Aufdeckung von Korruptionsfällen mit den "Methoden der Kulturrevolution" verglichen.[705]

Selbst Deng Xiaoping hat dies 1982 bereits bemängelt. Er meinte, daß "der Konsens noch dahin [gehe], wir sollten nicht allzu ernst vorgehen." Er verlangte dagegen eine härtere Bestrafung.[706] Auch heute wird offiziell zugegeben, daß die

---

701 Renmin Ribao 4.7.90.

702 Schulung am Vorbild des 1962 verunglückten Mustersoldaten Lei Feng, der in selbstlosem Einsatz vielen Bürgern geholfen haben soll. Entsprechende Schulungsbewegungen wurden bereits 1963, dann während der Kulturrevolution entfaltet. Dazu auch Linck 1989: 731ff.

703 Renmin Ribao 5.4.90.

704 Vgl. u. a. Chen, Zuolin 1990a: 29; Gongren Ribao 25.7.90.

705 Renmin Zhengxie Bao 30.3.90.

706 Deng 1988: 53.

zu geringe Bestrafung ein wichtiger Grund für die Ausbreitung der Korruption sei.[707]

Die zum Teil recht milden Urteile gegen Korruptionstäter stießen auf beträchtliche Kritik in der Bevölkerung. Anfang 1991 wurde daher ein erstes Exempel (mit Sicherheit an einem Mann ohne Protektion) statuiert: Der ehemalige Leiter der Transportabteilung im Eisenbahnministerium (eine Position, die unterhalb der Vizeministerebene angesiedelt ist) wurde wegen der Unterschlagung öffentlicher Mittel in Höhe von 102.000 Yuan (zwischen 1987 und 1989) und der Annahme von Bestechungsgeldern in Höhe von 31.700 Yuan zum Tode mit zweijähriger Bewährungsfrist verurteilt.[708] Dabei handelte es sich um den ranghöchsten Funktionär, der seit Ende der 70er Jahre mit dieser Höchststrafe belegt wurde. Sein in den Fall verwickelter Vorgesetzter, ein Vizeminister, wurde "wegen der minderen Schwere des Falles und der Geständigkeit und Reue des Beschuldigten" nicht strafrechtlich belangt. Er wurde allerdings seiner Ämter enthoben und aus der Partei ausgeschlossen.

Alle bisherigen Bekämpfungsmaßnahmen verhinderten nicht ein weiteres Anwachsen. Die Einstufung der Korruption primär als ideologisches und nicht als juristisches Problem trägt dazu bei, daß Korruptionsfälle in der Partei häufig als moralisch-ideologische Verfehlungen angesehen werden und nicht als Straftatbestände. Die Bekämpfung wird zusätzlich dadurch erschwert, daß ohne Zustimmung höherer Parteiorgane keine Strafverfahren gegen Funktionäre möglich sind, die Rechts- und Untersuchungsorgane keine Zugriffsmöglichkeiten haben, weil Parteigremien die Schuldigen gegen die Justizorgane in Schutz nehmen. In der Realität steht die Partei nach wie vor über dem Gesetz, zumal Parteiinteressen Rechtsinteressen übergeordnet sind. Der Kampf gegen die Korruption soll das Ansehen der Partei heben, ihre Legitimität bestätigen und so die Aufrechterhaltung des Systems sichern, nicht aber dem Gesetz Genüge tun.

Andererseits darf, wenn von der Geringfügigkeit der Bestrafung die Rede ist, nicht vergessen werden, daß die Partei gerade im ländlichen Raum der Tatsache Rechnung zu tragen hat, daß dort traditionelle Verhaltens- und Geschenkmuster und Korruption häufig ineinander übergehen oder miteinander verflochten sind, die Akteure sich der Strafwürdigkeit ihres Verhaltens nicht immer bewußt sind. Strenge Bestrafungsmaßnahmen würden in diesen Fällen von der Landbevölkerung nicht verstanden, weil den Beamten fast schon traditionell ein Recht auf ein gewisses Maß an Eigenbereicherung eingeräumt wird.

Diese traditionelle Haltung pflanzt sich auch in dem (oft als Willkür erscheinenden) Rechtsbewußtsein ländlicher Funktionäre fort. Sie halten sich für die eigentlichen rechtsprechenden Personen und lehnen die in Peking beschlossenen

---

707 Vgl. Renmin Ribao 9.8.89; Gongren Ribao 18.8.89; Chen, Gang 1987: 93.

708 Gongren Ribao 8.1.91.

Gesetze im Grunde genommen ab. Da sie sich bei ihrem Rechtsverständnis häufig von verwandtschaftlichen, Dorf-, Loyalitäts- oder Guanxi-Interessen leiten lassen, widerspricht dieses Verständnis dem geschriebenen Recht des Staates. Eine Untersuchung auf dem Land in Hunan Anfang der 90er Jahre zeigte, daß die Dörfer vielfach eigene Verordnungen aufgestellt haben, die denen des Staates widersprechen. Diesen Verordnungen zufolge werden Personen, die nicht der jeweiligen Dorfgemeinschaft angehören, bei Verstößen gegen die Dorfverordnungen erheblich strenger bestraft als Einheimische, wird der Verkehr mit "feindlichen Dörfern" und anderen Clans eingeschränkt und wird explizite das Dorfrecht über das staatliche Recht gestellt.[709]

Auch gebräuchliche Redewendungen in den Landregionen wie "Beamtenrecht und staatliches Recht ist nichts gegen überlieferte Methoden und einheimisches Recht" (guanfa wangfa bu ru tufang tufa), "Schlechte Menschen verprügeln verstößt nicht gegen das Gesetz" (da huairen bu fan fa) oder "Es ist nichts daran auszusetzen, daß man seinem Ärger Luft macht" (chuchuqi you shenme bu keyi) bestätigen die weitgehend ungebrochene Fortexistenz gewohnheitsrechtlicher Vorstellungen auf dem Land.[710]

Dies zeigt sich ferner am Verhalten ländlicher Kader gegenüber verschiedenen traditionellen, aber heute strafrechtlich relevanten sozialen Verhaltensmustern. Ein Bericht über die Entführung junger Mädchen in Südchina, die in Nordchina an Bauern (als Ehefrauen) verkauft wurden, verdeutlicht dies: Polizisten werden häufig an der Befreiung und Rückführung der Entführten gehindert, nicht nur von den Bauern, für die diese Mädchen teuer erworbene "Luxusartikel" sind, sondern auch von den Parteifunktionären. In einem Dorf im Kreis Changfeng (Provinz Anhui) erklärte der Dorfparteisekretär: "Sie [die entführten Mädchen, Anm. d. Verf.] mitzunehmen, ist ausgeschlossen; wer es dennoch versucht, wird das Dorf nicht verlassen können. Wer es mit Gewalt versucht, muß zuerst mir Handschellen anlegen."[711] Es fehlt in der ländlichen Bevölkerung ein entsprechendes Unrechtsbewußtsein. Der Kauf von Frauen und Mädchen gilt als legitim und gerechtfertigt, deren Herkunft ist für die Bauern unerheblich. Die Mädchenhändler, so der Bericht, gelten bei der bäuerlichen Bevölkerung als "prächtige Menschen" (ren zhi mei).[712]

Durch den sozialen Wandel geraten die traditionellen Normen und die neuen Rechtsvorstellungen miteinander in Konflikt, ebenso die öffentlichen und die privaten. Das traditionelle Recht, die "folk norms"[713], ist nicht Bestandteil des kodifizierten Rechts, aber von der Allgemeinheit akzeptierter Verhaltensstandard. Die

---

709 Vgl. Renmin Ribao 26.1.91.

710 Renmin Ribao vom 17.2.90 berichtet über eine Anzahl konkreter Fälle.

711 Wu, Lang 1990: 7.

712 Ibid.

folk norms nahmen Rücksicht auf die privaten Rechtsinteressen der Familien oder der Dörfer und erkannten ein gewisses Maß an Selbstjustiz an. Das neue Recht versucht, das Recht, seine Auslegung und die Rechtsprechung allein in die Hände der staatlichen Polizei- und Justizorgane zu legen. Dies wird in den ländlichen Regionen nicht immer akzeptiert. Hier gerät der Staat in Konflikt mit dem Dorf.

Dieser Widerspruch zeigt sich u. a. an folgendem Beispiel: Der Parteisekretär eines Dorfes hatte, nicht in privatem Interesse, sondern im Interesse der Fabrik seines Dorfes, insgesamt 18 Staatsbedienstete mit 30.000 Yuan bestochen. Er wurde wegen aktiver Bestechung aus der Partei ausgeschlossen und vor Gericht gestellt. Dagegen setzte er sich heftig zur Wehr, da es sich nicht um sein Privatinteresse, sondern um die Interessen des Kollektivs gehandelt habe. Seine Parteiorganisation war wohl (ebenso wie viele Dorfbewohner) ebenfalls der Auffassung, sein Einsatz für die Gemeinschaft dürfe nicht bestraft werden. In dem entsprechenden Kommentar wird zugegeben, daß solche (falschen) Auffassungen weit verbreitet seien. Aber Bestechung sei nun einmal gesetzlich verboten, weil sie die Interessen des Staates verletze.[714] Hier gerieten das utilitaristische Recht des Staates und das partikularistische Recht einer Dorfgemeinschaft miteinander in Konflikt.

Unter den Bedingungen des sozialen Wandels sind es vor allem die Landbewohner, ältere Menschen und Personen mit niedrigem Bildungsniveau, die sich stärker an den folk norms als am geschriebenen Recht orientieren und Beamtenkorruption als gegeben akzeptieren, solange bestimmte Grenzen nicht überschritten werden.[715]

Selbst innerhalb der Justiz scheint weitgehende Unklarheit über den Inhalt der Antikorruptionsnormen zu bestehen. So warnte der Vizeleiter der Obersten Volksstaatsanwaltschaft Ende 1990 davor, "notwendige soziale Kontaktpflege" im Wirtschaftsleben mit Korruption in einen Topf zu werfen. Es müsse deutlich zwischen legalen und illegalen Praktiken unterschieden werden.[716]

"Korruptionsbekämpfung" dient u. a. auch der Durchsetzung des neuen, kodifizierten Rechts gegenüber den folk norms. Aber dies ist nur ein Aspekt. Sie findet vor allem dann statt, wenn die Zentrale die Kontrolle über die unteren Ebenen verloren hat oder zu verlieren droht. So hat das Beschneiden der Reformen in der zweiten Hälfte des Jahres 1989 dazu geführt, daß die Zentrale sich im Namen der "Korruptionsbekämpfung" dezentralisierte Entscheidungskompetenzen gewaltsam zurückholte. Da Peking nach wie vor einen Großteil der Schlüsselgüter wie Stahl, Nichteisenmetalle, Getreide und Baumwolle zentral verwaltet, können alle Versu-

---

713 Lee 1986: 69ff.

714 Li, Hua 1990.

715 Vgl. dazu auch ibid.: 73.

716 Renmin Ribao 14.11.90.

che lokaler Behörden, diese Zentralisierung zu umgehen, als "Korruption" verfolgt werden.

Reformkritiker und -gegner nutzen Korruptionsphänomene zum Angriff auf die Reformen insgesamt sowie auf die Öffnung gegenüber dem Ausland. Sie machen Reformen und Öffnung für die Korruptionsausbreitung verantwortlich und versuchen, im Namen der Korruptionsbekämpfung die Reformen zu beschneiden. Entsprechend zog Chen Yun, der damalige Vorsitzende der Beraterkommission des Zentralkomitees der KPCh, bereits auf einer Parteikonferenz im Jahre 1985 gegen die ideologische Laxheit zu Felde. Er machte die Vernachlässigung der politisch-ideologischen Arbeit und die Schwächung der dafür zuständigen Organe für das Anwachsen der Korruption verantwortlich.[717]

Im Kern richtete sich diese Kritik gegen das Reformprogramm. Sie wurde nach den Ereignissen vom Juni 1989 wieder aufgenommen. Mit der Erklärung, der Kampf gegen den bürgerlichen Liberalismus und derjenige gegen die Korruption gehörten zusammen, wird - wie bisher in jeder ideologischen Kampagne - von juristischen Tatbeständen weg auf ideologische hin orientiert, so daß die Bekämpfung der Korruption gegenüber ideologischen Fragen in den Hintergrund tritt und schließlich minimiert wird. Diese Politik ist insofern traditionell, als in der chinesischen Geschichte stets versucht wurde, strafbare Handlungen als moralische Verfehlungen zu werten und die Betroffenen, soweit möglich, auf erzieherischem Wege zu läutern. Moralisches Verhalten - so wird unten noch zu zeigen sein - wurde über Rechtsbestimmungen gestellt, Herrscher und Beamte sollten als Vorbilder für das Volk fungieren und es so zu korrektem Verhalten erziehen.[718]

Auf lokaler Ebene zeigte diese Kritik von oben derart nachhaltige Folgen, daß selbst von der Führung gewünschte wirtschaftliche Maßnahmen in Mitleidenschaft gezogen wurden. Im Juni 1990 klagte die Presse über weit verbreitete Auffassungen unter Funktionären, die meinten, die Korruption sei Folge der Reform und der Außenöffnung. Letztere habe die Lebensanschauung der Bourgeoisie, ihre Wertvorstellungen und die westliche korrupte Lebensweise ins Land gebracht.[719]

Daß es abweichende Meinungen in der Frage der Korruptionsbekämpfung gibt, zeigt u. a. ein Artikel in dem Organ des Allchinesischen Gewerkschaftsverbandes. Darin werden gerade in der Ausweitung der ökonomischen, aber auch der politischen Reform (Trennung von Partei und Staat, von betrieblicher und administrativer Verwaltung, Verbot der Geschäftstätigkeit von Staats- und Parteifunktionären, Errichtung eines Systems gesellschaftlicher Kontrolle etwa in den Betrieben und Medien, die Hebung des Bildungsniveaus und des Rechtsbewußtseins) die ent-

717 Vgl. Chen, Yun 1985: 21; ähnlich: Zhang/Wu 1989: 24f.

718 Vgl. Heberer 1990a und 1990b.

719 Feng/Wang 1990.

scheidenden Mittel der Korruptionsbekämpfung gesehen.[720] Diese Vorschläge sind zwar nicht neu, sie stehen aber auch nicht in Übereinstimmung mit dem allgemeinen Trend ideologischer Verhärtung zur Zeit der Erscheinung jenes Artikels.

Die Kommunistische Partei erklärt sich zur einzigen Kraft, die der Korruption effektiv zu Leibe rücken könne.[721] Sie begründet dies nicht nur mit Anti-Korruptionsmaßnahmen, die sie vor Gründung der Volksrepublik ergriffen habe[722], sondern auch mit dem sozialistischen System, in dem Korruption nicht nur minimierbar, sondern sogar "vermeidbar" sei.[723] Den Beweis bleibt sie allerdings schuldig.

In den Antikorruptionskampagnen wird gegen untergeordnete Bürokraten vorgegangen, um zu dokumentieren, die Partei trete für die Interessen des Volkes ein. Mit den Angriffen gegen individuelle "Bösewichte" wird über die eigentlichen Ursachen der Korruption hinweggetäuscht. Der Mangel an Reflexion über die Ursachen und Hintergründe auf Grund politisch-ideologischer Tabus zeigt, daß der Kampf gegen die Korruption von der Parteiführung im Grunde genommen nur als taktische Frage angesehen wird (zur Absicherung ihrer Legitimität). Von ernsthaftem Willen, den Ursachen der Korruption auf den Grund zu gehen, läßt sich kaum sprechen. Dies zeigt sich auch in Aussagen des theoretischen Organs des Zentralkomitees der KPCh "Qiushi" (Wahrheit), wenn es dort heißt, die Korruption ließe sich einschränken, wenn man nur an den "Vier Grundprinzipien" festhalte.[724] Immerhin erscheint das Problem der Korruption so gravierend, daß es von dem stellvertretenden Generalstaatsanwalt bei der Aufgabenbeschreibung für die 90er Jahre noch vor der Bekämpfung der allgemeinen Kriminalität und der "Unterdrückung konterrevolutionärer Elemente" an erster Stelle der Prioritätenliste genannt wurde[725], ein Standpunkt, der bei der Partei- und Staatsführung zumindest verbal Unterstützung fand.[726]

Die Korruptionsbekämpfung erfolgt selektiv. Ein Bericht in der "Volkszeitung" vom September 1990 nannte neun Schwerpunkte der Bekämpfung:

- Spekulation mit landwirtschaftlichen Produktionsmitteln;
- regelwidriger Bau privater Häuser durch Funktionäre in den Städten;

---

720 Cai, Shixing 1989.

721 Wu, Hongwei 1989.

722 Renmin Ribao 31.7.89 und 15.10.89.

723 Zhang/Wang 1989.

724 Wu, Jianguo 1989: 24.

725 Vgl. Renmin Ribao 29.11.89 und 30.11.89.

726 Gongren Ribao 28.12.89.

- zweckwidrige Verwendung öffentlicher Mittel;
- Bankette und Trinkgelage mit öffentlichen Mitteln;
- Import von Luxuslimousinen;
- Überprüfung von (Kader-) Firmen (gongsi);
- Aufdeckung von Wirtschaftsverbrechen;
- Verbot der Handelstätigkeiten von Ehepartnern und Kindern leitender Funktionäre;
- strenge Kontrollen von Auslandsreisen führender Kader.[727]

Die hier genannten Bereiche sind für die Bevölkerung am deutlichsten erkennbar und rufen die größte Unzufriedenheit hervor. Für die Elite sind sie problemlos bekämpfbar, weil sie sich dadurch eine Sicherung ihrer Machtlegitimationsbasis verspricht, andererseits ihre eigenen Privilegien nicht angetastet werden. Hier treffen u. E. diejenigen Muster zu, die Caiden als "systemische Korruption" beschrieben hat wie der Widerspruch zwischen den von der Partei propagierten Moral- und Wertvorstellungen und dem internen Verhalten dieser Elite, das diesen Vorstellungen in vieler Hinsicht nicht entspricht.

10.5 Korruptionsbekämpfung zwischen Tradition und Recht

Oben klang bereits an, daß Formen und Strukturen der Korruptionsbekämpfung auf traditionelle Konzepte von Moral, Recht und Sanktionierung zurückgehen. Wir wollen nachfolgend versuchen, einige dieser Konzeptvorstellungen zumindest ansatzweise darzulegen, da Bewertungen, die lediglich abendländische Rechtsmaßstäbe anlegen, zu vorschnellen Verallgemeinerungen und einseitigen Schlußfolgerungen führen.

Unseres Erachtens sind westliche Maßstäbe allein nicht ausreichend zum Verständnis der chinesischen Erklärungs- und Bekämpfungsvariante von Korruption. Wenn von chinesischer Seite immer wieder auf die "ideologischen Ursachen" hingewiesen wird, die äußeren Einflüssen entspringen sollen, dann erinnert dies an das Weltbild von Menzius, des neben Konfuzius größten Vertreters der konfuzianischen Lehre, der dieser Lehre ihre gebliebene Ausprägung gegeben hat. Nach Menzius war der Mensch von Natur aus gut, Schlechtigkeit sei das Ergebnis negati-

727 Renmin Ribao 9.9.90.

ver äußerer Einflüsse. Dieser Auffassung zufolge konnten Menschen geläutert werden.

Übertragen wir dieses Menschenbild auf die Gegenwart, dann werden heute ebenfalls die negativen äußeren Einflüsse (der "bürgerliche Liberalismus", der seinen Ursprung im Ausland hat) für die Korruption der Menschen verantwortlich gemacht. Die "gute" Regierung, hat im Grunde genommen nichts anderes zu tun, als diese Negativfaktoren auszuschalten und die Menschen wieder zum "Guten" hinzuführen. Auch das relativ milde Vorgehen gegen die Korruption, das darauf zurückzuführen ist, daß die Korruption als ideologisch-moralisches und nicht als strafrechtliches Problem begriffen wird, entspricht im Prinzip der chinesischen Rechtsgeschichte.

Generell stand die Moral über dem Recht. Das Strafrecht sollte Verstöße gegen die herrschenden Moralnormen sanktionieren, es blieb von daher den Moralnormen untergeordnet. Teilweise wurden in der Kodifikation von Strafgesetzen erste Anzeichen der Dekadenz von Gesellschaft und Moral erblickt.[728] Strafen hielt man für unnötig, solange die Moralnormen beachtet wurden. Überdies sollten Strafen weniger Normverstöße ahnden, sondern vielmehr als begleitendes Erziehungsinstrument zu freiwilliger und bewußter Einhaltung der Normen beitragen. Recht galt als ein "Mittel, die schwierigen und verwickelten menschlichen Beziehungen zu ordnen", war also nicht in erster Linie Norm.[729] Die Rechtsprechung hatte die Aufgabe, den "Frieden, wo er gestört ist, wiederherzustellen". Denn: "Der chinesische Richter sucht den Frieden, nicht das Recht".[730] Von daher kam dem Recht auch keine so eminente Rolle zu wie im Abendland.

Zentrales Moment war nicht die Ahndung von Straftaten, sondern die Beeinflussung der Gesinnung, war nicht das Recht, sondern die Einbindung der Individuen in das gesamtgesellschaftliche Interesse. Die Menschen sollten den verlangten gesellschaftlichen Verpflichtungen nachkommen. Durch Erziehung des Menschen (heute: ideologische Erziehung, die häufig moralisch besetzt ist) sollten Gedanken an gesellschaftlich nicht gewünschtes Verhalten gar nicht erst aufkommen. Durch Gesinnungsprophylaxe sollte eine moralisch hochstehende Gemeinschaft entstehen, in der "positives", d. h. an die Regeln der Gemeinschaft gebundenes, Denken und Verhalten vorherrsche. Die Schaffung einer "inneren Kontrolle" war wichtiger als das Bestrafen nach Rechtsnormen. Ganz in diesem traditionellen Sinne und in Anlehnung an Konfuzius hat Liu Shaoqi, der in der Kulturrevolution ums Leben gekommene Staatspräsident, in den 30er und 40er Jahren bereits von der "Selbstvervollkommnung" der Parteimitglieder gesprochen. Dabei sah er in dieser Selbstvervollkommnung ein probates Mittel zur

728 Vgl. Kuttner 1932: 138.

729 So auch Luhmann 1983: 341f.

730 Vogel 1933: 239.

Verhinderung von Korruption.[731] Er rief in seiner Schrift "Wie man ein guter Kommunist wird", die als Pflichtlektüre für alle Parteimitglieder galt, dazu auf, daß jeder einzelne sich im Sinne der Selbstvervollkommnung überprüfen möge.[732]

In diesem Zusammenhang spielt auch das "touan zishou", das freiwillige Sichstellen und Bekennen einer Verfehlung, eine wichtige Rolle. Kennedy und Riegel haben darauf hingewiesen, daß das freiwillige Geständnis in der konfuzianischen Ethik große Wertschätzung findet und mit Strafnachlaß oder -erlaß belohnt wurde.[733] Dieses Moment wirkt auch heute noch im Recht nach (vgl. die regelmäßigen Kampagnen, die Straftäter aufrufen, sich termingemäß zu stellen, um Strafminderung oder Begnadigung zu erlangen). Es galt als Zeichen der Selbstläuterung und eines inneren Bewußtseinswandels. Das "touan zishou", das uns in allen Kampagnen gegen Korruption (oder andere Straftaten) begegnet - so auch im Jahre 1989 - findet sich bereits im Recht der Han-Dynastie (206 v.-220 n. Chr.). Ein Gesetz versprach allen Personen, die sich freiwillig stellten und gestanden, Straffreiheit. Dieses Prinzip, das während der gesamten Kaiserzeit beibehalten wurde, setzte allerdings voraus, daß der entstandene materielle Schaden von dem Täter wiedergutgemacht wurde. Der traditionellen Ordnungsvorstellung zufolge bewirkte dies, daß die sozialen Beziehungen nicht gestört, die Straftat somit rückgängig gemacht wurde und eine Bestrafung nicht mehr notwendig erschien.[734] In abgewandelter Form hat sich dieses Prinzip bis in die Gegenwart hinein erhalten.

Die Wiedergutmachung des Schadens, nicht Ausgleich einer Rechts- oder Normverletzung durch gesellschaftliche Vergeltung, ist typisch für das traditionale Recht aller Gesellschaften. Da in der Regel nicht dem Staat oder der Gesellschaft Schaden zugefügt wurde, sondern Einzelpersonen oder Familien, ließ sich der Rechtsfall durch Wiedergutmachung des Schadens lösen.

Die "Selbstprüfung" als Selbstvervollkommnung oder heute als Selbstkritik und das Geständnis (seiner Sünden) wurzeln ebenfalls in der Tradition. In daoistischen Geheimgesellschaften zur Zeit des Han-Kaisers Ling Di (168-189) wurde das Bekennen von Sünden durch kranke Mitglieder als Teil der Gesundbetung praktiziert. Ziel des Selbstgeständnisses, das später ein wichtiges Element des Konfuzianismus wurde, war nicht die Geiselung einer Person, sondern die geistige Läuterung, die Stärkung von deren moralischer Haltung. Durch öffentliche Beichte wurde eine kranke Person in die Gemeinschaft reintegriert. Zugleich konnte eine solcher kathartischer Akt zur Heilung von psychosomatischen Leiden beitragen.

Auch im Buddhismus findet sich das Moment der Selbstläuterung und Sündenbekennung. In den buddhistischen Klöstern wurde zweimal monatlich ein Ri-

---

731 Liu, Shaoqi 1982, Bd. I: 46ff.

732 Siehe dazu auch Nivison 1956: 52ff.

733 Kennedy 1939; Riegel 1989: 268f.; zur Frage des Straferlasses siehe McKnight 1981.

734 Rickett 1971.

tual praktiziert, bei dem die Mönche Verfehlungen öffentlich bekennen mußten. Im 15. Jahrhundert wurde das Selbstgeständnis als Teil der konfuzianischen Erziehung für Lehrer und Schüler obligatorisch.[735]

Obgleich sich der Charakter des Rechts gewandelt hat und die gesetzlichen Grundlagen sich bereits zur Zeit der Republik China an westlichen Vorbildern und Rechtsgrundsätzen zu orientieren begannen, wirken traditionelle Vorstellungen fort. So gelten Schlichtung und Vermittlung auch in der Gegenwart mehr als Strafen und Gesetze. Erziehung (in den ethischen oder ideologischen Werten) war und ist Bestrafungen übergeordnet. Wer "Einsicht" beweist, durch "Selbstkritik" seine Fehler eingesteht und Besserung gelobt, wird (zumindest theoretisch) wieder in die Gemeinschaft aufgenommen. "Die Krankheit heilen, um den Patienten zu retten" hieß dieses Prinzip nicht erst seit Mao. Politische Kampagnen beruhen so stets auf dem spezifischen chinesischen Konzept von der Natur des Menschen und der Rolle des Staates.[736]

Die innere Kontrolle sollte durch sittliche Selbstvervollkommnung, durch Selbsterziehung erreicht werden, nicht durch Strafen. Dieses konfuzianische Moralpostulat findet auch heute noch Anwendung, so wenn von jedem leitenden Funktionär als Beitrag zur Korruptionsbekämpfung erwartet wird, "sich selbst zu überprüfen" (ziji chachu ziji), "Selbstkritik" (ziwo piping) zu üben, sein Verhalten "selbst zu ändern" (ziji gaizheng), "selbst zu studieren", sein "eigenes Niveau zu erhöhen" (ziwo tigao) und beim "Aufbau des Selbst" (zishen jianshe) zu beginnen.[737]

Diese traditionale Konzeption setzt sich heute in der "ideologischen Schulung" und in den politischen Kampagnen[738] fort, die sich meist gegen als negativ bewertete Verhaltens- und Denkweisen richten (gegen "geistige Verschmutzung", "bürgerlichen Liberalismus" usw.) und das Volk innerlich (geistig) läutern sollen. Kampagnen (wie die gegen korruptes Verhalten) zielen auf die Ausmerzung "irriger Gedanken" und sollen die Person, die solche Gedanken hat, umerziehen. Von daher sind sie als "soziale Prophylaxe" zu verstehen[739], die die Gesamtgesellschaft anhand negativer Fallbeispiele vor solchem "Irrdenken" und "Fehlverhalten" schützen soll. Zugleich sollen mit den Kampagnen neue Normen und Normvorstellungen durchgesetzt werden. Sie sind also auch ein Mittel der Zentrale, mit dem neue Moralprinzipien gegen traditionale durchgesetzt werden sollen.[740]

---

735 Dazu: Wu, Pei-yi 1979.

736 Zu den Kampagnen vergleiche auch Teiwes 1979.

737 Gongren Ribao 20.5.90.

738 Zu den Kampagnen siehe u. a.: Bennett 1976; Bennett 1977; Greenblatt 1977; Cell 1977.

739 Greenblatt 1977: 88.

740 Madsen 1984 zeigt am Beispiel eines Dorfes, daß es nur scheinbar gelungen ist, neue Moralvorstellungen bei den Bauern zu implantieren. Die traditionalen setzten sich nach dem Abflauen einer Kampagne stets wieder durch.

Die Hauptform der sozialen Kontrolle war die Sozialisation "vor der Tat" (before-the-fact), nicht die Festnahme danach (after-the- fact).[741] Das Moment der Erziehung spielte in China entsprechend schon immer eine herausragende Rolle.[742] Der Ideologie kam und kommt dabei Ordnungsfunktion zu.

Der Unterschied zu westlichen Ländern wird hier deutlich: Durch ideologische Erziehung soll eine innere Kontrolle gegen Korruption errichtet werden, während im Abendland das Recht und die äußere Kontrolle (durch Massenmedien, Parlament, unabhängige Gerichte usw.) im Mittelpunkt stehen.[743]

Munro weist darauf hin, daß bei der Bewertung menschlicher Handlungen seit dem Altertum die Betonung auf dem dahinterstehenden Denken, weniger auf der Handlung selbst liegt. Subjektive und objektive Erfahrungen stellten keine Dichotomie dar, sondern entgegengesetzte Enden einer ontologischen Kontinuität. Da Handlungen aus dem Denken resultierten, würden die Menschen für ihr abweichendes Verhalten nicht *bestraft*, sondern *umerzogen*.[744] Im Idealfall sollte die innere Einstellung durch Erziehungsmaßnahmen geleitet und umgewandelt werden, nicht durch Zwangsmaßnahmen. In der Realität spielte und spielt der Zwang (in Form drohender Folgen bei Nichterfüllung der Erwartungshaltung der Herrschenden) auch in der Erziehung eine wesentliche Rolle.[745]

Weggel hat zu Recht darauf hingewiesen, daß über zwei Jahrtausende hinweg nicht "das Regieren durch Gesetze, sondern das Regieren durch die Sittenordnung als Ideal" gegolten habe. Anwärter auf Beamtenposten seien von daher nie rechtlich, sondern immer nur moralisch, d. h. in der konfuzianischen Ethik, unterwiesen und geprüft worden. Das moralische Vorbild (von der Familie bis zum Herrscher) sei primär gewesen, nicht aber das Recht.[746]

Die Traditionsgebundenheit des Rechts erweist sich an vier Punkten, die auch das gegenwärtige Rechtsdenken noch prägen: (1) der bevorzugte Einsatz informeller Mittel zur Beilegung von Auseinandersetzungen bzw. zur Bestrafung geringerer Gesetzesverstöße; (2) mangelnde Funktionstrennung zwischen Recht und Bürokratie; (3) der Wunsch nach Vermeidung der Inanspruchnahme des Rechtssystems und (4) die Unterordnung des Rechts unter eine dominante Staatsphilosophie.[747] Traditionell waren der Clan, die Familie, der Dorfvorsteher, Kaufmannsgilden oder andere Institutionen oder Autoritätspersonen, zu deren Umfeld eine

741 White III 1977: 153.

742 Vgl. Heberer 1990b.

743 Zum Recht in China vgl. u. a. Needham 1956: 526ff.; Ch'ü 1965; van der Sprenkel 1966; Meijer 1967; Li 1970; Münzel 1982 und Vandermeersch 1985.

744 Munro 1977: 15ff.; Li 1977: 140ff.

745 Munro ibid.: 32.

746 Vgl. Weggel 1990: 43.

747 Siehe Lubman 1983: 182f.

Person gehörte, für Streitfälle o. ä. zuständig. Die Einschaltung staatlicher Institutionen sollte möglichst vermieden, Konflikte sollten auf informellem Wege oder intern beigelegt werden. Dies wurde staatlicherseits unterstützt, ja, das Anrufen der Rechtsorgane galt sogar als Verletzung der sozialen Harmonie. Kaiser Kang Xi (1662-1723) z. B. hatte entsprechend erklärt:

> "Gute Bürger, die in Konflikt miteinander geraten, werden dies wie Brüder untereinander regeln, indem sie einen alten, erfahrenen Mann oder den Gemeindevorsteher um Schlichtung bitten. Diejenigen allerdings, die Unannehmlichkeiten bereiten, starrsinnig und streitsüchtig sind, sollen sich in den Gerichtshöfen zugrunde richten. Das ist die Gerechtigkeit, die ihrem Verhalten angemessen ist."[748]

Noch während der Qing-Zeit erhielten Kläger, bevor ihre Klage vor Gericht gebracht wurde, 40 Stockhiebe, um sie von einer Prozeßführung abzuhalten.

Aus der Ethnologie wissen wir, daß der Gedanke der Selbstregelung kein chinesisches Spezifikum ist, sondern in allen Kulturen existiert hat. Die Dorfgemeinschaften regelten Streitfälle und Verstöße gegen gesellschaftliche Normen oder staatliches Recht informell innerhalb des Dorfes oder zwischen Dörfern und suchten staatliche Intervention tunlichst zu vermeiden.

Auch in China wurde auf Grund dieses Selbstregelungsgedankens[749] versucht, Streitfälle möglichst ohne staatliche Intervention beizulegen. Das Recht wurde von den lokalen Beamten ohnehin nach eigenem Ermessen ausgelegt, Max Weber spricht in diesem Zusammenhang von den "Irrationalitäten der Justiz"[750]. Das Recht, so haben wir oben gezeigt, blieb überdies der konfuzianischen Ethik und Staatsphilosophie untergeordnet.

Die Anwendung informeller Regelungsmechanismen bei kleineren Rechtsfällen ist erhalten geblieben. Diese Aufgabe obliegt heute weitgehend den Danweis, den Einheiten. Erst im Falle des Scheiterns eines Schlichtungsversuchs werden sich die Betroffenen an ein Gericht wenden. Dies gilt auch für minder schwere Korruptionsfälle, die meist intern geregelt werden und erst gar nicht in die Mühlen der Justiz geraten. Gerichtsverfahren ziehen spezifische Konsequenzen nach sich, die nicht nur zur Belangung der direkt Betroffenen, sondern ganze Danweis und deren Verantwortliche involvieren könnten. Der Ermessensspielraum

---

748 Zit. bei McCabe 1989: 117.

749 Dazu auch Clark 1989.

750 Weber 1956 Bd. 1: 606.

der lokalen Justizbehörden ist auf Grund lückenhafter Gesetzgebung und unzureichender Kontrollinstanzen erheblich. Zudem sind Parteibeschlüsse dem Recht übergeordnet, und die Staatsideologie bleibt bestimmend für die zentrale Rechtsauslegung.

11. Korruption und die Protestbewegung von 1989[751]

Eingangs haben wir erwähnt, daß die Forderung nach effektiver Bekämpfung der Korruption und nach Institutionalisierung von Kontrollmechanismen gegen korrupte Funktionäre eine der Hauptforderungen der städtischen Protestbewegung im Jahre 1989 war. Diese Bewegung erhob die Korruptionsbekämpfung zu einem Schlachtruf. Die Empörung darüber, so zeigt die nachfolgende Dokumentierung, speiste sich letztlich aus der Unzufriedenheit mit der Führung, geeignete Wege zur Lösung der politischen, wirtschaftlichen und sozialen Probleme sowie ein passendes Konzept zur Entwicklung Chinas zu finden; ferner aus der Unzufriedenheit mit Phänomenen, die aus der Wirtschaftsreform resultierten und sich negativ auf das tägliche Leben auswirkten (wie Inflation, Verschlechterung des Lebensstandards eines Teils der urbanen Bevölkerung, wachsende Einkommens- und Regionaldisparitäten). Da sich die Forderungen der Studenten und Intellektuellen von denen der übrigen Bevölkerungsteile grundlegend unterschieden (die ersteren erhoben eher politische Forderungen, die letzteren waren vorwiegend über ökonomische Probleme unzufrieden), sollte die Forderung nach verstärkter Bekämpfung der Korruption als Klammerforderung dienen. Denn dieses Phänomen lastet auf der gesamten Bevölkerung und wird einheitlich abgelehnt.

Hier bestätigt sich u. E. die These Smelsers, daß der Korruptionsvorwurf gegenüber einem politischen Regime als "politisches Symbol" verstanden werden muß: als Symbol für verlorengegangene Integrität und politisches Unvermögen dieses Regimes. Dabei kann der Korruptionsvorwurf als Ausdruck der Unzufriedenheit mit verschiedensten sozialen Erscheinungen gewertet werden, wobei er zu einem Fixpunkt einer oppositionellen Strömung - wie dies in China 1989 der Fall war - werden kann.[752]

Um zu begreifen, welche Phänomene der Korruption im Kreuzfeuer der Kritik standen, müssen wir uns diese Kritik näher anschauen. In einem Flugblatt von Studenten, das wir auf Grund seiner Aussagekraft hier vollständig vorstellen wollen, hieß es:

> "Unbehindert werden Geschäfte mittels der Macht betrieben und sich der Bauch dabei vollgeschlagen. Und wir, das Volk, tragen die schweren Bürden.

---

751 Eine ausführliche Dokumentation und Analyse findet sich bei Cremerius/Fischer/Schier 1990.

752 Smelser 1985: 223.

Die Machthaber und ihre Verbindungsleute in der Wirtschaft machen einträgliche Geschäfte durch Ausnutzung ihrer Machtbefugnisse. Sie haben die Möglichkeit, Produkte zu den staatlich festgelegten niedrigen Preisen zu kaufen, besorgen sich Berechtigungsscheine zu Im- und Exportgeschäften, können günstig Devisen und vorteilhafte Devisenkredite erhalten. Dank dieser Möglichkeiten bereichern sie sich fortwährend und in ungehemmter Weise. Ihre Geschäftemacherei geschieht hinter Namen von Firmen, wobei wir zwischen staatlichen Firmen und solchen, die in Privathand von Verwandten hoher Funktionäre sind, unterscheiden.

Wie nun stellen es die Machthaber an, dermaßen das Volk auszusaugen? Ein Beispiel für die Taktiken im Inlandsgeschäft: Deng Xiaopings Sohn, Deng Pufang - der Prinz sozusagen - macht Geschäftsreisen kreuz und quer durchs ganze Land, so auch nach Heilongjiang, einer Provinz im Nordosten Chinas, wo er von der Provinzregierung natürlich willkommen geheißen wird und man ihn dann nach Daqing, Chinas größtem Erdölfeld, begleitet, ja, und dort will Deng gewinnträchtige Geschäfte machen. So kauft er das chemische Produkt Polypropen - die Tonne zum staatlichen Preis von 3.000 Yuan - und verkauft sie dann auf dem Binnenmarkt für 9.000 Yuan. Das läuft ganz problemlos, wie geschmiert, alles unter verdeckter Hand, vom Volke unbemerkt.

Beim Außenhandel ist es nicht ganz so einfach, denn es müssen einige Voraussetzungen erfüllt werden: 1. Ein Produkt muß für den unbeschränkten Im- und Export freigegeben sein. 2. Die Firma muß über entsprechende Rechte verfügen, um im Im- und Exporthandel tätig sein zu können. 3. Die Möglichkeit zum Devisentausch nach offiziellen Wechselkursen muß vorhanden sein. Aber für diese Geschäftemacher sind auch solche Hürden leicht zu nehmen.

Zu Problem Nr. 1: Dank der Vetternwirtschaft sind Bescheinigungen über Zulassung eines Produkts für den Im- und Exporthandel ohne Schwierigkeiten durch den Vater, Onkel oder sonst einen Verwandten im Verwaltungs- und Machtapparat zu erhalten.

Zu Problem Nr. 2: Mit der Durchführung des Handels wird - natürlich unter entsprechender Gewinnbeteiligung - eine andere Firma betraut, die im Besitz von Im- und Exportrechten ist.

Zu Problem Nr. 3: Kann der Staat die Firma nicht mit Devisen zu den offiziell festgelegten Preisen versorgen, verkauft er auch ohne weiteres Devisen zu Schwarzmarktpreisen. Die Firma Kanghua, die unter Deng Pufangs Namen läuft, konnte bereits unmittelbar nach ihrer Gründung um die Jahreswende 1984/85 mit einem ganzen Stapel von insgesamt 800 schriftlichen Im- und Exporterlaubnissen - unter anderem Erlaubnisse, einige 1.000 ausländische Fernsehgeräte und Autos zu importieren - aufwarten. Diese Bescheinigungen werden Geschäftsleuten angeboten, die damit die Produkte auf dem Binnenmarkt verkaufen, wobei die Firma Kanghua selbst 3% Provision einbehält. Das heißt also, Im- und Exporterlaubnisse, die der Staat Kanghua unentgeltlich ausstellt, verkauft diese Firma zu 3% Beteiligung an den dank der Erlaubnisse erzielten Gewinne an Dritte weiter.

Außerdem erhebt sie nach internationalem Brauch 5% bis 10% Maklergebühren bei den betreffenden ausländischen Firmen. Per Stempel wird hier Geld gemacht. Und es steht ganz außer Frage, in wessen Taschen es fließt.

Die an den Schalthebeln nutzen die Zeit, in der sie ihren Posten bekleiden, und bereichern sich nach Kräften. Dabei ist es ihnen völlig gleich, welche Auswirkungen ihre Machenschaften auf die Bevölkerung haben. Wenn Geld winkt, fallen alle um. An die Chinesische Kohlen-Im- und Exportfirma CNCJEC, in der Deng Xiaopings Tochter beschäftigt ist, bezahlen Hongkonger Geschäftsleute pro Tonne 2 US-Dollar Provision, die in Hongkonger Banken als Geldanlage deponiert werden.

Der Verkauf von Importlizenzen ist eine Grundlage der Vetternwirtschaft. Einige Beispiele: Der aktuelle Preis der Importerlaubnis für eine ausländische 50-cm-Farbbildröhre beträgt 500 Yuan. Wenn eine chinesische Firma 50.000 Bildröhren importiert, kann der Aussteller einer entsprechenden Importerlaubnis sofort 7,5 Millionen Yuan verdienen. Wenn jemand im zuständigen Amt seinem Sohn oder sonst jemandem die Bescheinigung ausstellt, Stahl aus Japan importieren zu dürfen, kassiert er dafür 200 Yuan pro Tonne. Bei Erteilung einer Erlaubnis zum Export von Siliziumeisen fließen ihm 50 Yuan pro Tonne zu.

Shen Tu, der frühere Leiter der chinesischen Fluggesellschaft CAAC, strich für den Einkauf von Flugzeugen des Typ Boeing 747 500.000 US-Dollar von der amerikanischen Firma ein. Als das dann rauskam, war alles, was passierte, daß er seines Postens enthoben wurde.

Seine drei Söhne leben in den USA, seine Tochter in Europa. Einer seiner Söhne offerierte chinesischen Firmen Importerlaubnisse, die er vom Staat erhalten hatte, und zwar u. a. für folgende Produkte: 20.000 Tonnen Fischmehl, 20.000 Tonnen verzinktes Eisenblech, 1.000 Tonnen Kaltwalzstahlblech, 6.000 Tonnen Palmöl usw.

Wie ist das möglich? Shen Tus Sohn, obwohl seit zehn Jahren in den USA, hat dennoch so große Macht in China, Produkte zu seiner eigenen Bereicherung zu importieren. Ist das vielleicht der Grund für Chinas hohe Auslandsschuldenlast? Steht China vielleicht deswegen so in den roten Zahlen? In der Tat, auf Kosten des Landes schlagen sich diese Herren den Bauch voll.

Mit solchen Widersprüchen hat unser Land zu kämpfen: auf der einen Seite die Bevölkerung, die Not leidet, sich kaum ausreichend ernähren und kleiden kann, und auf der anderen Seite ausschweifendes Luxusleben. Einerseits große Defizite im Staatshaushalt und andererseits Bereicherung auf Staatskosten.

Es gibt ein Schlüsselwort zu den Fragen, warum China so hoch im Ausland verschuldet ist und die Leute heute auf die Straße gehen. Dieses Schlüsselwort heißt: Vetternwirtschaft im Staatsapparat. Die großen Tiere machen große Geschäfte und die etwas kleineren entsprechend kleinere. In diesem gut funktionierenden System beschützt und deckt man sich gegenseitig. Wären die Beamten und ihre Anhängsel nicht so verdorben, hätte das Volk sich auch nicht zu erheben brauchen. Wenn diese Leute in solcher Weise ihr Unwesen treiben, dann ist die Parole 'Aufbau des Landes' nur ein leeres Wort. Der kranke Baum muß mit Insektiziden gespritzt werden, um die Würmer, die ihn befallen haben, zu vernichten. Ist das Volk, die Geschichte - und seid Ihr, die Machthaber und 'Diener des Volkes' mit solch einer Behandlung einverstanden?"[753]

Hier werden nicht nur die Geschäftspraktiken von Kindern führender Funktionäre angegriffen. Die Korruption wird zugleich zur Ursache grundlegender öko-

753 Laiyin Forum 1990: 169-172.

nomischer und nationaler Probleme erklärt (Staats- und Auslandsverschuldung, Verarmung eines Teils der Bevölkerung etc.). Mit dieser Kritik gingen die Studenten über die offizielle Ebene der Kritik an der Korruption weit hinaus. Korruption in der Führungselite der Kommunistischen Partei ist als Thema nach wie vor tabu. Die Bekämpfung der Korruption erfaßt diese Schicht nicht oder nur marginal. Zu Recht fragen sich die Studenten, weshalb selbst in aufgedeckten Fällen hohe Funktionäre strafrechtlich nicht belangt werden.

In einer "Gedenkschrift an die privilegierte Klasse", die als Wandzeitung am 24. April 1989 in der Pädagogischen Hochschule in Peking angeschlagen wurde, wird die "legale" Korruption, werden die Privilegien der Funktionärselite angeprangert:

> "Die privilegierte Klasse, die "Beamten des Volkes",
>
> ihr lebt ein Leben, um das Euch die Unsterblichen[754] beneiden.
>
> Öffnungspolitik, Reform - gute Gelegenheiten -
>
> wenn ihr jetzt kein Geld macht, dann nie.
>
> Kinder von Beamten verletzen die Gesetze und treiben es wild,
>
> aber das Gesetz läßt sie ungeschoren.
>
> Obgleich ihre Söhne und Töchter Dummköpfe sind,
>
> können sie zwischen Peking- und Qinghua-Universität[755] wählen.
>
> Diese Privilegierten begleiten ausländische Gäste, speisen und trinken kostenlos,
>
> überdies erhalten sie Zuschüsse dafür von Hunderten von Yuan.[756]
>
> Um die Trennung von amtlichen und privaten Geschäften brauchen sie sich nicht zu kümmern,

---

754 Chinesische Heilige, die übernatürliche Fähigkeiten erlangt haben und nach ihrem Tod zu Gottheiten erklärt wurden.

755 Die beiden Eliteuniversitäten Chinas. Söhne und Töchter von Vizeministerpräsidenten aufwärts können, so ein ungeschriebenes Gesetz, ohne Aufnahmeprüfung eine Universität ihrer Wahl besuchen.

756 Die monatlichen Zuschüsse für führende Funktionäre, die ausländische Gäste bewirten, sollen mehr als 1.000 Yuan betragen.

sie reisen gratis in Flugzeugen und Automobilen.

Jeder hat einen speziellen "Einkaufsausweis",

mit dem er Spitzenqualitätswaren zu Niedrigstpreisen erstehen kann.

Spezielle Flugzeuge und Züge bringen Geschenke,

Köstlichkeiten aus allen Ländern frisch auf den Tisch, das ganze Jahr über.

Die gesamte Familie residiert fröhlich in Zhongnanhai[757],

ihre palastartigen Zweithäuser und Villen finden sich überall von den Bergen bis zum Meer.

Luxuriös ausgestattete Gebäude, Clubs und Hotels -

dem Volk bleibt das Zuschauen und Seufzen!

Wohlbekannte und geheime "Freudennester" -

das gewöhnliche Volk vermag sich ihnen nicht einmal zu nähern.

Eine Heerschar "öffentlicher Diener" für private Herren,

Köche, Ärzte, Leibwächter.

Ein "Mitarbeiterstab" vorn und hinten,

schöne Damen, Kurtisanen, erwarten sie auf beiden Seiten.

Filme zu "begrenzter Verbreitung" mit Sex und Gewalt,

in diesen Palästen allein nicht verboten.

Den mächtigen Mercedes Benz kümmert nicht das Rotlicht der Ampel.

Touristen und Reisende werden aus Parks und von Stränden verjagt,

nur weil hohe Beamte sich vergnügen wollen.

Zu ihren Lebzeiten sonnen sie sich in Ehre und Ruhm,

---

757 Sitz der höchsten Partei- und Staatsführung, ehemals Teil der "Verbotenen Stadt" (Kaiserpalast).

nach dem Tod steigen sie zum Babao-Berg empor."[758]

Hierin kommt die Empörung weiter Bevölkerungskreise mit der "legalen Korruption", d. h. den besonderen Privilegien der kleinen Schicht der Führungselite (von Vizeministerpräsident aufwärts) deutlich zum Ausdruck.

Der Korruptionsvorwurf richtete sich nun nicht mehr gegen einzelne, sondern zunehmend gegen das System selbst. Die Intellektuellen machten zum Teil das politische System, konkret die Einparteienherrschaft, das Machtmonopol der Kommunistischen Partei, fehlende Kontrollmöglichkeiten, fehlende Pressefreiheit und die Privilegien der Funktionäre für die Korruption verantwortlich.[759] Sie wiesen darauf hin, daß es Korruption zwar auch in westlichen demokratischen Gesellschaften gebe, dort aber temporär sei und bei Entdeckung sofort bekämpft werde, während in Gesellschaften mit zentralisierter Macht wie in China Korruption ein allgemeines Phänomen wäre, dem kaum beizukommen sei.[760]

Doch bereits die Benennung solcher Grundursachen verstößt gegen das von der Parteiführung errichtete "oberste Gebot", nämlich gegen die oben genannten "Vier grundlegenden Prinzipien". Von daher erscheint eine gründliche Ursachenbestimmung und Bekämpfung der Korruption von innen heraus unmöglich.

Neben fundamentalen politischen Forderungen (wie Kontrolle durch die Bevölkerung, Rede-, Presse- und Versammlungsfreiheit, Abschaffung der Privilegien) forderten Studenten der Peking-Universität in einer Petition u. a.:

> "Die Führer des Staates sollen gegenüber der gesamten Nation ihre privaten Eigentumsverhältnisse und die ihrer Verwandtschaft offenlegen, sich einer Untersuchung über Beamtenschieberei unterziehen und die Ergebnisse dieser Untersuchung detailliert veröffentlichen."[761]

So berechtigt das Anliegen war, der Führung der Kommunistischen Partei muß es als gewaltige Herausforderung und Provokation erschienen sein. Die For-

---

758 Babaoshan, Friedhof für Spitzenfunktionäre in einem Pekinger Vorort. Wandzeitung in: Han, Minzhu 1990: 41f.

759 Ibid.: 199, 218f., 241, 244f., 284.

760 Han, Minzhu 1990: 160.

761 Ibid.: 129.

derungen richteten sich nicht nur gegen das Machtmonopol der Partei, sondern auch gegen die Führer selbst und ihre Familienangehörigen.

Ganz in konfuzianischem Sinne verlangten andere Gruppen, die Führung möge mit gutem Beispiel vorangehen, als Vorbild wirken:

> "Wenn man etwas von den Unteren verlangt, warum fängt man damit nicht bei den Oberen, bei sich selbst an? Wenn das ZK damit beginnt, moralisch zu handeln, werden die örtlichen Führer auf allen Ebenen es nicht wagen, gegen die Moral zu verstoßen."[762]

Die unterschiedlichen Forderungen weisen auf die Vielschichtigkeit der Protestbewegung hin: von Selbstläuterung der Führung über die Forderung nach politischen Reformen bis hin zur Beseitigung der Herrschaft der Kommunistischen Partei und der Einführung von "Demokratie" (deren Inhalt allerdings diffus bleibt) reichte das Spektrum der Antikorruptionsforderungen.

Nach der Niederschlagung dieser Bewegung im Juni 1989 sah sich die Parteiführung zu verstärkten Anstrengungen in der Korruptionsbekämpfung gezwungen. Dies reichte weitgehend nur bis in die untere und mittlere Kaderebene hinein. Abschreckung war das Ziel, da die Wurzeln dieses Übels nicht angetastet wurden, denn dies würde substantielle Änderungen des Systems voraussetzen.

Genau in diesem Punkt unterschieden sich die Forderungen der Studenten von den Ansichten der Mehrheit der Machtelite. Wenn die letztere behauptete, die Forderungen der Studenten zur Bekämpfung der Korruption seien im Sinne der Partei gewesen, die Mehrheit der Studenten hätte sich aber im Namen der Korruptionsbekämpfung "politisch mißbrauchen" lassen, so werden damit diese Unterschiede (bezüglich des Objekts der Korruptionsbekämpfung) verwischt. Die Studenten wollten radikaler gegen Korruption vorgehen, die Bekämpfung auch auf die Führungselite ausdehnen. Und sie begriffen zunehmend den Zusammenhang von Korruption und System.

Daß das Ausmaß an Korruption auch innerhalb der Elite Unmut und Befürchtungen weckt, weil es deren Machtlegitimität bedroht, ist kaum verwunderlich. Im Gegensatz zur offiziellen Sichtweise machte Wan Li in einer oben bereits erwähnten internen Rede im Juni 1990 Korruption und Bürokratismus in der Parteiführung selbst für die Entstehung der Protestbewegung 1989 verantwortlich. Er

---

762 Ibid.: 123f.

bezichtigte Teile in der Partei (womit er Teile der Elite meinte), das wahre Ausmaß und die tatsächlichen Ursachen der Korruption zu verschweigen.[763]

Obgleich dies eine erste Andeutung einer Neubewertung der Ereignisse des Jahres 1989 war und belegt, daß es keine Meinungshomogenität innerhalb der Machtelite gibt, versuchte die Parteiführung auch 1990, der Bevölkerung und speziell den Intellektuellen ein positives Bild von der Korruptionsbekämpfung zu vermitteln. So schilderte ein Bericht in der "Volkszeitung" beispielhaft die Teilnahme von Studenten an einer "Untersuchungsgruppe über den Arbeitsstil der Partei und saubere Regierungsorgane" (dangfeng lianzheng jiancha zu) in der nordostchinesischen Provinz Heilongjiang. Der Schwerpunkt hierbei scheint auf der "Entlarvung" kleiner Funktionäre gelegen zu haben, die sich in ihren Wohnungen (vorschriftswidrig) Telefone auf öffentliche Kosten installieren ließen. 320 solcher Telefone seien aufgespürt worden, wodurch der Staat jährlich 80.000 Yuan an Fernmeldegebühren einspare. Die Fernmeldeämter, so die studentischen Verfasser, sollen weniger erfreut gewesen sein, da sie eine Einnahmenminderung befürchteten.

Obgleich an diesem Bericht deutlich wird, daß der Kampf gegen die Korruption sich zunehmend in Nebensächlichkeiten verliert, haben die Verfasser indessen noch ein anderes, gravierendes Problem entdeckt: daß Führungskader gegen Strafgesetze verstoßen, aber maximal aus der Partei ausgeschlossen, aller Ämter in- und außerhalb der Partei enthoben oder um zwei Lohnstufen zurückgestuft, aber nicht strafrechtlich belangt werden. Die Kernaussage dieses Artikels besteht kurz gesagt in folgendem: Bei der Korruptionsbekämpfung geht es um Banalitäten, das Grundproblem bleibt. Zumindest in diesem Fall scheint der Erfolg versuchter Einbindung von Studenten in die bestehenden Strukturen fragwürdig zu sein.[764]

---

763 Vgl. China aktuell August 1990: 610.

764 Guo, Feng/Li, Mingshu et al. 1990.

12. Schlußbetrachtung

Vergleichen wir die Korruption in China mit den Ergebnissen der internationalen Korruptionsforschung, so können wir zunächst feststellen, daß die eingangs von uns aufgestellten vier Kriterien zur Bewertung dessen, was als korrupt gilt, auch für China zutreffen. Definitorisch gesehen gibt es allerdings eine unterschiedliche Akzentuierung. Der chinesische Begriff reicht über den westlichen hinaus, weil er, ganz im Sinne der konfuzianischen Ethik, den moralischen Aspekt stärker in den Mittelpunkt rückt. Die kulturelle und ideengeschichtliche Tradition, für die der moralisch integre Beamte, der uneigennützig im Interesse des Volkes wirkt, das Idealbild darstellt, hat diesen Begriffsinhalt von Korruption mit geprägt. Diesem Idealbild wiederum stand die andere Seite der Tradition entgegen, nämlich die Verpflichtung gegenüber der Sippe, die Selbstlosigkeit nicht für das Volk, sondern für die Familie verlangte. Dieser Widerspruch zwischen dem Dienst an der Gemeinschaft und dem Dienst an der Familie ist bis heute nicht gelöst.

Die Ursachenforschung bedarf eines länderspezifischen Ansatzes. Im Falle Chinas heißt dies, daß traditional-kulturelle Faktoren ebenso zu berücksichtigen sind wie sozialistische und entwicklungsbedingte. Die traditionale Haltung gegenüber Korruption, das wirtschaftliche und das politische System mit seinen Entscheidungsabläufen und Mangelerscheinungen (z. B. in der Versorgung mit Gütern und Dienstleistungen) spielen hier gleichermaßen eine Rolle. Wer sich die Literatur über sozialistische Korruption in der Sowjetunion oder in Osteuropa anschaut, wird verblüffende Ähnlichkeiten mit der Korruption in China feststellen. Die ähnlich gearteten politischen und wirtschaftlichen Strukturen bringen auch ähnlich geartete Korruptionsformen hervor. Die Bestimmung als "kleptokratischer Staat", die Simis für die Sowjetunion konstatiert[765] und die er auf die Kontrolle der gesamten Ökonomie durch eine Partei und die fehlende Kontrolle und Unterordnung dieser Partei unter die Gesetze zurückführt, trifft auch auf China zu.

Gerade diese systemischen Ursachen der Korruption werden von der herrschenden Elite verschleiert. Die Haltung der Parteiführung gegenüber der Korruption und ihren Ursachen weist auf den Ideologiecharakter des Begriffs im Sinne der Kritischen Theorie hin. Die Ursachenmomente werden verschleiert, um mit teilweise verzerrter Realität die Machtverhältnisse zu konservieren. Die Ursachen werden außerhalb des Systems gesucht, entweder in äußeren Einflüssen

765 Simis 1977-78: 55.

(bürgerliche Ideologie, Relikt des Kapitalismus, Produkt des bürgerlichen Liberalismus) oder in der Geschichte (feudale Tradition).[766]

Orthodoxe Reformgegner weisen zugleich auf das ihrer Meinung nach zu weitreichende Reformprogramm hin. Die "Vier Grundprinzipien", über die sich niemand hinwegsetzen darf und die als Grundlage aller Tätigkeiten gelten sollen, machen eine wissenschaftliche Ursachenbestimmung und damit eine Analyse der Korruptionsmechanismen für chinesische Wissenschaftler unmöglich. Jede wissenschaftlich haltbare These müßte sofort auf die systemimmanenten Ursachen stoßen. Und dies würde zu einer grundsätzlichen Hinterfragung dieses Systems führen. Das Interesse der Bürokratie an der Erhaltung ihrer Macht, das selbst wieder auf ökonomischem und Machtinteresse basiert, bedarf einer ideologischen Begründung der Legitimität der Macht. Und jede Forderung nach Änderungen wird daher mit dem Stigma "konterrevolutionär" oder "bürgerlicher Liberalismus" belegt.

Traditionale Moral-, Rechts- und Sanktionsvorstellungen spielen weiterhin eine wichtige Rolle bei der Beurteilung und Behandlung von Korruption. Das Anlegen westlicher Maßstäbe reicht daher zur Analyse chinesischer Muster nicht aus.

Dazu kommt das für viele Entwicklungsländer typische traditionale Moment, daß Beamtenposten als persönliche Rechte und (noch) nicht als Übertragung öffentlicher Verantwortlichkeit begriffen werden. In Anlehnung an diese These hat ein führender chinesischer Sozialwissenschaftler die These vertreten, das Problem Chinas sei weniger die "Ein-Partei-Herrschaft" (yi dang zhi), als vielmehr die "Mein-Partei-Herrschaft" (wo dang zhi).[767] Gemeint ist damit letztlich, daß viele Führungsfunktionäre die Partei bzw. Parteiämter als eigene, private Rechts-, Herrschafts- und Pfründeinstitution begreifen.

Die Parteiführung versucht heute, sich als "einzige Kraft gegen Korruption" zu legitimieren. Aber ihre Maßnahmen sind halbherzig, weil die Systemimmanenz und die Korruption auf höchster Ebene thematisch tabuisiert sind. Die Bekämpfung wird, exemplarisch, auf der unteren und mittleren Ebene geführt. Während der kampagnenartigen Bekämpfung läßt die größere Korruption etwas nach, um bei nachlassendem Druck erneut emporzukommen. Für China gilt allerdings, daß die (legalen) Privilegien der Elite für diesen Personenkreis direkte Korruption weitgehend uninteressant machen. Durch ihre Macht kommt die Elite in den Genuß materieller und ideeller Vorteile, ohne sich des Mittels direkter Korruption bedienen zu müssen. Nicht Reichtum, sondern Macht sichert dieser Elite einen hohen Lebensstandard.

---

766 Max Horkheimer hat darauf hingewiesen, daß in sozialistischen Ländern der Liberalismus das "bewußte Idol der Opposition" sei, weil die sozialistische Moral infolge des Terrors "bewußt und gehaßt" sei, vgl. Horkheimer (1988): 90.

767 N. N. in einem persönlichen Gespräch mit dem Verfasser im April 1990.

Von daher ist die strafrechtlich relevante Korruption bisher außerhalb dieser Führungsschicht zu suchen. Je mehr die Privilegiengewährung nach unten hin abnimmt, desto größer wird das quantitative Ausmaß korrupten Verhaltens. Eine "starke" Führungsgruppe und "starke" Institutionen im Sinne eines "starken Staates" vermögen in Verbindung mit verstärkter Kontrolle und einschneidenden Strafmaßnahmen die Korruption einzuschränken. Dies verlangt indessen politische und ökonomische Restriktionen und strikte ordnungspolitische Maßnahmen.

In einer Gesellschaft, die sich - wie China - in einer Umbruchsphase befindet, sind solche Schritte nicht mehr so einfach durchzusetzen wie vor Beginn der Reformen. Von daher scheint die Korruptionsbekämpfung ohne strukturelle Änderungen wenig Aussicht auf Erfolg zu haben, zumal sich neue herrschaftslegitimierende und identitätsstiftende, Werte mit Katalysatorfunktion (wie die Maozedongideen, der Glaube an Mao und die Partei) heute kaum finden lassen. Die Legitimität der Partei ist (und das gilt besonders nach dem Zusammenbruch des Sozialismus in Osteuropa) kaum noch über die sozialistische Ideologie bzw. das Revolutionsziel definierbar. Parteimitgliedschaft ist nicht mehr zielbestimmt im Sinne eines politischen Ziels, sondern zweckbestimmt im Sinne der Möglichkeit, erworbene Macht zu vermarkten. Dieser Wandel in der Parteifunktion verstärkt korruptes Verhalten unter der Mitgliedschaft.

Die Dichotomie der Korruption, nämlich einerseits eine staatlich geächtete, die die Gesetze verletzt, andererseits eine staatlich (nicht jedoch von der öffentlichen Meinung) gebilligte, die sich im Rahmen des Erlaubten abspielt (Privilegien, Seilschaften u. a.), erschwert zusätzlich eine effektive Bekämpfung dieses Phänomens. Denn Korruption wird nicht "an sich" bekämpft, sondern nur funktional, d. h. soweit sie die Legitimität der herrschenden Elite in Frage stellt. Mit den periodischen Antikorruptionskampagnen weist die Elite auf Grenzen geduldeter Abweichung, aber auch auf ihre funktionierende Macht hin. Die Bekämpfung der Korruption auf der unteren Ebene soll von der Korruption auf höherer Ebene ablenken und den Bürgern demonstrieren, daß die Parteiführung ein entschiedener Gegner der Korruption sei. Solange die Bevölkerung die Führung aber nicht für persönlich integer hält, dürfte die Korruptionsbekämpfung auf der unteren Ebene nur zeitweilige und keine tiefgehenden Erfolge zeitigen.

Die Reformen nach 1978 haben eine Ausweitung der Korruption mit sich gebracht. Die Umbildung des Wirtschaftssystems, d. h. die Ausweitung des Marktes und ökonomische Liberalisierung bei gleichzeitiger Beibehaltung des politischen Machtmonopols der Kommunistischen Partei, ist hierfür der Hauptgrund. Darüber hinaus brachte diese Umbildung neue Wertvorstellungen und Wertesysteme mit sich, die mit den alten konkurrieren oder in Widerspruch zu ihnen geraten (vgl. die Losungen "Laßt einige zuerst reich werden" bzw. Dengs "Egal ob die Katze weiß oder schwarz ist, Hauptsache, sie fängt Mäuse"). Dies fördert die Unklarheit über Werte und Rechte in der Gesellschaft. Die Benachteiligung aufstrebender neuer

(Privatunternehmer) und angestammter sozialer Gruppen (vgl. die geringen Löhne der kleinen und mittleren Funktionäre) wirken ebenfalls korruptionsfördernd.

Der eingangs von Domes erhobene Vorwurf, China sei heute nach Indonesien das korrupteste Land in Asien, erscheint uns allerdings zu wenig ausgewiesen. Korruption ist empirisch und quantitativ kaum meßbar. Die zum Teil recht häufige Behandlung dieser Frage in der chinesischen Presse und in offiziellen Dokumenten darf nicht nur als Zeichen der Häufigkeit interpretiert werden, sondern weist auch auf die offizielle Ablehnung sowie verstärkte Aufmerksamkeit gegenüber diesem Phänomen hin. Domes belegt seine Aussage leider nicht mit näheren Angaben und Nachweisen.

Was das Thema Funktionalität der Korruption anbelangt, so halten wir diese für marginal. Sie fördert vielmehr soziale, politische und ökonomische Instabilität und wirkt entwicklungshemmend.

Die kontinuierliche Ausarbeitung immer neuer gesetzlicher Bestimmungen, die bis ins kleinste Detail und sogar auf Lokalitäten und Institutionen bezogen der Korruption einen Riegel vorschieben sollen, wird die Probleme nicht lösen. Nicht das Fehlen gesetzlicher Bestimmungen, sondern das politische, gesellschaftliche, wirtschaftliche und soziale System (traditionale Muster einbezogen) begünstigen primär Korruption. Eine effiziente Korruptionsbekämpfung allein auf Grundlage gesetzlicher Regelungen erscheint in einem autoritären Regime nicht möglich. Effiziente Bekämpfung setzt gesellschaftliche Transparenz, soziale Kontrolle im Sinne des Konventions- und Ordnungsbegriffs Max Webers (wonach Verhaltensweisen, die von gesellschaftlichen Erwartungen abweichen, zu allgemeiner Mißbilligung führen), öffentliche Kontrolle der Funktionsträger (u. a. durch Pressefreiheit) und unabhängige Gerichtsbarkeit voraus. Es bedürfte nicht nur eines "Strukturwandels der Öffentlichkeit" (Habermas) sondern der Schaffung einer Öffentlichkeit als Kontrollinstanz. Dies hatten bereits Aristoteles, Plato, Machiavelli und Rousseau erkannt. Und das sieht auch der chinesische Oppositionelle und Astrophysiker Fang Lizhi so.[768]

Bieten Gesetze allein nicht die Gewähr für Beseitigung von Korruption, so haben sie gleichwohl Einfluß auf Umfang und Ausprägung. Bei strikter Anwendung läßt sich eine gezielte Eindämmung erreichen. Allerdings kommt es darauf an, welche Formen unter Strafe gestellt sind und welche nicht, wie hoch das jeweilige Strafmaß und damit der Risikofaktor ist und welche Vorteile durch Korruption (im Vergleich zu dem eingesetzten Risiko) erlangt werden können. Während die Marktkorruption (wie Bestechung, Veruntreuung und Unterschlagung) weitgehend als Straftatbestand gilt, ist die parochiale Korruption (Nepotismus, Tong-Beziehungen, Patronage) nicht unter Strafe gestellt.

---

768 Fang 1989: 46; ähnlich: Zhao, Suisheng 1990.

Zwar hat die Zahl der Gesetze und Verordnungen gegen die Marktkorruption in den letzen Jahren beachtlich zugenommen, doch werden nur Einzelfälle schwer bestraft. Das Risiko liegt daher weniger in der Bestrafung nach dem Gesetz, als in der politischen Ächtung durch Parteiausschluß oder disziplinarische Maßnahmen, die der politischen Karriere und damit der (vermarktbaren) Machtbefugnis ein Ende setzen könnten. Soweit der Identifikationsgrad mit der Partei aber nicht mehr groß ist (dies ist heute überwiegend der Fall), die Partei weitgehend nur noch als Aufstiegsleiter begriffen wird, weitere Aufstiegsmöglichkeiten aber keinen finanziellen Anreiz darstellen, erscheint das Risiko des einzelnen begrenzt. Dies um so mehr, als ein Parteiausschluß durch private, finanziell meist profitablere, Wirtschaftstätigkeit kompensiert werden kann. Die Gefahr einer Entdeckung und strafrechtlichen Belangung ist vergleichsweise gering und steht somit in keinem Verhältnis zu dem zu erwartenden Gewinn eines Funktionärs durch wirtschaftliche Transaktionen. Soweit es sich nicht um sensible Bereiche handelt, die sich negativ auf die Gesamtpolitik der Zentrale auswirken oder die Interessen rivalisierender Seilschaften beeinträchtigen, ist, besonders wenn der Schutz eines Patrons gegeben ist, eine öffentliche Verfolgung eher unwahrscheinlich.

Eine zweite Bekämpfungsmöglichkeit, nämlich die Austrocknung von Korruptionsformen durch deren Legalisierung (wie Zulassung privater Wirtschaftstätigkeiten oder größere Freiheiten für die Unternehmen bei Einkauf und Vermarktung) hat zwar Bereiche aus der Schatten- in die Lichtwirtschaft geholt, zugleich aber neue Korruptionsformen entstehen lassen.

Die permanente Formulierung immer neuer gesetzlicher Regelungen symbolisiert keineswegs, daß China sich auf dem Weg zu einem Rechtsstaat befindet, Rechtsstaat in dem Sinne, daß das "politische System der Gesellschaft seinem Wesen als <Staat> entsprechend durch eine Rechtsverfassung bestimmt, das heißt im Kern Recht" ist.[769] Darin ist vielmehr eine Reaktion auf größere Differenzierung und Komplexität im Rahmen der Wirtschaftsreformen zu sehen, die aber von der Einparteiherrschaft dominiert bleiben. Differenzierung und Spezialisierung im Zuge ökonomischer und gesellschaftlicher Entwicklung führen zu wachsenden Spannungen. Die Aufblähung von apparatmäßigen Kontrollinstanzen wird das Problem der Korruption ebenfalls nicht lösen. Allein gesellschaftliche Kontrolle, die es in China in nennenswertem Umfang nicht gibt, ist eine wirksame Form der Kontrolle.

Darüber hinaus bedürfte es einer Neuregelung des Verhältnisses zwischen Staat und privaten Wirtschaftssubjekten. Ob die Einführung der "sozialen Marktwirtschaft" allein die Probleme lösen wird, wie manche meinen[770], ist allerdings zu bezweifeln. Zwar vermag ein Mehr an Markt Teilaspekte der Korruptionsursachen

769 Luhmann 1983: 252.

(gerade im ökonomischen Bereich) zu mindern oder zu beseitigen. Doch einerseits ist ein solches Wirtschaftssystem auf Grund der komplizierten Strukturen Chinas nicht ohne weiteres übernehmbar, weil u. a. die Struktur- und Entwicklungsprobleme (Bevölkerungswachstum, damit verbundene gewaltige Ernährungs- und Versorgungsprobleme etc.) ein größeres Maß an staatlicher Intervention verlangen[771]; andererseits reichen - wie wir oben gezeigt haben - ökonomische Umstrukturierungen allein nicht aus: Es bedürfte vielmehr eines Korbs grundlegender Veränderungen in politischer, wirtschaftlicher, sozialer, gesellschaftlicher und rechtlicher Hinsicht, aber auch in den Denk- und Verhaltensstrukturen der Gesamtgesellschaft.

Wenig hilfreich erscheinen uns Vorschläge wie sie Caiden in Anlehnung an die Dritte Internationale Anti-Korruptionsbekämpfungskonferenz in Hongkong im November 1987 formuliert hat, wie ein Appell an Politiker, von der Korruption Abstand zu nehmen und als "moralische Vorbilder" zu wirken.[772] Auch der Vorschlag, die Medien und die Bevölkerung zu Kontrolle aufzurufen, erscheint für China, dessen Informations- und Medienwesen vollständig von der Partei beherrscht und kontrolliert wird, unrealistisch, weil von den Herrschenden nur eingeschränkte Korruptionsbekämpfung erwünscht ist. Der Erlaß gesetzlicher Bestimmungen und die Bekämpfung von Korruption in Bereichen, die für Korruption besonders anfällig sind, so ein weiterer Vorschlag, werden in China bereits praktiziert. Die systemischen Bedingungen erlauben indessen nur die Bekämpfung ganz bestimmter Korruptionsformen und -ebenen. Dazu kommt, daß traditionale Einstellungen, die korruptionsfördernd wirken, durch Gesetze oder "Erziehungskampagnen" nicht so ohne weiteres abbaubar sind, zumal beides die ländliche Bevölkerung nur partiell erreicht.

Korruption, so zeigt die politische Entwicklung in vielen Entwicklungsländern, aber auch in Osteuropa, unterminiert die Herrschaft von Eliten, weil sie zu Loyalitätsverlust und Entfremdung zwischen einem Staat und seinen Bürgern führen kann. Sie vermag somit ein Faktor für grundlegende politische Veränderungen zu werden. Obgleich sich die Parteiführung dieser Gefahr bewußt ist, vermag sie das Problem in der Partei selbst nicht effektiv zu bekämpfen, weil sie am Grundproblem der monopolisierten Herrschaft nicht rütteln will.

---

770 Vgl. z. B. Kraus o. J.: 109.

771 Dazu Heberer 1990c: 53 und 54.

772 Caiden 1988: 22ff.

Bibliographie

Abercrombie, Nicholas; Hill, Stephen (1976), Paternalism and Patronage, in: *The British Journal of Sociology*, 4/1976: 413-429.

Abueva, Jose V. (1970), What are we in Power for? The Sociology of Graft and Corruption, in: *Philippine Sociological Review*, vol. XVIII (1970): 203-210.

Acham, Karl (1981), Formen und Folgen der Korruption, in: *Brünner, Ch.* (1981): 27-74.

Adorno, Theodor W. (1969), *Drei Studien zu Hegel*, Frankfurt/M. 1969.

Ahlberg, Rene (1976), *Die sozialistische Bürokratie. Die marxistische Kritik am etablierten Sozialismus*, Stuttgart, Berlin, Köln, Mainz 1976.

Aich, Prodosh (1988), Korruptionsarena Kommunalpolitik, in: *Vorgänge. Zeitschrift für Bürgerrechte und Gesellschaftspolitik*, 6/1988: 38-48.

Aina, Sola (1982), Bureaucratic Corruption in Nigeria: The Continuing Search for Causes and Cures, in: *International Review of Administrative Sciences*, vol. XLVIII (1982): 70-76.

Alatas, Sijed Hussein (1968), *The Sociology of Corruption. The Nature, Function, Causes and Prevention of Corruption*, Singapore 1968.

Albrecht, Richard (1986), Politische Korruption, in: *Politische Vierteljahresschrift - PVS-Literatur*, Juni 1986: 36-43.

Albrow, Martin (1972), *Bürokratie*, München 1972.

Alemann, Ulrich von (1988), Korruption. Ein blinder Fleck in der Politikwissenschaft, in: *Die neue Gesellschaft. Frankfurter Hefte*, 10/1989: 918-920.

Alemann, Ulrich von; Kleinfeld, Ralf (1989), *Thesen zur politikwissenschaftlichen Konzeption politischer Korruption* (Papier zur Tagung "Abweichendes Verhalten in der Verwaltung" der Sektion Staatslehre und politische Verwaltung der Deutschen Vereinigung für Politische Wissenschaft am 18. und 19. Dezember 1989 in Bad Herrenalb).

Alfiler, Concepcion P. (1979), Administrative Measures Against Bureaucratic Corruption: The Philippine Experience, in: *Philippine Journal of Public Administration*, vol. XXIII (1979): 321-349.

Alfiler, Concepcion P. (1986), The Process of Bureaucratic Corruption in Asia: Emerging Patterns, in: *Carino, L. V.* (1986): 15-68.

Ali, Shaukat (1985), *Corruption. A Third World Perspective,* Lahore 1985.

An, Zhiguo (1985), Noch ein Wort zur sozialistischen geistigen Zivilisation, in: *Beijing Rundschau*, 47/1985: 4-5.

Andreski, Stanislav (1966), *Parasitm and Subversion. The Case of Latin America,* London 1966.

Andreski, Stanislav (1968), *The African Predicament. A Study in the Pathology of Modernization*, London 1968.

Anwar, Mohammad (1980), Socio-Economic Structure and Corruption: A Case Study of Pakistan, in: *Pakistan Economic and Social Review*, vol. XVIII (1980): 34-44.

Aron, Raymond (1950), Social Structure and the Ruling Class, in: *The British Journal of Sociology*, vol. I (1950): 1-16 und 126-143.

Aron, Raymond (1960), Die Eliten und die industrielle Zivilisation, in: *Universitas*, 15. Jg. (1960): 1109-1114.

Aschmoneit, Walter (1980), *Theoretische Aspekte der Struktur und Soziale Bedingungen der Entstehung des Bürokratischen Staates im Alten China, Mitteilungen der Gesellschaft für Natur- und Völkerkunde Ostasiens*, Hamburg 1980.

Ausch, Karl (1968), *Als die Banken fielen. Zur Soziologie der politischen Korruption*, Wien, Frankfurt/M., Zürich 1968.

Baker, C. A. (1971), Ethics in the Public Service, in: *Journal of Administration Overseas*, vol. X (1971): 22-32.

Baker, Hugh D. R. (1979), *Chinese Family and Kinship*, London, Basingstoke 1979.

Baker, R. H. (1982), Clientelism in the Post-Revolutionary State: The Soviet Union, in: *Clapham, Ch.* (1982): 36-52.

Balazs, Etienne (1966), *Chinese Civilization and Bureaucracy. Variations on a Theme*, ed. by Arthur F. Wright, New Haven, London 1966.

Balla, Balint (1972), *Kaderverwaltung. Versuch zur Idealtypisierung der "Bürokratie" sowjetisch-volksdemokratischen Typs*, Stuttgart 1972.

Ballot, Frank (1987), Korruption in Afrika: "Kreuz des Südens"?, in: *Sozialwissenschaftliche Informationen*, 1/1987: 33-40.

Banfield, Edward C. (1958), *The Moral Basis of a Backward Society*, New York, London 1958.

Banfield, Edward C. (1975), Corruption as a Feature of Governmental Organization, in: *Journal of Law and Economics*, 1975: 587-605.

Banfield, Edward C. (1979), Corruption as a Feature of Governmental Organization, in: *Ekpo, M.U.* (1979): 75-99.

Barnett, A. Doak (1964), *Communist China in the Early Years, 1945-55*, New York 1964.

Barnett, A. Doak (1967), *Cadres, Buraucracy and Political Power in Communist China*, New York 1967.

Bartke, Wolfgang (1989), Nepotism Among the Central Committee Cadres, in: *China aktuell*, Oktober 1989: 823/9 - 825/11.

Baum, Carolyn L.; Baum, Richard (1979), Creating the New Communist Child: Continuity and Change in Chinese Styles of Early Childhood Socialization, in: *Wilson, R. W.; Wilson, A. A.; Greenblatt, S. L.* (1979): 98-121.

Baum, Richard (1975), *Prelude to Revolution. Mao, the Party, and the Peasant Question, 1962-66*, New York, London 1975.

Baum, Richard; Teiwes, Frederick C. (1968), *Ssu-Ch'ing: The Socialist Education Movement of 1962-1966*, Berkeley 1968.

Bauman, Zygmunt (1979), Comment on Eastern Europe, in: *Studies in Comparative Communism*, vol. XII (1979): 184-189.

Baumberger, Elo; Baumberger, Jörg (1975), *Beethoven kritisieren, Konfuzius verurteilen*, Reinbek 1975.

Bautista, Victoria A. (1982), The Nature, Causes, and Extent of Corruption: A Review of Literature, in: *Philippine Journal of Public Administration*, vol. XXVI (1982): 235-270.

Bayer, Ivo (1989), Korruption im sowjetischen Gesellschaftstyp. Beispiel UdSSR und Tschechoslowakei, in: *Bellers, J.* (1989): 141-158.

Bayley, David H. (1966), The Effects of Corruption in a Developing Nation, in: *The Western Political Quarterly*, vol. 19 (1966): 719-732.

Beeching, Jack (1975), *The Chinese Opium Wars*, London 1975.

Beenstock, Michael (1979), Corruption and Development, in: *World Development*, 1/1979: 15-24.

Beijing Ribao (Pekinger Tageszeitung), Peking.

Beijing Rundschau, Peking.

Bellers, Jürgen (1989), Hg., *Politische Korruption. Vergleichende Untersuchungen. Studien zur Politikwissenschaft*, Münster 1989.

Ben-Dor, Gabriel (1974), Corruption, Institutionalization, and Political Development, in: *Comparative Political Studies*, vol. VII (1, 1974): 63-83.

Bennett, Gordon (1977), *Yundong: Mass Campaigns in Chinese Communist Leadership*, Berkeley 1976.

Bennett, Gordon (1976), China's Mass Campaigns and Social Control, in: *Wilson, A. A.; Greenblatt, S. L.; Wilson, R. W.* (1977): 121-139.

Benson, Bruce L.; Baden, John (1985), The Political Economy of Governmental Corruption: The Logic of Underground Government, in: *Journal of Legal Studies*, 3/1985: 391-410.

Benson, George C. S.; Maaranen, Steven A.; Heslop, Alan (1978), *Political Corruption in America*, Lexington, Toronto 1978.

Benson, Linda (1990), *The Ili Rebellion. The Moslem Challenge to Chinese Authority in Xinjiang 1944-1949*, Armonk, London 1990.

Benveniste, Guy (1977), *Bureaucracy*, San Francisco 1977.

Bequai, August (1979), *White-Collar Crime: A 20th Century Crisis*, Lexington, Toronto 1979.

Berg-Schlosser, Dirk (1972), Hg., *Die politischen Probleme der Dritten Welt*, Hamburg 1972.

Berresheim, Gunther (1960), *Die Korruption aus der Sicht des Verteidigers*, Düsseldorf 1960.

Beyme, Klaus von (1968), Elite, in: *Kernig, C. D.* (1968), Hg., Sowjetsystem und Demokratische Gesellschaft, Bd. II, Freiburg, Basel, Wien 1968: 103-128.

Beyme, Klaus von (1973), *Die parlamentarischen Regierungssysteme in Europa*, München 1973.

Beyme, Klaus von (1974), *Interessengruppen in der Demokratie*, München 1974.

Beyme, Klaus von (1977), *Ökonomie und Politik im Sozialismus. Ein Vergleich der Entwicklung in den sozialistischen Ländern*, München 1977.

Bilitza, Klaus; Lück, Helmut E. (1977), Sozialpsychologische Thesen zur Korruption, in: *Psychologie Heute*, 9/1977: 19-21.

Bjorklund, E.M. (1986), The Danwei Socio-Spatial Characteristics of Work Units in China's Urban Society, in: *Economic Geography*, 1/1986: 19-29.

Blau, Peter M. (1973), *The Dynamics of Bureaucracy*, Chicago, London 1973.

Bodde, Derk; Morris, Clarence (1973), *Law in Imperial China. Exemplified by 190 Ch'ing Dynasty Cases*, Philadelphia 1973.

Bohnet, Armin; Hong, Zhong (1990), Chinas Wirtschaft am Scheideweg, in: *Osteuropa-Wirtschaft*, 2/1990: 143-176.

Bonadeo, Alfredo (1973), *Corruption, Conflict, and Power in the Works and Times of Niccolo Machiavelli*, Berkeley, Los Angeles, London 1973.

Bond, Michael H. (1986), ed., *The Psychology of the Chinese People*, Hongkong, Oxford, New York 1986.

Bottomore, T. B. (1969), *Elite und Gesellschaft. Eine Übersicht über die Entwicklung des Eliteproblems*, München 1969.

Braibanti, Ralph (1962), Reflections on Bureaucratic Corruption, in: *Public Administration*, vol. XL (1962): 357-372.

Brasz, H. A. (1963), Some Notes on the Sociology of Corruption, in: *Sociologia Neerlandica*, vol. I (1963): 111-128.

Brauneder, Wilhelm (1981), Die Korruption als historisches Phänomen, in: *Brünner, Ch.* (1981): 75-104.

Braxton, Bernard (1977), *Sexual, Racial and Political Faces of Corruption*, Washington 1977.

Brooks, Robert C. (1977), The Nature of Political Corruption, in: *Douglas, J. D.; Johnson, J. M.* (1977): 13-18.

Brownsberger, William N. (1983), Development and Governmental Corruption - Materialism and Political Fragmentation in Nigeria, in: *The Journal of Modern African Studies*, 2/1983: 215-233.

Brünner, Christian (1981), Hg., *Korruption und Kontrolle*, Wien, Köln, Graz 1981.

Brunner, Georg (1977), *Politische Soziologie der UdSSR*, Teil II, Wiesbaden 1977.

Buchanan, James M. (1980), Rent-Seeking and Profit Seeking, in: *Buchanan, J. M.; Tollison, Robert D.; Tullock, G.*, Toward a Theory of the Rent-Seeking Society, College Station 1980.

Bullard, Monte R. (1979), People's Republic of China Elite Studies: A Review of the Literature, in: *Asian Survey*, 8/1979: 789-800.

Bunyi, Bernardo A. (1965), Graft and Corruption in the Government, in: *Far Eastern Law Review*, vol. XII (1965): 316-324.

Burkart-Bauer, Marie-Fleur (1984), Wang Anshihs "Throneingabe der Zehntausend Worte", Wanyanshu: Grundlage für seine Reformen? in: *Asiatische Studien*, 1/1984: 43-58.

Burns, John P. (1979), Comment on China, in: *Studies in Comparative Communism*, vol. XII (1979): 190-194.

Burns, John P. (1983), Reforming China's Bureaucracy, 1979-82, in: *Asian Survey*, June 1983: 693-722.

Burns, John P. (1988), *Political Participation in Rural China*, Berkeley, Los Angeles, London 1988.

Burns, John P. (1989), ed., *The Chinese Communist Party's Nomenklatura System. A Documentary Study of Party Control of Leadership Selection, 1979-1984*. Armonk, New York 1989.

Butterfield, Fox (1982), *China. Alive in the Bitter Sea*, New York 1982.

Cai, Shixing (1989), Qingchu fubai yu shenhua gaige (Die Korruption beseitigen und die Reform vertiefen), in: *Gongren Ribao* (Arbeiterzeitung), 18.8.89.

Caiden, Gerald E.; Caiden, Naomi J. (1977), Administrative Corruption, in: *Public Administration Review*, 3/1977: 301-309.

Caiden, Gerald E. (1986), Public Maladministration and Bureaucratic Corruption, in: *McKinney, J. B.; Johnston, M.* (1986): 30-48.

Caiden, Gerald E. (1988), Toward a General Theory of Official Corruption, in: *The Asian Journal of Public Administration*, 1/1988: 3-26.

Carino, Ledivina V. (1975), Bureaucratic Norms, Corruption and Development, in: *Philippine Journal of Public Administration*, vol. XIX (1975): 278-292.

Carino, Ledivina V. (1977), Boundary Encounters and Corruptive Behavior, in: *Philippine Journal of Public Administration*, vol. XXI (1977): 141-155.

Carino, Ledivina V. (1979), The Definition of Graft and Corruption and the Conflict of Ethics and Law, in: *Philippine Journal of Public Administration*, vol. XXIII (1979): 221-240.

Carino, Ledivina V. (1985), The Politicization of the Phillipine Bureaucracy Corruption Commitment, in: *International Review of Administrative Sciences*, vol. LI (1, 1985): 13-18.

Carino, Ledivina V. (1986), ed., *Bureaucratic Corruption in Asia: Causes, Consequences And Controls*, Manila 1986.

Carino, Ledivina V.; Toxic, Tonicor (1986), The Effects of Graft and Corruption, in: *Carino, L. V.* (1986): 163-194.

Carson, Tom (1987), Bribery and Implicit Agreements: A Reply to Philips, in: *Journal of Business Ethics*, vol. VI (1987): 123-125.

Cassel, Dieter (1989), Schattenwirtschaft in kapitalistischen und sozialistischen Wirtschaftssystemen, in: *Cassel, Dieter; Jaworski, Wladyslaw; Kath, Dietmar u. a.*, Hg., Inflation und Schattenwirtschaft im Sozialismus, Hamburg 1989: 37-71.

Cell, Charles P. (1977), *Revolution At Work. Mobilization Campaigns in China*, New York, San Francisco, London 1977.

Chalidze, V. (1977), *Criminal Russia. Essays on Crime in the Soviet Union*, New York 1977.

Chan, Anita; Unger, Jonathan (1982), Grey and Black: The Hidden Economy of Rural China, in: *Pacific Affairs*, 2/1982: 452-472.

Chang, Chung-li (1955), *The Chinese Gentry. Studies on Their Role in Nineteenth Century Chinese Society*, Seattle 1955.

Chang, P'eng-Yüan (1978), Political Participation and Political Elites in Early Republican China: The Parliament of 1913-1914, in: *Journal of Asian Studies*, 2/1978: 293-313.

Chen, Gang (1987), Dangnei bu zheng zhifeng fanyan de shehui xinli fenxi (Analyse der Sozialpsychologie bezüglich der Ausbreitung ungesunder Tendenzen innerhalb der Partei), in: *Shehuixue Yanjiu* (Soziologische Studien), 7/1977: 93-96.

Chen, Guohua (1989), Chengfeng paima - ke e er weixian de shehui xingwei (Schmeichelei - ein übles und gefährliches soziales Verhalten), in: *Shehui* (Gesellschaft), 3/1989: 40-41.

Chen, Jianbang (1990), Wo guo gudai sutan changlian jizhi kao (Untersuchung über den Mechanismus zur Ausschaltung von Korruption und Einführung von Rechtschaffenheit im alten China), in: *Xinjiang Shehui Kexue* (Sozialwissenschaften Xinjiangs), 4/1990: 76-80.

Chen, Shiyan (1990), Guojia jiguan gongzuo renyuan gongzi yi xingcheng digu (Die Löhne der Beschäftigten in den staatlichen Ämtern sind bereits auf Talfahrt), in: *Gaige Shibao* (Reformzeitung), 21.7.90.

Chen, Yun (1985), Rede auf der Nationalen Delegiertenkonferenz, in: *Beijing Rundschau*, 39/1985: 19-21.

Chen, Zuolin (1990a), Shenru jinxing dangfeng jianshe he lianzheng jianshe yao chuli hao sange guanxi (Für den gründlichen Aufbau des Parteistils und einer rechtschaffenen Regierung müssen drei Beziehungen gut geregelt werden), in: *Qiushi* (Wahrheit), 8/1990: 29-32.

Chen, Zuolin (1990b), Jianjue jiuzheng hangye bu zheng zhi feng, gaohao dangfeng he lianzheng jianshe (Entschlossen die ungesunden Tendenzen in den einzelnen Branchen korrigieren, den Arbeitsstil der Partei und den Aufbau rechtschaffener Regierungsorgane gut betreiben), in: *Qiushi* (Wahrheit), 20/1990: 9-13.

Cheng, Lu (1990), Zou xiang jitan de Kanghua gongsi (Die Kanghua-Gesellschaft auf dem Weg zum Opferaltar), in: *Zhongguo Zhichun* (Chinas Frühling), 6/1990: 50-57.

Cheng, Yan (1989), Chengzhi fubai ying duo guan qixia (Die Bestrafung der Korruption sollte allseitiger werden), in: *Jilin Ribao* (Tageszeitung von Jilin), 21.12.89.

Ch'i, Hsi-Sheng (1976), *Warlord Politics in China, 1916-28*, Stanford 1976.

Chi, Chu (1931), Das Prüfungssystem in China. Ein geschichtlicher Überblick, in: *Sinica*, VI (1931): 108-113.

Chibnall, Steven; Saunders, Peter (1977), Worlds Apart: Notes on the Socialist Reality of Corruption, in: *The British Journal of Sociology*, 2/1977: 138-154.

Ch'ien, Tuan-sheng (1970), *The Government and Politics of China, 1912-1949*, Stanford 1970.

China aktuell, Hamburg.

China Daily, Peking.

China im Aufbau, Peking.

Christian, Brenda (1989), Proving You Can't Teach an Old Dogma New Tricks, in: *China Review*, November 1989: 20-22.

Chritschlow, James (1988), 'Corruption', Nationalism and the Native Elites in Soviet Central Asia, in: *Journal of Communist Studies*, 4 (1988): 142-161.

Ch'ü, T'ung-Tsu (1965), *Law and Society in Traditional China*, Paris 1965.

Cichy, E. Ulrich (1990), *Wirtschaftsreform und Ausweichwirtschaft im Sozialismus. Zur Rolle der Ausweichwirtschaft im Reformprozeß sozialistischer Planwirtschaften, dargestellt am Beispiel der DDR, Polens und Ungarns*, Hamburg 1990.

Cihai (Wörtermeer) (1979), 3 Bde., Shanghai 1979.

Clapham, Christopher (1982), ed., *Private Patronage and Public Power. Political Clientelism in the Modern State*, London 1982.

Clark, David (1986a), Ten Years After: Corruption and Anti-Corruption in Hong Kong, in: *Asian Journal of Public Administration*, vol. VIII (1986): 113-132.

Clark, David (1986b), Corruption in Hong Kong - The ICAC Story, in: *Corruption and Reform*, vol. I (1986): 57-62.

Clark, David (1988), Recent Literature on Corruption, in: *The Journal of Public Administration*, vol. X (1, 1988): 120-125.

Clark, John P. (1989), Conflict Management outside the Courtrooms of China, in: *Troyer, R. J.; Clark, J. P.; Rojek, D. G.* (1989): 57-69.

Clarke, Michael (1983), ed., *Corruption. Causes, Consequences and Control*, New York 1983.

Clough, Ralph N. (1977), *Island China*, Cambridge/Mass. 1977.

Cohen, Myron L. (1970), Developmental Process in the Chinese Domestic Group, in: *Freedman, M.* (1970): 21-36.

Cohen, Paul A. (1988), The Post-Mao Reforms in Historical Perspective, in: *The Journal of Asian Studies*, 47, no. 3 (August 1988): 519-541.

Creifelds, Carl; Meyer-Gossner, Lutz (1988), Hg., *Rechtswörterbuch*, München 1988.

Cremerius, Ruth; Fischer, Doris; Schier, Peter (1990), *Studentenprotest und Repression in China April - Juni 1989, Analyse, Chronologie, Dokumente*, Hamburg 1990.

Criminallexikon (1854), Nach dem neuesten Stande der Gesetzgebung in Deutschland. Bearbeitet von Ludwig von Jagemann und fortgesetzt von Wilhelm Brauer, Erlangen 1854.

Dahrendorf, Ralf (1965), Deutsche Richter - ein Beitrag zur Soziologie der Oberschicht, in: *Dahrendorf, Ralf* (1965), Gesellschaft und Freiheit, München 1965: 176-194.

Dahrendorf, Ralf (1966), *Über den Ursprung der Ungleichheit unter den Menschen*, Tübingen 1966.

Dai, Yannian (1989), Rechtschaffenheit gegen Korruption, in: *Beijing Rundschau*, 33/1989: 4-5.

Danilenko, V. (1983), Political Corruption: Past and Parcel of Bourgeois Society, in: *International Affairs* (Moscow), 9/1983: 31-38.

de Bary, W. T. (1957), Chinese Despotism and the Confucian Ideal. A Seventeenth-Century View, in: *Fairbank, J. K.* (1957): 163-202.

Debon, Günther; Speiser, Werner (1987), Hg., *Chinesische Geisteswelt. Zeugnisse aus drei Jahrtausenden*, Hanau 1987.

Deng, Xiaoping (1980), Dang he guojia lingdao zhidu de gaige (Reform des Leitungssystems von Partei und Staat), in: *Deng Xiaoping wenxuan* (1983): 280-302.

Deng Xiaoping wenxuan (1983) (Ausgewählte Artikel Deng Xiaopings), Peking 1983.

Deng, Xiaoping (1988), *Die Reform der Revolution*, Hg.: H. Martin, Berlin 1988.

Deysine, Anne (1980), Political Corruption: A Review of the Literature, in: *European Journal of Political Research*, vol. VIII (1980): 447-462.

Diaz, May N.; Potter, Jack M. (1967), Introduction: The Social Life of Peasants, in: *Potter, J. M.; Diaz, M. N.; Foster, G. M.* (1967): 154-168.

Dickson, Bruce J. (1990), Conflict and Non-Compliance in Chinese Politics: Party Rectification, 1983-87, in: *Pacific Affairs*, 2/1990: 170-190.

Dittmer, Lowell (1974), *Liu Shao-ch'i and the Chinese Revolution. The Politics of Mass Criticism*, Berkeley, Los Angeles, London 1974.

Dittmer, Lowell (1989), *China's Continuous Revolution. The Post-Liberation Epoch, 1949-1981*, Berkeley, Los Angeles, London 1989.

Dittmer, Lowell (1990), Pattern of Elite Strife and Succession in Chinese Politics, in: *The China Quarterly*, 123/1990: 405-430.

Djilas, Milovan (1957), *Die neue Klasse. Eine Analyse des Kommunistischen Systems*, München 1957.

Dobel, Patrick J. (1978), The Corruption of a State, in: *American Political Science Review*, vol. 72 (1978): 958-973.

Domenach, Jean-Luc (1990), Was wird aus China, in: *Internationale Weihnachtsausgabe der "Tageszeitung"*, 24.12.90: 21.

Domes, Jürgen (1969), *Vertagte Revolution. Die Politik der Kuomintang in China, 1923-1937*, Berlin 1969.

Domes, Jürgen (1975), *China nach der Kulturrevolution*, München 1975.

Domes, Jürgen (1980), *Politische Soziologie der Volksrepublik China*, Wiesbaden 1980.

Domes, Jürgen (1989), Die Krise in der Volksrepublik China, in: *Europa-Archiv*, Folge 15-16/1989: 465-476.

Dong, Min (1989), Gongren de kunhuo he xiwang (Zweifel und Hoffnungen der Arbeiter), in: *Weidinggao* (Noch nicht druckfertige Manuskripte), 10/1989: 54-64.

Douglas, Jack D.; Johnson, John M. (1977), eds., *Official Deviance: Readings in Malfeasance, Misfeasance, and other forms of Corruption*, New York, Hagerstown, Philadelphia, San Francisco 1977.

Downs, Anthony (1967), *Inside Bureaucracy*, Boston 1967.

Dowse, Robert (1972), Conceptualizing Corruption, in: *Government and Opposition*, 2/1977: 244-254.

Dreitzel, Hans P. (1962), *Elitebegriff und Sozialstruktur. Eine soziologische Begriffsanalyse*, Stuttgart 1962.

Dressler, Bernhard (1989), Die Dörfer gegen die Städte. China zwischen Populismus und Despotie, in: *Kommune. Forum für Politik, Ökonomie, Kultur*, 9/1989: 6-12.

Dürrenmatt, Friedrich (1991), Menschheit im Universum der Katastrophen. Der Marxismus, die Furcht und der Tod - Was die Welt Gorbatschow verdankt, in: *Frankfurter Allgemeine Zeitung - Bilder und Zeiten*, 12.1.91.

Durkheim, Emile (1988), *Über soziale Arbeitsteilung. Studie über die Organisation höherer Gesellschaften*, Frankfurt/M. 1988.

Duyvendak, J. J. L. (1963), ed., *The Book of Lord Shang. A Classic of the Chinese School of Law*, London 1963.

Dwivedi, O. P. (1967), Bureaucratic Corruption in Developing Countries, in: *Asian Survey*, vol. 7 (1967): 245-253.

Dwivedy, Surendranath; Bhargava, G. S. (1967), *Political Corruption in India*, New Delhi 1967.

Eastman, Lloyd E. (1974), *The Abortive Revolution. China under Nationalist Rule*, 1927-1937, Cambridge/Mass. 1974.

Ebbighausen, Rolf; Neckel, Sighard (1989), Hg., *Anatomie des politischen Skandals*, Frankfurt/M. 1989.

Eberhard, Wolfram (1967), *Guilt and Sin in Traditional China*, Berkeley, Los Angeles 1967.

Eisenstadt, Shmuel N. (1972), Bürokratie und Politische Entwicklung, in: *Berg-Schlosser, D.* (1972): 262-275.

Eisenstadt, Shmuel N.; Beyme, Klaus von (1968), Bürokratie, in: *Kernig, C. D.* (1968), Sowjetsystem und Demokratische Gesellschaft, Bd. I, Freiburg, Basel, Wien 1968: 953-972.

Eisenstadt, Shmuel N.; Lemarchand, Rene (1981), eds., *Political Clientelism, Patronage and Development*, Beverly Hills, London 1981.

Eisenstadt, Shmuel N.; Roniger, Luis (1981), Clientelism in Communist Systems: A Comparative Perspective, in: *Studies in Comparative Communism*, 2-3/1981: 233-245.

Eisenstadt, Shmuel N.; Roniger, Luis (1984), *Patrons, Clients and Friends. Interpersonal Relations and the Structure of Trust in Society*, Cambridge, London, New York 1984.

Ekpo, Monday K. (1979), ed., *Bureaucratic Corruption in Sub-Saharan Africa: Towards a Search for Causes and Consequences*, Washington 1979.

Elias, Norbert (1989), *Über den Prozeß der Zivilisation. Soziogenetische und psychogenetische Untersuchungen*, 2 Bde., Frankfurt/M. 1989.

Elsenhans, Hartmut (1981), *Abhängiger Kapitalismus oder bürokratische Entwicklungsgesellschaft. Versuch über den Staat in der Dritten Welt*, Frankfurt/M, New York. 1981.

Elsenhans, Hartmut (1985), Der periphere Staat: Zum Stand der entwicklungstheoretischen Diskussion, in: *Nuscheler, F.* (1985b): 135-156.

Endicott, Mary A. (1956), *Fünf Sterne über China*, Berlin 1956.

Endriga, Jose N. (1979), Historical Notes on Graft and Corruption in the Philippines, in: *Philippine Journal of Public Administration*, vol. XXIII (1979): 241-254.

Endruweit, Günter (1986), *Elite und Entwicklung: Theorie und Empirie zum Einfluß von Eliten auf Entwicklungsprozesse*, Frankfurt/M., Bern, New York 1986.

Engelhardt, Volker (1963), *Zur Struktur der Bestechungstatbestände. Eine systematische Untersuchung auf soziologischer, gestaltgeschichtlicher und rechtsvergleichender Grundlage* (Diss.), Düsseldorf 1963.

Engineer, Asghar A. (1982), Wages of Political Corruption, in: *Economic and Political Weekly*, vol. XVII (1982): 1845-1847.

Eschenburg, Theodor (1961), *Ämterpatronage*, Stuttgart 1961.

Etzioni, Amitai (1969a), ed., *A Sociological Reader on Complex Organizations*, New York, Chicago, San Francisco usw. 1969.

Etzioni, Amitai (1969b), A Basis for Comparative Analysis of Complex Organizations, in: *Etzioni, A.* (1969a): 59-76.

Fabris, Hans H. (1981), Massenmedien - Instrument der "Skandalisierung" oder "Vierte Gewalt"?, in: *Brünner, Ch.* (1981): 239-264.

Fairbank, John K. (1957), ed., *Chinese Thought and Institutions*, Chicago, London 1957.

Fairbank, John K.; Reischauer, Edwin O. (1979), *China. Tradition and Transformation*, London, Boston 1979.

Fairbank, John K. (1989), *Geschichte des modernen China 1800-1985*, München 1989.

Fang, Lizhi (1989), *China im Umbruch*, Hg. H. Martin, Berlin 1989.

Far Eastern Economic Review, Hongkong.

Felber, Wolfgang (1986), *Eliteforschung in der Bundesrepublik Deutschland*, Stuttgart 1986.

Feng, Jianping; Wang, Fulian (1990), Yan fang gaige kaifang yishi "gupo" (Sich vor der Auffassung hüten, Reform und Öffnung seien ein "Erdrutsch"), in: *Gongren Ribao* (Arbeiterzeitung), 22.6.90.

Feng, Zhao (1989), "Daobao" daoxiang hefang? (In welche Richtung führt die Zeitschrift "Weltwirtschaftsbote"?), in: *Renmin Ribao* (Volkszeitung), 5.12.89.

Fewsmith, Joseph (1985), *Party, State, and Local Elites in Republican China. Merchant Organization and Politics in Shanghai*, 1890-1930, Honololu 1985.

Feiner, S. E. (1952), Patronage and the Public Service, in: *Public Administration*, vol. XXX (1952): 329-360.

Fischer, Peter (1981), Korruption im internationalen Wirtschaftsverkehr im Zusammenhang mit der Tätigkeit transnationaler Unternehmen, in: *Brünner, Ch.* (1981): 469-489.

Fleck, Christian; Kuzmics, Helmut (1985), Hg., *Korruption. Zur Soziologie nicht immer abweichenden Verhaltens*, Königstein 1985.

Folsom, Kenneth E. (1968), *Friends, Guests, and Colleagues*, Berkeley, Los Angeles 1968.

Forke, Alfred (1922), *Me Ti, des Sozialethikers und seiner Schüler philosophische Werke*, Berlin 1922.

Foster, George M. (1967a), The Dyadic Contract: A Model for the Social Structure of a Mexican Peasant Village, in: *Potter, J. M.; Diaz, M. N.; Foster, G. M.* (1967): 213-230.

Foster, George M. (1967b), Peasant Society and the Image of Limited Food, in: *Potter, J. M.; Diaz, M. N.; Foster, G. M.* (1967): 300-323.

Franke, Herbert (1966), *Max Webers Soziologie der ostasiatischen Religionen, in: Max Weber. Gedächtnisschrift der Ludwig-Maximilian-Universität*, Berlin 1966.

Franke, Wolfgang (1974), Hg., *China Handbuch*, Düsseldorf 1974.

Franklin, Daniel (1981), Bribery and Corruption in East-West Trade, in: *The ACES Bulletin*, 23/1981: 1-71.

Freedman, Maurice (1970), ed., *Family and Kinship in Chinese Society*, Stanford 1970.

Freeman, Duncan (1986), China's Open Door Policy: An Unwanted Import, in: *Inside Asia*, November/December 1986: 32-34.

Fried, Morton H. (1953), *The Fabric of Chinese Society: A Study of the Social Life of a Chinese County Seat*, London 1956.

Friedrich, Carl J. (1966), Political Pathology, in: *The Political Quarterly*, 1/1966: 70-85.

Friedrich, Carl J. (1973), *Pathologie der Politik*, Frankfurt, New York 1973.

Frühling und Herbst des Lü Bu We (1979), Hg. Richard Wilhelm, Düsseldorf, Köln 1979.

Fu, Xilu (1989), Hg., *Jiceng dangde ganbu gongzuo zhinan* (Leitfaden für die Arbeit der Basisparteikader), Qinhuangdao 1989.

Gamble, Sidney D. (1968), *Ting Hsien: A North China Rural Community*, Stanford 1968.

Gao, Weiguo (1990), Fubai xianxiang de sixiang genyuan - baijinzhuyi (Die ideologische Wurzel des Korruptionsphänomens - der Mammonismus), in: *Liaoning Ribao* (Tageszeitung von Liaoning), 4.1.90.

Gardiner, John A. (1977), Law-Enforcement Corruption: Explanations and Recommendations, in: *Douglas, J. D.; Johnson, J. M.* (1977): 363-374.

Gardiner, John A.; Lyman, Theodore R. (1978), *Decisions for Sale*, New York, London, Sydney, Toronto 1978.

Gardiner, John A. (1986), Controlling Official Corruption and Fraud: Bureaucratic Incentives and Disincentives, in: *Corruption and Reform*, vol. I (1986): 33-50.

Ge, Yaoliang (1989), Guanyu wo guo shimin zhengzhi gaige yishi he xintai de fenxi (Analyse des Fühlens und Denkens der städtischen Bevölkerung über politische Reformen), in: *Juece Yu Xinxi* (Entscheidung und Information), 1/1989: 36-40.

Geerds, Friedrich (1961), *Über den Unrechtsgehalt der Bestechungsdelikte und seine Konsequenzen für Rechtsprechung und Gesetzgebung. Eine strafrechtliche und kriminologische Studie*, Tübingen 1961.

Geisser, Franz (1947), *Mo Ti. Der Künder der allgemeinen Menschenliebe*, Bern 1947.

Gerlich, Peter (1981), Korruption im Systemvergleich, in: *Brünner, Ch.* (1981): 166-181.

Gillespie, Kate; Okruhlik, Gwenn (1988), Cleaning up Corruption in the Middle East, in: *The Middle East Journal*, vol. XLII (1988): 59-82.

Gilpatrick, Meredith P. (1950), The Status of Law and Lawmaking Procedure under the Kuomintang 1925-46, in: *The Far Eastern Quarterly*, 1/1950: 38-55.

Gold, Thomas B. (1985), After Comradeship: Personal Relations in China Since the Cultural Revolution, in: *The China Quarterly*, 104/1985: 657-675.

Goldthorpe, J. E. (1975), *The Sociology of the Third World: Disparity and Involvement*, Cambridge 1975.

Gongren Ribao (Arbeiterzeitung), Peking.

Goodman, Margaret (1974), Does Political Corruption Help Economic Development?, in: *Polity*, vol. VII (1974): 143-162.

Gopinath, P. Krishna (1982), Corruption in Political and Public Offices: Causes and Cure, in: *Indian Journal of Public Administration*, vol. XXVIII (1982): 897-918.

Gottschall, Dietmar (1988), Freud bei der Arbeit, in: *Manager-Magazin*, Juli 1988: 140-145.

Gould, David J. (1980), *Bureaucratic Corruption and Underdevelopment in the Third World. The Case of Zaire*, New York, Oxford, Toronto, Sydney, Paris, Frankfurt/M. 1980.

Gould, David J.; Amaro-Reyes, Jose A. (1983), *The Effects of Corruption on Administrative Performance. Illustrations from Developing Countries*. World Bank Staff Working Papers No. 580, Washington 1983.

Graham, John L. (1984), The Foreign Corrupt Practices Act: A New Perspective, in: Journal of *International Business Studies*, 15, Winter 1984: 107-121.

Gransow, Bettina (1983), *Soziale Klassen und Schichten in der Volksrepublik China. Theoretische Transformationskonzepte und reale Entwicklungsformen von 1949-1979 unter besonderer Berücksichtigung der städtischen Arbeiterklasse*. Berliner China-Studien Bd. 2, München 1983.

Grant, Geoffrey (1989), The Family and Social Control: Traditional and Modern, in: *Troyer, R. J.;Clark, J. P./Rojek, D. G.* (1989): 17-25.

Graziano, L. (1975), *A Conceptual Framework for the Study of Clientelism*, Ithaca 1975.

Greanias, George C.; Windsor, Duane (1982), *The Foreign Corrupt Practices Act. Anatomy of a Statute*, Lexington u. a. 1982.

Greenblatt, Sidney L. (1977), Campaigns and the Manufacture of Deviance in Chinese Society, in: *Wilson, A. A.; Greenblatt, S. L.; Wilson, R. W.* (1977): 82-120.

Greenblatt, Sidney L.; Wilson, Richard W.; Wilson, Amy Auerbacher (1981), eds., *Organizational Behavior in Chinese Society*, New York 1981.

Greenblatt, Sidney L.; Wilson, Richard W.; Wilson, Amy Auerbacher (1982), eds., *Social Interaction in Chinese Society*, New York 1982.

Greenstone, J. David (1965-66), Corruption and Self Interest in Kampala and Nairobi: A Comment on Local Politics in East Africa, in: *Comparative Studies in Society and History*, vol. VIII (1965-66): 199-210.

Gronbeck, Bruce E. (1978), Rhetoric of Political Corruption: Sociolinguistic, Dialectical, and Ceremonial Processes, in: *The Quarterly Journal of Speech*, vol. LXIV (1978): 155-172.

Grossman, Gregory (1977), The "Second Economy" of the USSR, in: *Problems of Communism*, September 1977: 25-40.

Grossman, Gregory (1979), *Notes on the Illegal Private Economy and Corruption, in: Soviet Economy in a Time of Change.* A Compendium of Papers submitted to the Joint Economic Committee Congress of the United States, vol. 1, Washington 1979: 834-855.

Gu, Xuming (1991), "Renqing zhai" huanbuqing. Chunjie jiang zhi song li sui li ying jiezhi ("Menschliche Gefühlsschulden" lassen sich nicht tilgen. Am Frühlingsfest sollte man das Schenken einschränken), in: *Gongren Ribao* (Arbeiterzeitung), 5.1.91.

Gumpel, Werner (1985), Hg., *Das Leben in den Kommunistischen Staaten - Zum Alltäglichen Sozialismus*, Köln 1985.

Guo, Qiang; Li, Mingshu; Zhang, Linyou; Lu Shujun; Liu, Lingling; Xu, Fengliang (1990), Yici shehui shijian hou de sikao (Überlegungen nach einer gesellschaftlichen Praxis), in: *Renmin Ribao* (Volkszeitung), 2.6.90.

Guo, Xiang; Wang, Youcai (1988), Hg., *Falü guwen yi zixun shiyong daquan* (Handbuch für Rechtsberatung), Peking 1988.

Guowuyuan fazhiju (1989) (Rechtsystemamt des Staatsrats), Hg., *Lianzheng jianshe zhengce fagui xuanbian* (Auswahl gesetzlicher Bestimmungen für die Politik der Schaffung einer rechtschaffenen Regierung), Peking 1989.

Habermas, Jürgen (1990), *Die nachholende Revolution*, Frankfurt/M. 1990.

Hacker, Friedrich (1981), Sozialpsychologische Bedingungen der Korruption, in: *Brünner, Ch.* (1981): 137-150.

Halayya, M. (1975), *Emergency. A War on Corruption*, New Delhi 1975.

Halayya, M. (1985), *Corruption in India*, New Delhi, Madras, Hyderabad 1985.

Hamann, Rudolf (1964), *Paretos Elitentheorie und ihre Stellung in der neueren Soziologie*, Stuttgart 1964.

Hamm, William (1986), What do we Mean by Waste and Abuse, in: *McKinney, J. B.; Johnston, M.* (1986): 8-14.

Han, Minzhu (1990), ed., *Cries for Democracy. Writings and Speeches from the 1989 Chinese Democracy Movement*, Princeton/New Jersey 1990.

Han, Zhanhui (1989), Fan fubai bixu zheng zhaoxi (Jede Minute im Kampf gegen die Korruption nutzen), in: *Jingji Cankao* (Wirtschaftsinformationen), 3.8.89.

Hanan, Patrick (1980), Judge Bao's Hundred Cases, in: *Harvard Journal of Asiatic Studies*, vol. 40 (1980): 301-323.

Harasymiw, Bohdan (1977a), Die sowjetische Nomenklatur. Teil I: Organisation und Mechanismen, in: *Osteuropa*, 7/1977: 583-598.

Harasymiw, Bohdan (1977b), Die sowjetische Nomenklatur. Teil II: Soziale Determinanten und Kaderpolitik, in: *Osteuropa*, 8/1977: 665-681.

Harding, Harry (1981), *Organizing China: The Problem of Bureaucracy, 1949-1976*, Stanford 1981.

Harris, Nigel (1978), *The Mandate of Heaven. Marx and Mao in Modern China*, London, Melbourne, New York 1978.

Harris, Peter (1978), *Hong Kong. A Study in Bureaucratic Politics*, Hong Kong, Singapore, Kuala Lumpur 1978.

Harris, Peter B. (1979), *The Anatomy and Physiology of Corruption in Hong Kong: A Model*, Papers of the World Congress of the International Political Science Association, Moscow 1979.

Harris, Peter (1989), Socialist Graft: The Soviet Union and the People's Republic of China, in: *Heidenheimer, A. J.; Johnston, M.; LeVine, V. T.* (1989): 513-533.

Haupt, Volker (1990), Zwischen Stasimorphie und Entfesselung. Die Sowjetunion auf dem Weg in die ausdifferenzierte Gesellschaft, in: *Kommune. Forum für Politik, Ökonomie, Kultur* 4/1990: 40-45.

He, Jiacheng (1989), Zhengzhi fubai yu jingji gaige (Abwehr der Korruption und Wirtschaftsreform), in: *Zhongguo: Fazhan Yu Gaige* (China: Entwicklung und Reform), 7/1989: 18-25.

He, Yiting (1990), Renmin qunzhong shi dang de liliang yuanquan he shengli zhiben (Die Volksmassen sind die Kraftquelle der Partei und die Wurzel des Sieges), in: *Qiushi* (Wahrheit), 7/1990: 28-34.

Heberer, Thomas (1988), *Wenn der Drache sich erhebt. China zwischen Gestern und Heute*, Baden-Baden 1988.

Heberer, Thomas (1989a), *Die Rolle des Individualsektors für Arbeitsmarkt und Stadtwirtschaft in der Volksrepublik China.* Bremer Beiträge zur Geographie und Raumplanung, Bremen 1989.

Heberer, Thomas (1989b), Reform und Revolte. Das Dilemma zwischen ökonomischer und politischer Reform und die Hintergründe der Ereignisse vom Frühsommer 1989, in: *Universitas*, 8/1989: 718-730.

Heberer, Thomas (1990a), Chinesischer Sozialismus = Sozialistischer Konfuzianismus? Der Widerstreit zwischen Tradition und Moderne, in: *Menzel, U.* (1990): 126-140.

Heberer, Thomas (1990b), Traditionale Kultur und Modernisierung. Versuch einer Analyse am Beispiel Chinas, in: *Politische Vierteljahresschrift*, 2/1990: 214-237.

Heberer, Thomas (1990c), Anhaltende Krise. Paternalismus, Sozialismus und Demokratie in China, in: *Kommune. Forum für Politik, Ökonomie, Kultur*, 6/1990: 48-54.

Heberer, Thomas; Taubmann, Wolfgang (1988), Die städtische Privatwirtschaft in der VR China - "Second Economy" zwischen Markt und Plan, in: *Leng, G.; Taubmann, W.*, Hg., Geographische Entwicklungsforschung im interdisziplinären Dialog. 10 Jahre "Geographischer Arbeitskreis Entwicklungstheorien". Bremer Beiträge zur Geographie und Raumplanung, Bremen 1988: 233-262.

Heberer, Thomas; Weigelin, Rüdiger (1990), Hg., *Xiandaihua, Versuch einer Modernisierung. Entwicklungsprobleme der VR China*, Bad Honnef 1990.

Hegedüs, Andras (1981), *Sozialismus und Bürokratie*, Reinbek 1981.

Heidenheimer, Arnold J. (1978), ed., *Political Corruption. Readings in Comparative Analysis*, New Brunswick 1978.

Heidenheimer, Arnold J. (1989), Problems of Comparing American Political Conceptions, in: *Heidenheimer, A. J.; Johnston, M.; LeVine, V. T.* (1989): 573-585.

Heidenheimer, Arnold J.; Johnston, Michael; LeVine, Victor T. (1989), eds., *Political Corruption. A Handbook*, New Brunswick, Oxford 1989.

Henan Jingji (Wirtschaft Henans), Zhengzhou.

Henkel, Heinrich (1960), Die Bestechlichkeit von Ermessensbeamten, in: *Juristenzeitung*, 1960: 507-512.

Herlemann, Horst (1976), Zum Problem der Bürokratie in der Sowjetunion, in: *Osteuropa*, 12/1976: 1064-1078.

Herrmann-Pillath, Carsten (1990), *China - Kultur und Wirtschaftsordnung. Eine system- und evolutionstheoretische Untersuchung*, Stuttgart, New York 1990.

Herzog, Dietrich (1982), *Politische Führungsgruppen. Probleme und Ergebnisse der modernen Eliteforschung*, Darmstadt 1982.

Hiniker, Paul J./Perlstein, Jolanta J. (1978), Alternation of Charismatic and Bureaucratic Styles of Leadership in Postrevolutionary China, in: *Comparative Political Studies*, 4/1978: 529-554.

Hirschmann, Albert O. (1968), Latitudes for Corruption, in: *Development Digest*, vol. VI (1968): 116-118.

Hoetjes, B. J. S. (1976), Politics and Government: A Background to Corruption in Public Administration in Developing Countries, in: *The Netherlands' Journal of Sociology*, 12/1976: 47-77.

Hoffmann-Lang, Ursula (1983), Elitenforschung in der Bundesrepublik Deutschland, in: *Aus Politik und Zeitgeschichte*. Beilage zur Wochenzeitung "Das Parlament", 47/1983: 11-25.

Hoogvelt, A. M. (1978), *The Sociology of Developing Societies*, London 1978.

Hook, Brian (1982), ed., *The Cambridge Encyclopedia of China*, Cambridge, London, New York, New Rochelle, Melbourne, Sydney 1982.

Hope, Kempe R. (1985), Politics, Bureaucratic Corruption and Maladministration in the Third World, in: *International Review of Administrative Sciences*, vol. LI (1985): 1-6

Horkheimer, Max (1988), *Gesammelte Schriften, Bd. 14: Nachgelassene Schriften 1949-1972*, Frankfurt/M. 1988.

Hou, Zhixue; Hou, Qingyi (1989), Shayisha nongcun "zenglifeng" (Die ländlichen Geschenkpraktiken stoppen), in: *Zhongguo Tongji* (Chinas Statistik), 7/1989: 29-30.

Howard, Maurice (1986), China's Black Markets, in: *Inside Asia*, November/December 1986: 35-36.

Hsieh, Pao-Chao (1925), *The Government of China*, 1644-1911, Baltimore 1925.

Hsu, Francis L. K. (1953), *Americans and Chinese: Two Ways of Life*, New York 1953.

Hsu, Francis L. K. (1971), *Under the Ancestor's Shadow: Kinship, Personality and Social Mobility in China*, Stanford 1971.

Hsu, Francis L. K. (1972), *Americans and Chinese*, Garden City, New York 1972.

Hsün-Tzu (1967), Veröffentlichungen des Missionspriesterseminars, Hg.: H. Köster, St. Augustin 1967.

Hua, Sheng; Zhang, Xuejun; Luo, Xiaopeng (1988), Zhongguo gaige shi nian: huigu, fansi he qianjing (Zehn Jahre Reform in China: Rückblick, Reflexion und Aussichten), in: *Jingji Yanjiu* (Wirtschaftsstudien), 12/1988: 10-28.

Hucker, Charles O. (1959), Confucianism and the Chinese Censorial System, in: *Nivison, D. S.; Wright, A. F.* (1959): 182-208.

Hucker, Charles O. (1966), *The Censorial System of Ming China*, Stanford 1966.

Hummel, Arthur W. (1960), The Art of Social Relations in China, in: *Philosophie East and West*, 10/1960: 13-22.

Huntington, Samuel P. (1968), *Political Order in Changing Societies*, New Haven, London 1968.

Huoguo yangmin de "sirenbang" (1977) (Die Volk und Land Unheil bringende "Viererbande"), Peking 1977.

Iga, Mamoru; Auerbach, Morton (1977), Political Corruption and Social Structure in Japan, in: *Asian Survey*, 6/1977: 556-564.

Ike, Nobutaka (1979), Comment on Japan, in: *Studies in Comparative Communism*, vol. XII (1979): 201-203.

Ishar, Monika (1986), *Die Übertragung von chinesischen Gesetzestexten ins Deutsche. Erarbeitung eines Übersetzungsmodells am Beispiel des Strafgesetzbuches der VR China* (unveröffentlichte Magisterarbeit), Bochum 1986.

Ishar, Monika; Schulz, Heidrun; Wegmann, Konrad (1986), *Studien zum chinesischen Recht*, Band V: Materialien zum Besonderen Teil des Strafrechts in der VR China 1979-1984. Eine Dokumentation aus chinesischen Quellen, Bochum 1986.

Ishihara, Kyoichi (1989), China's Multiple Price System, in: *China Newsletter*, 80/1989: 2-9.

Jabbra, Joseph G. (1976), Bureaucratic Corruption in the Third World: Causes and Remedy, in: *Indian Journal of Public Administration*, vol. XXII (1976): 673-691.

Jacobs, Bruce J. (1979), A Preliminary Model of Particularistic Ties in Chinese Political Alliances: Kan-Ch'ing and Kuan-Hsi in a Rural Taiwanese Township, in: *The China Quarterly*, 78/1979: 232-273.

Jacobs, Bruce J. (1982), The Concept of Guanxi and Local Politics in a Rural Chinese Cultural Setting, in: *Greenblatt, S. L.; Wilson, R. W.; Wilson, A. A.* (1982): 209-236.

Jacoby, Neil. H.; Nehemkis, Peter; Eells, Richard (1977), *Bribery and Extortion in World Business. A Study of Corporate Political Payments Abroad*, New York, London 1977.

Jaeggi, Urs (1960), *Die gesellschaftliche Elite. Eine Studie zum Problem der sozialen Macht*, Bern, Stuttgart 1960.

Jain, R. B. (1983), Fighting Political Corruption: The Indian Experience, in: *The Indian Political Science Review*, vol. XVII (1983): 215-228.

Jamann, Wolfgang; Menkhoff, Thomas (1988a), *"Make big profits with a small capital". Die Rolle der Privatwirtschaft und des "Informellen Sektors" für die urbane Entwicklung der VR China*, München 1988.

Jamann, Wolfgang; Menkhoff, Thomas (1988b), Licht und Schatten - Chinas Zweite Wirtschaft, in: *Osteuropa-Wirtschaft*, 1/1988: 16-36.

Jensen, Fritz (1950), *China siegt*, Berlin 1950.

Jian, Chuan (1989), Wahre Absichten der "Kämpfer für die Demokratie". Aufschlußreiche Einzelheiten über Haupträdelsführer und Unruhestifter der Beijinger Ereignisse, in: *Beijing Rundschau*, 49/1989: 23-27.

Jiang, Guoping (1990), Guanyu bufen getihu xinghui wenti de sikao (Gedanken über die Bestechung durch einen Teil der Individualwirtschaftshaushalte), in: *Gongren Ribao* (Arbeiterzeitung), 13.2.1990.

Jin, Sai (1989), Hg., *Guojia gongwuyuan bidu 400 ti* (400 notwendig zu lesende Fragen für Staatsangestellte), Peking 1989

Jingji Cankao (Wirtschaftsinformationen), Peking.

Jingji Ribao (Wirtschaftstageszeitung), Peking.

Johnson, Omotunde E. G. (1975), An Economic Analysis of Corrupt Government, with Special Application to Less Developed Countries, in: *Kyklos*, vol. 28 (1975): 47-61.

Johnston, Michael (1979), Patrons and Clients, Jobs and Machines: A Case Study of the Uses of Patronage, in: *The American Political Science Review*, vol. LXXIII (1979): 385-398.

Johnston, Michael (1982), *Political Corruption and Public Policy in America*, Monterey 1982.

Johnston, Michael (1986a), The Political Consequences of Corruption. A Reassessment, in: *Comparative Politics*, 4/1986: 459-477.

Johnston, Michael (1986b), Systemic Origins of Fraud, Waste and Abuse, in: *McKinney, J. B.; Johnston, M.* (1986): 15-29.

Johnston, Michael (1986c), Corruption and Democracy in America, in: *McKinney, J. B.; Johnston, M.* (1986): 137-150.

Jones, Edwin (1985), Politics, Bureaucratic Corruption, and Maladministration in the Third World: Some Commonwealth Caribbean Considerations, in: *International Review of Administrative Sciences*, vol. LI (1, 1985): 19-23.

Joseph, Joan (1974), *Political Corruption*, New York 1974.

Jowitt, Kenneth (1983), Soviet Neotraditionalism: The Political Corruption of a Leninist Regime, in: *Soviet Studies*, 3/1983: 275-297.

Ju, Ed-June (1986), *Max Webers Bürokratiekonzeption als Ausgangspunkt für eine vergleichende Studie der chinesischen und deutschen Bürokratie* (Diss.), Speyer 1986.

Kahn-Ackermann, Michael (1983), Zum Glück gibts die Hintertür, in: *Palaver*, 2/1983: 20-25.

Kaikati, Jack J. (1977), The Phenomenon of International Bribery, in: *Business Horizons*, vol. XX (1977): 25-37.

Kameir, El-Wathig; Kursany, Ibrahim (1985), *Corruption as the "Fifth" Factor of Production in the Sudan*, Research Report No. 72, Uppsala 1985.

Kaminski, Antoni Z. (1988), The Privatization of the State: Trends in the Evolution of (Real) Socialist Political Systems, in: *The Asian Journal of Public Administration*, vol. X (1, 1988): 27-47.

Kang, Junxin (1990), Lun shouhui zui de zhuti (Über das Subjekt bei Bestechlichkeit), in: *Ningxia Shehui Kexue* (Sozialwissenschaften Ningxias), 5/1990: 78-82.

Katsenelinboigen, Aron (1983), Corruption in the USSR: Some Methodological Notes, in: *Clarke, M.* (1983): 220-238.

Kaufman, Robert R. (1974), The Patron-Client Concept and Macro-Politics: Prospects and Problems, in: *Comparative Studies in Society and History*, 3/1974: 284-308.

Kemp, Jeremy H. (1982), A Tail Wagging the Dog: The Patron-Client Model in Thai Studies, in: *Clapham, Ch.* (1982): 142-161.

Kennedy, George A. (1939), *Die Rolle des Geständnisses im Chinesischen Gesetz*, Berlin 1939.

Kenny, M. (1960), Patterns of Patronage in Spain, in: *Anthropological Quarterly*, 33 (1960): 14-23.

Key, V.O. (1989), Techniques of Political Graft, in: *Heidenheimer, A. J.; Johnston, M.; LeVine, V. T.* (1989): 39-49.

Khan, Iltija H. (1973), Bureaucracy in a Developing Country: India, in: *Public Administration*, vol. XXXII (1973): 352-368.

Klaveren, Jacob van, The Concept of Corruption, in: *Heidenheimer, A. J.; Johnston, M.; LeVine, V. T.* (1989): 25-27.

Kleinfeld, Ralf (1990), *Auswahlbibliographie "Politische Korruption und angrenzende Themengebiete" im Deutschsprachigen Schrifttum*, Manuskript, Hagen (Fernuniversität) 1990.

Klier, Peter; Stölting, Erhard; Süß, Walter (1989), Konvergenz der Skandale? Öffentlichkeit, Publikum und Korruption in der Sowjetunion, in: *Ebbighausen, R.; Neckel, S.* (1989): 274-304.

Klitgaard, Robert (1988), *Controlling Corruption*, Berkeley, Los Angeles, London 1988.

Klugman, Jeffry (1986), The Psychology of Soviet Corruption, Indiscipline, and Resistance to Reform, in: *Political Psychology*, 1/1986: 67-82.

Kofler, Leo (1970), *Stalinismus und Bürokratie*, Neuwied/Rhein, Berlin 1970.

Kohli, Suresh (1975), *Corruption in India*, New Delhi 1975.

Koller, Peter (1981), Protektion und Korruption. Klassenspezifische Selektionsmechanismen in der staatlichen Verwaltung, in: *Österreichische Zeitschrift für Soziologie*, 1/1981: 38-44.

Kornai, Janos (1975), *Anti-Äquilibrium. Über die Theorien der Wirtschaftssysteme und die damit verbundenen Forschungsaufgaben*, Berlin, Heidelberg, New York 1975.

Kornai, Janos (1980), *Economics of Shortage*, 2 vols., Amsterdam, New York, Oxford 1980.

Kotecha, Ken C.; Adams, Robert W.(1981), *The Corruption of Power. African Politics*, Washington 1981.

Kourvetaris, George A.; Dobratz, Betty A. (1984), Political Clientelism in Athens, Greece: A Three Paradigm Approach to Political Clientelism, in: *East European Quarterly*, 1/1984: 35-59.

Kracke Jr., E. A. (1957), Region, Family and Individual in the Chinese Examination System, in: *Fairbank, J. K.* (1957): 251-268.

Kramer, John M. (1977), Political Corruption in the USSR, in: *The Western Political Quarterly*, 2/1977: 213-224.

Krase, Jerome; Sagarin, Edward (1980), Formal and Informal Social Control in Cross-Cultural Perspective, in: *Newman, G. R.* (1980): 211-235.

Kraus, Willy (1989), *Private Unternehmerschaft in der Volksrepublik China. Wiederbelebung zwischen Ideologie und Pragmatismus*, Hamburg 1989.

Kraus, Willy (o. J.), *Shehui shichang jingji* (Soziale Marktwirtschaft), Bonn o. J.

Krieger, Silke; Trauzettel, Rolf (1990), Hg., *Konfuzianismus und die Modernisierung Chinas*, Mainz 1990.

Krueger, Anne O. (1974), The Political Economy of the Rent-Seeking Society, in: *American Economic Review*, 3/1974: 291-303.

Krug, Barbara (1986), Korruption - kein neues Problem, in: *das neue China*, 2/1986: 58-59.

Kuhn, Franz (1923), *Chinesische Staatsweisheit*, Darmstadt 1923.

Kungfutse (1985), *Gespräche. Lun Yü*, Köln 1985.

Kuron, Jacek; Modzelewski, Karol (1969), *Monopolsozialismus. Offener Brief an die Mitglieder der Grundorganisation der Polnischen Vereinigten Arbeiterpartei und an die Mitglieder der Hochschulorganisation des Verbandes Sozialistischer Jugend an der Warschauer Universität*. Übersetzt und herausgegeben von Helmut Wagner, Hamburg 1969.

Kuttner, Stephan (1932), Altes und Neues Strafrecht in China, in: *Sinica*, vol. VII (1932): 135-148.

Kuzmics, Helmut (1982), Politische Korruption und Strukturfunktionalistische Theorie der Modernisierung, in: *Kriminalsoziologische Bibliographie*, Jg. 9 (1982), Heft 34: 17-32.

Laclany, Laszlo (1988), *The Communist Party of China and Marxism 1921-85. A Self Portrait*, Stanford 1988.

Laiyin Forum (1990), *Die Göttin der Demokratie - China 1989*, Berlin 1990.

Laermann, Klaus (1984), Die gräßliche Bescherung. Zur Anatomie des Politischen Skandals, in: *Kursbuch*, 77 (1984): 159-172.

Lampert, Nick (1984), Law and Order in the USSR: The Case of Economic and Official Crime, in: *Soviet Studies*, 3/1984: 366-385.

Lampert, Nicholas (1985), *Whistleblowing in the Soviet Union. Complaints and Abuses under State Socialism*, London, Basingstoke 1985.

Landé, Carl H. (1973), Networks and Groups in Southeast-Asia: Some Observations on the Group Theory of Politics, in: *The American Political Science Review*, 1/1973: 103-127.

Landé, Carl H. (1977), The Dyadic Basis of Clientelism, in: *Schmidt, S. W.; Guasti, L. u. a.* (1977): xiii-xxxvii.

Landfried, Christine (1989), Korruption und politischer Skandal in der Geschichte des Parlamentarismus, in: *Ebbighausen, R.; Neckel, S.* (1989): 130-148.

Lang, Olga (1946), *Chinese Family and Society*, New Haven, London 1950.

Lange, Max G. (1970), *Politische Soziologie*, Berlin, Frankfurt/M. 1970.

Laotse (1988), *Tao te king.* Text und Kommentar, München 1988.

LaPalombara, Joseph (1974), *Politics within Nations*, Englewood Cliffs 1974.

Lasswell, Harold D.; Kaplan, Abraham (1952), *Power and Society. A Framework for Political Inquiry*, London 1952.

Lasswell, Harold D.; Lerner, Daniel (1965), eds., *World Revolutionary Elites. Studies in Coercive Ideological Movements*, Cambridge/Mass., London 1966.

Lasswell, Harold D.; Lerner, Daniel; Rothwell, C. Easton (1952), *The Comparative Study of Elites. An Introduction and Bibliography*, Stanford 1952.

Latourette, K. S. (1951), *The Chinese, Their History and Culture*, New York 1951.

Le Vine, Victor T. (1975), *Political Corruption, The Ghana Case*, Stanford/Cal. 1975.

Lee, Peter Nan-shong (1979), The Pattern and Causes of Police Corruption in Hong Kong, in: *Hong Kong Journal of Public Administration*, vol. I (1979): 2-18.

Lee, Rance P. L. (1981), The Folklore of Corruption in Hongkong, in: *Asian Survey*, 3/1981: 355-368.

Lee, Rance P. L. (1986), Bureaucratic Corruption in Asia: The Problems of Incongruence Between Legal Norms and Folk Norms, in: *Carino, L. V.* (1986): 69-107.

Leff, Nathaniel H. (1964), Economic Development Through Bureaucratic Corruption, in: *The American Behavioral Scientist*, November 1964: 8-14.

Legge, James (1960), *The Chinese Classics*, 5 vols., Hongkong 1960.

Lemarchand, Rene (1972), Political Clientelism and Ethnicity in Tropical Africa: Competing Solidarities in Nation-Building, in: *The American Political Science Review*, 1/1972: 68-90.

Lemarchand, Rene; Legg, Keith (1972), Political Clientelism and Development, in: *Comparative Politics*, 2/1972: 149-178.

Leng, Shao-chuan (1989), ed., *Changes in China. Party, State, and Society*, Lanham, New York, London 1989.

Lenski, Gerhard (1973), *Macht und Privileg. Eine Theorie der sozialen Schichtung*, Frankfurt/M. 1973.

Lethbridge, Henry (1978), *Hong Kong: Stability and Change*. A Collection of Essays, Hongkong, Oxford, New York, Melbourne 1978.

Lethbridge, Henry J. (1985), *Hard Graft in Hongkong*, Hongkong, Oxford, New York, Melbourne 1985.

Leuenberger, Theodor (1975), *Bürokratisierung und Modernisierung der Gesellschaft*, Bern, Stuttgart 1975.

Levi-Strauss, Claude (1981), *Die elementaren Strukturen der Verwandtschaft*, Frankfurt/M. 1981.

Levy Jr., Marion Joseph, (1949), *The Family Revolution in Modern China*, Cambridge/Mass. 1949.

Lewytzkyj, Borys (1961), Die Nomenklatura. Ein wichtiges Instrument sowjetischer Kaderpolitik, in: *Osteuropa*, 11 (1961): 408-412.

Leys, Colin (1965), What is the Problem about Corruption?, in: *Journal of Modern African Studies*, 2/1965: 215-230.

Li, Fang (1986), Hg., *Jingji faxue cidian* (Wörterbuch des Wirtschaftsrechts), Shenyang 1986.

Li, Guangcan (1984), Hg., *Zhonghua Renmin Gongheguo xingfa lun* (Über das Strafgesetz der Volksrepublik China), 2 Bde., Changchun 1984.

Li, Hua (1990), Wei "gong" xinghui ye youzui (Bestechung für die "Gemeinschaft" ist auch strafbar), in: *Gongren Ribao* (Arbeiterzeitung), 18.10.90.

Li, Huirang (1991), Lun zichanjieji gerenzhuyi de shizhi ji qi weihai (Über Wesen und Schaden des bürgerlichen Individualismus'), in: *Qiushi* (Wahrheit) 3/1991: 23-29.

Li, Kwok Sing (1990), Deng Xiaoping and the Second Field Army, in: *China Review*, January 1990: 40-41.

Li, Qiao (1990), Lianzheng jianshe xuyao falühua ((Der Aufbau einer rechtschaffenen Regierung braucht Verrechtlichung), in: *Gongren Ribao* (Arbeiterzeitung), 13.4.90.

Li, Victor H. (1970), The Role of Law in Communist China, in: *The China Quarterly*, 44/1970: 66-111.

Li, Victor H. (1977), Law and Penology: Systems of Reform and Correction, in: *Wilson, A. A.; Greenblatt, S. L.; Wilson, R. W.* (1977): 140-150.

Li, Xiling (1990), Song li yu song li (Geschenke bringen und zur Vernunft bringen), in: *Gongren Ribao* (Arbeiterzeitung), 14.7.90.

Li, Yannian (1991), Jian tan bu zheng zhifeng zai qiye zhong de biaoxian ji qi duice (Über die Erscheinungsformen ungesunder Tendenzen in den Betrieben und die Gegenmaßnahmen), in: *Gongren Ribao* (Arbeiterzeitung) 18.1.91.

Li Yi Zhe; Opletal, Helmut; Schier, Peter (1977), *China: wer gegen wen?,* Berlin 1977.

Li, Zhongchun (1990), Zhong xiao xuexiao luan shoufei tanyuan (Über die Ursachen willkürlicher Gebührenerhebungen an Mittel- und Grundschulen), in: *Renmin Ribao* (Volkszeitung), 6.11.90.

Liao, W. K. (1959), *The Complete Works of Han Feitzu: A Classic of Chinese Political Science*, 2 vols., London 1959.

Liaoning Ribao (Tageszeitung von Liaoning), Shenyang.

Lieberthal, Kenneth; Oksenberg, Michel (1988), *Policy Making in China. Leaders, Structures, and Processes*, Princeton/New Jersey 1988.

Liebs, Detlef (1978), Ämterkauf und Ämterpatronage in der Spätantike, in: *Zeitschrift der Savigny-Stiftung für Rechtsgeschichte, Romanistische Abteilung*, Bd. 85 (1978): 158-186.

Lin, Mohan (1991), Rang neixie gao dongluan de ren lai dangquan, na bu zhi hui fubai dao shenme chengdu (Läßt man diejenigen, die Aufruhr verursacht haben, an die Macht, wer weiß, wie groß das Ausmaß an Korruption dann erst sein wird), in: *Renmin Ribao* (Volkszeitung), 11.1.91.

Lin, Ya (1990), Duanqi xingwei - qianzai de fubai (Kurzsichtiges Verhalten - potentielle Korruption), in: *Shehuixue Yanjiu* (Soziologische Studien), 5/1990: 46-54.

Lin, Yutang (o. J.), *Mein Land und mein Volk*, Stuttgart o. J.

Lin, Yutang (1990), *Zhongguoren* (Chinese), Xiaoshen 1990.

Linck, Gudula (1989), Auch Lei Feng ist in die Jahre gekommen. Probleme mit der Moral in der Volksrepublik China, in: *Universitas*, 8/1989: 731-737.

Linebarger, Paul M. A. (1941), *The China of Chiang K'ai-Shek: A Political Study*, Boston 1941.

Liu, Alan P. L. (1976), *Political Culture & Group Conflict in Communist China*, Santa Barbara, Oxford 1976.

Liu, Alan P. L. (1983), The Politics of Corruption in the People's Republic of China, in: *American Political Science Review*, 77 (1983): 602-623.

Liu, Alan P. L. (1986), *How China is Ruled*, Englewood Cliffs 1986.

Liu, Binyan (1983), Unter Menschen und Dämonen, in: *Wagner, Rudolf G.* , Hg., Literatur und Politik in der Volksrepublik China, Frankfurt/M. 1983: 186-247.

Liu, Chaohua (1990), Jiuzheng hangye bu zheng zhifeng yao tuchu zhongdian (Zur Korrektur der ungesunden Tendenzen in einzelnen Sektoren muß man die Schwerpunkte in den Vordergrund stellen), in: *Renmin Ribao* (Volkszeitung), 29.11.90.

Liu, Fuzhi (1990), Zuigao Renmin Jianchayuan gongzuo baogao (Tätigkeitsbericht der Obersten Volksstaatsanwaltschaft), in: *Renmin Ribao* (Volkszeitung), 31.3.90.

Liu, Jianjun (1989), Handelsgesellschaften sanieren, Beamtenschieberei bestrafen, in: *Beijing Rundschau*, 46/1989: 16-23.

Liu, Shaoqi (1982), *Ausgewählte Schriften und Materialien*, 2 Bde., Hg. v. Bergmann, Th.; Menzel, U.; Menzel-Fischer, U., Stuttgart 1982.

Liu, Shulin (1988), Hg., *Jingji faxue cidian* (Wörterbuch des Wirtschaftsrechts), Peking 1988.

Liu, T. C. (1959), *Reform in Sung China. Wang An-shi and his New Policies*, Cambridge/Mass. 1959.

Liu, Yingjie (1988), Zhongguo nongcun shehuide jiazu he qinshu (Clans und Verwandtschaft in der ländlichen Gesellschaft Chinas), in: *Shehuixue Yanjiu* (Soziologische Studien), 5/1988: 87-95.

Lowenstein, Daniel H. (1985), Political Bribery and the Intermediate Theory of Politics, in: *UCLA Law Review*, vol. XXXII (1985): 784-851.

Los, Maria (1980a), Economic Crimes from a Comparative Perspective, in: *Newman, G. R.* (1980): 251-293.

Los, Maria (1980b), Crime and Economy in the Communist Countries, in: *Newman, G. R.* (1980): 121-137.

Los, Maria (1982), Crime and Economy in the Communist Countries, in: *Wickman, P.; Dailey, T.* (1982): 121-137.

Louven, Erhard (1982), Wirtschaftskriminalität in China: Formen und systemimmanente Ursachen, in: *China aktuell*, August 1982: 472-482.

Lu, Feng (1989), Danwei: yizhong teshu de shehui zuzhi xingshi (Einheiten: Eine besondere Form sozialer Organisation), in: *Zhongguo Shehui Kexue* (Sozialwissenschaften Chinas), 1/1989: 71-88.

Lubman, Stanley (1983), Comparative Criminal Law and Enforcement: China, in: *Kadish, Sanford H.*, Encyclopedia of Crime and Justice, New York 1983: 182-192.

Ludz, Peter Ch. (1970), *Parteielite im Wandel*, Köln, Opladen 1970.

Luhmann, Niklas (1969), *Legitimation durch Verfahren*, Neuwied, Berlin 1969.

Luhmann, Niklas (1972), *Funktionen und Folgen formaler Organisation*, Berlin 1972.

Luhmann, Niklas (1983), *Rechtssoziologie*, Opladen 1983.

Lui, Adam Y.C. (1979), *Corruption in China During the Early Ch'ing Period, 1644-1660,* Hongkong 1979.

Luo, Hua (1990), Tigao suzhi, jianquan zhidu, yansu faji (Die Leistungsfähigkeit erhöhen, das System vervollkommnen, Gesetz und Disziplin festigen), in: *Renmin Ribao* (Volkszeitung), 25.9.90.

Luo, Qingtian (1990), "Su tan" zi gu you yan ling (Seit alter Zeit gibt es strenge Bestimmungen zur "Beseitigung der Korruption"), in: *Gongren Ribao* (Arbeiterzeitung), 19.2.90.

Lyman, Theodore R.; Fletcher, Thomas W.; Gardiner, John A. (1978), *Prevention, Detection, and Correction of Corruption in Local Government. A Presentation of Potential Models*, Washington 1978.

Ma, Stephen K. (1989), Reform Corruption: A Discussion on China's Current Development, in: *Pacific Affairs*, 1/1989: 40-52.

MacFarquhar, Roderick (1960), ed., *The Hundred Flowers Campaign and the Chinese Intellectuals*, New York 1960.

MacFarquhar, Roderick (1974), *The Origins of the Cultural Revolution*, vol. 1: Contradictions Among the People, London, Kuala Lumpur 1974.

Machetzki, Rüdiger (1987), Die Besonderheiten chinesischer Politik. Ein Beitrag zur politischen Kultur der Volksrepublik China, in: *Der Bürger im Staat*, Hg.: Landeszentrale für Politische Bildung Baden-Württemberg, Heft 1/1987: 20-23.

Machiavelli, Niccolò (1990), *Politische Schriften*, Hg.: H. Münkler, Frankfurt/M. 1990.

Macrae, John (1982), Underdevelopment and the Economics of Corruption: A Game Theory Approach, in: *World Development*, 8/1982: 677-687.

Madsen, Richard (1984), *Morality and Power in a Chinese Village*, Berkeley, Los Angeles, London 1984.

Maihold, Günther (1988), Korruption in Entwicklungsländern. Der Fall Lateinamerika, in: *Vorgänge. Zeitschrift für Bürgerrechte und Gesellschaftspolitik*, 6/1988: 65-76.

Manion, Melanie (1985), The Cadre Management System, Post-Mao: The Appointment, Promotion, Transfer and Removal of Party and State Leaders, in: *The China Quarterly*, 102/1985: 203-233.

Mann, Susan (1987), *Local Merchants and the Chinese Bureaucracy, 1750-1950*, Stanford 1987.

Mansukhani, H. L. (1979), *Corruption and Public Servants*, New Delhi, Bombay u. a. 1979.

Mao, Tsetung (1969), Bericht auf der Zweiten Plenartagung des vom Siebten Parteitag gewählten Zentralkomitees der Kommunistischen Partei Chinas, in: *Ausgewählte Werke*, Bd. IV, Peking 1969: 383-399.

Mao, Tsetung (1978), Über den Kampf gegen die "Drei Übel" und die "Fünf Übel", in: *Ausgewählte Werke*, Bd. V, Peking 1978: 68-75.

Mao, Zedong (1982), Über die 20 Erscheinungsformen des Bürokratismus, in: *Martin, Helmut*, Hg., Texte, Bd. VI/1, München, Wien 1982: 315-318.

Marger, Martin N. (1981), *Elite and Masses. An Introduction to Political Sociology*, New York, Cincinnati, Toronto, London, Melbourne 1981.

Marican, Y. Mansoor (1971), Corruption and Violence, in: *Philippine Journal of Public Administration*, vol. XV (1971): 21-30.

Marican, Y. Mansoor (1979), Combating Corruption: The Malaysian Experience, in: *Asian Survey*, 6/1979: 597-610.

Markiewicz, Wojciech (1985), A Small Handbook for the Bribe-Giver: Tokens of Gratitude, in: *Survey*, 29 (3, 1985): 195-198.

Marsh, Robert M. (1960), Bureaucratic Constraints on Nepotism in the Ch'ing Periode, in: *Journal of Asian Studies*, 2/1960: 117-133.

Marsh, Robert M. (1961), *The Mandarins. The Circulation of Elites in China, 1600-1900*, New York 1961.

Martin, Helmut (1978), Gegen Kader-Selbstherrlichkeit, Korruption und Aberglaube, in: *China aktuell*, Mai 1978: 270-272.

Martin, Roberta (1975), The Socialization of Children in China and on Taiwan: An Analysis of Elementary School Textbooks, in: *The China Quarterly*, 62/1975: 242-262.

Mast, Herman W. (1967), A Heavy Hand in the Examination Halls: The Earliest Attempts of the Kuomintang to Staff a Modern Civil Service, 1928-1937, in: *Brown, Sidney D.*, Studies on Asia, Lincoln 1967.

Mathews, Mervyn (1978), *Privilege in the Soviet Union. A Study of Elite Life-Styles under Communism*, Boston, Sydney 1978.

Mauss, Marcel (1978), *Soziologie und Anthropologie*, Bd. II: Gabentausch, Todesvorstellung, Körpertechniken, Frankfurt/M., Berlin, Wien 1978.

Mauss, Marcel (1990), *Die Gabe. Form und Funktion des Austausches in archaischen Gesellschaften*, Frankfurt/M. 1990.

McCabe, Edward J. (1989), Structural Elements of Contemporary Criminal Justice in the People's Republic of China, in: *Troyer, R. J.;Clark, J. P.;Rojek, D. G.* (1989): 115-129.

McCormick, Barrett L. (1985), *Political Reform in Post-Mao China: Democracy and Due Process in a Leninist State*, Ph. D., The University of Wisconsin, Madison 1985.

McKinney, Jerome B.; Johnston, Michael (1986), eds., *Fraud, Waste and Abuse in Government. Causes, Consequences and Cures*, Philadelphia 1986.

McKitrick, Eric L. (1957), The Study of Corruption, in: *Political Science Quarterly*, 4/1957: 502-514.

McKnight, Brian E. (1981), *The Quality of Mercy. Amnesties and Traditional Chinese Justice*, Honolulu 1981.

McMullan, M. M. (1961), A Theory of Corruption, in: *The Sociological Review*, vol. IX (1961): 181-201.

McMullan, M. M. (1965), A Theory of Corruption, in: *Smelser, N. J.* (1965): 147-161.

Medard, Jean-Francois (1986), Public Corruption in Africa: A Comparative Perspective, in: *Corruption and Reform*, vol. I (1986): 115-131.

Mehnert, Klaus (1969), *Peking und die Neue Linke*, Stuttgart 1969.

Meijer, M. J. (1967), *The Introduction of Modern Criminal Law in China*, Hong Kong 1967.

Meisel, James H. (1965), ed., *Pareto and Mosca, Makers of Modern Social Science*, Englewood Cliffs 1965.

Menne, Leo (1948), Korruption, in: *Kölner Zeitschrift für Soziologie*, 1/1948: 154-188.

Menzel, Ulrich (1990), Hg., *Nachdenken über China*, Frankfurt/M. 1990.

Merton, Robert K. (1957), *Social Theory and Social Structure*, New York, London 1968.

Merton, Robert K. (1967), *On Theoretical Sociology*, New York, London 1967.

Merton, Robert K.; Gray, Ailsa P.; Hockey, Barbara; Selvin, Hanan C. (1952), *Reader in Bureaucracy*, New York, London 1952.

Meskill, J. (1967), ed., *Wang An-shi, Practical Reformer*, Boston 1967.

Metzger, Thomas A. (1973), *The Internal Organization of Ch'ing Bureaucracy. Legal, Normative, and Communication Aspects*, Cambridge/Mass. 1973.

Meyer, Gerd (1977), *Bürokratischer Sozialismus. Eine Analyse des sowjetischen Herrschaftssystems*, Stuttgart-Bad Cannstatt 1977.

Meyns, Peter (1990), *Entwicklungen und Fehlentwicklungen des Sozialismus in Afrika und der Dritten Welt*. Veröffentlichungen des Fachbereichs 1 der Universität/Gesamthochschule Duisburg, Duisburg 1990.

Middendorff, Wolf (1982), Historische und Vergleichende Aspekte der Wirtschaftskriminalität, in: *Freiburger Universitätsblätter*, Heft 77/1982: Wirtschaftskriminalität: 55-65.

Mills, C. Wright (1977), *The Power Elite*, London, Oxford, New York 1977.

Milne, R. S. (1987), Levels of Corruption in Malaysia: A Comment on the Case of Bumiputra Malaysia Finance, in: *The Asian Journal of Public Administration*, vol. IX (1987): 56-73.

Milton, David; Milton, Nancy; Schurmann, Franz (1974), eds., *People's China. Social Experimentation, Politics, Entry onto the World Scene. 1966 through 1972*, New York 1974.

Min, Byoung K. (1980), Corruption and Law, in: *Korean Journal of Comparative Law*, vol. VIII (1980): 157-176.

Minagawa, Shuogo (1983), Political Clientelism in the USSR and Japan: A Tentative Comparison, in: *Rigby, T. H.; Harasymiw, B.* (1983): 200-228.

Miyazaki, Ichisada (1976), *China's Examination Hell. The Civil Service Examinations of Imperial China*, New York, Tokyo 1976.

Mohr, Ernst G. (1985), *Die unterschlagenen Jahre. China vor Mao Tse-tung*, Esslingen, München 1985.

Mong Dsi (1916), Hg.: R. Wilhelm, Jena 1916.

Monteiro, John B. (1966), *Corruption. Control of Maladministration*, Bombay 1966.

Montell, S. (1956), The San-Fan Wu-Fan Movement, in: *Communist China, Papers on China*, vol.VIII, 1956.

Montgomery, John D.; Siffin, William J. (1966), eds., *Approaches to Development*, New York 1966.

Montias, J. M.; Rose-Ackerman, Susan (1981), Corruption in a Soviet-type Economy: Theoretical Considerations, in: *Rosefielde, Steven* (1981), ed., Economic Welfare and the Economics of Soviet Socialism. Essays in Honor of Abram Bergson, Cambridge usw. 1981: 53-83.

Moodie, Graeme C. (1980), On Political Scandals and Corruption, in: *Government and Opposition*, 2/1980: 208-222.

Moore, Barrington (1974), *Soziale Ursprünge von Diktatur und Demokratie*, Frankfurt/M. 1974.

Morgan, Maria Chan (1981), Controlling the Bureaucracy in Post-Mao China, in: *Asian Survey*, 12/1981: 1223-1236.

Morris, Stephen D. (1987), Corruption and the Mexican Political System, in: *Corruption and Reform*, vol. II (1987): 3-15.

Morse, Hosea B. (1908), *The Trade and Administration of the Chinese Empire*, London, New York, Bombay, Calcutta 1908.

Mosca, Gaetano (1950), *Die herrschende Klasse. Grundlagen der politischen Wissenschaft*, München 1950.

Müller, Christoph; Hodnett, George (1969), Kader, Kaderpolitik, in: *Kernig, Claus D.* (1969), Hg., Sowjetsystem und Demokratische Gesellschaft. Eine vergleichende Enzyklopädie, Bd. III, Freiburg, Basel, Wien 1969: 452-465.

Münchener Rechts-Lexikon (1987), 3 Bde., München 1987.

Münzel, Frank (1968), *Strafrecht im alten China nach den Strafrechtskapiteln in den Ming-Annalen* (Diss.), Bochum 1968.

Münzel, Frank (1982), *Das Recht der Volksrepublik China. Einführung in die Geschichte und den gegenwärtigen Stand*, Darmstadt 1982.

Munro, Donald J. (1977), Belief Control: The Psychological and Ethical Foundations, in: *Wilson, A. A.; Greenblatt, S. L.; Wilson, R. W.* (1977): 14-36.

Murray, Sylvester (1977), Corruption-Indicators and Prevention, in: *Public Management*, February 1977: 11-12.

Myers, James T. (1989), China: Modernization and "Unhealthy Tendencies", in: *Comparative Politics*, 2/1989: 193-213.

Myrdal, Gunnar (1968), A Call for Reform, in: *Development Digest*, vol. IV (1968): 99-105.

Myrdal, Gunnar (1970), The Soft State in Underdeveloped Countries, in: *Streeten, Paul* (1970), ed., Unfashionable Economics. Essays in Honour of Lord Balogh, London 1970: 227-243.

Myrdal, Gunnar (1974), *Politisches Manifest über die Armut in der Welt*, Frankfurt/M. 1974.

Myrdal, Gunnar (1980), *Asiatisches Drama*, Frankfurt/M. 1980.

Nair, B. N. (1960), Urbanisation and Corruption, in: *Sociological Bulletin*, September 1960: 15-33.

Nankai daxue shouru fenpei keti zu (Themengruppe Einkommensverteilung der Nankai-Universität) (1990), Wo guo shouru fenpei bu gong de xianzhuang, genyuan he duice (Lage, Ursprung und Maßnahmen zur ungleichen Verteilung der Einkommen in unserem Land), in: *Nankai Daxue Xuebao*, 2/1990: 1-11; 18.

Nas, Tevfik F.; Price, Albert C.; Weber, Charles T. (1986), A Policy-Oriented Theory of Corruption, in: *American Political Science Review*, 1/1986: 107-119.

Nathan, Andrew J. (1973), A Factionalism Model for CCP Politics, in: *The China Quarterly*, 53/1973: 34-66.

Nathan, Andrew J. (1976), *Peking Politics, 1919-1923. Factionalism and the Failure of Constitutionalism*, Berkeley, Los Angeles, London 1976.

Nathan, Andrew J. (1977), A Factionalism Model for CCP Politics, in: *Schmidt, S. W.; Guasti, L.; Landé, C. H.; Scott, J. C.* (1977): 382-401.

Nathan, Robert S. (1987), *Der Weiße Tiger*, New York 1987.

Navarra, Bruno (1901), *China und die Chinesen*, Shanghai 1901.

Neckel, Sighard (1988), Macht und Legitimität im politischen Skandal, in: *Vorgänge. Zeitschrift für Bürgerrechte und Gesellschaftspolitik*, 6/1988: 38-48.

Needham, Joseph (1956), *Science and Civilisation in China*, vol. 2: History of Scientific Thought, Cambridge 1956.

Neher, Clark D. (1977), Political Corruption in a Thai Province, in: *Journal of Developing Areas*, vol. XI (4, 1977): 479-492.

Nett-Kleyboldt, Silvia (1983), Modernisierung und Klientelbeziehungen, in: *von der Ohe, Werner; Fritscher, Wolfgang*, Hg., Münchner Beiträge zur Entwicklungssoziologie, München 1983.

Neugebauer, Gregory (1978), *Grundzüge einer ökonomischen Theorie der Korruption*, Zürich 1978.

Newman, Graeme R. (1980), *Crime and Deviance. A Comparative Perspective*, Beverly Hills 1980.

Neye, Hans-Werner (1981), *Untreue im öffentlichen Dienst*, Köln, Berlin, Bonn, München 1981.

Nietzsche, Friedrich (1918), *Werke*, Bd. III, Leipzig 1918.

Nivison, David S. (1956), Communist Ethics and Chinese Tradition, in: *Journal of Asian Studies*, 1/1956: 51-74.

Nivison, David S. (1959), Ho-Shen and His Accusers: Ideology and Political Behavior in the Eighteenth Century, in: *Nivison, D. S.; Wright, A. F.* (1959): 208-243.

Nivison, David S.; Wright, Arthur F. (1959), eds., *Confucianism in Action*, Stanford 1959.

Noack, Paul (1987a), *Korruption - die andere Seite der Macht*, München 1987.

Noack, Paul (1987b), Politische Korruption: Theorie, Geschichte, Gegenwart, in: *Sozialwissenschaftliche Informationen*, 1/1987: 5-12.

Noonan, John T. (1984), *Bribes*, New York, London 1984.

North, Robert C./Pool, Ithiel de Sola (1966), Kuomintang and Chinese Communist Elites, in: *Lasswell, H. D./Lerner D.* (1966): 319-455.

Nuscheler, Franz (1985), Hg., Dritte-Welt-Forschung. Entwicklungstheorie und Entwicklungspolitik. *Politische Vierteljahresschrift*, Sonderheft 16, Opladen 1985.

Nuscheler, Franz (1991), *Lern- und Arbeitsbuch Entwicklungspolitik*, Bonn 1991.

Nye, J. S. (1967), Corruption and Political Development: A Cost-Benefit-Analysis, in: *The American Political Science Review*, vol. LXI (1967): 417-427.

Offiong, Daniel A. (1984), The Prevalence and Repercussions of Corruption in Nigeria, in: *The Indian Political Science Review*, vol. XVIII (1, 1984): 59-72.

Oi, Jean C. (1985), Communism and Clientelism: Rural Politics in China, in: *World Politics*, 2/1985: 238-266.

Oi, Jean C. (1989a), Market Reforms and Corruption in Rural China, in: *Studies in Comparative Communism*, vol. XXII (1989): 221-233.

Oi, Jean C. (1989b), *State and Peasant in Contemporary China: The Political Economy of Village Government*, Berkeley, Los Angeles, Oxford 1989.

Oldenburg, Philip (1987), Middlemen in Third-World Corruption: Implications of an Indian Case, in: *World Politics*, 4/1987: 508-535.

Olowu, Dele (1983), The Nature of Bureaucratic Corruption in Nigeria, in: *International Review of Administrative Sciences*, vol. 49 (1983): 291-296.

Olowu, Dele (1985), Bureaucratic Corruption and Public Accountability in Nigeria, in: *International Review of Administrative Sciences*, vol. 51 (1985): 7-12.

Osadczuk-Korab, Alexander (1985), Die Bedeutung der Korruption im sozialistischen Staat, in: *Gumpel, W.* (1985): 107-118.

Ostergaard, Clemens S. (1986), Explaining China's Recent Political Corruption. Patterns, Remedies and Counter-Strategies at the Local Level, in: *Corruption and Reform*, vol. I (3, 1986): 209-233.

Palmier, Leslie (1978), Corruption and Development, in: *Institute of Development Studies Bulletin*, vol. IX (1978): 30-32.

Palmier, Leslie (1983), Bureaucratic Corruption and Its Remedies, in: *Clarke, M.* (1983): 207-219.

Palmier, Leslie (1985), *The Control of Bureaucratic Corruption. Case Studies in Asia*, New Delhi usw. 1985.

Pareto, Vilfredo (1976), *Sociological Writings*, Oxford 1976.

Parish Jr., William L. (1973), Factions in Chinese Military Politics, in: *The China Quarterly*, 56/1973: 667-699.

Parsons, Talcott (1951), *The Social System*, Glencoe 1951.

Parsons, Talcott (1960), *Structure and Process in Modern Societies*, Glencoe 1960.

Parsons, Talcott (1970), Das Problem des Strukturwandels: Eine Theoretische Skizze, in: *Zapf, Wolfgang*, Hg., Theorien des Sozialen Wandels, Köln, Berlin 1970: 35-54.

Parsons, Talcott (1975), *Gesellschaften. Evolutionäre und komparative Perspektiven*, Frankfurt/M. 1975.

Payne, Robert (1975), *The Corrupt Society. From Ancient Greece to Present-Day America*, New York 1975.

Pearce, Frank (1976), *Crimes of the Powerful. Marxism, Crime and Deviance*, London 1976.

Peng, Bo; Gong, Fei (1989), Hg., *Zhongguo jiancha zhidu shi* (Geschichte des chinesischen Überwachungssystems), Peking 1989.

Peters, John G.; Welch, Susan (1978a), Political Corruption in America: A Search for Definitions and a Theory, in: *American Political Science Review*, vol. LXXII (1978): 974-984.

Peters, John G.; Welch, Susan (1978b), Politics, Corruption, and Political Culture, in: *American Politics Quarterly*, vol. 6 (1978): 345-356.

Peters, John G.; Welch, Susan (1980), The Effects of Charges of Corruption on Voting Behavior in Congressional Elections, in: *The American Political Science Review*, vol. LXXIV (1980): 697-708.

Philips, Michael (1987), Bribery, Consent and Prima Facie Duty: A Rejoinder to Carson, in: *Journal of Business Ethics*, vol. VI (1987): 361-364.

PiLin piKong wenxuan (1974) (Ausgewählte Artikel zur Kritik an Lin Biao und Konfuzius), Peking 1974.

Pillsbury, Barbara L. K. (1978), Factionalism Observed: Behind the "Face" of Harmony in a Chinese Community, in: *The China Quarterly*, 74/1978: 241-272.

Pinto-Duschinsky, M. (1977), Corruption in Britain, in: *Political Studies*, vol. XXV (1977): 274-284.

Pippig, Gerhard (1990), Verwaltungsskandale. Zur Korruption in der öffentlichen Verwaltung, in: *Aus Politik und Zeitgeschichte*. Beilage zur Wochenzeitung Das Parlament, 9. Februar 1990: 11-20.

Podgorecki, A.; Los, M. (1979), *Multidimensional Sociology*, London 1979.

Polanyi, Karl (1979), *Ökonomie und Gesellschaft*, Frankfurt/M. 1979.

Popkins, Samuel L. (1979), *The Rational Peasant. The Political Economy of Rural Society in Vietnam*, Berkeley, Los Angeles, London 1979.

Potter, Jack M.; Diaz, May N.; Foster, George M. (1967), eds., *Peasant Society. A Reader*, Boston 1967.

Powell, John D. (1970), Peasant Society and Clientelist Politics, in: *The American Political Science Review*, 2/1970: 411-425.

Powell, Ralph (1955), *The Rise of Chinese Military Power, 1895-1912*, Princeton 1955.

Price, Barbara R. (1975), Police Corruption: An Analysis, in: *Curran, James T.; Ward, Richard H., eds., Police and Law Enforcement*, 1973-1974, vol. 2, New York 1975: 326-336.

Prybyla, Jan S. (1987), *Market and Plan under Socialism. The Bird in the Cage*, Stanford/California 1987.

Putnam, Robert D. (1976), *The Comparative Study of Political Elites*, Englewood Cliffs 1976.

Pye, Lucian W. (1971), *Warlord Politics. Conflict and Coalition in the Modernization of Republican China*, New York, Washington, London 1971.

Pye, Lucian W. (1981), *The Dynamics of Chinese Politics*, Cambridge/Mass. 1981.

Pye, Lucian W. (1982), *Chinese Commercial Negotiating Style*, Cambridge/Mass., Königstein/Ts. 1982.

Pye, Lucian W. (1988), *The Mandarin and the Cadre: China's Political Cultures*, Ann Arbor 1988.

Qiao, Shi (1986), Guanyu sheli Zhonghua Renmin Gongheguo jianchabu yian de shuoming (Erläuterung des Antrags zur Einrichtung eines Kontrollministeriums der VR China), in: *Zhonghua Renmin Gongheguo Quan Guo Renmin Daibiao Da Hui Changwu Weiyuanhui Gongbao* (Mitteilungsbulletin des Ständigen Ausschusses des Nationalen Volkskongresses der VR China), 7/1986: 95-97.

Qiao, Shi (1990), Shizhong baochi gongchandangren de chunjiexing (Die Reinheit der Kommunisten von Anfang bis Ende bewahren), in: *Renmin Ribao* (Volkszeitung), 30.10.90.

Quah, Jon S. T. (1982a), Bureaucratic Corruption in the ASEAN Countries: A Comparative Analysis of Their Anti-Corruption Strategies, in: *Journal of Southeast Asian Studies*, vol. XIII (1982): 153-177.

Quah, Jon S. T. (1982b), Tackling Bureaucratic Corruption: The ASEAN Experience, in: *Caiden, Gerald E.; Siedentopf, Heinrich*, eds., Strategies for Administrative Reform, Lexington, Toronto 1982: 109-121.

Quah, Jon S. T. (1988), Corruption in Asia with Special Reference to Singapore: Patterns and Consequences, in: *The Asian Journal of Public Administration*, vol. X (1, 1988): 80-98.

Rahman, A. T. (1986), Legal and Administrative Measures Against Bureaucratic Corruption in Asia, in: *Carino, L. V.* (1986): 163-194.

Rankin, Mary B. (1986), *Elite Activism and Political Transformation in China, Zhejiang Province, 1865-1911*, Stanford 1986.

Ray, S. K. (1981), *Economics of the Black Market*, Boulder/Colorado 1981.

Regan, D. E.; Morris, A. J. A. (1969), Local Government Corruption and Public Confidence, in: *Public Law*, Summer 1969: 132-152.

Ren, Zhonglin (1989), Guanyu qingli zhengdun gongsi qingkuang de huibao (Bericht über die Lage bei der Überprüfung und Reorganisation von Firmen), in: *Zhongguo Gongshang Bao* (Zeitung für die Verwaltung von Industrie und Handel Chinas), 11.9.89.

Renmin Ribao (Volkszeitung), Peking.

Renmin Zhengxie Bao (Zeitung der Politischen Konsultativkonferenz des Chinesischen Volkes), Peking.

Richter, Horst-Eberhard (1989), *Die hohe Kunst der Korruption: Erkenntnisse eines Politik-Beraters*, Hamburg 1989.

Rickett, W. Allyn (1971), Voluntary Surrender and Confession in Chinese Law: The Problem of Continuity, in: *Journal of Asian Studies*, 4/1971: 797-814.

Riegel, Klaus-Georg (1989), Die Inquisitionspraxis von revolutionären Glaubensgemeinschaften. "Berichtigung" und "Denkreform" in der kommunistischen Partei Chinas, in: *Heydenreich, Titus; Blumenthal, Peter* (Hg.), Glaubensprozesse - Prozesse des Glaubens? Religiöse Minderheiten zwischen Toleranz und Inquisition, Tübingen 1989: 263-276.

Rigby, T. Harry (1970), The Soviet Leadership: Towards a Self-Stabilizing Oligarchy?, in: *Soviet Studies*, 2/1970: 167-191.

Rigby, T. Harry; Feher, Ferenc (1982), eds., *Political Legitimation in Communist States*, Oxford 1982.

Rigby, T. Harry; Harasymiw, Bohdan (1983), eds., *Leadership Selection and Patron-Client Relations in the USSR and Yugoslavia*, Boston, Sydney 1983.

Riggs, Fred W. (1964), *Administration in Developing Countries. The Theory of Prismatic Society*, Boston 1964.

Riley, Stephen (1979), Teaching Political Corruption, in: *Teaching Politics*, vol. VIII (1979): 71-78.

Röhrich, Wilfried (1977), *Politische Soziologie*, Stuttgart, Berlin, Köln, Mainz 1977.

Rogow, Arnold A.; Lasswell, Harold D. (1963), *Power, Corruption, and Rectitude*, Englewood Cliffs 1963.

Rogow, Arnold A.; Lasswell, Harold D. (1978), The Definition of Corruption, in: *Heidenheimer, A. J.* (1978): 54-55.

Rose-Ackerman, Susan (1975), The Economics of Corruption, in: *Journal of Public Economics*, 4 (1975): 187-203.

Rose-Ackerman, Susan, (1978), *Corruption. A Study in Political Economy*, New York, San Francisco, London 1978.

Rosner, Erhard (1974), Luxusgesetze in China unter der Mandschudynastie (1644-1911), in: *Saeculum*, 25 (1974): 325-335.

Rosthorn, A. von (1923), Religion und Wirtschaft in China. Erinnerungsgabe für Max Weber, in: *Palyi, Melchior*, Hg., Hauptprobleme der Soziologie, München, Leipzig 1923: 221-233.

Roth, Günther (1987), *Politische Herrschaft und persönliche Freiheit*, Frankfurt/M. 1987.

Roth, Roland (1989), Eine korrupte Republik? Konturen politischer Korruption in der Bundesrepublik, in: *Ebbighausen, R.; Neckel, S.* (1989): 201-233.

Rotter, Hans (1981), Anthropologisch - theologische Aspekte der Korruption, in: *Brünner, Ch.* (1981): 105-120.

Roy, Edward Van (1970/71), On the Theory of Corruption, in: *Economic Development and Cultural Change*, vol. XIX (1970/71): 86-97.

Rozman, Gilbert (1981), ed., *The Modernization of China*, New York, London 1981.

Ruan, Danqing; Zhou, Lu; Blau, Peter M.; Walder, Andrew G. (1990), A Preliminary Analysis of the Social Network of Residents in Tianjin and a Comparison with Social Networks in America, in: *Social Sciences in China*, 3/1990: 68-89.

Rundquist, Barry S.; Strom, Gerald S.; Peters, John G. (1977), Corrupt Politicians and Their Electoral Support: Some Experimental Observations, in: *The American Political Science Review*, vol. LXXI (1977): 954-963.

Sandvoss, Ernst (1975), *Die korrupte Gesellschaft*, Göttingen 1975.

Saner, Hans (1985), Formen der Korruption. Ein phänomenologischer Zugang, in: *Widerspruch. Beiträge zur sozialistischen Politik*, 10/1985: 49-57.

Sariti, Anthony W. (1972), Monarchy, Bureaucracy, and Absolutism in the Political Thought of Ssu-Ma Kuang, in: *Journal of Asian Studies*, 1/1972: 53-76.

Scalapino, Robert A. (1972), ed., *Elites in the People's Republic of China*, Seattle, London 1972.

Schier, Peter (1987a), Der Sturz des Hu Yaobang - Orthodoxe Marxisten und alte Berater schlugen zurück, Teil II, in: *China aktuell*, Februar 1987: 147-153.

Schier, Peter (1987b), Partei und Staat in der Volksrepublik China. Die institutionellen Grundlagen des politischen Systems, in: *Der Bürger im Staat*, Hg.: Landeszentrale für Politische Bildung Baden-Württemberg, 1/1987: 34-39.

Schluchter, Wolfgang (1987), From Government over Persons to the Administration of Things: Marx and Engels on Buraucracy, in: *Glassman, Ronald M.; Swatos Jr., William H..; Rosen, Paul L.* (ed.), Bureaucracy Against Democracy and Socialism, New York, Westport, London 1987.

Schmidt, Kurt (1969), Zur Ökonomik der Korruption, in: *Schmollers Jahrbuch*, 89 (1969): 129-149.

Schmidt, Kurt; Garschagen, Christine (1978), Korruption, in: *Handwörterbuch der Wirtschaftswissenschaft*, Bd. 4, Stuttgart 1978: 565-566.

Schmidt, Steffen W.; Scott, James C.; Landé, Carl H.; Guasti, Laura (1977), eds., *Friends, Followers and Factions. A Reader in Political Clientelism*, Berkeley, Los Angeles, London 1977.

Schneider, Eberhard (1989), Kaderpolitik im Zentrum. Eine sozialstatistische Untersuchung des Elitenwechsels von Breschnew zu Gorbatschow, in: *Rytlewski, Ralf*, Hg., Politik und Gesellschaft in sozialistischen Ländern, Sonderheft der Politischen Vierteljahresschrift, 20/1989: 404-425.

Schönherr, Roland (1985), *Vorteilsgewährung und Bestechung als Wirtschaftsstraftaten. Eine Untersuchung über die Zuweisung dieser Delikte zur Wirtschaftskriminalität durch die Staatsanwaltschaften.* Kriminologische Forschungsberichte aus dem Max-Planck-Institut für ausländisches und internationales Strafrecht, Freiburg i. Br., Band 23, Freiburg 1985.

Schönke-Schröder (1976), *Strafgesetzbuch, Kommentar.* Neu bearbeitet von Lenckner, Theodor; Cramer, Peter; Eser, Albin und Stree, Walter, München 1976.

Schöpflin, George (1984), Corruption, Informalism, Irregularity in Eastern Europe: A Political Analysis, in: *Südost-Europa*, 33 (1984): 389-401.

Schoppa, Robert K. (1982), *Chinese Elites and Political Change. Zhejiang Province in the Early Twentieth Century*, Cambridge/Mass., London 1982.

Schram, Stuart R. (1985), ed., *The Scope of State Power in China*, London, Hongkong 1985.

Schram, Stuart R. (1987), ed., *Foundations and Limits of State Power in China*, London, Hongkong 1987.

Schroeder, Gertrude E.; Greenslade, Rush V. (1979), On the Measurement of the Second Economy in the USSR, in: *ACES Bulletin*, 21 (1979): 3-22.

Schuller, Wolfgang (1977), Probleme historischer Korruptionsforschung, in: *Der Staat*, Jg. 16 (1977): 373-392.

Schuller, Wolfgang (1982), Hg., *Korruption im Altertum*, München, Wien 1982.

Schurmann, Franz (1966), *Ideology and Organization in Communist China*, Berkeley, Los Angeles 1966.

Schwartz, Charles A. (1979), Corruption and Political Development in the USSR, in: *Comparative Politics*, 4/1979: 425-443.

Scott, James C. (1967), An Essay on the Political Functions of Corruption, in: *Asian Studies*, vol. V (1967): 501-523.

Scott, James C. (1969), Corruption, Machine Politics, and Political Change, in: *The American Political Science Review*, vol. LXIII (1969): 1142-1158.

Scott, James C. (1971), An Essay on the Political Function of Corruption, in: *Welch, C. E.* (1971): 305-329.

Scott, James C. (1972a), *Comparative Political Corruption*, Englewood Cliffs 1972.

Scott, James C. (1972b), Patron-Client Politics and Political Change in Southeast Asia, in: *The American Political Science Review*, 1/1972: 91-113.

Scott, James C. (1979), The Analysis of Corruption in Developing Nations, in: *Ekpo, M. U.* (1979): 29-61.

Scott, Tony; Carstairs, Alastair; Roots, Dong (1988), Corruption Prevention: The Hong Kong Approach, in: *The Asian Journal of Public Administration*, vol. X (1, 1988): 110-119.

Seagrave, Sterling (1986), *Die Soongs. Eine Familie beherrscht China*, Zürich 1986.

Seidman, Robert B. (1978), Why Do People Obey the Law? The Case of Corruption in Developing Countries, in: *British Journal of Law and Society*, vol. V (1, 1978): 45-68.

Selden, Mark (1988), *The Political Economy of Chinese Socialism*, Armonk, London 1988.

Shackleton, J. R. (1978), Corruption: An Essay in Economic Analysis, in: *Political Quarterly*, vol. 49 (1978): 25-37.

Shangye Gongzuo (Handelsarbeit), Peking.

Shapiro, Susan P. (1990), Collaring the Crime, not the Criminal: Reconsidering the Concept of White-Collar Crime, in: *American Sociological Review*, 3/1990: 346-365.

Sharman, Lyon (1968), *Sun Yat-sen: His Life and Its Meaning. A Critical Biography*, Stanford 1968.

Sheridan, James E. (1966), *Chinese Warlord: The Career of Feng Yü-hsiang*, Stanford 1966.

Sheridan, James E. (1975), *China in Disintegration. The Republican Era in Chinese History, 1912-1949*, New York, London 1975.

Sherman, Lawrence W. (1974), ed., *Police Corruption: a Sociological Perspective*, New York 1974.

Sherman, Lawrence W. (1978), *Scandal and Reform. Controlling Police Corruption*, Berkeley, Los Angeles, London 1978.

Shim, Ik-Sup (1987), *Verwaltungskultur in Ostasien. Sozio-kulturelle Determinanten des Verwaltungshandelns in komparativer Sicht unter besonderer Berücksichtigung Koreas* (Diss.), Speyer 1987.

Sik, Ota (1976), *Das kommunistische Machtsystem*, Hamburg 1976.

Silbermann, Alphons (1977), Wann Menschen sich bestechen lassen, in: *Psychologie Heute*, 9/1977: 15-18.

Silk, Mitchell A. (1988), Economic Crime in China, in: *The China Business Review*, January/February 1988: 25-29.

Simis, Konstantin M. (1977-78), Machinery of Corruption in the Soviet Union, in: *Survey*, vol. XXIII (1977-78): 35-55.

Simis, Konstantin M. (1982), *USSR: The Corrupt Society*, New York 1982.

Simon, David R.; Eitzen, D. Stanley (1982), *Elite Deviance*, Boston, London, Sydney, Toronto 1982.

Simonis, Georg (1985), Der Entwicklungsstaat in der Krise, in: *Nuscheler, F.* (1985b): 157-183.

Simonis, Georg (1986), Rent-Seeking - Eine neue Theorie der Unterentwicklung?, in: *Politische Vierteljahresschrift*, 27 (1986): 100-109.

Singhi, Narendra K. (1974), Bureaucracy and Corruption, in: *Administrative Change*, vol. II (1974): 34-47.

Sivalingam, G. (1983), Bureaucratic Corruption in Malaysia: The Incongruence Between Social and Legal Norms, in: *Philippine Journal of Public Administration*, vol. XXVII (1983): 418-435.

Smelser, Neil J. (1965), ed., *Readings on Economic Sociology*, Englewood Cliffs 1965.

Smelser, Neil J. (1985), Stabilität, Instabilität und die Analyse der politischen Korruption, in: *Fleck, Chr.; Kuzmics, H.* (1985): 202-228.

Smith, Adam (1949), *Theorie der ethischen Gefühle*, Frankfurt/M. 1949.

Smith, M. G. (1963-64), Historical and Cultural Conditions of Political Corruption Among the Hausa, in: *Comparative Studies in Society and History*, vol. VIII (1965-66): 199-210.

Smith, Theodore M. (1971), Corruption, Tradition and Change, in: *Indonesia*, vol. XI (1971): 21-40.

Smith, Theodore M. (1989), Corruption, Tradition, and Change in Indonesia, in: *Heidenheimer, A. J.; Johnston, M.; LeVine, V. T.* (1989): 423-440.

Sobel, Lester A. (1977), ed., *Corruption in Business*, New York 1977.

Solinger, Dorothy J. (1987), *Chinese Business Under Socialism. The Politics of Domestic Commerce in Contemporary China*, Berkeley, Los Angeles, London 1987.

Solomon, Richard H. (1971), *Mao's Revolution and the Chinese Political Culture*, Berkeley, Los Angeles, London1971.

Somjee, A. H. (1974), Social Perspectives on Corruption in India, in: *Political Science Review*, 13 (1974): 180-186.

Song, Lina (1990), Convergence: A Comparison of Township Firms and Local State Enterprises, in: *Byrd, William A.; Lin, Qingsong*, eds., China's Rural Industry. Structure, Development and Reform, published by the World Bank, Washington 1990: 392-412.

Spengler, Tilman (1976), *Der Sturz von Lin Piao: Paradigma für militärisch-zivile Konflikte in der VR China?*, Hamburg 1976.

Sprenkel, O. B. van der (1952), High Officials of the Ming, in: *Bulletin of the School of Oriental and African Studies*, vol. XIV (1952): 87-114.

Sprenkel, Sybille van der (1966), *Legal Institutions in Manchu China. A Sociological Analysis*, London, New York 1966.

Staats, Steven J. (1972), Corruption in the Soviet System, in: *Problems of Communism*, January 1972: 40-47.

Stammer, Otto; Weingart, Peter (1972), *Politische Soziologie*, München 1972.

Starr, John B. (1976), From the 10th Party Congress to the Premiership of Hua Kuo-feng: The Significance of the Colour of the Cat, in: *The China Quarterly*, 67/1976: 457-488.

Steiert, Rudolf (1987a), Einleitung zu "Korruption und Skandale in der Politik", in: *Sozialwissenschaftliche Informationen*, 1/1987: 3-4.

Steiert, Rudolf (1987b), "Korruption": Zum Verfall der politischen Ordnung in der klassischen Theorie, in: *Sozialwissenschaftliche Informationen*, 1/1987: 28-32.

Streissler, Erich (1981), Zum Zusammenhang zwischen Korruption und Wirtschaftsverfassung, in: *Brünner, Ch.* (1981): 299-328.

Sturm, Roland (1989), Grenzen der Korruption? Möglichkeiten der Bekämpfung von Korruption, in: *Bellers, J.* (1989): 161-176.

Sturminger, Alfred (1982), *Die Korruption in der Weltgeschichte*, München, Wien 1982.

Su, Shaozhi (1988), *Democratization and Reform*, Nottingham 1988.

Su, Yutang (1988), Hg., *Guojia gongwuyuan zhidu jianghua* (Beiträge zum System der öffentlich Bediensteten), Peking 1988.

Sui, Shen (1989), Lun fubai de genyuan (Über den Ursprung der Korruption), in: *Zhongguo Zhichun* (Chinas Frühling), April 1989: 12-15.

Sun, Yat-sen (1963), Die Grundlehren vom Volkstum: Min-tsu chu-i, in: *Kindermann, Gottfried-Karl*, Hg., Konfuzianismus, Sunyatsenismus und chinesischer Kommunismus. Chinesische Dokumente, Freiburg i. Br. 1963: 91-105.

Tang, Tsou (1986), *The Cultural Revolution and Post-Mao Reforms. A Historical Perspective*, Chicago, London 1986.

Tarkowski, Jacek (1983), Patronage in a Centralized, Socialist System. The Case of Poland, in: *International Political Science Review*, vol. IV (4, 1983); 495-518.

Tarkowski, Jacek (1988), A Centralized System and Corruption: The Case of Poland, in: *The Asian Journal of Public Administration*, vol. X (1, 1988): 48-70.

Teiwes, Frederick C. (1979), *Politics and Purges in China: Rectification and the Decline of Party Norms*, White Plains 1979.

Tetzlaff, Rainer (1981), "Selbstverwaltung" und öffentliche Korruption als Herrschaftsphänomene der bürokratischen Kleinbourgeoisie. Das Beispiel des "sozialistischen" Sudan, in: *Hanisch, Rolf; Tetzlaff, Rainer*, Hg., Staat und Entwicklung. Studien zum Verhältnis von Herrschaft und Gesellschaft in Entwicklungsländern, Frankfurt/M., New York 1981: 319-350.

Tharan, Sri (1979), System Corruption and the New Economic Policy, in: *Philippine Journal of Public Administration*, vol. XXIII (1979): 39-60.

Thaxton, Ralph (1975), Tenants in Revolution: The Tenacity of Traditional Morality, in: *Modern China*, 3/1975: 323-358.

The Reform Game: Corruption (1989), in: *China News Analysis*, 1393/1989.

Thomas, Clive Y. (1984), *The Rise of the Authoritarian State in Peripheral Societies*, New York, London 1984.

Thomas, Michael (1988), Prosecution of Corruption Cases in Hongkong, in: *The Asian Journal of Public Administration*, vol. X (1, 1988): 99-109.

Tian, Fu; Li, Xin; Ye, Duchu (1991), Hg., *Zhizhengdang de dangfeng yu fandui zichan jieji ziyouhua* (Der Arbeitsstil der Regierungspartei und die Bekämpfung des bürgerlichen Liberalismus), Peking 1991.

Tianjin Ribao (Tageszeitung von Tianjin), Tianjin.

Tiedemann, Klaus (1980), Deliquenzverhalten und Machtmißbrauch multinationaler Unternehmen, in: *Tiedemann, K.*, Hg., Multinationale Unternehmen und Strafrecht. Beiträge zum Problem der Kriminalität im grenzüberschreitenden Geschäftsverkehr, Köln u. a. 1980: 1-67.

Tiedemann, Klaus (1989), Wirtschaftskriminalität als Forschungsgegenstand, in: *Freiburger Universitätsblätter*, Heft 77/1982: Wirtschaftskriminalität: 13-24.

Tien, Hung-Mao (1972), *Government and Politics in Kuomintang China 1927-1937*, Stanford 1972.

Tilman, Robert (1968), Emergence of Black-Market Bureaucracy: Administration, Development, and Corruption in the New States, in: *Public Administration Review*, 5/1968: 437-444.

Tocqueville, Alexis de (1967), *Das Zeitalter der Gleichheit, Klassiker der Politik*, Bd. 4, Köln, Opladen 1967.

Tollison, Robert D. (1982), Rent-Seeking: A Survey, in: *Kyklos*, vol. 35 (1982): 575-602.

Towards a Grammar of Graft (1957), in: *The Economist*, June 15, 1957: 958-959.

Townsend, James R. (1969), *Political Participation in Communist China*, Berkeley, Los Angeles 1969.

Trotski, Leo (1936), *Verratene Revolution. Was ist die Sowjetunion und wohin treibt sie?*, o. O. 1936.

Troyer, Ronald J.; Clark, John P.; Rojek, Dean G. (1989), eds., *Social Control in the People's Republic of China*, New York, Westport, London 1989.

Truelson, Judith A. (1987), Blowing the Whistle on Systematic Corruption: On Maximizing Reform and Minimizing Retaliation, in: *Corruption and Reform*, 2 (1987): 55-74.

Uibopuu, Henn-Jüri (1981), Korruption im Spiegel der internationalen Praxis und des Völkerrechts, in: *Brünner, Ch.* (1981): 281-297.

Vandermeersch, León (1985), An Enquiry into the Chinese Conception of the Law, in: *Schram, S. R.* (1985): 3-25.

Varma, S. P. (1974), Corruption and Political Development in India, in: *Political Science Review*, vol. XIII (1974): 157-179.

Venkatappiah, B. (1968), Misuse of Office, in: *International Encyclopedia of the Social Sciences*, vol. XI (1968), New York, London 1968: 272-276.

Vetter, Chou Hsiu-Fen (1985), *Korruption und Betrug im traditionellen Prüfungssystem Chinas. Eine Untersuchung über die Situation in der Qing-Dynastie*, Freiburg 1985.

Vogel, Ezra F. (1967), From Revolutionary to Semi-Bureaucrat: The "Regularisation" of Cadres, in: *The China Quarterly*, No. 29 (January-March 1967): 36-60.

Vogel, W. (1933), Über Moderne Chinesische Gerichtsbarkeit, in: *Sinica*, vol. VIII (1933): 236-239.

Voslensky, Michael S. (1980), *Nomenklatura. Die herrschende Klasse der Sowjetunion*, Wien 1980.

Wagner, Rudolph (1987), Der ungebärdige Drache, in: *Geo Special*, 5/1987: 36-39.

Wakeman Jr., Frederic (1975), *The Fall of Imperial China*, New York, London 1975.

Walder, Andrew G. (1983), Organized Dependency and Cultures of Authority in Chinese Industry, in: *Journal of Asian Studies*, vol. XLIII, No. 1/1983: 51-76.

Walder, Andrew G. (1988), *Communist Neo-Traditionalism. Work and Authority in Chinese Industry*, Berkeley, Los Angeles, London 1988.

Walder, Andrew G. (1989), Factory and Manager in an Era of Reform, in: *The China Quarterly*, 118/1989: 242-264.

Waley, Arthur (1956), *Yuan Mei, Eighteenth Century Chinese Poet*, New York 1956.

Walker, Richard L. (1947), The Control System of the Chinese Government, in: *The Far Eastern Quarterly*, 1/1947: 3-21.

Wang, Changxue (1989), Lun "Guandao" zui jiqi chengzhi (Über das Delikt der "Beamtenschieberei" und seine Bestrafung), in: *Xinjiang Shehui Kexue* (Sozialwissenschaften Xinjiangs), 5/1989: 72-76.

Wang, Changxue (1990), Qian tan nuoyong gongkuan zui de jige wenti (Einige Probleme hinsichtlich der Zweckentfremdung öffentlicher Gelder), in: *Xinjiang Shehui Kexue* (Sozialwissenschaften Xinjiangs), 3/1990: 111-116.

Wang, Hung-wen (1973), Bericht über die Abänderung des Parteistatuts, in: *Der X. Parteitag der Kommunistischen Partei Chinas*. Dokumente, Peking 1973: 45-65.

Wang, Maolin (1990), Guanyu miqie dang qun guanxi de jidian kanfa (Einige Überlegungen über enge Beziehungen der Partei zu den Massen), in: *Qiushi* (Wahrheit), 8/1990: 33-37.

Wang, Ning (1990), Songbuwan de "renqingli", huanbuwan de "ganqingzhai" (Nicht enden wollende "Geschenke", nicht rückzahlbare "Gefühlsschulden"), in: *Gongren Ribao* (Arbeiterzeitung), 20.4.90.

Wang, Renzhong (1990), Tongyi renshi, jin yi bu gaohao zhili zhengdun (Eine einheitliche Einschätzung erlangen, die Konsolidierung weiter gut betreiben), in: *Qiushi* (Wahrheit), 7/1990: 13-18.

Wang, Xin (1988), "Guanxi wang" de jingji fenxi (Ökonomische Analyse des "Beziehungsnetzes), in: *Beijing Daxue Xuebao* (Zeitschrift der Peking-Universität), 6/1988: 63-69.

Wang, Zhifu (1989), Ye yao chengzhi "jingshen huilu" (Auch geistige Bestechung sollte bestraft werden), in: *Gongren Ribao* (Arbeiterzeitung), 3.11.89.

Waterbury, John (1972-73), Endemic and Planned Corruption in a Monarchical Regime, in: *World Politics*, vol..XXV (1972-73): 533-555.

Waterbury, John (1976), Corruption, Political Stability and Development: Comparative Evidence from Egypt and Morocco, in: *Government and Opposition*, vol. XI (1976): 426-445.

Weber, Max (1922), Max Webers Studie über Konfuzianismus und Taoismus, in: *Weber, M., Gesammelte Aufsätze zur Religionssoziologie*, Tübingen 1922.

Weber, Max (1956), *Wirtschaft und Gesellschaft*, 2 Bde., Tübingen 1956.

Weede, Erich (1985a), *Rent-Seeking, Military Participation and Economic Performance in LDCs*, Köln 1985.

Weede, Erich (1985b), Warum bleiben arme Leute arm? Rent-Seeking und Dependenz als Erklärungsansätze für die Armut in der Dritten Welt, in: *Politische Vierteljahresschrift*, 26 (1985): 270-286.

Weede, Erich (1986), Die kapitalistische Marktwirtschaft als Entwicklungsmotor, in: *Politische Vierteljahresschrift*, 27 (1986): 109-114.

Weeks, Joseph R. (1986), Bribes, Gratuities and the Congress: The Institutionalized Corruption of the Political Process, the Impotence of Criminal Law to Reach it, and a Proposal for Change, in: *Journal of Legislation*, vol. XIII (1986): 123-148.

Weggel, Oskar (1987), *China. Zwischen Marx und Konfuzius*, München 1987.

Weggel, O. (1990), Gesetzgebung und Rechtspraxis im nachmaoistischen China. Teil XV: Das Öffentliche Recht - Bilanz am Ende einer langen Serie, in: *China aktuell*, Januar 1990: 37-70.

Wei, Xinde (1990), Yansu chuli ganbu "san wei" jian fang (Gegen die "drei Übertretungen" von Kadern beim Hausbau strikt vorgehen), in: *Gongren Ribao* (Arbeiterzeitung), 22.6.90.

Weingrod, Alex (1967-68), Patrons, Patronage and Political Parties, in: *Comparative Studies in Society and History*, vol. 10 (1967-68): 377-400.

Welch, Cloude E. (1971), ed., *Political Modernization*, Belmond 1971.

Wen, Di (1990), Nur die KPCh kann den Aufbau des Sozialismus leiten, in: *Beijing Rundschau*, 11/1990: 15-19.

Werlin, Herbert H. (1972), The Roots of Corruption - the Ghanaian Enquiry, in: *The Journal of Modern African Studies*, 2/1972: 247-266.

Werlin, Herbert H. (1973), The Consequences of Corruption: The Ghanaian Experience, in: *Political Science Quarterly*, 1/1973: 71-85.

Werner, Simcha B. (1983a), The Development of Political Corruption: A Case Study of Israel, in: *Political Studies*, 31 (1983): 620-639.

Werner, Simcha B. (1983b), New Directions in the Study of Administrative Corruption, in: *Public Administration Review*, vol. XLIII (1983): 146-154.

Wertheim, W. F. (1963), Sociological Aspects of Corruption in Southeast Asia, in: *Sociologica Neerlandica*, Autumn 1963: 129-154.

Wertheim, W. F. (1964), *East-West Parallels, Sociological Approaches to Modern Asia*, The Hague 1964.

White III, Lynn T. (1977), Deviance, Modernization, Rations, and Household Registers in Urban China, in: *Wilson, A. A.; Greenblatt, S. L.; Wilson, R. W.* (1977): 151-172.

White III, Lynn T. (1988), Changing Concepts of Corruption in Communist China: Early 1950s Versus Early 1980s, in: *Shaw, Yu-ming*, Changes and Continuities in Chinese Communism, Boulder, London 1988: 316-353.

Whyte, Martin K. (1973), Bureaucracy and Modernization in China: The Maoist Critique, in: *American Sociological Review*, 2/1973: 149-163.

Whyte, Martin K. (1974), *Small Groups and Political Rituals in China*, Berkeley, Los Angeles, London 1974.

Wickman, Peter; Dailey, Timothy (1982), eds., *White-Collar and Economic Crime. Multidisciplinary and Cross-National Perspectives*, Lexington, Toronto 1982.

Wiese, Leopold von (1955), Die leitenden Eliten, in: *Universitas*, 10. Jg. (1955): 261-271.

Wiles, Peter (1981), *Die Parallelwirtschaft. Eine Einschätzung des systemwidrigen Verhaltens im Bereich der Wirtschaft unter besonderer Berücksichtigung der UdSSR.* Sonderveröffentlichung des Bundesinstituts für ostwissenschaftliche und internationale Studien, Köln 1981.

Wiles, Peter (1985), Der wirtschaftliche Alltag in der Sowjetunion: Schlangen und Schattenwirtschaft, in: *Gumpel, W.* (1985): 49-61.

Willerton Jr., John P. (1979), Clientelism in the Soviet Union: An Initial Examination, in: *Studies in Comparative Communism*, vol. XII (1979): 159-183.

Williams, Robert (1987), *Political Corruption in Africa*, Aldershot 1987.

Williamson, H. R. (1935), *Wang An Shih, A Chinese Statesman and Educationalist of the Sung Dynastie*, 2 vols., London 1935.

Wilson, Amy A.; Greenblatt, Sidney L.; Wilson, Richard W. (1977), eds., *Deviance and Social Control in Chinese Society*, New York, London 1977.

Wilson, Dick (1989), Corruption greasing skids of the Economy, in: *China Review*, September 1989: 9-11.

Wilson, Richard W. (1974), *The Moral State: A Study of the Political Socialization of Chinese and American Childen*, New York 1974.

Wilson, Richard W.; Wilson, Amy A.; Greenblatt, Sidney L. (1979), eds., *Value Change in Chinese Society*, New York 1974.

Wist, Hans (1932), *Das chinesische Zensorat*, Diss., Hamburg 1932.

Witjes, Cl. Winfried (1976), *Gewerkschaftliche Führungsgruppen. Eine empirische Untersuchung zum Sozialprofil, zur Selektion und Zirkulation sowie zur Machtstellung westdeutscher Gewerkschaftsführungen*, Berlin 1976.

Wittfogel, Karl A. (1938), Die Theorie der orientalischen Gesellschaft, in: *Zeitschrift für Sozialforschung*, vol. VII (1938): 90-122.

Wittfogel, Karl A. (1977), *Die orientalische Despotie. Eine vergleichende Untersuchung totaler Macht*, Frankfurt, Berlin, Wien 1977.

Wolf, Margery (1970), Child Training and the Chinese Family, in: *Freedman, M.* (1970): 37-62.

Wolf, Margery (1978), Child Training and the Chinese Family, in: *Wolf, Arthur P.*, ed., Studies in Chinese Society, Stanford 1978: 221-246.

Wortzel, Larry M. (1987), *Class in China. Stratification in a Claseless Society*, New York, Westport, London 1987.

Wraith, Ronald; Simpkins, Edgar (1963), *Corruption in Developing Countries*, London 1963.

Wu, Ching-Tzu (1973), *The Scholars*, Peking 1973.

Wu, Hongwei (1989), Women dang shifan fubai de zhudao liliang (Unsere Partei ist die Hauptkraft im Kampf gegen Korruption), in: *Renmin Ribao* (Volkszeitung), 31.7.89.

Wu, Jianguo (1989), Lun fubai xianxiang de genyuan (Über den Ursprung des Korruptionsphänomens), in: *Qiushi* (Wahrheit), 21/1989: 20-28.

Wu, Jiaxiang (1989), Interviewt von Rui Jun, in: *Liaowang* (Ausblick), 24/1989: 11-13.

Wu, Jinglian (1990), Die gefährliche Vermischung der Wirtschaftsordnungen. Zu Lage und Zukunft der chinesischen Wirtschaft, in: *Neue Zürcher Zeitung*, 25./26.2.90.

Wu, Lang (1990), Heshi zhanduan zuie zhi shou? (Wann läßt sich dieses Verbrechen abstellen?), in: *Minzu* (Nationalitäten), 5/1990: 6-7.

Wu, Naitao (1989), Unerbittlich im Ringen gegen Korruption, in: *Beijing Rundschau*, 52/1989: 20-24.

Wu, Pei-yi (1979), Self Examination and Confession of Sins in Traditional China, in: *Harvard Journal of Asiatic Studies*, vol. 39 (1979): 5-38.

Wu, Shuqing (1989), Gaige kaifang bixu jianchi shehuizhuyi fangxiang (Bei Reform und Öffnung muß man an der sozialistischen Richtung festhalten), in: *Renmin Ribao* (Volkszeitung), 17.11.89.

Xiandai hanyu cidian (1978) (Modernes Wörterbuch der Han-Sprache), Peking 1978.

Xiang, Yibin (1989), Fubai de xingcheng jili, houguo ji qi duice yanjiu (Mechanismus, Folgen und Maßnahmen gegen Korruption), in: *Zhongguo: Fazhan Yu Gaige* (China: Entwicklung und Reform), 7/1989: 50-58.

Xiao, Dong (1988), Danhua dengji zhi (Das Rangsystem ausdünnen), in: *Jingjixue Zhoubao* (Ökonomische Wochenzeitung), 12.6.88

Xiao, Yongqing (1989), Hg., *Zhongguo fazhi shi jiaocheng* (Lehrbuch der Geschichte des chinesischen Rechtsystems), Peking 1989.

Xie, Baogui (1988), The Function of the Chinese Procuratorial Organ in the Combat Against Corruption, in: *The Asian Journal of Public Administration*, vol. X (1, 1988): 71-79.

Yang, C. K. (1959), Some Characteristics of Chinese Bureaucratic Behavior, in: *Nivison, D. S.; Wright, A. F.* (1959): 134-164.

Yang, Decheng (1990), Songli xintai tanxi (Analyse des Geschenkverhaltens), in: *Gongren Ribao* (Arbeiterzeitung), 12.10.90

Yang, Lien-sheng (1957), The Concept of Pao as a Basis for Social Relations in China, in: *Fairbank, John K.*, Chinese Thought and Institutions, Chicago 1957.

Yang, Mingan (1990), Laodong guanli bumen de lianzheng jianshe (Die Schaffung von Rechtschaffenheit in den Abteilungen für Arbeitsverwaltung), in: *Laodong Jingji Yu Renshi Guanli* (Arbeitsökonomie und Personalverwaltung), 7/1990: 34-36.

Yang, Wenzhong; Yu, Zidong (1988), Gaige ganbu renshi zhidu, shixing kexue fenlei guanli (Das Kaderpersonalsystem reformieren, die Verwaltung nach wissenschaftlicher Qualifizierung praktizieren), in: *Jingji Cankao* (Wirtschaftsinformationen), 19.10.88.

Yang, Yongzhong (1989), Lun fubai xianxiang de jingji wenhua beijing (Über den wirtschaftlichen und kulturellen Hintergrund des Korruptionsphänomens), in: *Gongren Ribao* (Arbeiterzeitung), 10.2.89.

Yao, Wen-yüan (1975), Über die gesellschaftliche Basis der parteifeindlichen Clique um Lin Biao, in: *Peking Rundschau*, 11/1975: 4-10.

Ye, Shengya (1990), "Dajia na" ye shi fubai ("Jedermann nimmt" ist auch Korruption), in: *Jingji Cankao* (Wirtschaftsinformationen), 15.2.1990.

Yi, Shu (1986), Chinas Kampf gegen die Korruption im Jahr des Tigers, in: *China im Aufbau*, Mai 1986: 27-29.

Young, Ernest P. (1977), *The Presidency of Yuan Shih-k'ai. Liberalism and Dictatorship in Early Republican China*, Ann Arbor 1977.

Young, Graham (1984), Control and Style: Discipline Inspection Commissions Since the 11th Congress, in: *The China Quarterly*, 97/1984: 24-52.

Yu, Si (1991), Li zhong le, qing qing le (Gewichtige Geschenke, leichte Gefühle), in: *Renmin Ribao* (Volkszeitung), 12.2.91.

Zafanolli, Wojtek (1985), A Brief Outline of China's Second Economy, in: *Asian Survey*, 7/1985: 715-736.

Zao, Tianzhan (1990), Zai "Guojia gongshang xingzheng guanliju guanyu gongsi san bing hou youguan shixiang de tonggao" xinwen fabu hui shang de jianghua (Rede auf der Pressekonferenz zur "Ankündigung des Staatlichen Verwaltungsamtes für Industrie und Handel über Probleme nach der Auflösung bzw. Zusammenlegung von gongsi-Gesellschaften"), in: *Zhongguo Gongshang Bao* (Zeitung für die Verwaltung von Industrie und Handel Chinas), 12.7.90.

Zapf, Wolfgang (1965), *Beiträge zur Analyse der Deutschen Oberschicht*, München 1965.

Zapf, Wolfgang (1966), *Wandlungen der Deutschen Elite. Ein Zirkulationsmodell deutscher Führungsgruppen 1919-1961*, München 1966.

Zemtsov, Ilya (1976), *La Corruption en Union Soviétique*, Paris 1956. Mit einem Vorwort von Alain Besancon, Paris 1976.

Zhang Chunqiao shi Jiang Jieshi de chuigushou (1976) (Zhang Chunqiao ist der Lobredner Chiang Kai-sheks), Peking 1976.

Zhang, Tianrong; Wu, Meihua (1989), Hg., *Dangfeng yu dangde shengming* (Arbeitsstil und Leben der Partei), Peking 1989.

Zhang, Wenguan; Wang, Xiangu (1989), Xi "fubai bu ke bimian lun" (Über die Theorie "Korruption läßt sich nicht vermeiden"), in: *Gongren Ribao* (Arbeiterzeitung), 28.7.89.

Zhao, Suisheng (1990), Zhongguo neng zai dalu xiaochu fubai xianxiang ma? (Kann China auf dem Festland das Phänomen der Korruption beseitigen?), in: *Minzhu Zhongguo* (Demokratisches China) 6/1990: 58-63.

Zhao, Ziyang (1988), Bericht auf der 3. Plenartagung des XIII. ZK der KP Chinas, in: *Beijing Rundschau*, 46/1988: I-XII.

Zheng, Zhenyi (1987), Why does he get special privileges, in: *China Spring Digest*, vol. I, No. 6/1987: 70-72.

Zhongguo baike nianjian (1983) (Enzyklopädisches Jahrbuch Chinas), Peking, Shanghai 1983.

Zhongguo baike nianjian (1985) (Enzyklopädisches Jahrbuch Chinas), Peking, Shanghai 1985.

Zhongguo baike nianjian (1987) (Enzyklopädisches Jahrbuch Chinas), Peking, Shanghai 1987.

Zhongguo fazhi jianshi (1986) (Geschichte des chinesischen Rechtssystems), Shijiazhuang 1986.

Zhongguo Gongshang Bao (Zeitung für die Verwaltung von Industrie und Handel), Peking.

Zhonghua Renmin Gongheguo fagui huibian 1979 (1986) (Gesetzessammlung der VR China 1979), Peking 1986.

Zhonghua Renmin Gongheguo Quan Guo Renmin Daibiao Da Hui Changwu Weiyuanhui Gongbao (Mitteilungsbulletin des Ständigen Ausschusses des Nationalen Volkskongresses der VR China), Peking.

Zhongyang Jiwei Yanjiushi (1989) (Forschungsbüro der Disziplinkontrollkommission des Zentralkomitees der KPCh), Kefu sixiang zhangai, jianjue chengzhi fubai (Die ideologischen Hindernisse überwinden, entschlossen Korruption bestrafen), in: *Qiushi* (Wahrheit), 17/1989: 30-34.

Zhongyang Jiwei Yanjiushi; Liaoning Sheng Jiwei Diaoyanshi (1990) (Forschungsbüro der Disziplinkontrollkommission des Zentralkomitees der KPCh und der Disziplinkontrollkommission der Provinz Liaoning), Dang nei wai qunzhong shi fan fubai douzheng de jiben liliang (In und außerhalb der Partei sind die Massen die grundlegende Kraft im Kampf gegen Korruption), in: *Qiushi* (Wahrheit), 17/1990: 25-29.

Zhongyang Renmin Zhengfu Fazhi Weiyuanhui (1982), Rechtsausschuß der Zentralen Volksregierung), Hg., *Zhongyang Renmin Zhengfu faling huibian* (Sammlung von Rechtsverordnungen der Volksregierung), Jg. 1952, Peking 1982.

Zhou, Jizhong (1989), Hg., *Zhongguo xingzheng jiancha* (Chinas Verwaltungskontrolle), Nanchang 1989.

Zhou, Mi (1985), *Zhongguo xingfa shi* (Geschichte des chinesischen Strafrechts), Peking 1985.

Zirpins, Walter; Terstegen, Otto (1963), *Wirtschaftskriminalität. Erscheinungsformen und ihre Bekämpfung*, Lübeck 1963.

Zuigao Renmin Jianchayuan bianjizu (1981) (Verfassergruppe der Obersten Volksstaatsanwaltschaft), Hg., *Gongmin jubao shouce* (Handbuch für Meldungen der Bürger), Peking 1989.

Namen- und Stichwortverzeichnis

ANHANG

Gesetze, Kommentare und Falldarstellungen zur Bekämpfung der Korruption in der Volksrepublik China

bearbeitet von *Konrad Wegmann*

Inhalt

I. Gesetze und Verordnungen gegen Korruption und Amtsunterschlagung

Verordnung der Volksrepublik China zur Bestrafung von Korruption (*tanwu*)[1]

[Am 18. April auf der 14. Sitzung des Ausschusses der Zentralen Volksregierung genehmigt]

§ 1: Diese Verordnung wurde gemäß Artikel 18 des Gemeinsamen Programms der Politischen Konsultativkonferenz des Chinesischen Volkes, insbesondere zur strengen Bestrafung von Korruption (*tanwu*), ausgearbeitet.

§ 2: Wenn beim Arbeitspersonal aller staatlichen Organe, betrieblicher Unternehmen, Schulen, einschließlich der ihnen untergliederten Organe, Handlungen vorgenommen werden, bei denen staatliche Vermögenswerte unterschlagen (*qintun*), gestohlen (*daoqie*), betrügerisch (*pianqu*) oder unter einem Vorwand genommen werden (*taoqu*), und wenn man von anderen Menschen Vermögenswerte gewaltsam einfordert (*qiangsuo*), Bestechungen entgegennimmt (*shoushou huilu*), sich aus öffentlichen Mitteln bereichert (*jia gong ji si*) und gesetzwidrig Vorteile erlangt (*feifa quli*), gehört dies alles zum Verbrechen der Korruption (*tanwu zui*).

§ 3: Wer die Straftat der Korruption (*tanwu zui*) begeht, wird entsprechend der Schwere der Umstände seines Verbrechens den Regelungen gemäß im einzelnen wie folgt bestraft:

1. Wer eine Summe veruntreut, die hundert Millionen Yuan in RMB übersteigt, wird zu einer Freiheitsstrafe von über zehn Jahren, oder zu einer lebenslangen Freiheitsstrafe verurteilt. Bei besonders ernsthaften und schweren Umständen wird die Todesstrafe verhängt.

2. Wer eine Summe veruntreut, die höher als 50 Millionen Yuan RMB beträgt, aber noch unter einhundert Millionen bleibt, wird zu einer Freiheitsstrafe von mehr als fünf, jedoch unter zehn Jahren verurteilt.

3. Wer eine Summe veruntreut, die höher als zehn Millionen Yuan RMB beträgt, aber noch unter 50 Millionen bleibt, wird zu einer Freiheitsstrafe von mehr als einem, jedoch unter fünf Jahren verurteilt; oder er wird zu Zwangsarbeit (*laoyi*) von einem bis zu vier Jahren, oder zu ein bis zwei Jahren Überwachung (*guanzhi*) verurteilt.

4. Wer eine Summe veruntreut, die zehn Millionen Yuan RMB nicht erreicht, wird zu einer Freiheitsstrafe (*tuxing*), zu Zwangsarbeit (*laoyi*) oder zu Überwachung (*guanzhi*) von unter einem Jahr verurteilt; bei Strafverschonung wird eine Verwaltungsstrafe (*xingzheng chufen*) verhängt: Ausschluß (*kaichu*), Amtsenthebung (*chezhi*), Versetzung in ein anderes Amt (*jiangzhi*), Degradierung im Amt (*jiangji*), Eintrag einer Verfehlung (*jiguo*) oder Verwarnung (*jinggao*).

Bei kollektiver Veruntreuung (*jiti tanwu*) wird jeder entsprechend der Summe, die er erhalten hat, und entsprechend seinen persönlichen Umständen, gesondert bestraft.

[1] Quelle: Gong'an fagui huibian (Zusammenstellung der Gesetze und Verordnungen zur öffentlichen Sicherheit), 1950 - 1979, Beijing 1980: 80 ff.

Das durch Veruntreuung erlangte Vermögen wird eingezogen (*zhuijiao*); bei besonders schwerwiegenden Handlungen wird zugleich das Vermögen des Täters zum Teil oder vollständig konfisziert.

§ 4: Wer das Verbrechen der Korruption (*tanwu zui*) begangen hat und bei dem einer der folgenden Umstände zutrifft, wird schwer bzw. sehr schwer bestraft (*chuxing*):

1. Wer dem Staat und der Sache des Sozialismus sowie der Sicherheit des Volkes schweren Schaden zugefügt hat;

2. Wer als feindlicher Agent in den eigenen Reihen wirtschaftliche Informationen des Staates ausspioniert (*zuotan*) und veräußert hat;

3. Wer Bestechungsgelder angenommen und das Recht gebeugt hat (*tanzang wangfa*);

4. Wer einen anderen durch Drohungen erpresst (*qiaozha lesuo*) hat;

5. Wer kollektiv Veruntreuung (*jiti tanwu*) organisiert hat;

6. Wer sich als unverbesserlicher Wiederholungstäter erwiesen (*lü xing bu gai*) hat;

7. Wer sich weigert, ein Geständnis abzulegen (*tanbai*) und andere daran hindert, ihre Straftaten zu gestehen;

8. Wer die Spuren seines Verbrechens vernichtet (*xiaomie zui ji*) und dadurch öffentliches Eigentum geschädigt hat;

9. Wer seine verbrecherischen Handlungen der Veruntreuung kaschiert (*yanshi tanwu*) und einem anderen die Schuld zugeschoben (*jia huo yu ren*) hat;

10. Wer kein gründliches Geständnis abgelegt hat und bei dem erst nach der Verurteilung durch die Anzeige eines Dritten offenbar wurde, daß die Umstände erheblich schwerwiegender waren;

11. Bei dessen verbrecherischen Handlungen es noch andere, besonders abstoßende Begleitumstände gegeben hat.

Wer zum Zweck der Korruption und Veruntreuung (*tanwu*) zugleich noch andere Verbrechen begangen (*jian fan ta zhong zui*) hat, dessen Strafen werden zusammengerechnet.

§ 5: Wer die Straftat der Korruption (*tanwu zui*) begangen hat, jedoch eine der folgenden Bedingungen erfüllt, kann zu leichter oder herabgesetzter Strafe verurteilt werden; die Strafe kann auch ausgesetzt, oder Straffreiheit gewährt, somit eine Verwaltungsstrafe gegeben werden:

1. Wer vor der Entdeckung seiner Straftat aus freiem Antrieb ein Geständnis ablegt (*tanbai*);

2. Wer nach der Entdeckung ein gründliches Geständnis ablegt, aufrichtig bereut und aus eigenem Antrieb mit allen Kräften die veruntreuten Güter wiedererstattet;

3. Wer andere anzeigt, die die in dieser Verordnung geregelten Straftaten begangen haben, und sich dadurch Verdienste erwirbt (*ligong*);

4. Wer noch relativ jung ist oder von jeher redlich und rechtschaffen war und eher zufällig Veruntreuung begangen (*ou fan tanwu*) hat und seine Verfehlungen aufrichtig bereut.

§ 6: Wer staatliches Arbeitspersonal bestochen (*xingshi huilu*) oder eine Bestechung vermittelt (*jieshao xinghui*) hat, muß entsprechend den Regelungen in § 3 dieser Verordnung in Anbetracht der aktuellen Verhältnisse und gemäß der Schwere der Umstände bestraft werden; bei besonders schwerwiegenden Umständen wird zugleich sein Vermögen zum Teil oder vollständig konfisziert; wer ein gründliches Geständnis ablegt und zugleich den Bestochenen (*shouhui ren*) angezeigt hat, soll mit einer Geldstrafe (*fajin*) be-legt, von einer Kriminalstrafe (*xingshi chufen*) aber ausgenommen werden.

Wer Steuern hinterzogen (*toushui*) und aktive Bestechung (*xinghui*) begangen hat, ist, abgesehen davon, daß er die hinterzogenen Steuern gemäß dem Gesetz nachzuzahlen und eine Geldstrafe (*fakuan*) zu entrichten hat, entsprechend den Regelungen dieser Verordnung wegen Bestechung zu bestrafen.

Wer einen anderen mit Drohungen erpreßt (*xiepo*) und ihn zur Annahme von Bestechungen verleitet (*youhuo .. shou huilu*) hat, ist schwer bzw. sehr schwer zu bestrafen.

Wer durch Erpressung (*bei lesuo*) genötigt wurde, dem staatlichen Arbeitspersonal Vermögenswerte (*caiwu*) zu überlassen, bei denen es sich keineswegs um rechtswidrige (*weifa*) Einkünfte handelt, wird im allgemeinen nicht wegen Bestechung bestraft; die erpreßten Vermögenswerte (*bei lesuo de caiwu*) sind dem ursprünglichen Besitzer zurückzuerstatten.

§ 7: Wer vor Bekanntmachung dieser Verordnung, den Konventionen und üblen Praktiken der alten Gesellschaft folgend, bei einem fairen Handel dem staatlichen Arbeitspersonal kleinere Summen als Vermittlungsprovision gegeben hat, kann nicht der Vorteilsgewährung (*xinghui*) für schuldig befunden werden.

Wer aber nach Bekanntmachung dieser Bestimmungen beim Handel mit dem staatlichen Arbeitspersonal noch immer eine Form des Gebens und Nehmens kleinerer Summen als Vermittlungsprovision (praktiziert), wird, je nachdem, ob es sich um den Gebenden oder den Annehmenden handelt, gleichermaßen gesondert wegen Bestechung (*xinghui*) oder Bestechlichkeit (*shouhui*) bestraft.

§ 8: Wenn nicht-staatliches Arbeitspersonal Unterschlagungen begeht (*qintun*), staatliches Vermögen stiehlt (*daoqie*) und durch Betrug (*pianqu*) oder Überredung an sich zu bringen (*taoqu*) sucht, ist die Rückgabe dieser rechtswidrig erlangten Güter anzustreben; es ist entsprechend der rechtswidrig erlangten Menge und in Berücksichtigung der Regelung der §§ 4 und 5 dieser Verordnung die konkrete Sachlage genau abzuwägen, beim Bußgeld überlegt zu handeln oder die Wiedergutmachung durch Urteil anzuordnen, entsprechend den durch verbrecherisches Handeln verursachten weiteren Schäden und Verlusten für den Staat. Wenn die Umstände besonders schwerwiegend sind, ist zugleich in Anbetracht der Regelungen in § 3 dieser Verordnung eine Kriminalstrafe zu verhängen, oder das Vermögen zum Teil oder gänzlich zu konfiszieren. Wer ein gründliches Geständnis ablegt, kann, wenn die Umstände minimal sind, von einer Strafe ausgenommen werden.

§ 9: Wer Wirtschaftsinformationen des Staates ankauft oder stiehlt, um sich persönliche Vorteile zu verschaffen (*mouqu sili*), ist entsprechend der Menge der auf diese Weise gesetzwidrig erlangten Vorteile, gemäß der Schwere der Umstände sowie in Anbetracht der §§ 3, 4 und 8 der vorliegenden Verordnung für sein Verbrechen zu bestrafen (*zhizui*).

§ 10: Gegen jeden, der unterschlagenes Vermögen (*tanwu caiwu*) oder anderes Gut, das er rechtswidrig erlangt hat, zurückerstatten muß, soll, wenn es keine Möglichkeiten gibt, diese zu erstatten, durch die Rechtsprechungsorgane oder durch die ein Urteil vorschlagenden Organe in Beratung mit den dafür verantwortlichen Verwaltungsorganen in Abwägung der Umstände eine andere Maßnahme ergriffen werden.

§ 11: Wer gegen diese Verordnung verstößt, verliert gemäß den Umständen seines Verbrechens zum Teil oder gänzlich seine politischen Rechte.

§ 12: Nicht-staatliches Arbeitspersonal, das sich mit staatlichem Arbeitspersonal zusammentut und im Verein mit ihnen Koruption begeht (*huotong tanwu*), ist in Bezugnahme auf die Regelungen in den §§ 3, 4, 5, 10 und 11 dieser Verordnung zu bestrafen (*zhengzhi*).

§ 13: Wer aus dem Führungspersonal aller staatlichen Organe, Betriebsunternehmen, Schulen und der ihnen untergeordneten Organisationen entdeckt, daß bei dem ihm untergebenem Arbeitspersonal Korruption praktiziert (*tanwu*) wird, und diese Praktiken vorsätzlich vertuscht (*guyi baobi*) oder überhaupt nicht zur Anzeige (*jufa*) bringt, ist entsprechend der Schwere der Umstände mit einer Kriminal- oder Verwaltungsstrafe zu belegen.

§ 14: Jedermann hat gegenüber jedem, der gegen diese Verordnung verstößt, gleichermaßen die Pflicht, bei den dafür zuständigen Abteilungen der Verwaltung, den Volkskontrollorganen, den Organen der Volkssicherheit, den Organen der Volksstaatsanwaltschaft und des Volksgerichtes sowie bei einem anderen Organ oder bei einem ranghöheren Funktionär, die der Anzeigende für geeignet hält, Anzeige zu erstatten.

Wer den Anzeigenden schlägt und ihm gegenüber Racheakte ergreift, wird entsprechend der Schwere der Umstände mit einer Kriminal- oder Verwaltungsstrafe belegt.

§ 15: Die Regelungen dieser Verordnung werden auch auf Arbeitspersonal von gesellschaftlichen Organisationen angewendet, das die Straftat der Korruption begeht (*fan tanwu zui*).

§ 16: Die Regelungen dieser Verordnung werden auch auf jene angewendet, die aktiv in der revolutionären Armee ihren Dienst tun und das Verbrechen der Korruption begangen haben (*fan tanwu zui*).

§ 17: Wer nach Veröffentlichung dieser Verordnung noch immer - oder schon wieder - gegen diese verstößt, ist schwer oder sehr schwer zu bestrafen.

§ 18: Diese Verordnung wird nach Genehmigung durch den Ausschuß der Zentralen Volksregierung veröffentlicht.

Vorläufige Bestimmungen des Staatsrats über Belohnung und Bestrafung des Arbeitspersonals in den staatlichen Verwaltungsorganen[1]

[26. Oktober 1957]

Gemäß der Bestimmung in Art. 19 der Verfassung[2] der Volksrepublik China "muß das Arbeitspersonal aller staatlichen Organe dem System der Volksdemokratie gegenüber loyal sein, der Verfassung und den Gesetzen gehorchen und mit aller Kraft dem Volke dienen."

Um permanent das sozialistische Bewußtsein des Arbeitspersonals in den staatlichen Verwaltungsorganen zu erhöhen, so daß es Aktivität und Kreativität bei seiner Arbeit entwickelt und um gesetzwidrigen Handlungen der Pflichtvernachlässigung bei Arbeitspersonal der staatlichen Verwaltungsorgane Einhalt zu gebieten und solche Akte wieder korrigieren zu können, um schließlich die reibungslose Vollendung des sozialistischen Aufbaus sicherzustellen, haben wir nunmehr zur Handhabung der Frage der Belohnung und Bestrafung des Arbeitspersonals der staatlichen Verwaltungsorgane folgende Bestimmungen erlassen:

I. Das Personal der staatlichen Verwaltungsorgane muß alle politischen Maßnahmen, Gesetze und Dekrete des Staates strikt ausführen, Entscheidungen und Befehle der Regierung und das gesamte Ordnungssystem von Vorschriften befolgen, und entschieden alle Arbeitsverpflichtungen ausführen, die ihm der Staat übertragen hat, auf öffentliches Eigentum achten und es schützen, Staatsgeheimnisse bewahren, und den guten Arbeitsstil des Fleißes, der Sparsamkeit, der Einfachheit, der Bescheidenheit und Klugheit und der engen Verbindung mit den Massen begründen.[3]

......

V. Hat staatliches Arbeitspersonal in den Verwaltungsorganen folgende Akte der Gesetzwidrigkeit und Vernachlässigung von Amtspflichten (*weifa shizhi xingwei*) begangen, die noch keine Straftat darstellen, müssen Disziplinarstrafen (*jilü chufen*) verhängt werden. Wenn die Umstände leicht sind, kann nach Kritik und Erziehung von einer Strafe abgesehen werden.

1. Wenn sie im Widerspruch zum politischen Kurs, den Gesetzen und Dekreten des Staates stehen und im Widerspruch zu Beschlüssen, Weisungen, Vorschriften und dem Ordnungssystem der Regierung;

2. wenn sie ihren Amtsbereich vernachlässigt haben und bei ihrer Arbeit in Verzug geraten sind;

3. wenn sie zum System des demokratischen Zentralismus in Widerspruch stehen, den Beschlüssen und Weisungen höherer Ebenen nicht Folge leisten, Kritik unterbunden und Rachakte vollzogen haben;

[1] Quelle: Lianzheng jianshe zhengce fagui xuanbian (Auswahl von Gesetzen und Bestimmungen zu politischen Maßnahmen des Aufbaus einer rechtsschaffenen Regierung), hrsg. vom Amt für Fragen des Rechtssystems beim Staatsrat, Beijing 1989: 133 ff.

[2] Die hier genannte Verfassung ist die von 1954.

[3] Abschnitt II, III und IV wurden hier ausgelassen, da von Lohn und Belobigung die Rede ist, uns aber in diesem Zusammenhang nur strafbare Handlungen interessieren.

4. wenn sie unter falschen Vorspiegelungen andere Organisationen betrogen haben;

5. wenn sie Recht und Unrecht manipuliert und andere Gruppen sabotiert haben;

6. wenn sie ihren politischen Standpunkt aufgegeben und schlechte Menschen gedeckt haben;

7. wenn sie staatliches Eigentum veruntreut (*tanwu*) und gestohlen (*daoqie*) haben;

8. wenn sie staatliches Vermögen verschwendet und öffentliches Eigentum geschädigt haben;

9. wenn sie ihre Amtspflichten mißbraucht (*lanyong*), die Interessen der Volksmassen verletzt und die Beziehungen zwischen den Staatsorganen und den Massen des Volkes geschädigt haben;

10. wenn sie Staatsgeheimnisse verraten haben;

11. wenn sie, verdorben und degeneriert (*fuhua duoluo*), dem Prestige der Staatsorgane Schaden zugefügt haben;

12. wenn sie auf andere Art und Weise der Disziplin (*jilü*) des Staates zuwidergehandelt haben.

VI. Disziplinarstrafen (*jilü chufen*) werden in acht Kategorien aufgeteilt:

Verwarnung (*jinggao*), Eintrag einer Verfehlung (*jiguo*), Eintrag einer ernsthaften Verfehlung (*ji da guo*), Degradierung (*jiangji*)[4]; Rückversetzung im Amt (*jiangzhi*)[5], Entlassung aus dem Amt (*chezhi*)[6], Ausschluß unter weiterer Beobachtung (*kaichu liuyong chakan*), Ausschluß (*kaichu*)[7].

VII. Die staatlichen Verwaltungsorgane müssen bei Arbeitspersonal, das die Disziplin des Staates verletzt hat, bei der Verfolgung dessen disziplinarischer Verantwortlichkeit und bei der Verhängung von Disziplinarstrafen in Übereinstimmung mit einem strengen und sorgfältigen, klug auswählenden Leitprinzip, gemäß dem Charakter dessen, der einen Fehler begangen hat und gemäß der Schwere des Falles, unter Berücksichtigung des normalen Verhaltens des Betroffenen und seiner Haltung in bezug auf die Anerkennung seiner Fehler, eine angemessene Disziplinarstrafe sehr differenziert verhängen oder ihm die Strafe erlassen.

Bei Mitarbeitern, die die Disziplin des Staates verletzt haben, so daß die Interessen des Staates und des Volkes nur einen bestimmten Schaden erlitten, die man aber wie zuvor in ihrer gegenwärtigen Position belassen kann, kann man in unterschiedlicher Abstufung die Strafen der Verwarnung, des Eintrags einer Verfehlung, des Eintrags einer außerordentlichen Verfehlung und eine Degradierung (*jiangji*) verhängen.

---

[4] Entspricht der Beförderung (<u>shengji</u>).

[5] Rückversetzung in ein anderes Amt; entspricht auf der Seite der Belohnungen der Ernennung in eine höhere Laufbahn (<u>shengzhi</u>).

[6] Entlassung aus dem Amt; entspricht Beförderung in eine höhere Dienststellung (<u>shengzhi</u>).

[7] 'Ausschluß' (<u>kaichu</u>) wird nur bei Konterrevolutionären angewendet, vgl. Abschnitt VII.

Bei Mitarbeitern, die in einer ernsthaften Weise gegen die Disziplin des Staates verstoßen haben und den Interessen des Staates und des Volkes schwerwiegenden Schaden zugefügt haben, so daß man sie nicht mehr in ihrer gegenwärtigen Amtsposition belassen kann, kann die Strafe der Rückversetzung im Amt (*jiangzhi*) oder der Entlassung aus dem Amt (*chezhi*) verhängt werden. Wenn kein Amt da ist, in das zurückversetzt (*wu zhi ke jiang*) oder aus welchem die Entlassung erfolgen kann (*wu zhi ke che*), kann auch die Strafe der Degradierung (*jiangji*) gegeben werden.

Bei Elementen, die schwerwiegend gegen das Gesetz verstoßen und Verfehlungen im Amt begangen haben, die sich trotz wiederholter Belehrungen nicht bessern (*lü jiao bu gai*) oder charakterlich so degeneriert (*tuihua bianzhi*) sind, daß ihnen nichts mehr helfen würde, und die nicht mehr geeignet sind, in den staatlichen Verwaltungsorganen ihre Arbeit fortzusetzen, kann die Strafe des Ausschlusses (*kaichu*) verhängt werden. - Ganz bestimmte Mitarbeiter unter diesen können, um ihnen eine letzte Chance der Reue und Besserung zu geben, entsprechend den konkreten Umständen milde behandelt und mit Ausschluß unter weiterer Beobachtung (*kaichu liuyong chakan*) bestraft werden.

Konterrevolutionäre Elemente, die sich in die staatlichen Verwaltungsorgane eingeschlichen haben, um Sabotageakte durchzuführen, und andere schlechte Elemente müssen entschieden aus den staatlichen Organen ausgeschlossen (*kaichu*) werden; außerdem muß man sie nach dem Gesetz bestrafen.

VIII. Wenn staatliches Verwaltungspersonal gegen das Strafrecht verstoßen hat, die Umstände aber leicht sind und strafrechtliche Verantwortlichkeit nicht festgestellt worden ist, kann eine angemessene Disziplinarstrafe verhängt werden; oder der Betreffende wird nach Kritik und Erziehung straffrei bleiben.

Personal der staatlichen Verwaltungsorgane, das vom Volksgericht zur Strafe der Überwachung (*guanzhi*), zu einer Freiheitstrafe verurteilt oder seiner politischen Rechte enthoben worden ist, geht naturgemäß (*ziran*) auch seiner Amtspflichten verlustig (*zhiwu chexiao*). Mitarbeitern, die zu einer Freiheitsstrafe verurteilt, denen aber Strafaufschub gewährt wurde, werden die Amtspflichten selbstverständlich ebenfalls entzogen. Während der Zeit des Strafaufschubs können sie jedoch die Arbeit in ihren Behörden fortsetzen; es muß ihnen aber entsprechend der konkreten Situation eine angemessene Arbeit zugewiesen werden.

IX. Wenn ein staatliches Verwaltungsorgan entdeckt, daß das ihm unterstehende Arbeitspersonal gegen die Disziplin verstoßen hat, und es eine Disziplinarstrafe verhängen muß, muß es schnell bestrafen und darf diese Handlung nicht ohne Grund hinauszögern; normalerweise sollte es vom Tage der Entdeckung der Verfehlung an innerhalb eines halben Jahres eine Strafe verhängen. Wenn die Umstände kompliziert sind, oder wenn es andere, besondere Gründe dafür gibt, dürfen maximal zwei Jahre nicht überschritten werden.[8]

......

[8] Abschnitt X - XVII wurden aus ähnlichen Gründen wie oben erwähnt ausgelassen.

Ergänzende Bestimmungen des Ständigen Ausschusses des Nationalen Volkkongresses zur Bestrafung von Amtsunterschlagung (*tanwu zui*) und Bestechung (*huilu zui*)[1]

[Am 21. Januar 1988 vom Ständigen Ausschuß des Nationalen Volkskongresses auf seiner 24. Sitzung verabschiedet; am gleichen Tag vom Vorsitzenden der Volksrepublik China als Dekret Nr. 63 veröffentlicht; seit dem Tag der Veröffentlichung in Kraft]

Gemäß den Bestimmungen über die Bestrafung von Amtsunterschlagung (*tanwu zui*) und Bestechung (*huilu zui*) im "Strafrecht der Volksrepublik China" und in dem "Beschluß" des Ständigen Ausschusses des Nationalen Volkskongresses über "Kriminelle, die die Wirtschaft ernsthaft und nachhaltig sabotiert haben" werden folgende ergänzende Bestimmungen gemacht:

I. Wenn staatliches Arbeitspersonal, Arbeitspersonal kollektiver Wirtschaftsorganisationen oder andere selbständige Vermittler (*jingshou*), sowie Personal als Verwalter öffentlichen Eigentums, das die Vorteile seines Amtsbereiches ausnutzt und sich öffentliches Eigentum aneignet (*qintun*), durch Diebstahl und Betrug (*daoqie pianqu*) oder mit sonstigen Methoden widerrechtlich in seinen Besitz bringt, so handelt es sich um die Straftat der Amtsunterschlagung (*tanwu zui*).

Wer sich mit staatlichem Arbeitspersonal, Arbeitspersonal kollektiver Wirtschaftsorganisationen oder mit anderen selbstständigen Vermittlern, ferner mit Personal, das öffentliches Eigentum verwaltet, heimlich zusammentut (*goujie*) und gemeinsam Veruntreuungen begeht (*huotong tanwu*), wird für gemeinschaftlich begangene Tat (*gongfan*) verurteilt.

II. Wer Veruntreuung begeht, wird entsprechend der Schwere seines Falles unterschiedlich nach folgenden Regelungen bestraft:

1. Wer als Einzelner eine Summe von über 50 000 Yuan veruntreut, wird mit mehr als 10 Jahren oder mit lebenslänglicher Freiheitstrafe belegt; zugleich kann er mit dem Einzug seines Vermögens bestraft werden. Sind die Umstände besonders schwerwiegend, wird er mit dem Tod bestraft; zugleich wird sein Vermögen eingezogen.

2. Wer als Einzelner eine Summe von mehr als 10 000, aber weniger als 50 000 Yuan veruntreut, wird mit einer Freiheitsstrafe von über 5 Jahren belegt; zugleich kann er mit Einzug seines Vermögens bestraft werden. Sind die Umstände besonders schwerwiegend, wird er mit lebenslänglich bestraft; zugleich wird sein Vermögen eingezogen.

3. Wer als Einzelner eine Summe von mehr als 2000, aber weniger als 10 000 Yuan veruntreut, wird mit einer Freiheitsstrafe von mehr als einem, jedoch unter 7 Jahren belegt. Sind die Umstände schwerwiegend, wird mit einer Freiheitsstrafe von mehr als 7, aber weniger als 10 Jahren bestraft.

[1] Quelle: Lianzheng jianshe zhengce fagui xuanbian (Auswahl von Gesetzen und Bestimmungen zu politischen Maßnahmen des Aufbaus einer rechtschaffenen Regierung), hrsg. vom Amt für Fragen des Rechtssystems beim Staatsrat, Beijing 1989: 381 ff.

Veruntreut ein Einzelner eine Summe von mehr als 2000, jedoch weniger als 5000 Yuan, klagt sich aber nach der Straftat selber an und handelt verdienstvoll (*ligong*) oder bereut er seine Tat und zeigt sich außerdem gewandelt und wirkt aktiv bei der Rückerstattung des gestohlenen Gutes (*tuizang*) mit, kann seine Strafe reduziert oder eine Kriminalstrafe auch erlassen werden. Er kann von seiner Einheit oder von einem dafür verantwortlichem Organ der nächst höheren Ebene mit einer Verwaltungsstrafe (*xingzheng chufen*) belegt werden.

4. Veruntreut ein Einzelner eine Summe von nicht ganz 2000 Yuan und sind die Umstände vergleichsweise schwerwiegend, wird er mit einer Freiheitstrafe unter 2 Jahren oder mit Gewahrsam (*juyi*) bestraft; sind die Umstände vergleichsweise leicht, wird ihm von seiner Einheit oder von einem dafür zuständigen Organ der nächst höheren Ebene in Abwägung der Umstände eine Verwaltungsstrafe (*xingzheng chufen*) gegeben.

Wenn mehr als zwei Leute gemeinsam Veruntreuung (*gongtong tanwu*) begehen, werden sie entsprechend der Summe, die jeder einzelne erlangt und entsprechend der Rolle, die sie bei diesem Verbrechen gespielt haben, unterschiedlich bestraft. Ein Rädelsführer in einer Vereinigung, die Veruntreuung (*tanwu jituan*) betreibt, wird entsprechend der Gesamtsumme, die diese Vereinigung veruntreut hat, bestraft. Auch die anderen Haupttäter (*zhufan*) bei dem gemeinsam betriebenen Verbrechen der Veruntreuung, bei denen die Umstände schwerwiegend sind, werden entsprechend der Gesamtsumme, die gemeinsam veruntreut worden ist, bestraft.

Wer mehrmals veruntreut hat, aber dafür noch nicht gerichtlich belangt worden ist, wird entsprechend der Gesamtsumme, die er veruntreut (*tanwu shu'e*) hat, bestraft.

III. Wenn staatliches Arbeitspersonal, Arbeitspersonal in kollektiven Wirtschaftsorganisationen oder selbstständige Vermittler (*jingshou*), ferner Personal, das öffentliches Eigentum verwaltet, illegalen Aktivitäten nachgeht, d. h. die Vorteile seiner Amtsbefugnisse nutzt, um öffentliche Gelder zu mißbrauchen (*nuoyong*) und sie einzelnen zum Vorteil zukommen zu lassen; oder wenn sie mit relativ hohen Summen zweckentfremdeter (*nuoyong*) öffentlicher Gelder gewinnbringende Aktivitäten betreiben oder wenn sie relativ hohe Summen zweckentfremdeter (*nuoyong*) öffentlicher Gelder selbst nach Ablauf von 3 Monaten noch nicht zurückerstattet haben, so ist das die Straftat des Mißbrauchs öffentlicher Gelder (*nuoyong gongkuan zui*) und wird mit einer Freiheitstrafe unter 5 Jahren oder mit Gewahrsam (*juyi*) bestraft. Wenn die Umstände schwerwiegend sind, wird mit über 5 Jahren Freiheitsentzug bestraft. Ist die Summe der mißbrauchten öffentlichen Gelder (*nuoyong gongkuan*) sehr hoch und wird sie nicht zurückgegeben, so wird das als Amtsunterschlagung (*tanwu*) bestraft.

Wer staatliche Fonds mißbraucht (*nuoyong*), die gegen Naturkatastrophen (*jiuzai*), für den Katastropheneinsatz (*qiangxian*), für Vorsorgemaßnahmen gegen Hochwasser (*fangxun*), für die Wohlfahrt und Fürsorge demobilisierter Soldaten (*youfu*) und für wirtschaftliche Hilfe (*qiuji*) angelegt waren, und diese einzelnen Personen zu deren Vorteil und Nutzen zukommen läßt, wird schwer bestraft.

Wer öffentliche Gelder mißbraucht (*nuoyong*), um illegale Aktivitäten durchzuführen und damit noch andere Straftaten begeht, wird gemäß den Bestimmungen für Gesamtstrafen (*shuzui bingfa*) bestraft.

IV. Wenn staatliches Arbeitspersonal, Arbeitspersonal kollektiver Wirtschaftsorganisationen oder anderes Personal, das öffentlichen Aufgaben nachgeht, die Vorteile seiner Amtsbefugnisse ausnutzt, um anderer Menschen Eigentum zu fordern (*suoqu*) oder gesetzwidrig anderer Menschen Eigentum anzunehmen (*shoushou*), um für andere einen Vorteil herauszuholen (*mouqu liyi*), so handelt es sich um die Straftat der Vorteilsannahme (*shouhui zui*).

Wer sich mit staatlichem Arbeitspersonal, mit Arbeitspersonal kollektiver Wirtschaftsorganisationen oder anderem Personal, das öffentlichen Aufgaben nachgeht, heimlich zusammentut (*goujie*) und gemeinsam Vorteilsannahme begeht (*huotong shouhui*), wird für dieses gemeinsame Verbrechen (*gongfan*) bestraft.

Staatliches Arbeitspersonal, Arbeitspersonal kollektiver Wirtschaftsorganisationen oder anderes Personal, das öffentlichen Aufgaben nachgeht und im Wirtschaftsverkehr den staatlichen Bestimmungen zuwiderhandelt, fiktive Provisionen (*mingyi de huikou*) und Kommissionsgebühren (*shouxufei*) aller Art akzeptiert und in das Eigentum eines einzelnen überführt, wird für die Straftat der Bestechlichkeit (*shouhui*) bestraft.

V. Wer die Straftat der Vorteilsannahme (*shouhui zui*) begangen hat, wird aufgrund der durch Bestechlichkeit erzielten Summe und der Umstände gemäß den Regelungen in Artikel II dieser Bestimmungen bestraft. Wer einen Vorteil im Wert von nicht ganz 10 000 Yuan angenommen (*shouhui*) und den Interessen des Staates oder denen des Kollektivs einen schweren Schaden zugefügt hat, wird mit über 10 Jahren Freiheitsentzug bestraft. Wer einen Vorteil im Wert von über 10 000 Yuan akzeptiert (*shouhui*) hat, so daß den Interessen des Staates oder des Kollektivs ein schwerer Verlust zugefügt wurde, wird mit lebenslangem Freiheitsentzug oder mit dem Tode bestraft; zugleich wird sein Vermögen eingezogen. Wer Vorteile gefordert (*suohui*) hat, wird schwer bestraft.

Wer zum Zweck der Vorteilsannahme (*yin shouhui*) gesetzwidrige Aktivitäten durchgeführt und damit noch andere Straftaten ausgeübt hat, wird entsprechend den Regelungen für Gesamtstrafen (*shufa bingfa*) bestraft.

VI. Wenn Einheiten, Organe und Organisationen von Betrieben und Unternehmen, die im nationalen Volkseigentum stehen, Vermögenswerte anderer Menschen fordern (*suoqu*) und erhalten (*shoushou*), um für andere einen Gewinn zu erzielen (*mouqu liyi*), werden sie, wenn die Umstände schwerwiegend sind, mit einer Geldstrafe belegt (*panchu*). Zugleich wird das dafür zuständige Personal, das direkt die Verantwortung trägt, und anderes Personal, das direkt dafür verantwortlich ist, mit Freiheitsentzug unter 5 Jahren oder mit Gewahrsam (*juyi*) bestraft.

VII. Wer um eines unrechtmäßigen Vorteils (*bu zhengdang liyi*) willen Eigentum an staatliches Arbeitspersonal, an Arbeitspersonal kollektiver Wirtschaftsorganisationen oder an anderes Personal, das öffentliche Aufgaben wahrnimmt, vergibt, begeht die Straftat der Bestechung (*xinghui zui*).

Wer im Wirtschaftsverkehr gegen staatliche Bestimmungen verstößt und Eigentum an staatliches Arbeitspersonal, an Arbeitspersonal kollektiver Wirtschaftsorganisationen oder an anderes Personal, das öffentliche Aufgaben wahrnimmt, vergibt, wobei die Summen ziemlich hoch sind; oder wer gegen die staatlichen Bestimmungen verstößt und staatliches Arbeitspersonal, Arbeitspersonal kollektiver Wirtschaftsorganisationen oder anderes Personal, das öffentliche Aufgaben wahrnimmt, mit Provisionen (*huikou*) und Kommissionsgebühren (*shouxufei*) versorgt, wird wegen Bestechung bestraft (*xinghui lunchu*).

Wer dazu erpresst (*lesuo*) wird, Eigentum an staatliches Arbeitspersonal, Arbeitspersonal kollektiver Wirtschaftsorganisationen oder anderes Personal abzugeben, das staatliche Aufgaben wahrnimmt, aber keinerlei unrechtmäßigen Vorteil (*bu zhengdang liyi*) erlangt, betreibt keine Bestechung (*xinghui*).

VIII. Wer Bestechung begeht (*xinghui zui*), wird mit Freiheitsentzug unter 5 Jahren oder mit Gewahrsam (*juyi*) bestraft. Wer durch Bestechung einen unrechtmäßigen Vorteil erzielt, wobei die Umstände schwerwiegend sind, oder bewirkt, daß die Interessen des Staates und die der kollektiven Wirtschaftsorganisationen einen erheblichen Verlust erleiden, wird mit Freiheitsentzug über 5 Jahren bestraft. Sind die Umstände besonders schwerwiegend, so wird mit lebenslanger Freiheitsstrafe bestraft, zugleich auch mit Einzug des Vermögens. Gesteht der Täter noch vor der Strafverfolgung (*bei zhuisu*) aus eigenem Antrieb, daß er Bestechung (*xinghui*) begangen hat, so kann seine Strafe reduziert oder eine Kriminalstrafe erlassen werden.

Wer wegen Bestechung (*xinghui*) gesetzwidrige Tätigkeiten begeht, die ein weiteres Verbrechen darstellen, wird nach den Bestimmungen über Gesamtstrafen (*shuzui bingfa*) bestraft.

IX. Einheiten, Organe und Organisationen von Betrieben und Unternehmen, die zur Erlangung eines unrechtmäßigen Vorteils (*mouqu bu zhengdang liyi*) Bestechung begehen (*xinghui*), oder den staatlichen Bestimmungen zuwiderhandeln und staatlichem Arbeitspersonal, Arbeitspersonal kollektiver Wirtschaftsorganisationen oder anderem Personal, das öffentliche Aufgaben wahrnimmt, Provisionen (*huikou*) und Kommissionsgebühren (*shouxufei*) zukommen lassen, werden, wenn die Umstände schwerwiegend sind, mit einer Geldstrafe (*fajin*) belegt; zugleich wird das direkt verantwortliche, dafür in der Hauptsache zuständige Personal und anderes direkt verantwortliche Personal mit Freiheitsentzug unter 5 Jahren oder mit Gewahrsam (*juyi*) bestraft. Wer durch Bestechung (*xinghui*) erlangtes, gesetzwidriges Einkommen (*weifa suo de*) in sein Privateigentum überführt hat, wird gemäß den Regelungen in Art. VIII. dieser Bestimmungen bestraft.

X. Wenn staatliches Arbeitspersonal bei Auslandsbeziehungen Geschenke (*liwu*) empfängt, die es gemäß den staatlichen Bestimmungen der Öffentlichkeit erstatten müßte aber nicht erstattet hat, wird es, wenn die Summe relativ groß ist, wegen Amtsunterschlagung (*tanwu zui*) bestraft.

XI. Wenn das Eigentum von staatlichem Arbeitspersonal oder dessen Ausgaben die legitimen Einkünfte offensichtlich übersteigen und die Differenz gewaltig ist, kann man das Personal dazu zwingen, dessen Herkunft zu erklären. Wenn der Betreffende nicht erklären kann, daß die Herkunft des Geldes oder Vermögens legitim ist, wird dieser Teil der Differenz als ungesetzliches Einkommen (*feifa suode*) gewertet. Er wird mit Freiheitsentzug unter 5 Jahren oder mit Gewahrsam bestraft; zugleich wird er insgesamt oder im einzelnen mit Konfiskation seines Vermögens bestraft, soweit es diesen Teil der Differenz (seines ungesetzlichen Einkommens) betrifft. Bankguthaben (*cunkuan*), die vom Arbeitspersonal des Staates außerhalb der Grenzen Chinas deponiert wurden, müssen den staatlichen Bestimmungen gemäß deklariert (*shenbao*) werden. Wenn die Summe relativ hoch ist, verheimlicht und nicht gemeldet (*yinman bu bao*) wurde, wird mit Freiheitsentzug unter 2 Jahren oder mit Gewahrsam bestraft. Sind die Umstände relativ leicht, wird der Betreffende von der Einheit, in der er lebt, oder von dem damit befaßten Organ auf der nächst höheren Ebene in Abwägung der Umstände mit einer Verwaltungsstrafe (*xingzheng chufen*) belegt.

XII. Veruntreute oder mißbrauchte (*nuoyong*) öffentliche Güter werden gleichermaßen eingezogen (*zhuijiao*). Durch Bestechung erlangte Güter (*huilu caiwu*) und andere gesetzwidrige Einkünfte (*weifa suo de*) werden gleichermaßen konfisziert. Veruntreute oder für andere Zwecke mißbrauchte (*nuoyong*) Güter, die wieder eingezogen (*zhuijiao*) worden sind, werden der ursprünglichen Einheit zurückgegeben; was gemäß dem Recht nicht an die ursprüngliche Einheit zurückerstattet werden muß, wird an die Staatskasse abgeführt (*shangjiao guoku*). Die Einkünfte durch Güter, die konfisziert worden sind, werden gleichermaßen an die Staatskasse abgeführt.

XIII. Diese Bestimmungen treten am Tage ihrer Veröffentlichung in Kraft.

Vorläufige Bestimmungen über Verwaltungsstrafen bei Amtsunterschlagung (*tanwu*) und Bestechung (*huilu*), begangen von Arbeitspersonal der staatlichen Verwaltungsorgane[1]

[Am 9. September 1988 vom Staatsrat auf seiner 21. Ständigen Arbeitssitzung angenommen. Am 13. September 1988 vom Staatsrat der Volksrepublik China als Erlaß Nr. 13 veröffentlicht. Vom Tag der Veröffentlichung an in Kraft gesetzt]

§ 1: Diese Bestimmungen wurden ausgearbeitet im Interesse einer strengen Einhaltung von politischer Ordnung und Disziplin (*zhengji*) und im Interesse der Überwachung (*jiandu*) des Arbeitspersonals in den staatlichen Verwaltungsorganen, so daß es pflichtbewußt, korrekt, ehrlich und unbestechlich seinen Amtspflichten und sonstigen Verpflichtungen nachkomme; schließlich im Interesse der Gewährleistung einer reibungslosen Durchführung des sozialistischen Aufbaus, der Reform und Politik der Öffnung.

§ 2: Nutzt Arbeitspersonal der staatlichen Verwaltungsorgane die Vorteile (*bianli*) seines Amtes aus, veruntreut es öffentliches Eigentum und mißbraucht (*nuoyong*) es öffentliche Gelder, nimmt es Bestechungen an (*shoushou huilu*) und verübt selbst Bestechungen (*xinghui*) oder vermittelt es bei Bestechungen (*jieshao huilu*), so wird es diesen Bestimmungen entsprechend mit einer Verwaltungsstrafe belegt.

Verwaltungsstrafen werden aufgeteilt in Verwarnung (*jinggao*), aktenkundigen Eintrag eines Vergehen (*jiguo*), Eintrag eines schweren Vergehens (*ji daguo*), Degradierung im Amt (*jiangji*), Versetzung in ein anderes Amt (*jiangzhi*), Entlassung aus dem Amt (*chezhi*), Ausschluß unter weiterer Beobachtung (*kaichu liuyong chakan*), Ausschluß (*kaichu*)[2].

§ 3: Begeht Personal der staatlichen Verwaltungsorgane die Straftat der Amtsunterschlagung (*tanwu zui*), des Mißbrauchs öffentlicher Gelder (*nuoyong gongkuan zui*) oder die der Bestechung (*huilu zui*), und ist es von einem Volksgericht bereits zu einer Strafe verurteilt worden, so können auch bei denen, die dem Gesetze gemäß von Anklageerhebung (*qisu*) und Kriminalstrafe (*xingshi chufa*) ausgenommen sind, die Verwaltungsstrafen der Entlassung aus dem Amt (*chezhi*) bis zum Ausschluß (*kaichu*) verhängt werden.

§ 4: Beläuft sich die Summe, die Arbeitspersonal der staatlichen Verwaltungsorgane (gemeinsam) veruntreut (*tanwu shu'e*) hat, auf weniger als 2000 Yuan, werden gemäß der Summe, die der einzelne erhalten hat, und gemäß den anderen Umständen des Falles, folgende Verwaltungsstrafen verhängt:

1. Beträgt die veruntreute Summe weniger als 500 Yuan, können alle Strafen von der Verwarnung (*jinggao*) bis zur Degradierung im Amt (*jiangji*) verhängt werden.[3]

---

[1] Quelle: Lianzheng jianshe zhengce fagui xuanbian (Auswahl von Gesetzen und Bestimmungen zu politischen Maßnahmen des Aufbaus einer rechtschaffenen Regierung), hrsg. vom Amt für Fragen des Rechtssystems beim Staatsrat, Beijing 1989: 396 ff.

[2] Bei dieser schwersten Verwaltungsstrafe ist nur nachweisbar, daß sie früher bei Konterrevolutionären angewandt wurde, also Ausschluß aus der kommunistischen Partei bedeutete. Der Kontext läßt vermuten, daß es sich jetzt auch um einen Ausschluß aus der Amtslaufbahn für immer handeln könnte. Nachweisbar ist das nicht.

[3] Da es acht Verwaltungsstrafen gibt, bedeutet diese Stelle, daß entweder mit Verwarnung oder mit Eintrag einer Verfehlung oder mit Eintrag einer großen Verfehlung oder mit Degradierung im Amt bestraft werden kann.

2. Liegt die veruntreute Summe bei mindestens 500, aber noch unter 1000 Yuan, können alle Strafen vom Eintrag einer großen Verfehlung bis zur Strafe der Entlassung aus dem Amt verhängt werden.[4]

3. Liegt die veruntreute Summe bei mindestens 1000 Yuan, können alle Strafen von der Entlassung aus dem Amt bis zum Ausschluß verhängt werden.[5]

Ist bei mehrmaliger Veruntreuung noch keine Bestrafung (*chuli*) erfolgt, wird entsprechend der zusammengerechneten, veruntreuten Summe (*leiji tanwu shu'e*) bestraft.

Wenn mehr als zwei Leute gemeinsam Veruntreuung (*gontong tanwu*) begehen, wird entsprechend der Summe, die jeder einzelne erhalten hat und gemäß der Rolle, die er bei Ausübung der Veruntreuung gespielt hat, gesondert bestraft.

§ 5: Erhält Arbeitspersonal der staatlichen Verwaltungsorgane beim amtlichen Verkehr mit dem Ausland Geschenke (*liwu*), die gemäß den staatlichen Bestimmungen der Öffentlichkeit übergeben werden sollten aber nicht übergeben worden sind, so wird gemäß den Regelungen in § 4 dieser Bestimmungen bestraft.

§ 6: Nutzt Arbeitspersonal aus den staatlichen Verwaltungsorganen die Vorteile seines Amtes, mißbraucht es öffentliche Gelder (*nuoyong gongkuan*), so wird es entsprechend der Höhe der Summe - und anderer Umstände - mit einer Verwaltungsstafe belegt.

§ 7: Nimmt Arbeitspersonal aus den staatlichen Verwaltungsorganen Bestechungen (*shoushou huilu*) an, so wird es aufgrund der Summe, die der einzelne erhalten hat - und aufgrund anderer Umstände - gemäß den Regelungen in § 4 dieser Bestimmungen bestraft.

§ 8: Hat Arbeitspersonal in den staatlichen Verwaltungsorganen im Wirtschaftsverkehr in Zuwiderhandlung mit den staatlichen Bestimmungen alle nur möglichen fiktiven Provisionen (*mingyi huikou*) und Kommissionsgebühren (*shouxufei*) entgegengenommen und in seinen persönlichen Besitz überführt, so wird es gemäß den Regelungen in § 7 dieser Bestimmungen bestraft.

§ 9: Führt Arbeitspersonal in den staatlichen Verwaltungsorganen um eines nicht rechtmäßigen Vorteils willen (*mouqu bu zhengdang liyi*) Bestechungen (*xinghui*) aus oder wird es als Vermittler bei Bestechungen (*jieshao huilu*) tätig, kann es aufgrund der Summe - und aufgrund anderer Umstände - mit allen Strafen von einer Verwarnung bis zur Entlassung aus dem Amt (*chezhi*) belegt werden.[6]

[4] Es kann entweder mit Eintrag einer großen Verfehlung oder mit Degradierung im Amt oder mit Versetzung in ein anderes Amt oder mit Entlassung aus dem Amt bestraft werden.

[5] Es kann also entweder mit Amtsenthebung, mit Ausschluß unter weiterer Beobachtung oder mit Ausschluß aus der kommunistischen Partei bestraft werden.

[6] D.h., es kann entweder mit einer Verwarnung, mit einem Eintrag einer Verfehlung, mit dem Eintrag einer großen Verfehlung, mit Degradierung im Amt, mit Versetzung in ein anderes Amt oder mit Entlassung aus dem Amt bestraft werden.

Haben die staatlichen Interessen dadurch einen relativ großen Schaden erlitten, können alle Strafen von der Amtsenthebung (*chezhi*) bis zum Ausschluß (*kaichu*)[7] verhängt werden.

Arbeitspersonal in den nichtstaatlichen Verwaltungsorganen, das bei Arbeitspersonal in den staatlichen Verwaltungsorganen Bestechungen vornimmt (*xinghui*) oder bei Bestechungen vermittelt (*jieshao huilu*), wird aufgrund der entsprechenden Gesetze und gesetzlichen Bestimmungen bestraft.

§ 10: Üben staatliche Verwaltungsorgane zur Erlangung eines nicht rechtmäßigen Vorteils (*mouqu bu zhengdang liyi*) Bestechungen (*xinghui*) aus oder handeln sie den staatlichen Bestimmungen zuwider und gewähren jemandem Provisionen (*huikou*) und Kommissionsgebühren (*shouxufei*); oder fordern sie (*suoqu*) Güter anderer Leute, erhalten sie (*shoushou*) und erlangen dadurch für andere einen Vorteil (*mouqu liyi*), so können gegen das direkt verantwortliche und dafür zuständige Personal sowie gegen das direkt verantwortliche Personal - entsprechend den Umständen - alle Strafen von der Verwarnung bis zur Amtsenthebung (*chezhi*) verhängt werden[8]. Wer durch Bestechung (*xinghui*) gesetzwidriges Einkommen erlangt oder anderer Leute Eigentum gefordert (*suoqu*) und erhalten (*shoushou*) hat, wird, wenn es in sein persönliches Eigentum überführt worden ist, gemäß den Regelungen in den §§ 9 und 7 dieser Bestimmungen bestraft.

§ 11: Schwer bestraft wird bei einem der folgenden Umstände:

1. Wer bei gemeinsamer Begehung von Veruntreuung (*gongtong tanwu*) der Hauptverantwortliche ist;

2. wer sich wiederholt straffällig gemacht hat und nicht mehr umerziehbar ist (*lü fan bu gai*);

3. wer Bestechungen fordert (*suohui*) oder bei Tätigkeiten, die Ausländer betreffen (*shewai*), Bestechungen (*shouhui*) annimmt;

4. wer Gelder und Güter veruntreut oder mißbraucht (*nuoyong*), die zum Katastrophenschutz (*jiuzai*) und -einsatz (*qiangxian*), zur Vorsorge gegen Überschwemmungen (*fangxun*), zur Wohlfahrt und Fürsorge demobilisierter Soldaten und deren Angehörigen (*youfu*), zur Hilfe bei wirtschaftlicher Not (*jiuji*), zur Unterstützung armer und bedürftiger Menschen (*fupin*) und zum Seuchenschutz (*fangyi*) angelegt worden sind;

5. wer den Interessen des Staates relativ großen Schaden zufügt;

6. wer Beweise fälscht und vernichtet oder andere daran hindert, ein Geständnis abzulegen; oder wer gegenüber denen, die Angaben machen (*jianju ren*), Anklage erheben (*konggao ren*), als Zeugen dienen (*zhengren*) oder einen Prozeß durchführen (*ban'an ren*) wollen, Racheakte begeht;

7. wer Handlungen der Veruntreuung begeht, öffentliche Mittel mißbraucht (*nuoyong gongkuan*) und Bestechungen (*huilu xingwei*) durchführt und zugleich noch andere gesetzwidrige Handlungen verübt.

[7] D.h. es kann entweder mit Amtsenthebung, Ausschluß unter weiterer Beobachtung oder mit Ausschluß bestraft werden.

[8] D.h. es kann entweder mit Verwarnung, Eintrag einer Verfehlung, Eintrag einer großen Verfehlung, Degradierung im Amt, Versetzung in ein anderes Amt oder mit Entlassung aus dem Amt geahndet werden.

§ 12: Wenn eine der folgenden Situationen eingetreten ist, kann eine leichte oder herabgesetzte Strafe verhängt oder von einer Strafe ganz abgesehen werden:

1. Wenn die Summe verhältnismäßig klein und die Umstände offensichtlich geringfügig sind;

2. wer aus eigenem Antrieb über veruntreute und zweckentfremdete öffentliche Mittel (*tanwu nuoyong gongkuan*) oder über Bestechungsannahme (*shouhui xingwei*) ein Geständnis abgelegt (*zhudong jiaodai*) und unterschlagenes Geld und unterschlagene Güter (*zangkuan zangwu*) und andere gesetzwidrige Einkünfte (*weifa suode*) wiedererstattet hat;

3. wenn einer nach einer Bestechung (*xinghui*) aber noch vor der Entdeckung seiner Tat aus eigenem Antrieb ein Geständnis abgelegt hat;

4. wenn einer Handlungen eines anderen aufdeckt oder meldet, der Veruntreuung begangen, öffentliche Mittel mißbraucht (*tanwu nuoyong gongkuan*) und Bestechungen begangen (*huilu xingwei*) hat, die tatsächlich zutreffend sind.

§ 13: Wenn Eigentum des Arbeitspersonals der staatlichen Verwaltungsorgane oder deren Ausgaben ihre legitimen Einkünfte offensichtlich überschreiten und per saldo (*cha'e*) ziemlich groß sind, kann man sie dazu verpflichten, deren Herkunft aufzuklären. Wenn der Betreffende nicht in der Lage ist zu erklären, daß deren Herkunft legitim ist und dieser Teil des Differenzbetrages als illegale Einkünfte beurteilt werden müssen, wird von seiner Einheit oder von der dafür zuständigen Behörde der nächst höheren Ebene eine Verwaltungsstrafe verhängt; außerdem kann dieser Teil des Differenzbetrages vom Eigentum konfisziert werden.

Das Bankguthaben (*cunkuan*) des Arbeitspersonals der Verwaltungsorgane des Staates im Ausland ist gemäß den Bestimmungen des Staates meldepflichtig (*shenbao*). Wenn es verheimlicht und nicht gemeldet wird (*yinman bu bao*), die Summe aber nicht groß und die Umstände verhältnismäßig leicht sind, wird von der Arbeitseinheit oder von einer dafür zuständigen Stelle auf der nächst höheren Ebene nach Abwägung der näheren Umstände eine Verwaltungsstrafe verhängt.

§ 14: Wenn aufgrund dieser Bestimmungen eine Verwaltungsstrafe verhängt wird, kann dies zugleich öffentlich bekanntgegeben (*tongbao*) werden; wer jedoch von einer Verwaltungsstrafe ausgenommen wird, soll kritisiert und belehrt (*piping jiaoyu*) werden.

§ 15: Öffentliches Eigentum, das veruntreut und mißbraucht (*tanwu nuoyong*) worden ist, wird unterschiedslos eingezogen (*zhuijiao*); durch Bestechung erworbene Güter (*huilu caiwu*) und anderes rechtswidrig erlangtes Eigentum (*weifa suode*) werden unterschiedslos konfisziert.

Eingezogene Güter (*zhuijiao de caiwu*) werden der ursprünglichen Einheit zurückerstattet; was gemäß dem Gesetz an die ursprüngliche Einheit nicht zurückerstattet werden muß, wird an die Staatskasse abgeführt (*shangjiao guoku*); konfizierte Güter (*moshou de caiwu*) werden gleichermaßen an die Staatskasse abgeführt.

§ 16: Arbeitspersonal in den Verwaltungsorganen, das Handlungen der Amtsunterschlagung und Bestechung (*tanwu huilu xingwei*) zu decken (*baobi*) versucht, wird entsprechend der Schwere der Tat mit einer Verwaltungsstrafe belegt.

§ 17: Personal, das sich durch Anzeigen (*jianju*) oder Aufdecken (*jiefa*) von Handlungen der Amtsunterschlagung (*tanwu*) und Bestechung (*huilu*) Verdienste erworben hat, wird durch die Kontrollorgane der Verwaltung oder die dafür zuständigen Organe mit lobenden Erwähnungen (*biaozhang*) oder Belohnungen (*jiangli*) ausgezeichnet.

§ 18: Wenn staatliche Verwaltungsorgane bei Arbeitspersonal, das Veruntreuung, Mißbrauch öffentlicher Gelder betrieben (*tanwu nuoyong gongkuan*) und Bestechungen (*huilu xingwei*) verübt hat, Verwaltungsstrafen verhängen, müssen sie auf Beweise, Untersuchungen und Nachforschungen großen Wert legen und streng nach den Regeln beim Procedere zur Verhängung von Verwaltungsstrafen für Arbeitspersonal staatlicher Verwaltungsorgane verfahren. Wenn die Kontrollorgane der Verwaltung es für notwendig erachten, können sie bei anstehenden Fällen (*anjian*) direkt Nachforschungen anstellen und eine Bestrafung (*chuli*) vornehmen.

§ 19: Bei Nachforschung und Behandlung (*chachu*) von Fällen der Veruntreuung und des Mißbrauchs öffentlicher Gelder (*tanwu nuoyong gongkuan*) und bei Bestechung (*huilu xingwei*) haben die Kontrollorgane der Verwaltung das Recht, bei dem Objekt ihrer Untersuchung (*bei shencha duixiang*) die Ergreifung folgender Maßnahmen zu beschließen:

1. Den Vorschlag, daß das zuständige Organ vorübergehend dessen Amtsverpflichtungen suspendiere;

2. die Durchsicht (*chayue*) und Kopie (*fuzhi*) aller Verträge (*hetong*), Quittungen (*fapiao*), Geschäftsbücher (*zhangce*), Belege (*danju*), Aufzeichnungen (*jilu*), Geschäftsbriefe (*yewu hanjian*) und aller anderen Materialien, die mit Veruntreuung, Mißbrauch öffentlicher Gelder und Bestechung im Zusammenhang stehen;

3. bei Zustimmung des Verantwortlichen im Kontrollorgan der Verwaltung über der Kreisebene kann nach einem genau geregelten Procedere bei dem Sparguthaben (des Untersuchungsobjekts) in der Bank eine Überprüfung (*chahe*) vorgenommen werden; gleichzeitig kann die kontoführende Bank (*kaihu yinhang*) angewiesen werden, vorübergehend jegliche Auszahlung einzustellen;

4. bei Zustimmung des Verantwortlichen im Kontrollorgan der Verwaltung über der Kreisebene können Güter, die mit Veruntreuung, Mißbrauch und Bestechung (*tanwu nuoyong huilu*) im Zusammenhang stehen, vorübergehend beschlagnahmt (*kouliu*) werden.

§ 20: Arbeitspersonal, das mit einer Strafe belegt (*bei chufen*) wurde, sich dem Strafbescheid (*chufen jueding*) des damit befaßten Organs aber nicht beugen (*bu fu*) will, kann bei dem Kontrollorgan der Verwaltung auf der gleichen Ebene Berufung einlegen (*shensu*); zugleich kann es bei einem Kontrollorgan der Verwaltung auf der nächst höheren Ebene Antrag auf nochmalige Überprüfung (*shenqing fuhe*) stellen.

Wer sich dem Strafbescheid (*chufen jueding*), den das Kontrollorgan der Verwaltung direkt ausgefertigt hat, nicht beugen will, kann bei dem Organ, das den Strafbescheid ausgefertigt hat, Berufung einlegen (*shensu*); gleichzeitig kann er bei dem Kontrollorgan der Verwaltung auf der nächst höheren Ebene einen Antrag auf nochmalige Überprüfung (*shenqing fuhe*) stellen.

Während der Revision (*shensu*) oder erneuten Überprüfung (*fuhe*) wird die Strafe nicht ausgesetzt.

§ 21: Das Kontrollorgan der Verwaltung hat sich mit dem Ersuchen um Revision (*shensu*) und nochmaliger Überprüfung (*fuhe*) seitens des Personals innerhalb von drei Monaten zu befassen (*chuli*). Sieht es sich nicht in der Lage, innerhalb von drei Monaten zu einer Entscheidung (*zuochu chuli*) zu kommen, so ist dem Betroffenen der Grund mitzuteilen.

§ 22: Wenn das Kontrollorgan der Verwaltung entdeckt, daß der ursprüngliche Strafbescheid (*chufen jueding*) nicht angemessen oder fehlerhaft war, so ist dem ursprünglichen Straforgan (*yuan chufen jiguan*) zu empfehlen, einen Beschluß zur Abänderung der Strafe (*biangeng chufen*) oder direkt einen Beschluß zur Strafabänderung (*biangeng chufen*) zu fassen.

§ 23: Wenn das Kontrollorgan der Verwaltung bei der Nachforschung und Behandlung (*chachu*) von Handlungen der Veruntreuung, des Mißbrauchs öffentlicher Gelder und der Bestechung zur Ansicht kommt, daß es sich hier um eine Straftat handelt (*goucheng fanzui*), hat es diesen Fall gemäß dem Gesetz an die Justizorgane zur Behandlung (*chuli*) zu verweisen (*yisong*).

§ 24: Führungspersonal (*lingdao renyuan*) in den Betriebs- und Unternehmenseinheiten, das von den staatlichen Verwaltungsorganen eingesetzt (*renming*) worden ist, verfährt gemäß diesen Bestimmungen.

§ 25: Für die Erklärung und Interpretation (*jieshi*) dieser Bestimmungen ist das Kontrollministerium (*jiancha bu*) zuständig; detaillierte Ausführungsbestimmungen (*shishi xize*) dazu werden vom Kontrollministerium erarbeitet.

§ 26: Die vorliegenden Bestimmungen treten am Tag ihrer Veröffentlichung in Kraft.

Detaillierte Ausführungsbestimmungen zu den Vorläufigen Bestimmungen über Verwaltungsstrafen bei Amtsunterschlagung und Bestechung, begangen von Arbeitspersonal staatlicher Verwaltungsorgane.[1]

[Am 8. Sept. 1989 vom Kontrollministerium herausgegeben]

Art. 1: Diese detaillierten Ausführungsbestimmungen wurden aufgrund der Regelung von § 25 in den "Vorläufige(n) Bestimmungen über Verwaltungsstrafen bei Amtsunterschlagung und Bestechung, begangen von Arbeitspersonal der staatlichen Verwaltungsorgane" - [im folgenden kurz "Vorläufige Bestimmungen" genannt] - ausgearbeitet.

Art. 2: Das in § 2 der "Vorläufigen Bestimmungen" genannte "Arbeitspersonal in den staatlichen Verwaltungsorganen" bezieht sich auf Personal, das in den staatlichen Verwaltungsorganen der zentralen und regionalen Ebenen Verwaltungsaufgaben übernommen hat.

Diese "Vorläufigen Bestimmungen" werden auch angewandt auf Personen aus staatlichen Verwaltungsorganen, die in den Ruhestand getreten (*tuixiu*) sind [bzw. den Dienst quittiert haben (*lizhi*)], auf gewöhnliches Arbeits- und Dienstpersonal (*gongqin renyuan*) in den staatlichen Verwaltungsorganen sowie auf solche, die von den Verwaltungsorganen beauftragt (*weituo*) und berufen (*pinren*) wurden, öffentliche Aufgaben zu übernehmen.

Art. 3: Was in § 2 der "Vorläufigen Bestimmungen" mit: "es nutzt die Vorteile seines Amtes aus", gemeint ist, schließt folgendes mit ein:

1. Ausnutzung der Kompetenzen (*quanxian*) im Amtsbereich des Betreffenden;

2. Ausnutzung der günstigen Bedingungen (*bianli tiaojian*), die durch die Amtsposition entstanden sind, die das Arbeitspersonal gegenwärtig innehat oder in der Vergangenheit bekleidete.

Art. 4: Soll § 2 angewendet werden, wird entsprechend folgender Regelungen verfahren:

1. Wird die Maßnahme einer Degradierung im Amt (*jiangji*) vorgenommen, kann auch mit Verwaltungsstrafen anderer Art geahndet werden, wenn die Vergütung das augenblicklich niedrigste Lohnniveau aufweist.

2. Ist die Maßnahme einer Versetzung in ein anderes Amt (*jiangzhi*) vorzunehmen, kann bei jemandem, der kein Amt innehat, in das er zurückversetzt werden könnte (*wu zhi ke jiang*), mit Degradierung im Amt (*jiangji*) geahndet werden.

3. Wenn mit Entlassung aus dem Amt (*chezhi*) zu ahnden ist, kann jemand, der aus keinem Amt zu entlassen ist (*wu zhi ke che*), mit Degradierung (*jiangji*) bestraft werden.

[1] Quelle: Gongren Ribao (Arbeiterzeitung) vom 14. 9. 1989. (Fernschreiben der Agentur Neues China vom 13. 9. 1989). Diese "Ausführungsbestimmungen" beziehen sich auf die Vorläufigen Bestimmungen des Staatsrats gegen Amtsunterschlagung und Bestechung vom 9. 9. 1988. Dazwischen liegt die Durchführung des Kriegsrechts in Peking.

4. Wenn bei Personal, das einen Auftrag (*weituo*) der staatlichen Verwaltungsorgane erhalten hatte, oder berufen (*pinren*) wurde, eine Verpflichtung zu übernehmen, keine Möglicheit besteht, eine Verwaltungsstrafe in Anwendung zu bringen, kann mit Kündigung (*mianzhi*) oder mit Auflösung (*jiepin*) des Arbeitsvertrages vorgegangen (*chuli*) werden.

Art. 5: Gemäß § 3 der "Vorläufigen Bestimmungen" kann Arbeitspersonal aus den staatlichen Verwaltungsorganen, das wegen Veruntreuung und Mißbrauchs öffentlicher Gelder (*tanwu nuoyong gongkuan*) und wegen Bestechung (*huilu zui*)[2] strafrechtlich verurteilt (*panchu xingfa*) wurde, bei dem aber gemäß dem Gesetz von einer Anklageerhebung (*mianyu qisu*) oder einer strafrechtlichen Verurteilung abgesehen (*mianyu xingshi chufa*) wurde, gemäß folgender Bestimmungen mit Verwaltungsstrafen belegt werden:

1. Wer zu einer Freiheitsstrafe (*youqi tuxing*) verurteilt worden ist, wird - es sei denn, die Strafe wird ausgesetzt - ohne Ausnahme ausgeschlossen (*kaichu*)[3].

2.Wer zu einer Kriminalstrafe (*xingfa*) verurteilt wurde, aber Strafaufschub (*huanxing*) erhalten hat, wird automatisch seines Amtes enthoben (*ziran chexiao*); wer sich während des Strafaufschubs nicht bewährt, wird ausgeschlossen (*kaichu*).

3.Wer zu Gewahrsam (*juyi*) verurteilt worden ist, wird automatisch seines Amtes enthoben (*ziran chexiao*); nach Ablauf dieses Gewahrsams [einschließlich der Aussetzung des Gewahrsams] bleibt er, außer wenn die Ratifizierung (*pizhun*) durch ein verantwortliches Organ auf höherer Ebene zurückgenommen worden ist, dennoch ausgeschlossen (*kaichu*).

4. Nur wer zu einer Geldstrafe (*fajin*) und zu Vermögenseinzug verurteilt worden ist, aber gesetzesgemäß von der Anklageerhebung befreit (*mianyu qisu*) oder von einer Kriminalstrafe verschont (*mianyu xingshi chufa*) worden ist, erhält die Verwaltungsstrafe der Entlassung aus dem Amt (*chezhi*) bis zu der des Ausschlusses (*kaichu*).

Art. 6: Die in den "Vorläufigen Bestimmungen" genannten "anderen Umstände" schließen folgende Punkte mit ein:

1. Die in den §§ 11 und 12 der "Vorläufigen Bestimmungen" geregelten Umstände der schweren, leichten, herabgesetzten und ausgesetzten Strafe;

2. die Umstände der Zeit, des Ortes, der Mittel, Methode und Spätfolgen der Handlungen von Veruntreuung, des Mißbrauchs öffentlicher Gelder (*tanwu nuoyong gongkuan*) und der Bestechung (*huilu xingwei*).

---

[2] Es handelt sich hier um die §§ 126, 155 und 185 des StGB.

[3] Bei dieser Verwaltungsstrafe Nr. 8 ist nur nachweisbar, daß sie früher bei Konterrevolutionären angewandt wurde, also Ausschluß aus der kommunistischen Partei bedeutete. Der Text läßt vermuten, daß es sich auch um einen Auschluß aus dem Amt handeln könnte. Nachweisbar ist das nicht.

Art. 7: Gemäß § 4 und § 11 Abs. 1 in den "Vorläufigen Bestimmungen" werden die hauptsächlich für gemeinsam begangene Veruntreuung (*gongtong tanwu*) Verantwortlichen gemäß der ingesamt veruntreuten Summe (*zong shu'e*) mit einer Verwaltungsstrafe belegt; die in zweiter Linie Verantwortlichen (*ciyao zeren*) werden gemäß der Summe, die der einzelne erhalten und entsprechend der Rolle, die er bei der Durchführung von Amtsunterschlagung (*shixing tanwu*) gespielt hat, mit Verwaltungsstrafen belegt.

Art. 8: Was in § 4 der "Vorläufigen Bestimmungen" als "ist bei mehrmaliger Veruntreuung (*duoci tanwu*) noch keine Bestrafung erfolgt" bezeichnet wird, verweist auf Handlungen der Veruntreuuung (*tanwu xingwei*), die mindestens zweimal (*liang ci yishang*) [zweimal mit eingeschlossen (*han liang ci*)[4]] begangen worden sind, für die der betreffende aber weder Kriminalstrafen (*xingshi chufa*), noch politisch-disziplinarische (*zhengji chufen*), noch andere disziplinar-rechtliche Strafen (*jilü chufen*) erhalten hat.

Art. 9: Was in § 5 der "Vorläufigen Bestimmungen" als "Geschenke" (*liwu*) bezeichnet wird, umfaßt Sachgegenstände, Geldgeschenke (*lijin*), Warengutscheine (*lijuan*) und andere Gegenstände, die mit geringem Preis bezahlt worden sind.

Art. 10: Bei einer Person, deren Mißbrauch öffentlicher Gelder (*nouyong gongkuan*) noch keine Straftat darstellt, werden aufgrund § 6 der "Vorläufigen Bestimmungen" entsprechend den im folgenden aufgeführten Summen und entsprechend "anderen Umständen", die in Art. 6 dieser "Ausführungsbestimmungen" geregelt worden sind, Verwaltungsstrafen verhängt:

1. Betrug die Summe mindestens (*yishang*) 5000 Yuan und war nach Ablauf dreier Monate diese Summe noch vor Aufdeckung der Tat bereits vollständig mit Kapital und Zinsen zurückerstattet (*guihuan benxi*) worden, wird die Strafe der Entlassung aus dem Amt (*chezhi*) bis zum Ausschluß (*kaichu*) verhängt;

2. betrug die Summe mindestens (*yishang*) 3000, aber weniger als 5000 Yuan und ist sie nach Überschreitung einer Frist von drei Monaten noch nicht zurückerstattet worden oder ist sie möglicherweise privat zur Durchführung profitbringender Aktivitäten (*yingli huodong*) verwendet worden, können die Strafen des Eintrags einer schweren Verfehlung (*ji daguo*) bis zur Strafe der Entlassung aus dem Amt (*chezhi*) verhängt werden;

3. war die Summe geringer als 3000 Yuan und ist sie nach Ablauf dreier Monate noch nicht zurückerstattet worden, möglicherweise aber privat zur Durchführung profitabler Unternehmungen (*yingli huodong*) verwendet worden, können die Strafen des Eintrags einer Verfehlung (*jiguo*) bis zur Degradierung im Amt (*jiangji*) verhängt werden;

4. sind öffentliche Gelder mißbraucht (*nuoyong gongkuan*) und privat genutzt worden, drei Monate aber noch nicht überschritten, können Strafen des Eintrags einer schweren Verfehlung (*ji daguo*) und darunter verhängt werden; liegt die Summe bei mindestens (*yishang*) 5000 Yuan, können Strafen des Eintrags einer schweren Verfehlung (*ji daguo*) bis zur Entlassung aus dem Amt (*chezhi*) verhängt werden.

[4] Zu dieser Übersetzung vgl. unten Anm. 5.

Werden öffentliche Gelder mißbraucht (*nuoyong gongkuan*) und privat zur Durchführung illegaler Aktivitäten (*feifa huodong*) genutzt, und wurde es auch nach Entdeckung der Tat nicht zurückerstattet, wird gemäß der Regelung in § 4 der "Vorläufigen Bestimmungen" eine Verwaltungsstrafe (*xingzheng chufa*) verhängt.

Werden mißbrauchte öffentliche Gelder persönlich genutzt, so wird unter Bezugnahme auf den Mißbrauch öffentlicher Gelder eine Verwaltungsstrafe (*xingzheng chufa*) verhängt.

Art. 11: Aufgrund § 9 der "Vorläufigen Bestimmungen" wird Arbeitspersonal in den staatlichen Verwaltungsorganen, das zur Erlangung nicht rechtmäßiger Gewinne (*mouqu bu zhengdang liyi*) Bestechung ausübt (*xinghui*) oder Bestechungen vermittelt (*jieshao huilu*), sofern dies noch keine Straftat darstellt, gemäß den im folgenden aufgeführten Summen und den in Art. 6 dieser "Ausführungsbestimmungen" geregelten "anderweitigen Umständen" mit Verwaltungsstrafen belegt:

1. Wer durch Bestechung oder Vermittlung von Bestechung bewirkt, daß die Interessen des Staates relativ stark geschädigt werden, wird mit Entlassung aus dem Amt (*chezhi*) bis zum Ausschluß (*kaichu*) bestraft.

2. Wenn die Summe bei mindestens (*yishang*) 1000 Yuan liegt, wird die Strafe der Degradierung im Amt (*jiangji*) bis zur Entlassung aus dem Amt (*chezhi*) verhängt.

3. Liegt die Summe bei mindestens (*yishang*) 500, aber noch unter 1000 Yuan, wird die Strafe des Eintrags einer schweren Verfehlung (*ji daguo*) bis zur Degradierung im Amt (*jiangji*) verhängt.

4. Liegt die Summe noch unter 500 Yuan, wird mit einer Verwarnung (*jinggao*) bis zum Eintrag einer schweren Verfehlung (*ji daguo*) bestraft.

Art. 12: Der in den §§ 9 und 11 der "Vorläufigen Bestimmungen" genannte "relativ große Verlust" bedeutet einen der im folgenden aufgeführten Schadensfolgen (*weihai jieguo*):

1. Wenn der der Wirtschaft direkt zugefügte Verlust mindestens (*yishang*) 50 000 Yuan beträgt;

2. wenn ein unguter politischer Einfluß entstanden ist, der dem Ansehen, Image und Prestige des Staates abträglich ist.

Art. 13: Die in § 11 der "Vorläufigen Bestimmungen" genannte "schwere Bestrafung" bedeutet, daß innerhalb des geregelten Strafumfangs eine verhältnismäßig schwere bzw. die schwerste Strafe zur Anwendung kommt.

Art. 14: Die in § 12 der "Vorläufigen Bestimmungen" genannten "leichten Strafen", "herabgesetzten Strafen" und das "Absehen von Strafen" bedeuten im einzelnen folgendes:

1. Eine "leichte" Strafe bedeutet, daß innerhalb des festgelegten Strafrahmens eine leichtere bzw. die leichteste Strafe zur Anwendung kommt;

2. eine "herabgesetzte" Strafe bedeutet, daß eine Strafe unter dem festgesetzten Strafrahmen verhängt wird;

3. das "Absehen von einer Strafe" bedeutet, daß, obwohl ein Verstoß gegen die Disziplin vorliegt (*weiji shishi*), zugleich aber doch in den "Vorläufigen Bestimmungen" auch Umstände für das Absehen von einer Strafe geregelt sind, so daß man von einer Strafe absehen kann.

Art. 15: Die in § 11 Abs. 2 der "Vorläufigen Bestimmungen" genannten "unverbesserlichen Wiederholungstäter" verweisen auf jene, die wegen Amtsunterschlagung, Mißbrauchs öffentlicher Gelder (*tanwu, nuoyong gongkuan*) und wegen Bestechung (*huilu xingwei*) politisch-disziplinarische (*zhengji*) und rechtsdisziplinarische Strafen (*faji chufen*) erhalten haben oder mit anderen Disziplinarstrafen (*jilü chufen*) belegt wurden und dennoch wieder straffällig (*fan*) geworden sind.

Art. 16: Was in § 12 Abs. 1 der "Vorläufigen Bestimmungen" als "verhältnismäßig kleine Summe unter offensichtlich geringfügigen Umständen" bezeichnet wird, bedeutet, daß

1. die Summe höchstens (*yixia*) 100 Yuan beträgt,

2. die angewandten Methoden ganz normal waren und für die Gesellschaft keinerlei größere Gefahren oder schwere Spätfolgen bildeten.

Art. 17: Was in § 12 Abs. 2 der "Vorläufigen Bestimmungen" als "aus eigenem Antrieb ein Geständnis ablegen" bezeichnet wird, bedeutet, daß man sich, noch bevor ein Fall von Amtsunterschlagung, Mißbrauch öffentlicher Gelder und von Bestechung (*tanwu, nuoyong gongkuan, huilu shishi*) entdeckt worden ist oder wenn nach der Entdeckung das Verfahren weder eingeleitet (*li'an*) noch mit der Untersuchung (*shencha*) begonnen wurde, aus eigenem Antrieb dem Kontrollorgan der Verwaltung, seiner eigenen Einheit oder einem anderen damit befaßten Organ stellt und wahrheitsgemäß Aussagen (*jiaodai*) macht.

Art. 18: Was in den "Vorläufigen Bestimmungen" als "rechtswidrig erlangtes Einkommen" oder als "durch andere Rechtswidrigkeiten erlangte Einkünfte" bezeichnet wird, bedeutet Eigentum und sich mehrende Zinsen (*caiwu cixi*), die durch profitorientierte und illegale Aktivitäten (*yingli, feifa huodong*) erlangt wurden, wobei aus Amtsunterschlagung, Mißbrauch und Bestechung stammendes Geld und Gut (*zangkuan zangwu*) verwendet worden war.

Art. 19: Der § 13 Abs. 1 der "Vorläufigen Bestimmungen" geregelte Mindestbetrag der Summen (*shu'e qidian*), für die eine Verwaltungsstrafe verhängt werden muß, verweist auf einen Differenzbetrag (*cha'e bufen*) von mindestens (*yishang*) 2000 Yuan zwischen dem Vermögen des Betreffenden oder den Ausgaben, die seine legitimen Einnahmen offensichtlich überschreiten, wobei deren legale Herkunft wiederum nicht geklärt werden kann.

Art. 20: Die in § 13 Abs. 2 in den "Vorläufigen Bestimmungen" genannte "Summe, die nicht sehr hoch ist", bezieht sich auf die außerhalb der chinesischen Staatsgrenzen deponierten Bankguthaben des Arbeitspersonals der staatlichen Verwaltungsorgane, die sich umgerechnet (*zhehe*) auf nicht ganz 5000 Yuan belaufen.

Art. 21: In den von den Kontrollorganen der Verwaltung direkt untersuchten und behandelten (*chachu*) Fällen von Amtsunterschlagung, Mißbrauch öffentlicher Gelder und Bestechung (*tanwu, nuoyong gongkuan, huilu anjian*) können die unterschlagenen Gelder und Güter (*zangkuan zangwu*) und andere gesetzwidrig erworbenen Einkünfte entsprechend den einschlägigen Regelungen des Staates eingezogen (*zhuijiao*) und konfisziert (*moshou*) werden. Die Einzugs- und Beschlagnahmebescheinigungen werden von den Kontrollorganen aller Ebenen in Beratung und Absprache mit den Finanzabteilungen der gleichen Ebene ausgestellt.

Art. 22: Die Aussage in § 15 Abs. 2 der "Vorläufigen Bestimmungen": "was der ursprünglichen Einheit gemäß dem Gesetz nicht zurückerstattet werden muß" bezieht sich auf die entsprechenden Regelungen in den "Verwaltungsmaßnahmen für zur Strafe eingezogene Güter (*famo caiwu*) und beizutreibendes (*zhuihui*) unterschlagenes Geld und Eigentum", die vom Finanzministerium herausgegeben worden sind, wonach dieses Eigentum nicht an die ursprüngliche Einheit zurückerstattet werden muß.

Art. 23: Was in § 16 der "Vorläufigen Bestimmungen" als "Deckung (*baobi*) von Amtsunterschlagung und Bestechung" bezeichnet wird, schließt folgendes mit ein:

1. Wenn man die Tatsache verschleiert (*yinma*) und verbirgt (*yanshi*), daß andere veruntreut und bestochen (*huilu*) haben;

2. wenn man gefälschte Beweise (*jiazheng*) produziert oder Beweismittel (*zhengju*) zerstört hat;

3. wenn man unterschlagene Gelder und Güter verbirgt (*wozang*) oder an einen anderen Ort verlegt (*zhuanyi*) hat;

4. wenn man eigenmächtig (*shanzi*) die Strafe für Personal, das Handlungen der Amtsunterschlagung und Bestechung begangen hat, reduziert (*jianqing*) oder gänzlich davon absieht (*mianchu*);

5. wenn man dem Personal, das Handlungen der Amtsunterschlagung und Bestechung begangen hat, einen heimlichen Wink gibt (*tongfeng baoxin*);

6. wenn man andere Handlungen des Deckens (*baobi xingwei*) einer Straftat begeht.

Art. 24: Wer für das Decken (*baobi*) von Handlungen der Amtsunterschlagung und Bestechung verantwortlich ist, dem sind alle Strafen von einer Verwarnung (*jinggao*) bis zur Entlassung aus dem Amt (*chezhi*) zu geben; wenn die Umstände oder die Spätfolgen schwerwiegend sind, wird er seines Amtes enthoben (*chezhi*), bis zur Strafe des Ausschlusses (*kaichu*).

Wenn einer seine Amtsbefugnisse dazu mißbraucht, die Untersuchung von Fällen (*anjian diaocha*) zu behindern, haben die Kontrollorgane der Verwaltung das Recht, den zuständigen Organen eine vorübergehende Suspension von seinen Amtspflichten vorzuschlagen.

Art: 25: Bei Personal, das sich durch Anzeige (*jianju*) und Aufdeckung (*jiefa*) von Handlungen der Amtsunterschlagung, Mißbrauchs öffentlicher Gelder und der Bestechlichkeit Verdienste erworben hat, hat man sich bezüglich ihrer Belohnung (*jiangli*), was die Herkunft des Geldes (*zijin laiyuan*), den Maßstab für eine Geldsumme und die Zuständigkeit für Prüfung und Genehmigung (*shencha*) betrifft, an die betreffenden Regelungen des Finanzministeriums in den "Verwaltungsmaßnahmen für zur Strafe eingezogene Güter (*famo*) und beizutreibendes, unterschlagenes Geld und Eigentum" zu halten.

Art. 26: Wird ein Fall von Amtsunterschlagung, Mißbrauch öffentlicher Gelder und Bestechung untersucht (*chachu*), muß er vom Tag der Einleitung des Verfahrens (*li'an*) an innerhalb von 6 Monaten abgeschlossen (*jie'an*) sein. Wenn aus besonderen Gründen die Behandlungsfrist verlängert werden muß, darf sie maximal ein Jahr nicht überschreiten.

Wenn Fälle, die an die Volksregierung der betreffenden Ebene oder das Kontrollorgan der Verwaltung auf der nächst höheren Ebene zur Behandlung übergeben worden sind, nicht fristgemäß abzuschließen sind, müssen dem Organ, das diese abgegeben hat, die Gründe erläutert werden.

Art. 27: Kompetenz (*quanxian*) und das Procedere (*chengxu*) einer Verwaltungsstrafe wird bei Fällen, die von einem Kontrollorgan der Verwaltung direkt untersucht und behandelt (*chachu*) werden, gemäß den Regelungen der "Mitteilung des Kontrollministeriums (*jiancha bu*) und des Ministeriums für Personalfragen (*renshi bu*) zu Problemen der Arbeitsteilung und Kooperation bei disziplinarischer - und exemplarischer - Bestrafung (*chengjie gongzuo*)" und gemäß der "Mitteilung des Kontrollministeriums über prozedurale Fragen zum Recht für Verwaltungsstrafen, das die Kontrollorgane der Verwaltung direkt ausüben", gehandhabt.

Art. 28: "Das in § 19 der "Provisorischen Bestimmungen" genannte "Untersuchungsobjekt" schließt folgenden Personenkreis mit ein:

1. Arbeitspersonal in den staatlichen Verwaltungsorganen, das Akte der Amtsunterschlagung, des Mißbrauchs öffentlicher Gelder und der Bestechung (*tanwu, nouyong gongkuan, huilu xingwei*) ausgeübt hat;

2. anderes Personal, das außerhalb des Zuständigkeitsrahmens (*guanxia fanwei*) der Kontrollorgane der Verwaltung mit dem Arbeitspersonal der staatlichen Verwaltungsorgane gemeinsam (*gongtong*) Handlungen der Amtsunterschlagung, des Mißbrauchs öffentlicher Gelder und der Bestechung ausgeübt hat.

Art. 29: Wenn die Untersuchungsobjekte nur einen der folgenden Umstände (*qingxing*) aufweisen, kann das Kontrollorgan der Verwaltung dem zuständigen Organ den Vorschlag machen, deren Dienstpflichten vorübergehend zu suspendieren:

1. Wenn sie Beweise vernichten, unterschlagenes Geld und Diebesgut (*zangkuan zangwu*) auslagern oder diesbezüglich ein schwerwiegender Verdacht besteht;

2. wenn sie ihre Amtsbefugnisse (*zhiquan*) dafür ausnutzen, die Untersuchung von Fällen zu behindern (*zunao*), sich einzumischen (*ganrao*) oder gar zu sabotieren (*pohuai*);

3. wenn sie Leute, die Anzeige erstatten, Zeugen oder Personal, das Gerichtsfälle bearbeitet, schlagen (*daji*) und an ihnen Racheakte verüben (*baofu*);

4. diejenigen, die sich auf noch andere Weise in die Nachforschungen und Behandlung eines Falles (*anjian diaocha chuli*) einmischen, müssen von ihren Amtspflichten vorübergehend suspendiert werden.

Wenn ein Vorschlag für eine vorläufige Suspension der Amtspflichten (*zanting zhiwu*) des "Untersuchungsobjekts" gemacht wird, muß er in [schriftlicher] Form eines Kontrollvorschlags (*jiancha jianyi*) ausgefertigt werden; zugleich müssen Begründung (*liyou*), Grundlage (*yiju*) und zeitliche Begrenzung (*qixian*) für die vorläufige Suspension der Amtspflichten beigefügt werden. Die Dauer der Suspendierung vom Dienst darf im allgemeinen über die Dauer der Behandlung des Falles (*ban'an qixian*) nicht hinausgehen.

Art. 30: Das Procedere, mittels welchem das Kontrollorgan der Verwaltung die Spareinlagen in der Bank (*yinhang cunkuan*) nachzuprüfen (*chahe*) und der Bank Mitteilung von der temporären Einstellung von Auszahlungen (*zanting zhifu*) zu machen hat, wird entsprechend den Regelungen gehandhabt, nach denen die chinesische Volksbank und das Kontrollministerium bezüglich der Nachprüfung und des zeitweiligen Auszahlungsstops bei Spareinlagen von einzelnen Personen (*geren cunkuan*) des Arbeitspersonals staatlicher Verwaltungsorgane, die mit Amtsunterschlagung und Bestechung im Zusammenhang stehen (*tanwu huilu you guan*), zu verfahren hat.

Art. 31: Wenn ein Kontrollorgan der Verwaltung über die vorläufige Beschlagnahme (*kouliu*) von Eigentum befindet, das mit Amtsunterschlagung, Mißbrauch öffentlicher Gelder und Bestechung (*tanwu, nuoyong gongkuan, huilu*) im Zusammenhang steht, müssen Beweise für die Notwendigkeit der vorläufigen Beschlagnahme gegeben und zugleich schriftlich die Gründe (*liyou*), die Grundlage (*yiju*) und die Dauer (*qixian*) der Beschlagnahmung beigefügt werden. Die Bescheinigung für die Beschlagnahme wird durch die Kontrollorgane aller Ebenen in Beratung mit den Finanzabteilungen (*caizheng bumen*) festgelegt (*zhifa*). Die Dauer der vorübergehenden Beschlagnahme darf über die Dauer der Behandlung dieses Falles nicht hinausgehen.

Art. 32: Vorübergehend beschlagnahmtes Eigentum muß in einer angemessenen Weise sichergestellt werden. Bei leicht verderblichen Waren oder anderen Dingen, die man in keiner Weise aufbewahren kann, können entsprechend den gegebenen Umständen und mit Zustimmung der Verantwortlichen in den Kontrollorganen über der Kreisebene zuerst die Handelsabteilungen (*shangye bumen*) mit dem Verkauf (*bianmai*) dieser Güter beauftragt werden; nach Abschluß des Falles (*jie'an*) kann dies insgesamt verhandelt und zur Disposition gestellt werden. Vorübergehend beschlagnahmtes Eigentum darf nicht privat und illegal verteilt (*si fen*) oder in verdeckter, verschleierter Form aufgeteilt (*bianxiang si fen*) werden, nicht zweckentfremdet (*nuoyong*), ausgetauscht (*diaohuan*) oder beschädigt (*sunhuai*) werden.

Art. 33: Die § 19 Abs. 3 u. 4 der "Vorläufigen Bestimmungen" genannten "Kontrollorgane über der Kreisebene" beziehen sich auf:

1. Das Kontrollministerium;

2. die Kontrollbehörden [Büros] in den Provinzen, in den Autonomen Gebieten und in den regierungsunmittelbaren Städten;

3. die Kontrollbüros der von der Provinz regierten Städte, der Autonomen Bezirke und in den Amtsgebäuden der Verwaltung (*xingzheng gongshu*);

4. die Kontrollbüros der Kreise [Städte], Autonomen Kreise und der von einer Stadt verwalteten Bezirke.

Art. 34: Wenn die Kontrollorgane der Verwaltung bei einem Wiederaufnahmeantrag (*shensu*) oder einer Bitte um Überprüfung (*fuhe*) [bzw. der Neubewertung einer Entscheidung (*fuyi*)] von disziplinarisch bestraftem Personal (*bei chufen renyuan*) innerhalb dreier Monate die Behandlung eines Falles nicht abschließen können, dürfen sie, abgesehen davon, daß sie die Gründe dafür dem Betroffenen mitteilen müssen, maximal sechs Monate nicht überschreiten.

Art. 35: Das in § 22 der "Vorläufigen Bestimmungen" genannte "ursprünglich die Disziplinarstrafe verhängende Organ" bezieht sich auf ein staatliches Verwaltungsorgan [ein Kontrollorgan der Verwaltung eingeschlossen], das den Strafbescheid (*chufen jueding*) ausgefertigt hat.

Art. 36: Wenn es in § 22 der "Vorläufigen Bestimmungen" heißt: "Der ursprüngliche Strafbescheid war nicht angemessen" bedeutet das:

1. Die Qualifizierung des vorliegenden Tatbestandes (*dingxing*) war inadäquat;

2. das Ausmaß der Disziplinarmaßnahmen (*liangji*) war unausgewogen;

3. das Prozedere verstieß gegen die Gesetze (*weifa*).

Art. 37: Wenn es in § 22 der "Vorläufigen Bestimmungen" heißt, der ursprüngliche Strafbescheid war "fehlerhaft" (*cuowu*), so bedeutet dies, daß wichtige Fakten, die ursprünglich als Grundlage zur Festsetzung des Strafbescheids (*chufen jueding*) gedient haben, nicht existieren oder in schwerwiegender Weise nicht den Tatsachen entsprechen (*shishi*).

Art. 38: Wenn es in § 22 der "Vorläufigen Bestimmungen" heißt, "so ist dem ursprünglichen Straforgan zu empfehlen, einen Beschluß zur Abänderung der Strafe zu fassen", so bedeutet dieser Vorschlag, daß man hinsichtlich der Strafen von der Verwarnung (*jinggao*) bis zum Auschluß (*kaichu*) eine Abänderung vornehmen kann.

Art. 39: Wenn es in § 22 der "Vorläufigen Bestimmungen" heißt, "direkt einen Beschluß zur Strafabänderung zu fassen", so bedeutet dies, daß nur bei Strafen unterhalb der Entlassung aus dem Amt (*chezhi*) direkt ein Abänderungsbeschluß gefaßt werden kann.

Art. 40: In bezug auf den Vorschlag oder Beschluß, den das Kontrollorgan der Verwaltung zur Abänderung der ursprünglichen Strafe gemacht hat, muß das den ursprünglichen Strafbescheid (*chufen jueding*) ausstellende Organ von dem Tag an, da es diese Aufforderung zur Abänderung erhält, innerhalb von 15 Tagen dieser Situation gemäß handeln (*zhixing qingkuang*) und dem Kontrollorgan der Verwaltung darüber Bericht erstatten.

Art. 41: Wenn das Kontrollorgan der Verwaltung einen Fall von Amtsunterschlagung, Mißbrauch öffentlicher Gelder und von Bestechung zur Behandlung angenommen (*shouli*) hat und nach gründlicher Untersuchung und abschließender Behandlung (*diaocha chuli*) zur Ansicht kommt, daß es sich um eine Straftat handelt (*goucheng fanzui*), muß es gemäß den Bestimmungen der Strafprozeßordnung (*xingshi susong fa*) bezüglich der Zuständigkeit der Staatsanwaltsschaft für einen solchen Fall die entsprechenden Materialien und Vorschläge zur Kontrolle (*jiancha jianyi*) an das entsprechende (*xiangying*) Organ der Staatsanwaltschaft übersenden; wenn dieses Organ der Staatsanwaltschaft durch Nachforschungsbeschluß entschieden (*shencha jueding*) hat, den Fall in seine Akten zu nehmen und die Untersuchungen aufzunehmen, müssen diesem Organ die beglaubigten Materialien zu dem anstehenden Fall ausgeliefert werden.

Art. 42: Das in § 24 der "Vorläufigen Bestimmungen" genannte "Führungspersonal in den Betriebs- und Unternehmenseinheiten, das von staatlichen Verwaltungsorganen eingesetzt worden ist", umfaßt:

1. das durch staatliche Verwaltungsorgane direkt ernannte (*weiren*) [oder beauftragte (*weipai*)] Führungspersonal in den Betriebs- und Unternehmenseinheiten [einschließlich der in- und ausländischen Gemeinschafts- und Joint-Venture-Unternehmen];

2. Führungspersonal in den Betriebs- und Unternehmenseinheiten, das nach dem System von Wahlen, der Ausschreibung (*zhaoping*), Ausleihe (*zulin*) und Kontrakts (*zhengbao*) durch Zustimmung eines staatlichen Verwaltungsorgans ernannt worden ist.

Art. 43: Vor Veröffentlichung und Inkraftsetzung der "Vorläufigen Bestimmungen" bereits zur Untersuchung in die Akten genommene Fälle von Amtsunterschlagung, Mißbrauch öffentlicher Gelder und von Bestechung, die aber noch nicht behandelt (*chuli*) worden sind, werden unter Heranziehung (*canzhao*) der "Vorläufigen Bestimmungen" behandelt; solche Fälle, die nach deren Veröffentlichung und Inkrafttreten zur Untersuchung in die Akten genommen worden sind, werden gemäß den "Vorläufigen Bestimmungen" behandelt.

Art. 44: Die in diesen "Ausführungsbestimmungen" genannten Ausdrücke wie mindestens (*yishang*), höchstens (*yixia*) und innerhalb (*yinei*) schließen die betreffende Zahl gleichermaßen mit ein.[5]

Art. 45: Diese Ausführungsbestimmungen werden in Verantwortung des Kontrollministerium verbindlich ausgelegt (*jieshi*) und überarbeitet (*xiuding*).

Art. 46: Diese Ausführungsbestimmungen sind gleichzeitig mit den "Vorläufigen Bestimmungen" anzuwenden.

---

[5] Diese Bestimmung müßte nicht eigens in einem Paragraphen geregelt werden, wenn sie selbstverständlich und eindeutig wäre. Tatsächlich ist die Begrifflichkeit von "yishang" und "yixia" selbst im Chinesischen nicht ganz eindeutig, so daß sie einer juristischen Regelung bedarf:
Meist wird "2000 yuan yishang" mit: "mehr als 2000 Yuan" übersetzt. Es ist aber ausdrücklich "ab 2000 Yuan und mehr" gemeint und bedeutet also: "mindestens 2000 Yuan".
Genauso wird "2000 yuan yixia" gewöhnlich mit: "weniger als 2000 Yuan" übersetzt. Meistens wird darunter eine "Summe unter 2000 Yuan", also weniger als 2000 Yuan verstanden; sie bedeutet tatsächlich aber: "höchstens 2000 Yuan". Die genannte Zahl ist als Obergrenze ausdrücklich mit eingeschlossen, genauso wie sie beim ersten Beispiel als Untergrenze gilt.
Wäre es anders, hätte der Hinweis in Art. 8: "liangci yishang [han liangci]": "mindestens zweimal [zweimal mit eingeschlossen]" keinen Sinn. Es kann eben nicht "mehr als zweimal [zweimal mit eingeschlossen]" heißen, sondern wörtlich: "von zweimal an aufwärts [zweimal mit eingeschlossen]".
So wird klar, daß die genannte Zahl in keinem Fall ausgeschlossen werden kann, sondern immer mitzudenken ist: "von 2000 Yuan an aufwärts" heißt also: "mindestens 2000 Yuan". Oder "von 2000 Yuan an abwärts" heißt also: "höchstens 2000 Yuan".

II. Kommentare zur Bekämpfung der Korruption und Amtsunterschlagung, Bestechung und Bestechlichkeit sowie des Mißbrauchs staatlicher Fonds

1.1. Die Bestimmung zur Bestrafung von Korruption (*tanwu*).[1]

Die Bestimmung zur Bestrafung von Korruption (*chengzhi tanwu*) war genau wie die Bestimmung zur Bestrafung von Konterrevolution (*chengzhi fangeming*) ein äußerst wichtiges strafrechtliches Einzelgesetz. Wenn man sagen kann, daß die Bestimmung zur Bestrafung bei Konterrevolution im wesentlichen gegen die noch vorhandenen Kräfte der reaktionären Guomindang unter der Regie des Imperialismus gerichtet war, war die Bestimmung zur Bestrafung von Korruption gegen jene Elemente gerichtet, die innerhalb unserer Behörden (*jiguan*) und Organisationen (*tuanti*) das überkommene Gift der alten Gesellschaft in sich aufgenommen hatten und kriminelle Wege gingen. Die Bestimmung zur Bestrafung von Korruption ist in der Situation der "Drei-Anti-Bewegung" gegen Veruntreuung (*fan tanwu*), gegen Verschwendung (*fan langfei*) und gegen Bürokratismus (*fan guanliaozhuyi*) ausgearbeitet worden.

Am 8. Januar 1952 hatte der Volks-Kontrollausschuß (*renmin jiancha weiyuanhui*) des Staatsverwaltungsrats (*zhengwuyuan*) "Weisungen zum Kampf gegen Veruntreuung, Verschwendung und Bürokratismus" herausgegeben.

Am 11. März 1952 wiederum veröffentlichte der Staatsverwaltungsrat "Einige Bestimmungen zur Behandlung (*chuli*) von Veruntreuung, Verschwendung, ferner der Ausmerzung (*kefu*) von Fehlern des Bürokratismus", die die zentrale Einsparungs- und Kontrollkommission (*zhongyang jieyue jiancha weiyuanhui*) ausgearbeitet hatte. Diese Bestimmungen haben die Vorform (*chuxing*) für die Verordnung zur Bestrafung von Korruption abgegeben.

Am 21. April des gleichen Jahres veröffentlichte die Zentrale Volksregierung aufgrund Artikel 18 des "Gemeinsamen Programms", das Bestimmungen zur Bestrafung bei Veruntreuung enthielt, die "Verordnung der Volksrepublik China zur Bestrafung von Korruption".

In dieser Verordnung heißt es: Wenn beim Arbeitspersonal aller staatlichen Organe, betrieblicher Unternehmen, Schulen, einschließlich der ihnen untergliederten Organe, Handlungen vorgenommen werden, bei denen staatliche Vermögenswerte unterschlagen (*qintun*), gestohlen (*daoqie*), betrügerisch (*pianqu*) oder unter einem Vorwand genommen werden (*taoqu*), und wenn man von anderen Menschen Vermögenswerte gewaltsam einfordert (*qiangsuo*), Bestechungen entgegennimmt (*shoushou huilu*), sich aus öffentlichen Mitteln bereichert (*jia gong ji si*) und gesetzwidrig Vorteile erlangt (*feifa quli*), gehört dies alles zum Verbrechen der Korruption (*tanwu zui*).

Diese Verordnung war im Geiste der Haltung geschrieben, Strenge mit Milde zu verbinden, verfolgte also die Politik der Verbindung von Umerziehung und Bestrafung; es wurden damals jene Verbrecher bestraft, bei denen die in Frage kommenden Summen sehr hoch, die Umstände schwerwiegend und deren Haltung und Einstellung abstoßend waren. Damit hatte man zugleich viele Kader vor dem Schlimmsten bewahrt und ist dem Ziel nähergekommen, diese Kader zu erziehen und die Massen zusammenzuschließen. Das hat auf die Würde von Recht und Disziplin des Staates, auf die Erhaltung und Verbreitung eines Arbeitsstiles der entbehrungsreichen Härte und Einfachheit, aber auch der Anständigkeit im öffentlichen Leben eine gewaltige Rolle gespielt. Mit dieser Verordnung hatte man nicht nur die Verbrecher bestraft, die Korruption begangen (*tanwu zuifan*) haben, sondern zugleich auch jene gesetzlosen (*bu fa*) Kapitalisten, die Bestechungen auszuüben (*xinghui*) versuchten; damit war der Sieg der "Drei Anti-" und Fünf Anti-Bewegung" garantiert.

[1] Lan Quanpu, San shi nian lai wo guo fagui yange gaikuang (Überblick über die Entwicklung der Gesetze und Verordnungen in China seit 30 Jahren), Beijing 1980: 57 f.

1.2. Juristischer Kommentar zur Korruption

Korruption (*tanwu*)[1]

Korruption bedeutet: unter Ausnutzung der Vorteile seines Amtes strafbare Handlungen begehen, wie die der Unterschlagung (*qintun*), des Diebstahls (*daoqie*), des betrügerischen Ansichnehmens (*pianqu*) oder unter einem Vorwand (*taoqu*) an staatliches oder kollektives Vermögen heranzukommen; ferner gewalttätig von einem anderen Vermögenswerte einzufordern (*qiangsuo*); weiterhin bedeutet es Handlungen der Bestechungsannahme (*shoushou huilu*) und der Bereicherung aus öffentlichen Mitteln (*jia gong ji si*), um gesetzwidrig Vorteile zu erlangen.

In unserem Strafgesetzbuch ist geregelt, daß staatliches Arbeitspersonal, das die Vorteile seiner Amtsposition ausnutzt und dabei staatliches und privates Vermögen veruntreut, mit einer Freiheitsstrafe von höchstens (*yixia*) fünf Jahren oder mit Gewahrsam bestraft wird. Sind die infrage kommenden Summen erheblich und die Umstände schwerwiegend, werden Freiheitsstrafen von mindestens (*yishang*) fünf Jahren verhängt. Sind die Umstände besonders schwerwiegend, wird eine lebenslängliche Freiheitsstrafe oder die Todesstrafe verhängt. Wer der Amtsunterschlagung (*tanwu*) schuldig ist, wird zugleich mit dem Einzug seines Vermögens bestraft bzw. dazu verurteilt, das fremde Eigentum zurückzugeben oder es zu ersetzen (*tuipei*).

[1] Quelle: Faxue cidian (Lexikon der Rechtswissenschaft), Shanghai 1980: 422.

1.3. Die Straftat der Amtsunterschlagung (*tanwu zui*)[1]

1. Der Begriff der Straftat der Amtsunterschlagung und seine Merkmale:

Die Straftat der Amtsunterschlagung bedeutet Vergünstigungen (*bianli*), welche staatliches Arbeitspersonal (*guojia gongzuo renyuan*) in Ausübung seiner Amtspflichten erlangen kann; es sind Handlungen, bei denen man durch Unterschlagung (*qintun*), Diebstahl (*daoqie*), betrügerisches Ansichnehmen (*pianqu*) oder durch andere illegale Methoden öffentliches Eigentum an sich bringt (*zhanyou*).

Aus dem hier dargelegten Begriff kann man sehen, daß die Straftat der Amtsunterschlagung im Vergleich zu anderen Verbrechen der Eigentumsverletzung (*qinfan caichan zui*) klar zu unterscheidende Merkmale aufweist; diese besonderen Merkmale sind:

1. Handlungen der illegalen Aneignung (*feifa zhanyou*) öffentlichen Eigentums müssen durch Täter (*xingwei ren*) begangen werden, die die Vorteile ihres Amtes ausnutzen; das ist eine wichtige Voraussetzung zur Konstituierung der Straftat der Amtsunterschlagung; es ist auch ein wichtiges Merkmal zur Unterscheidung von anderen Straftaten der Eigentumsverletzung.

Handlungen der Amtsunterschlagung (*tanwu xingwei*) sind Methoden der Unterschlagung (*qintun*), des Diebstahls (*daoqie*) und des betrügerischen Ansichnehmens (*pianqu*); aber dafür, ob diese Handlungen wirklich die Straftat der Amtsunterschlagung konstituieren, ist unabdingbar (*qianti tiaojian*), daß der Täter die Vorteile seines Amtes zur Durchführung seines Verbrechens (*shishi fanzui*) ausgenutzt hat. Wenn der Täter die Vorteile seines Amtes nutzte, um sich durch Unterschlagung (*qintun*), Diebstahl (*daoqie*) und Betrug (*pianqu*) öffentliches Eigentum anzueignen, handelt es sich um die Straftat der Amtsunterschlagung (*tanwu zui*). Wenn er all diese Vorteile nicht nutzte, kann er diese Strattat nicht begangen haben; es kann sich dann nur um die Straftat des Diebstahls (*daoqie zui*) und Betruges (*zhapian zui*) unter den Straftaten der Eigentumsverletzung handeln.

2. Das durch Amtsunterschlagung geschädigte Objekt (*duixiang*) ist unter normalen Umständen immer das öffentliche Eigentum, das der Täter legitimerweise zeitweilig verwaltet hat. Das unterscheidet diese Straftat von der des Diebstahls; es ist insbesondere ein unterschiedliches Merkmal zur Straftat des Betrugs (*zhapian zui*).

Da ist zum Beispiel ein Einkäufer eines Warenhauses an einem beliebigen Ort, der sich, als er auswärts Waren einkaufte, eigenmächtig und in rechtswidriger Weise einer Summe von 500 Yuan bediente, die aus dem öffentlichen Sektor (*gongjia*) stammte und für den Einkauf von Waren bestimmt war; selbst nach seiner Rückkehr in die Firma zahlte er diese Summe nicht zurück, sondern kompensierte (*mibu*) mittels gefälschter Belege (*weizao danju*) und irreführender Angaben (*huangbao*) zu seinen Reisespesen diesen Fehlbetrag (*kuikong*) von 500 Yuan.

---

[1] Quelle: Zhonghua Renmin Gongheguo xingfa fenze jiangyi (Vorlesungen zum Besonderen Teil des Strafrechts der VR China), Beijing 1980: 117 ff. Vgl. auch: Zhonghua Renmin Gongheguo xingfa jiangyi (Vorlesungen zum Strafrecht der VR China), Beijing 1982: 200 ff.

Oder ein anderer Einkäufer, der, nachdem er einmal auf Dienstreisen (*chuchai*) geschickt worden war, ebenfalls, um alte Schulden zu begleichen, mittels gefälschter Belege und falscher Angaben zu seinen Reisespesen zu Unrecht 300 Yuan Reisespesen vom öffentlichen Sektor (*gongjia*) für sich beanspruchte (*maoling*).

Obgleich diese beiden geschilderten Fälle in den angewandten Methoden und Tricks äußerst ähnlich zu sein scheinen, ist die Straftat, derer sie schuldig zu sprechen (*dingzui*) sind, doch sehr verschieden. Was ersterer verletzt hat, ist öffentliches Eigentum, das ihm vorübergehend rechtmäßig zur Verwaltung anvertraut war. Das konstituiert den Tatbestand der Amtsunterschlagung (*tanwu zui*).

Was der zweite veruntreut hat, ist in keiner Weise Eigentum, das ihm auch nur vorübergehend rechtmäßig zum Schutze anvertraut gewesen wäre; er hat vielmehr öffentliches Eigentum verletzt, das unter dem Schutz anderer Leute stand. Daher erfüllt diese Straftat den Tatbestand des Betruges (*zhapian zui*).

Es gibt zwei Formen rechtmäßig verwalteten öffentlichen Eigentums:

i. Öffentliches Eigentum, über welches man aufgrund seines amtlichen Zuständigkeitsbereichs die Aufsicht und Verwaltung hat. Von recht- und gesetzmäßigen Verwaltern dieser Art gibt es den kaufmännischen Angestellten, den Lagerverwalter und anderes Personal, das staatlich oder öffentlich organisiertes Kapital und Güter verwaltet [wie z. B. den Kassierer (*chuna*), den Buchhalter (*kuaiji*) usw.].

ii. Öffentliches Eigentum, das durch Auftrag an staatliches sowie öffentliche Aufgaben wahrnehmendes Personal durch den Staat, durch Unternehmen, Kooperativen, Volksorganisationen oder von einzelnen Staatsbürgern vergeben und auf diese Weise rechtmäßig verwaltet wird. Wenn z. B. das Arbeitspersonal von Transportabteilungen staatliche Güter, solche von öffentlichen Organisationen oder von Staatsbürgern transportiert, gehört das zu dieser Kategorie.

Öffentliches Eigentum, das sich der im Amt unterschlagende Täter (*tanwu fenzi*) widerrechtlich angeeignet (*qinzhan*) hat, war von ihm persönlich und vorübergehend völlig rechtmäßig verwaltet worden. Daher benutzen diese Täter nach Ausführung ihrer strafbaren Handlung häufig Methoden der Täuschung (*qipian*), wie das Fälschen und Abändern (*tugai*) von Quittungen, Belegen und Rechnungen, um dadurch ihre Organisation zu täuschen und bewußt in die Irre zu führen. Wenn wir daher feststellen wollen, ob es sich um die Straftat der Amtsunterschlagung (*tanwu zui*) handelt, können wir nicht davon ausgehen, es hätte sich zur Zeit der Begehung dieser betrügerischen Tätigkeiten nur um diese Verbrechen gehandelt; wir müssen vielmehr erkennen, daß diese betrügerischen Handlungen nur Tricks waren, um frühere Verbrechenshandlungen zu decken (*yangai*). Wenn wir von der widerrechtlichen Inbesitznahme öffentlichen Eigentums ausgehen, so konstituiert das die Straftat der Amtsunterschlagung.

3. Das Subjekt (*zhuti*) der Amtsunterschlagung ist das staatliche Arbeitspersonal. In einem bestimmten Sinne ist Amtsunterschlagung auch eine Handlung des Amtsmißbrauchs (*duzhi zui*)[2]; aber weil das hauptsächlich geschädigte Objekt (*duixiang*) das öffentliche Eigentum ist, wurde diese Straftat in die Gruppe der Eigentumsverletzungen[3] eingeordnet.

---

[2] Vgl. Kap. VIII des StGB (§§ 181 ff.).

[3] Vgl. Kap. V des StGB (§§ 150 ff.).

Andere Subjekte, die Eigentumsverletzungen begehen, können einerseits ganz gewöhnliche, normale Staatsbürger sein, andererseits aber eben auch das staatliche Arbeitspersonal. Hingegen kann das Subjekt der Amtsunterschlagung nur das staatliche Arbeitspersonal sein; andernfalls wird der Tatbestand dieses Verbrechens nicht erfüllt.

Staatliches Arbeitspersonal bedeutet Personal, das in staatlichen Behörden, Unternehmen, einzelnen Institutionen und anderen Volksorganisationen gemäß dem Gesetz öffentliche Aufgaben durchführt. In § 155 StGB, Absatz 3 ist geregelt: Personal, das in staatlichen Organen, Betrieben, Institutionen oder Volksorganisationen mit öffentlichen Aufgaben betraut ist und die Straftat der Amtsunterschlagung begeht, wird entsprechend den Regelungen für Amtsunterschlagung bestraft.

Das oben Dargelegte sind die besonderen Merkmale, die die Straftat der Amtsunterschlagung objektiv und subjektiv konstituieren. Sie sind miteinander verbunden. Wenn wir feststellen wollen, ob es sich um dieses Verbrechen handelt, müssen wir aufgrund dieser beiden Seiten eine vollständige Analyse vornehmen. Erst dann kann man korrekte Schlußfolgerungen daraus ziehen. Wenn zum Beispiel bei einem rechtmäßig verwalteten öffentlichen Eigentum Kapitalverlust (*kuisun xianxiang*) auftritt, muß man bei diesem Phänomen eine ganz konkrete Analyse machen: ob der Verwalter es sich widerrechtlich angeeignet hat; ob es sich um Verschleiß (*sunhao*) handelt oder durch andere Gründe verursacht ist? Will man die Natur dieses Problems bestimmen, ist es das wichtigste, festzustellen, ob beim Verwalter Absicht und Handlung einer Amtsunterschlagung vorgelegen haben; dann erst kann man letztendlich bestimmen, um welches Problem es sich handelt. Wenn öffentliches Eigentum veruntreut worden ist, muß es den Verlust von öffentlichem Eigentum nach sich ziehen; aber wenn bei öffentlichem Eigentum Verluste aufgetreten sind, ist es keineswegs mit Sicherheit das Ergebnis einer Amtsunterschlagung, die ein Verwalter durchgeführt hat. Daher kann erst die vollständige Untersuchung und gewissenhafte Analyse aller Seiten dieses Problems die Ursachen des Verlustes aufdecken helfen. Im Dienst begangene fehlerhafte Handlungen kann man nicht unbedingt gleich als Verbrechen ansehen und als solche behandeln.

2. Das Problem der Erkennung der Straftat der Amtsunterschlagung und die Frage des Strafmaßes

Das Verbrechen der Amtsunterschlagung (*tanwu zui*) ist ein schmutziges Gift, das uns die alte Gesellschaft hinterlassen hat und eine häßliche Praktik der Ausbeuterklassen. Obgleich wir in unserem Lande einen ernsthaften Kampf gegen das Verbrechen der Amtsunterschlagung führen, existiert das Phänomen dieses Verbrechens gegenwärtig noch immer in einem ganz erschreckenden Außmaß. Der hauptsächliche Grund dafür ist die Weiterexistenz des Klassenkampfes sowie die Weiterexistenz von Resten der Ausbeuterklassen. Diese fügen anderen Menschen Schaden zu, während sie sich selber nützen; sie arbeiten nicht, aber ihr ideologisches Bewußtsein befällt (*qinxi*) noch immer jene, deren Willen schwach ist. Weiterhin ist seit jenen Jahren durch die ernsthaften Spätfolgen, die die Versuche Lin Biaos und der "Viererbande", die Macht in Partei und Staat zu ergreifen, mit sich gebracht haben, das ganze Finanzsystem zerrüttet worden; die Arbeitsgruppen in Finanz und Wirtschaft sind nicht rein geblieben: einige schlechte Menschen haben sich bei ihnen eingeschlichen. Das alles sind die hauptsächlichsten Gründe dafür, daß das Verbrechen der Amtsunterschlagung gegenwärtig wieder entstehen konnte.

Das Verbrechen der Amtsunterschlagung sabotiert den Aufbau einer sozialistischen Wirtschaft und ist der Feind der Vier Modernisierungen. Während der Großen Proletarischen Kulturrevolution wurde durch Lin Biao und die Viererbande im großen Stil eine konterrevolutionäre Restauration (*fubi*) betrieben. Die Aktivitäten vieler regionaler kapitalistischer Kräfte und deren Einfluß schäumten wild auf; staatliches Kapital und Güter (*guojia zicai*) zu veruntreuen (*tanwu*) und zu stehlen (*daoqie*) wurde allgemein üblich. In schamloser Weise eigneten sich diese verbrecherischen Elemente staatliches und kollektives Eigentum an (*tunshi*). Seit den letzten Jahren sind Fälle, bei denen man einige tausend oder gar Zehntausende von Yuan veruntreut hatte, keine Seltenheit mehr. Man entdeckte sogar Fälle, bei denen die gewaltige Summe von einigen hunderttausend Yuan veruntreut worden war. Das ist absolut alarmierend. Man ersieht daraus, daß unser Kampf gegen das Verbrechen der Veruntreuung keineswegs nur ein wirtschaftlicher, sondern vielmehr ein ernsthafter politischer Kampf ist. Deshalb müssen wir diesem Verbrechen der Amtsunterschlagung einen schweren Schlag versetzen.

In § 155 des StGB ist deutlich und unmißverständlich geregelt, daß im allgemeinen bei Amtsunterschlagung mit einer Gefängnisstrafe von maximal (*yixia*) fünf Jahren oder mit Gewahrsam bestraft werden muß. Wenn die Summen, um die es sich handelt, gewaltig und die Umstände schwerwiegend sind, wird mit einer Freiheitsstrafe von mindestens (*yishang*) fünf Jahren bestraft; wenn die Umstände besonders schwerwiegend sind, wird mit lebenslänglicher Freiheitsstrafe oder mit dem Tode bestraft. Außerdem ist festgesetzt, daß derjenige, der dieses Verbrechen begangen hat, mit dem Einzug seines Vermögens bestraft oder ihm durch Urteil aufgetragen (*panling*) wird, das fremde Eigentum zurückzugeben oder zu erstatten (*tuipei*).

Wenn wir dieses Verbrechen behandeln, müssen wir streng die Grenzen zwischen Verbrechen und Nicht-Verbrechen, zwischen Straftat und Nicht-Straftat ziehen. Wir müssen besonders darauf achten, eine Amtsunterschlagung von der Wahrnehmung kleinerer Vorteile im öffentlichen Sektor zu unterscheiden, Amtsunterschlagung von dem Mehr-an-sich-Reißen wollen, als einem zusteht (*duochi duozhan*) oder davon, kleinere Beträge öffentlicher Fonds zu mißbrauchen (*nuoyong gongkuan*); und schließlich müssen wir Amtsunterschlagung von der Vortäuschung eines größeren Bedarfs in betrügerischer Absicht (*xubao maoling*) unterscheiden. Wir müssen Amtsunterschlagung auch genau von dem Chaos bei der Abrechnung (*zhangmu*), bei verlorengegangenen (*diu kuan*) oder fehlenden Geldsummen (*duan kuan*) unterscheiden, das ein bestimmtes Personal unter den Finanzbeamten (*caikuai renyuan*) anrichtet, dessen Verantwortungsgefühl nicht gerade als stark ausgeprägt oder in seiner beruflichen Arbeit als erfahren gelten kann.

Bezüglich der Strafzumessung (*liangxing*) bei Amtsunterschlagung muß man entsprechend der Anzahl der jeweils veruntreuten Güter, in Verbindung mit den anderen Umständen des Verbrechens, einschließlich der reuigen Haltung des Kriminellen bei der Anerkennung seiner Schuld (*renzui*), genaueste Überlegungen anstellen. Sind die Umstände schwerwiegend, so deutet das im allgemeinen auf den Rädelsführer bei einem kollektiven Verbrechen (*jiti fanzui de wei shou fenzi*) oder auf einen der Organisierenden hin; ferner deutet es auf den trotz mehrfacher Belehrung nicht zu Bessernden (*lü jiao bu gai*) hin; weiterhin auf denjenigen, der Verbrechensbeweise vernichtet und öffentliches Eigentum geschädigt hat; auf denjenigen, der seine Verbrechen vertuscht (*yangai*) und die Schuld auf andere abgewälzt hat usw. hin.
Leichtere Umstände bedeuten im allgemeinen, daß einer aus freien Stücken Aussagen macht und gestohlene Summen und gestohlenes Eigentum aktiv zurückerstattet hat; sie verweisen auf solche, die andere angezeigt und sich damit Meriten erworben haben; schließlich auf diejenigen, die eher zufällig ein Verbrechen begangen haben und dies aufrichtig bereuen.

1.4. Straftaten, die mit den Amtspflichten des staatlichen Arbeitspersonals im Zusammenhang stehen (*zhiwu you guan*)[1]

Staatliches Arbeitspersonal, insbesondere führende Kader, müssen die Gesetze nicht nur studieren und verstehen lernen, sie sollen zudem auch vorbildlich in der Einhaltung der Gesetze sein. Zugleich sollen sie mit der Waffe des Gesetzes gesetzwidrigen Handlungen mutig den Kampf ansagen. Im folgenden soll von einigen Straftaten die Rede sein, die mit den Amtspflichten des staatlichen Arbeitspersonals im Zusammenhang stehen.

1. Die Straftat der Amtsunterschlagung (*tanwu zui*)

Wenn staatliches Arbeitspersonal die Vorteile seines Amtes ausnutzt und mit illegalen Methoden wie z. B. der Unterschlagung (*qintun*), des Diebstahls (*daoqie*) und Betrugs (*bianqu*) sich an öffentlichem Eigentum vergreift und in seinen Besitz bringt (*ju wei ji you*), sind solche Handlungen Straftaten der Amtsunterschlagung (*tanwu zui*). Manches Arbeitspersonal des Staates ist durch seine Kompetenz und Verantwortung, die es von Amts wegen über die Verwaltung und Verwendung bestimmter Güter hat, - wobei es eigentlich nur seine persönlichen Pflichten erfüllen und die Güter, für deren Verwaltung es zuständig ist, wirklich verwalten sollte -, versucht, nicht nur seine Pflichten und Verantwortungen nicht zu erfüllen, sondern vielmehr die vorteilhaften Bedingungen im Amt auszunutzen und öffentliche Güter, die es verwalten sollte, in sein persönliches Eigentum zu überführen (*ju wei ji you*). Ein solches Verhalten (*xingwei*) kann bewirken, daß staatliches und kollektives Eigentum in großem Maßstab Verluste erleiden und der wirtschaftliche Aufbau des Staates sabotiert wird. Die Straftat der Amtsunterschlagung korrumpiert (*fushi*) auch in schwerwiegender Weise die Kader und Massen und sabotiert die geregelte Arbeit der staatlichen Organe. Deshalb haben Partei und Staat dem Kampf gegen die Straftat der Amtsunterschlagung (*tanwu zui*) von jeher volle Beachtung geschenkt. Besonders in der Gegenwart muß bei der Zerschlagung der kriminellen Aktivitäten, die der Wirtschaft so schweren Schaden zugefügt haben, das Strafrecht angewandt und die Straftat der Amtsunterschlagung streng bestraft (*zhengzhi*) werden.

In § 155 des Strafrechts ist geregelt, daß die Straftat der Amtsunterschlagung unter normalen Umständen mit einer Freiheitsstrafe von höchstens (*yixia*) fünf Jahren oder mit Gewahrsam bestraft wird. Wenn die Summe gewaltig und die Umstände schwerwiegend sind, wird mit einer Freiheitsstrafe von mindestens (*yishang*) fünf Jahren bestraft. Sind die Umstände besonders schwerwiegend, wird mit lebenslang oder mit dem Tode bestraft.

[1] Quelle: Ganbu falü zhishi duben (Textbuch über Rechtskenntnisse für Kader), Jilin 1985: 147.

2. Amtspflichtverletzung (*duzhi zui*)[2]:

Amtspflichtverletzung deutet auf Vorteile, die staatliches Arbeitspersonal unter Ausnutzung seines Amtes verwirklichen kann . ...

Die Straftat der Bestechlichkeit (*shouhui zui*) bedeutet Vorteile, die staatliches Arbeitspersonal im Amt ausnutzen kann, und es sind Handlungen, bei denen es wegen der Forderung des Bestechenden (*xinghui ren*) nach bestimmten, privaten Vorteilen (*si li*) in illegaler Weise dessen Güter (*caiwu*) einfordern (*suoqu*) und auch erhalten (*shoushou*) oder andere, ihm ordnungsgemäß nicht zustehende Vorteile (*bu zhengdang liyi*) erlangen kann.

Zur Straftat der Bestechlichkeit (*shouhui zui*) hat das Strafgesetzbuch in § 185 Abs. 1 u. 2 besondere Regelungen erlassen.

In dem vom Ausschuß des V. Nationalen Volkskongresses verabschiedeten "Beschluß über Straftaten, bei denen die Wirtschaft schwer geschädigt worden ist" wurden wiederum ergänzende Änderungen angebracht; darin wurde festgelegt, daß Arbeitspersonal des Staates, wenn es Bestechungen fordert und auch erhält (*suoqu, shoushou huilu*), es wie für die Straftat der Amtsunterschlagung bestraft (*lunchu*) wird. Das bedeutet, wer die Straftat der Annahme von Bestechungen (*shouhui zui*) begeht, wird mit einer Freiheitsstrafe von höchstens (*yixia*) fünf Jahren oder mit Gewahrsam bestraft.

Ist die Summe sehr groß und sind die Umstände schwerwiegend, wird mit einer Freiheitsstrafe von mindestens (*yishang*) fünf Jahren bestraft. Sind die Umstände besonders schwerwiegend, wird mit lebenslänglich oder mit dem Tode bestraft.

---

[2] Ebenda: 148.

2.1. Die Straftat der Bestechung (*huilu zui*)[1]

Diese Straftat schließt drei Deliktformen mit ein:

Bestechungsannahme (*shouhui*), Bestechung (*xinghui*) und Vermittlung von Bestechung (*jieshao huilu*).

Die Straftat der Bestechungsannahme (*shouhui zui*) bedeutet, daß staatliches Arbeitspersonal unter Ausnutzung der Vorteile seiner Amtsposition Bestechungen annimmt (*jieshou huilu*); es ist eine Handlung für einen Bestechenden (*xinghui ren*), der einen Vorteil (*liyi*) zu erlangen sucht. In unserem Lande ist es eine der Straftaten der Amtspflichtverletzung (*duzhi zui*). Die wichtigsten Voraussetzungen für diese Straftat sind:

(1) Das Subjekt (*zhuti*) des Verbrechens muß das staatliche Arbeitspersonal sein.

(2) Es muß sich um eine Ausnutzung der Vorteile im Amt handeln. Wenn mit der Ausübung eines Amtes kein Zusammenhang besteht, kann die Straftat der Bestechlichkeit nicht vorliegen.

(3) Es muß eine Annahme von Bestechungen stattgefunden haben; dabei sind eingeschlossen materielle Belohnung in jeglicher Form oder Vorteile immaterieller Art. Unter materieller Belohnung versteht man zum Beispiel Geld oder andere Güter; oder ganz bestimmte Vorteile, die den Wert eines Vermögens haben, wie z. B. die Zuteilung von Wohnungen etc. Vorteile immaterieller Art sind z. B. Beförderung im Amt (*sheng zhiwu*), die Unterbringung auf einer günstigen Arbeitsstelle, etc. etc.

(4) Für den Bestechenden ist es das Streben nach einem formal greifbaren (*you xing*) oder formal nicht mehr greifbaren (*wu xing*) Vorteil. Zur Bestechungsannahme (*shouhui*) bedarf es immer der Bestechung (*xinghui*). Die sogenannte Bestechung bedeutet einen Vorteil für den Bestechenden (*xinghui ren*) selbst oder einen Vorteil für einen Dritten; daß staatliches Arbeitspersonal dabei die Vorteile seines Amtsbereiches nutzt, ist eine ganz bestimmte Voraussetzung für die Durchführung einer solchen Handlung [oder für deren Unterlassung].

Dieses Kungel-Geschäft (*huilu jiaoyi*) zwischen Bestechendem und Bestochenen kann manchmal erst durch die Vermittlung oder Hilfestellung eines Dritten abgeschlossen werden. Dieser dritte Mann ist der eigentliche Mittelsmann bei der Bestechung (*jieshao huilu ren*).

Unser Strafrecht regelt gleichzeitig mit der Bestrafung der Bestechlichkeit auch die Bestechung und die Straftat der Vermittlung von Bestechung.

---

[1] Faxue cidian (Rechtswissenschaftliches Lexikon), Shanghai 1979: 568.

2.2. Die Straftat der Bestechung (*huilu zui*)[1]

Bestechung (*huilu*) ist in sämtlichen kapitalistischen Ländern [das Alte China mit eingeschlossen] weit verbreitet. In unserem Staat hingegen ist ein solches Verhalten weder vom Gesetz noch von der Moral her geduldet, es wird vielmehr verurteilt, weil dieses Verhalten mit dem Wesen unseres sozialistischen Staates absolut unvereinbar ist. Bestechung (*xinghui*) und Bestechungsannahme (*shouhui*) schädigen nicht nur die regulären Tätigkeiten unserer Staatsorgane, sie bringen auch einen Verlust an Autorität und Ansehen für die Organe des Staates und ihres Arbeitspersonals unter den Massen mit sich. Deshalb ist in unserem Strafgesetz geregelt, daß Bestechungsannahme (*shoushou huilu*), Bestechung (*xinghui*) sowie Bestechungsvermittlung (*jieshao huilu*) bestraft werden müssen.

Der Begriff der Straftat der Bestechungsannahme (*shoushou huilu zui*) und seine besonderen Merkmale:

Die Straftat der Bestechungsannahme wird vom staatlichen Arbeitspersonal begangen, das die Vorteile seiner Amtsposition ausnutzt; es ist eine Handlung für den Bestechenden (*xinghui ren*), der einen ganz bestimmten Vorteil zu erlangen sucht, wohingegen das Arbeitspersonal Vermögenswerte des Bestechenden entgegennimmt (*jieshou*).

Die besonderen Merkmale der Bestechungsannahme beziehen sich - abgesehen davon, daß das Subjekt dieses Verbrechens (*fanzui zhuti*) ausschließlich das staatliche Arbeitspersonal sein kann -, konkret auf folgende Punkte:

1. Die Vorteile des Amtes müssen ausgenutzt werden. Wenn die Straftat in keinerlei Beziehung mit einem Amtsträger (*zhixing zhiwu*) steht, handelt es sich nicht um dieses Verbrechen. Was denjenigen betrifft, der die Bestechung annimmt (*shouhui ren*), so hat es auf die Begründung der Straftat der Bestechungsannahme (*shouhui zui*) überhaupt keinen Einfluß, ob er die Forderungen des Bestechenden (*xinghui ren*) erfüllt oder nicht.

2. Es muß sich um illegal angenommenes und vom Bestechenden (*xinghui ren*) gegebenes Vermögen handeln. Was hier als Vermögen bezeichnet wird, muß folgendes einschließen: Geld und wertvolle Gegenstände. Die Methode der Bestechung (*xinghui*) kann sowohl die sein, daß vor der Tat gegeben wird, als auch nach der Tat. Das Ziel des Straftäters, der das Vermögen des Bestechenden entgegennimmt, ist die Ausnutzung der Vorteile seines Amtes und das illegale Eintreten für jemanden, der nach einem bestimmten Vorteil strebt.

Das ist ein gesetzwidriger, schmutziger Handel. So etwas ist mit dem regelmäßigen Verkehr zwischen Verwandten und Freunden, wobei ebenfalls einige Geschenke entgegengenommen werden, überhaupt nicht vergleichbar.

Die Straftat der Bestechungsannahme (*shoushou huilu zui*) kann normalerweise nur unter der Bedingung entstehen, daß Bestechung (*xinghui*) und Bestechlichkeit (*shouhui*) gleichzeitig ausgeübt werden. Daher muß man zugleich mit der Ahndung der Straftat der Bestechlichkeit (*shoushou huilu zui*) dem Gesetz entsprechend gegen den Straftäter vorgehen, der beim staatlichen Arbeitspersonal aktiv Bestechung ausübt (*xinghui*) oder Bestechung vermittelt (*jieshao huilu*).

---

[1] Quelle: Zhonghua Renmin Gongheguo xingfa fenze jiangyi (Vorlesungen zum Besonderen Teil des Strafrechts in der VR China), Beijing 1980: 169 ff.

Die hier als Bestechung bezeichnete Straftat (*xinghui zui*) bedeutet, daß man staatliches Arbeitspersonal dazu veranlassen möchte, bestimmte Handlungen durchzuführen; es sind Handlungen, bei denen man Vermögenswerte einsetzt und vom Arbeitspersonal erwartet, bestimmte Dinge zu regeln.

Die Straftat der Vermittlung von Bestechung (*jieshao xinghui zui*) bedeutet eine Handlung, bei der man im Namen und Auftrag des Bestechenden (*xinghui ren*) oder des zu Bestechenden (*shouhui ren*) der jeweils anderen Seite die Vermittlung des Bestochenen oder des Bestechenden anbietet. Normalerweise wird der Vermittler in Sachen Bestechung (*jieshao huilu ren*) Vermögenswerte des Bestechenden dem zu Bestechenden übermitteln oder er wird es zu organisieren verstehen, daß der Bestechende und der zu Bestechende (*shouhui ren*) einander persönlich treffen.

Nur wenn der Bestochene, der Bestechende und der die Bestechung Vermittelnde subjektiv die direkte Absicht der Bestechung haben, kann es sich um diese Straftat handeln. Der aktiv Bestechende und der die Bestechung Vermittelnde sind mit dem zu Bestechenden ihrem gesellschaftlichem Status nach nicht identisch. Die beiden ersteren können dem staatlichen Arbeitspersonal angehören; sie können aber auch ganz gewöhnliche Staatsbürger sein. Letzterer aber muß aus dem staatlichen Arbeitspersonal sein.

Aufgrund von § 185 StGB ist folgendes geregelt: "Staatliches Arbeitspersonal, das die Vorteile seiner Amtsposition ausnutzt und Bestechungen annimmt (*shoushou huilu*), wird zu einer Gefängnisstrafe von höchstens (*yixia*) fünf Jahren oder zu Gewahrsam verurteilt. Bestechungsgeld und -güter werden konfisziert, öffentliche Gelder und öffentliches Eigentum werden zurückgegeben."

"Wer gegen den vorigen Artikel verstößt und bewirkt, daß die Interessen des Staates oder der Staatsbürger schweren Schaden nehmen, wird mit einer Freiheitsstrafe von mindestens (*yishang*) fünf Jahren belegt."

"Wer bei staatlichem Arbeitspersonal Bestechung durchführt (*xinghui*) oder Bestechung vermittelt (*jieshao huilu*), wird mit höchstens (*yixia*) dreijähriger Freiheitsstrafe oder mit Gewahrsam bestraft."

2.3. Die Straftat der Bestechungsannahme (*shoushou huilu zui*)[1]

Die Straftat der Bestechungsannahme ist eine Handlung, bei welcher staatliches Arbeitspersonal für den persönlichen Vorteil (*mouqu si li*) eines anderen die Möglichkeiten seiner Amtsposition ausnutzt und außerdem das Eigentum dieses anderen widerrechtlich entgegennimmt.

Die Straftat der Bestechungsannahme hat zwei Merkmale:

1. Die Gegebenheiten einer Amtsposition auszunutzen bedeutet, scheinbar (*mingyi*) in Ausübung seines Amtes (*zhixing zhiwu*), in Wahrheit aber für einen anderen einen privaten Vorteil zu erlangen suchen.

Wenn das mit der Ausübung des Amtes in keinem Zusammenhang steht, handelt es sich nicht um diese Straftat.

Wenn z. B. der Angestellte irgendeines Handelsunternehmens einen Volkspolizisten im Einwohnermeldeamt mittels seiner persönlichen Beziehungen dazu veranlaßt, einem bestimmten Mann behilflich zu sein, die Aufenthaltserlaubnis eines Verwandten in einem Dorf rechtswidrig in eine Aufenthaltserlaubnis für die Stadt umzuwandeln, sind die Handlungen dieses Angestellten zwar fehlerhaft, können aber in keiner Weise den Tatbestand der Bestechungsannahme (*shouhui zui*) erfüllen.

2. Rechtswidrige Annahme des von einem anderen gegebenen Eigentums [wie z. B. Geld und andere Gegenstände].

Der Grund dafür, daß der Bestochene (*shouhui ren*), der Eigentum anderer annimmt, widerrechtlich handelt, liegt darin, daß er die Gegebenheiten seines Amtes ausnutzt, um für einen anderen einen privaten Vorteil zu erlangen und um dafür im Austausch selbst das Eigentum eines anderen zu erhalten. Zwischen dem Bestochenen (*shouhui ren*) und dem Bestechenden (*xinghui ren*) besteht ein schmutziger Handel; dies ist ein wesentlicher Unterschied zu dem normalen Austausch von Höflichkeiten und Geschenken zwischen Verwandten und Freunden.

Diese beiden besonderen Merkmale sind notwendige Bedingungen, die die Straftat der Bestechungsannahme (*shoushou huilu zui*) erst konstituieren.

Die Zersetzungs- und Zerstörungskraft (*fushixing he pohuaixing*) der Straftat der Bestechungsannahme ist gewaltig. Ein Beispiel dafür ist der in der Provinz Heilongjiang aufgedeckte große Fall einer sehr korrupten Bande (*tanwu jituan*), die mehr als 500.000 Yuan veruntreut hat. Der Grund dafür, warum ein Korruptionsgenie (*da tanwu fan*) wie Frau Wang Shouxin über so "ungewöhnliche, fast geniale Fähigkeiten" (*shentong*) verfügte, war, daß sie eine ganz klare Einsicht in die üblen Denkgewohnheiten bestimmter Kader besaß, die ihre Amtspositionen nutzten, um persönliche Vorteile daraus zu ziehen. Sie steckte ihnen zu, was sie gerne hatten und sandte ihnen, was sie sich wünschten. Sie wandte jeden nur möglichen Trick an, um Bestechung (*xinghui*) im großen Maßstab ausüben zu können. Und diejenigen, die diese Bestechungen annahmen (*shoushou huilu de ren*), nutzten die Annehmlichkeiten ihrer Position und genehmigten Frau Wang in großen Mengen Güter und Materialien, so daß dem staatlichen Eigentum schwere Verluste entstanden.

---

[1] Quelle: Zhonghua Renmin Gongheguo xingfa jiangyi (Vorlesungen zum Strafrecht der Volksrepublik China), Beijing 1980: 199 ff.

Diese Lehre zeigt uns in ausreichendem Maße, daß man, um der Entstehung bestimmter Straftaten Einhalt zu gebieten und um die Ehrenhaftigkeit der Kadertrupppen zu bewahren, entschieden den Kampf gegen die kriminellen Handlungen der Bestechungsannahme und Bestechung (*shouhui xinghui*) aufnehmen muß.

In § 185 StGB ist geregelt, daß derjenige, der Bestechungen annimmt, mit einer Freiheitsstrafe von höchstens (*yixia*) fünf Jahren oder mit Gewahrsam bestraft wird. Wenn Bestechungsannahme dazu geführt hat, daß dem Staat oder den Interessen der Bürger ernsthafter Schaden entstanden ist, wird eine Freiheitsstrafe von mindestens (*yishang*) fünf Jahren verhängt. Diebesgeld und Diebesgut, das der Straftäter erhalten hat, wird eingezogen; öffentliche Gelder und Güter müssen wiedererstattet werden. Im gleichen Paragraphen ist ferner geregelt, daß derjenige, der bei staatlichem Arbeitspersonal Bestechung verübt (*xinghui*) oder Bestechung vermittelt (*jieshao huilu*), mit einer Freiheitsstrafe von maximal (*yixia*) drei Jahren oder mit Gewahrsam bestraft wird.

Die Straftat des Mißbrauchs (*nuoyong*) spezieller staatlicher Fonds für den Katastrophenschutz und -einsatz.[1]

Fonds für Katastrophenbekämpfung (*jiuzai*) und -einsatz (*qiangxian*), für Überschwemmungsschutz und -vorsorge (*fangxun*), zur Fürsorge für demobilisierte Soldaten und deren Angehörige (*youfu*) und wirtschaftliche Unterstützung für Notstandsgebiete (*jiuji*) sind Spezialfonds (*zhuanxiang kuanwu*), die vom Staat für solche Fälle der Hilfeleistung vorgesehen sind. Sie sind direkt für das Leben der Volksmassen, für die Sicherheit ihres Eigentums und für die unmittelbaren Interessen der breiten Massen des Volkes von Bedeutung. Daher ist jede Handlung, bei der obengenannte Fonds (*kuanwu*) mißbraucht oder zweckentfremdet (*nuoyong*) werden, immer ein Schaden für den Staat und auch für das Volk und muß streng verboten werden. Wenn die Umstände schwerwiegend sind, muß nach dem Gesetz bestraft (*zhengchu*) werden.

1. Begriff und besondere Merkmale des Mißbrauchs von Fonds (*kuanwu*), die zum Katastrophenschutz und -einsatz angelegt worden sind:

§ 126 StGB schließt fünf Straftatbestände (*zuiming*) ein:

Die Straftat des Mißbrauchs des Katastrophenschutz-Fonds; die Straftat des Mißbrauchs des Katastropheneinsatz-Fonds; die Straftat des Mißbrauchs von Hochwasserkatastrophen-Fonds; die Straftat des Mißbrauchs des Fonds zur Unterstützung demobilisierter Soldaten und deren Angehörigen und die Straftat des Mißbrauchs von Hilfs-Fonds in wirtschaftlichen Notstandsgebieten.

Was hier als Straftat des Mißbrauchs von staatlichen Fonds für die fünf genannten Tatbestände bezeichnet wird, bedeutet ein Zuwiderhandeln gegen das staatliche Finanz- und Wirtschaftsverwaltungssystem, d. h. einen Mißbrauch von Fonds, die für den Ernstfall angelegt worden sind, wobei die Handlungen schwerwiegend sein müssen.

Diese Gruppe von Straftaten weist folgende Merkmale auf:

1. Strafbare Handlungen sind solche, bei denen objektiv Fonds für den Katastrophenschutz und -einsatz, für den Hochwasserschutz, zur Unterstützung demobilisierter Soldaten und zur Hilfeleistung in Notstandsgebieten mißbraucht werden und bei denen die Umstände schwerwiegend sind: weisen diese Handlungen solche Merkmale nicht auf, kann es sich um diese Straftaten nicht handeln.

Wenn es heißt "die Umstände sind schwerwiegend", so müssen auf der Grundlage der Höhe der zweckentfremdeten Summen, der angewandten Manipulationen und entsprechend den Spätfolgen umfassende Analysen und Untersuchungen vorgenommen werden. Wenn die zweckentfremdete Summe, allgemein gesprochen, relativ hoch ist, die Manipulationen abscheulich sind und dadurch den Interessen des Staates und der Volksmassen ein schwerer Schaden entstand, gehört das zur Kategorie "die Umstände sind schwerwiegend".

Wenn die zweckentfremdeten Summen relativ niedrig waren oder aber, obwohl relativ hoch, schnell wieder zurückerstattet worden sind und den Interessen des Staates wie des Volkes kein allzu schwerer Schaden entstanden ist, kann diese Handlung nicht als dieses Verbrechen geahndet werden (*lunchu*). In diesem Falle aber muß streng kritisiert und eine Lehre erteilt oder eine notwendige Disziplinarmaßnahme (*jilü chufen*) gegeben werden, um ein Wiederbegehen dieses Verbrechens vollständig auszuschließen.

---

[1] Quelle: Zhonghua Renmin Gongheguo xingfa jiangyi: fenze bufen (Vorlesungen zum Strafrecht in der VR China: Besonderer Teil), Beijing 1982: 105 ff.

Wenn es sich um staatliches Arbeitspersonal handelt, das die Möglichkeiten seines Amtsbereiches (*zhiwu zhi bian*) ausnutzt und die oben genannten Spezialfonds mißbraucht, um sich ihrer privat zu bedienen, - und wenn, obwohl es dem Staat und den Interessen des Volkes noch keinen großen Schaden verursacht hat, doch lange Zeit nichts zurückerstattet worden ist und auch keinerlei Absicht besteht, irgendetwas zu erstatten, so muß gemäß der Straftat der Amtsunterschlagung (*tanwu zui*) schwer bestraft werden.

2. Das Subjekt (*zhuti*) dieser Gruppe von Straftaten kann nur aus dem hierfür direkt verantwortlichen Personal bestehen; das nicht direkt dafür verantwortliche Personal kann diese Art von Straftaten nicht begehen.

Das hier genannte "direkt dafür verantwortliche Personal" bezieht sich auf Personal in Buchhaltung und Registratur (*kuaiji renyuan*) und auf Personal, dem die Verteilung (*fafang renyuan*) der genannten Fonds obliegt; es bezieht sich auch auf Personal, das weisungs- und genehmigungsberechtigt (*zhishi, pizhun*) - auch bei Mißbrauch - ist, wie z. B. Führungspersonal (*lingdao ren*), in dessen Macht es liegt, für die oben genannten Spezialfonds Sorge zu tragen (*guowen*) und über sie zu verfügen (*chuli*).

3. Diese Art von Straftaten kann nur mit direktem Vorsatz (*zhijie guyi*) begangen werden. Fonds für den Katastrophenschutz und -einsatz, der Vorsorge gegen Hochwasserkatastrophen, der Kriegsinvalidenfürsorge und für die Rettung aus wirtschaftlichem Notstand gehören gleichermaßen zu den Spezialfonds des Staates, die man nicht so ohne weiteres zweckentfremden kann; denn das betrifft das staatliche Finanzsystem. Diesbezüglich hat das Personal, das mit der Verwaltung (*zhangguan*) dieser Spezialfonds zu tun hat, ganz genaue Kenntnisse davon. Da sie in klarer Kenntnis der Lage Mißbrauch betreiben und dem staatlichen Finanzsystem zuwiderhandeln, schließlich aber überhaupt keine Rücksicht darauf nehmen, ist es vollkommen gleichgültig, aus welchem Motiv heraus die Täter Mißbrauch begehen, und ebenso, welchen Weg sie beim Mißbrauch der oben genannten Fonds gehen: auf die Begründung eines Verbrechens dieser Art hat das alles nicht den geringsten Einfluß.

Dies sind die wichtigsten objektiven und subjektiven Merkmale bei der Straftat des Mißbrauchs und der Zweckentfremdung (*nuoyong*) von Spezialfonds wie z. B. denen für den Katastrophenschutz.

2. Das Problem der Bestrafung beim Verbrechen des Mißbrauchs von staatlichen Spezialfonds für den Katastrophenschutz und -einsatz:

§ 126 StGB enthält folgende Regelung: "Werden Fonds der staatlichen Katastrophenhilfe und des -einsatzes, für den Hochwasserschutz, die Kriegsinvalidenfürsorge oder Notstandshilfe mißbraucht, und sind die Umstände schwerwiegend, so daß den Interessen des Staates und der Masse des Volkes schwerer Schaden entstanden ist, wird das direkt hierfür verantwortliche Personal mit einer Freiheitsstrafe von höchstens (*yixia*) drei Jahren oder mit Gewahrsam bestraft; sind die Umstände besonders schwerwiegend, wird mit einer Freiheitsstrafe von mindestens (*yishang*) drei und höchstens (*yixia*) sieben Jahren bestraft."

Was den Ausdruck "die Umstände sind besonders schwerwiegend" betrifft, so deutet das generell auf jene hin, die ohne Rücksicht um das Schicksal der Volksmassen und um die Sicherheit des staatlichen Eigentums gewaltige Summen rücksichtslos mißbraucht haben, die als staatliche Fonds für den Katastrophenschutz und -einsatz, gegen Hochwasser, zur Kriegsopferfürsorge und Notstandshilfe angelegt worden waren und zugleich nach Lust und Laune verschwendet haben. Und es deutet auf jene, die wegen Mißbrauchs der oben genannten Spezialfonds den Interessen des Staates und der Volksmassen besonders schwerwiegende, schädliche Spätfolgen beschert haben.

III. Forschungs- und Falldarstellungen

Wie untersucht man Rechnungen und Belege in Fällen von Amtsunterschlagung (*tanwu anjian*)[1]

Die kriminellen Machenschaften von Amtsunterschlagung (*tanwu*) im Bereich der Wirtschaft zu zerschlagen ist ein langwieriger, langandauernder Kampf:[2]

Seit der Befreiung haben sich unsere Kadertruppen unter der Führung und Erziehung der Partei im allgemeinen ganz ordentlich verhalten. In seiner überwiegenden Mehrheit vermag das staatliche Arbeitspersonal die Interessen des Staates zu schützen; es erfüllt redlich seine Pflichten, beachtet die Disziplin, hält sich an die Gesetze und erledigt unparteiisch seine Aufgaben; für das Volk ist es ein guter Familienvater, das sein Vermögen verwaltet. Es bildet die Hauptrichtung des staatlichen Arbeitspersonals und verkörpert auch die guten Seiten unseres sozialistischen Systems.

Es gibt aber auch noch Elemente der Ausbeuterklassen, die nicht umerzogen worden sind. Gedanken und Ideen der Ausbeuterklassen können in so kurzer Zeit nicht ausgemerzt und abgeklärt werden. Die große Aufgabe der Einheit unseres Vaterlandes ist noch immer nicht bis ins letzte hinein vollendet worden. Wir leben noch immer in einem komplizierten internationalen Umfeld. Die Kräfte des Kapitalismus und gewisse Kräfte, die dem Sozialismus in unserem Staate feindlich gegenüberstehen, können unseren Staat noch immer zersetzen (*qinshi*) und ihm schaden (*pohuai*). Wirtschaft und Kultur sind bei uns ziemlich rückständig, und das junge sozialistische System ist an vielen Stellen noch keineswegs ausgereift; noch immer ist es schwer, bestimmten Mitgliedern der Gesellschaft - eingeschlossen bestimmten Parteimitgliedern - Widerstand zu leisten, deren Tätigkeit Verderbnis und Verkommenheit (*fuhua pianzhi*) produziert. Und noch immer ist der Entstehung jener Minderheit neuer ausbeuterischer und jeder Art feindlicher Elemente kein Riegel vorzuschieben.

In dem Chaos der zehn Jahre hat die konterrevolutionäre Clique um Lin Biao und Jiang Qing den guten Arbeitsstil unserer Partei und die Sitten des Volkes nachhaltig und schwerwiegend geschädigt, und eine Minderheit von Menschen wurde durch den von ihnen in Umlauf gesetzten Anarchismus und durch einen extremen Individualismus vergiftet; einige nicht ganz so willensstarke Menschen haben in der neuen Situation diese Prüfungen nicht bestanden, waren wild erpicht auf Behaglichkeit und Komfort, verloren vor lauter Habgier den Verstand und begingen rücksichtslos kriminelle Machenschaften von Amtsunterschlagung (*tanwu fanzui huodong*). Unter ihnen gab es, abgesehen von jenen gesetzlosen Elementen (*bu fa fenzi*) in der Gesellschaft, noch immer jene extreme Minderheit korrupt gewordener, degenerierter Elemente (*fuhua pianzhi fenzi*) in Partei, Regierung und Armee, die durch das kapitalistische Denken verdorben (*fushi*) worden sind.

Im "Beschluß zum Schlag gegen schwere kriminelle Aktivitäten im Bereich der Wirtschaft", der am 15. April 1982 vom ZK der Partei und vom Staatsrat erlassen worden ist, heißt es:

"Seit nahezu zwei, drei Jahren sind jene kriminellen Aktivitäten, die die Wirtschaft schwer schädigen, bei weitem schwerer und ernsthafter als jene, die wir 1952 in der Kampagne Gegen die Drei Übel bekämpft haben."

---

[1] Zhu, Meixia, Zhenyang cha tanwu anjian zhangzheng (Wie untersucht man Rechnungen und Belege in Fällen von Amtsunterschlagung?), Beijing 1986.

[2] Ebenda: 1 ff.

Unter den Fällen von Wirtschaftsverbrechen gibt es einige große von Amtsunterschlagung (*da tanwu an*), bei denen die Summen der widerrechtlichen Einkünfte gewaltig und die Begleitumstände abscheulich und abstoßend sind. Da ist zum Beispiel Lo Ming'en, Buchhalter (*kuaiji yuan*) eines Geschäftsunternehmens für Kattun an der Landwirtschaftsbank des Kreises Longchuan in der Provinz Guangdong, der die Vorteile seines Geschäfts- und Machtbereiches ausnutzte und von Oktober 1980 an insgesamt 48mal den Trick der "ungedeckten Geldüberweisung (*kongtou huikuan*)" anwandte und durch Amtsunterschlagung und Bestechungsannahme (*tanwu shouhui*) 112.000 Yuan erzielte; er wurde gemäß dem Gesetz zu einer lebenslänglichen Freiheitsstrafe verurteilt.[3]

Oder Qing Suojing, Buchhalterin (*kuaiji*) in der Ingenieursfirma des dritten Stollens der Metallschmelz-Bergwerksfirma in der Stadt Dukou, Provinz Sichuan. Sie hatte von Januar 1973 bis August 1979 innerhalb von sechs Jahren und acht Monaten den Basis-Einheiten vorgeschlagen, Geld unter einem Vorwand in Reserve einzubehalten; sie hat persönlich die Ausgabe von Cheques signiert und bei der Bank das Bargeld abgeholt; durch den plumpen Trick völlig aus der Luft gegriffener Eintragungen auf der Rechnung als Selbstkosten für die von Ingenieuren ausgeführten Bauarbeiten hat sie durch Veruntreuung 260.000 Yuan erlangt. In diesen achzig Monaten hat Qing Suojing 260mal gemeinsam mit anderen strafbare Handlungen begangen (*gong zuo'an*). Ganz abgesehen davon, daß sie, nach Hause zurückgekehrt, geheiratet hatte und zweimal eine Scheinschwangerschaft austrug, was sechs Monate beanspruchte, beging sie fast Monat für Monat diese Veruntreuungen (*tanwu*).[4]

Oder wiederum jener schwere Fall von Entwendung und Verkauf (*daomai*) von Kraftwagen, den das Komitee der KPCh in Henan, die Volksregierung in Henan sowie die damit befaßten politisch-rechtlichen Abteilungen nach gründlichen Untersuchungen von mehr als einjähriger Dauer in Anyang ausfindig machten (*chahuo*). Die Haupttäter Chen Xihai und Cao Chenshan hatten von 1979 bis März 1981 durch Methoden der Bestechung und des Betruges (*xinghui he qipian*) an verschiedenen Orten Lieferaufträge für mehr als 1300 Autos und für 29 Traktoren erteilt und einen gewaltigen Profit (*moude baoli*) von mehr als 1.300.000 Yuan erzielt. Chen und Cao hatten daraus 480.000 Yuan veruntreut und verschwendet.

Diese kriminellen Machenschaften der Veruntreuung schädigen nicht nur unseren wirtschaftlichen Aufbau und die sozialistischen Produktionsbeziehungen, sondern stören auch die soziale Sicherheit (*shehui anding*), beschmutzen (*wuru*) die gesellschaftliche Moral, korrumpieren (*fushi*) die Organe der Partei, des Staates und der Gesellschaft, korrumpieren das Denken der Menschen und deren Leben: den Termiten gleich schädigen sie das Gebäude des Sozialismus. Wenn wir diesen kriminellen Machenschaften der Veruntreuung nicht eine gehörige Abfuhr erteilen, sondern es zulassen, daß sie sich ausbreiten und entwickeln, besteht die Gefahr, daß unsere Wirtschaft vom sozialistischen Kurs abweichen wird. Dann können wir die korrekte Durchführung der Politik der Öffnung nach außen nicht mehr garantieren und die der Belebung der Wirtschaft nach innen auch nicht. Und den zügigen Fortschritt beim Aufbau der sozialistischen Modernisierung können wir überhaupt nicht garantieren.

Deshalb müssen wir Saboteure (*pohuai fenzi*), die den Aufbau der sozialistischen Wirtschaft und politischen Macht stören, dem Gesetz gemäß streng bestrafen. Die kriminellen Machenschaften der Amtsunterschlagung im Bereich der Wirtschaft zu zerschlagen ist die wichtigste Manifestation des Klassenkampfes unter den neuen historischen Bedingungen einer sozialistischen Gesellschaft in unserem Lande. Unser Kampf mit ihnen steht für Gewinn und Verlust, Sieg oder Niederlage im Aufbau der sozialistischen Modernisierung, hat Bedeutung für den ernsten Kampf um Aufstieg oder Verfall unserer Partei und unseres Landes. Diesen Kampf können wir bestimmt nicht auf die leichte Schulter nehmen und dabei in Muße abwarten, wer den Sieg davonträgt.

---

[3] Vgl. "Studien zum chinesischen Recht", Bd. V., Bochum 1986: 285; Quelle: Guangming Ribao (Tageszeitung "Das Licht") 17. 12. 82.

[4] Vgl. "Studien zum chinesischen Recht", Bd. V, a.a.O.: 277: "In der Stadt Dukou untersuchte und behandelte die Staatsanwaltschaft einen großen Fall von Veruntreuung"; Quelle: Renmin Ribao (Volkszeitung) 27. 7. 81.

Das ZK der Partei weist uns auf folgendes hin: "In dieser neuen Epoche der Entwicklung des Sozialismus muß man vom Denken bis zum Handeln unbedingt an 'zwei Händen' festhalten: die eine 'Hand' hält fest an der Politik der Öffnung nach außen sowie an der Belebung der Wirtschaft im Inneren; die andere zerschlägt entschieden die ernsthaften kriminellen Machenschaften, die dem Sozialismus im Bereich der Wirtschaft und im Bereich der politischen Kultur Schaden zufügen. Wollte man nur auf die letztere Hand achten und an der ersten zweifeln und Bedenken haben, so wäre das ein Fehler. Aber nur die erste zu stärken und letztere zu vernachlässigen, wäre gefährlich." ...

Das Problem der Veruntreuung kann aufgeklärt (*chahuo*) werden[5]

In unserem Lande ist die überwiegend große Mehrheit des Personals, das im Finanz- und Buchhaltungsbereich (*cai kuai*) arbeitet, in der Lage, finanzwirtschaftliche Disziplin zu halten, unparteiisch seine Arbeit zu verrichten, in jeder Hinsicht ein gesundes Finanzverwaltungssystem einzurichten, alles genau zu berechnen, die Eingänge zu steigern und bei den Ausgaben zu sparen. In einigen Unternehmenseinheiten an der Basis jedoch [eingeschlossen die Unternehmen im kollektiven Besitz und jene Einheiten, die selbst einnehmen und selbst auszahlen] existieren Lücken bei den ursprünglichen Aufzeichnungen von Finanzgeschäften, wie z. B. bei der Ein- und Auszahlung von Bargeld, bei der Berechnung von Geldsummen, der Annahme und Absendung (*shou fa*) von Gütern usw., weil ihnen ein streng wissenschaftliches Finanz- und Buchhaltungssystem (*caikuai zhidu*) fehlt. Es sind Lücken, die dadurch entstehen, daß Vorgänge nicht vollständig, eine übersichtliche Verwaltung nicht genau genug gehandhabt, Einnahmen und Ausgaben auf den Rechnungsbelegen der Buchhaltung nicht streng voneinander getrennt sind. Dies alles gibt kriminellen Machenschaften der Veruntreuung gute Gelegenheiten, die ausgenutzt werden können. Manche Einheiten neigen sogar dazu, den Ausdruck (*yinzhi*) der Ein- und Ausgangsunterlagen, deren Handhabung und Verwendung sowie das Kassieren von Geldern einer einzelnen Person in alleinige Verantwortung (*baoban*) zu übergeben. Diese Lücken entstehen in großer Anzahl hinsichtlich des Bargelds und der Naturalien (*shiwu*). Will man deshalb diesen Lücken, die zur Veruntreuung und Unterschlagung reizen, einen Riegel vorschieben, muß man den Schwerpunkt auf die Konsolidierung des Systems der Einnahmen und Ausgaben bei Bargeld, Bankeinlagen und Naturalien legen.

Aus bereits aufgeklärten Fällen von Amtsunterschlagung (*tanwu anjian*) kann man ersehen, daß es in dieser neuen Situation noch immer eine extreme Minderheit von Menschen gibt, deren Willen schwach ist, und die ihre Prüfungen nicht bestanden haben; infolgedessen haben sie diese kriminellen Machenschaften von Amtsunterschlagung verübt. Das ist eine Reflexion des Klassenkampfes, der in einem bestimmten Rahmen der Gesellschaft unseres Landes objektiv noch vorhanden ist. Das ist nicht im geringsten merkwürdig. Aber es wirft doch eine Frage auf, die des tieferen Nachdenkens wert ist: weshalb diese veruntreuenden Elemente überhaupt in der Lage sind, so willkürlich und rücksichtslos Handlungen zu verüben, um auf die Veruntreuung von so großen Geldsummen zu kommen und eine so häufige Folge von Verbrechen zu begehen?

Es bieten sich folgende Gründe dafür an:

1. Weil das System der Finanzverwaltung in bestimmten Wirtschaftsabteilungen nicht allzu streng ist, liefert es einigen Veruntreuern zur Durchführung ihrer kriminellen Machenschaften geradezu die besten Gelegenheiten, die diese natürlich ausnutzen können. Eigentlich haben wir ursprünglich eine strenge finanzwirtschaftliche Disziplin und ein dichtes Regelsystem gehabt; aber einige Leute haben es sich angewöhnt, 'den Regeln nicht angemessen' zu handeln; ja, sie halten sie eher für Kinderspiele. Manche Einheiten handeln für bares Geld den Verwaltungsbestimmungen direkt zuwider und verwenden bei ihren Wirtschaftsaktivitäten Bargeld in großer Menge und öffnen so gesetzwidrigen Handlungen in den Bereichen, wo Geld zirkuliert, Tür und Tor. So kann man z. B. bei Geldzahlungen im Lastschriftverfahren (*zhuanzhang*) und bei der Zahlung mit Schecks kein Bargeld abheben; das ist das allermindeste an common knowledge im All-

[5] Vgl. Zenyang cha tanwu anjian zhangzheng, a.a.O.: 4 ff.

tagsgeschäft der Wirtschaftsabteilungen. Einige Leute jedoch wollen sich ganz entschieden von ihren Gefühlen leiten lassen, persönlich in Erscheinung treten oder sich bei irgend jemandem beliebt machen und den sog. menschlichen Gefühlen (*renqing*) zu Ungunsten des Regelsystems den Vorrang geben. Daraufhin ändern sie das Verfahren, machen falsche Vorspiegelungen und täuschen bewußt (*nongxu zuojia*), betrügen und lassen in großem Umfang Bargeld von der Bank abheben. Diese Menschen, die so sorglos mit ihren Amtspflichten umgehen, können nicht nur das Vermögen des Staates nicht gut verwalten, sie leisten den kriminellen Machenschaften der Veruntreuung und Unterschlagung auch noch Vorschub.

2. Da man in der Vergangenheit auf eine genaue Überprüfung der korrupten, üblen Praktiken (*biduan*) in den Finanzbuchhaltungen (*caiwu kuaiji*) nicht genügend Wert gelegt hatte und auch die Probleme bei bereits aufgedeckter Amtsunterschlagung (*tanwu wenti*) weder rechtzeitig noch streng genug behandelt hatte, und da man gegen Wirtschaftsverbrecher nicht mit aller Kraft vorgegangen war, führte das dazu, daß die Dreistigkeit dieser Elemente, die Amtsunterschlagung begehen (*tanwu fenzi*), immer größer wurde und sie immer trickreichere, immer konspirativere, verstecktere und noch schwerer aufzudeckende Methoden anwendeten und in großem Umfang Vermögen des Staates und des Volkes an sich reißen (*qiequ*) konnten. Außerdem konnten sie, nachdem sie diese Verbrechen begangen hatten (*zuo'an*), noch immer straffrei die Gesetze übertreten (*xiaoyao fa wai*), und sogar auf freiem Fuß in einem versteckten Winkel verborgen, fortgesetzt die Grundlagen des Sozialismus in großem Maßstab unterminieren.

3. Weil es manchmal den Massen an grundlegenden Kenntnissen im Finanzsystem (*caiwu zhidu*) ermangelt, fehlt es ihnen häufig auch an der Fähigkeit, Handlungen der Amtsunterschlagung (*tanwu xingwei*) richtig einzuschätzen und zu überwachen. Deswegen liefern sie häufig den veruntreuenden Elementen auch noch die Bedingungen, ihre Verbrechen zu begehen (*zuo'an*). Und selbst nachdem diese kriminellen Aktivitäten passiert sind, wissen sie noch immer nicht, was sie angerichtet haben. Es ist genau so, wie Lenin gesagt hatte: "Nachdem wir unsere Wirtschaftspolitik geändert hatten, war die Gefahr sehr groß; weil die gesamte Wirtschaft nämlich aus einer großen Menge täglich wiederkehrender Belanglosigkeiten besteht und die Menschen sich an diese Alltäglichkeiten als etwas Normales gewöhnt hatten, paßten sie nicht mehr sonderlich auf. Daher sollten wir unser Augenmerk und Anstrengung vor allem auf diese Banalitäten richten, und zugleich deutlich machen, daß man lernen muß, mit richtigen Methoden dieser Gefahren Herr zu werden."

So hängt z. B. das Einkommen der beruflichen Verkäufer mancher Einheiten vollständig von den ausgestellten Schecks oder von den Belegen ab, für die sie Gebühren nehmen können und die auf der Rechnung eingetragen sind. Aber manchmal verstehen die Massen genau diesen Punkt nicht: Dadurch daß sie das Geld gezahlt haben, brauchen sie keine Spesen abzurechnen (*baoxiao*); selbst eine Quittung für die Ausgabe eines Schecks (*fabiao shouju*) brauchen sie nicht.

So wie man mit Bargeld bei den Einheiten, welche Eßhallen betreiben, Zusatznahrungsmittel (*fushi pin*) einkaufen und mit Bargeld Privatleuten Transportkosten bezahlen kann, so kaufen einzelne auch bei den Großhandelsabteilungen der Firmen Lebensmittel wie Fleisch- und Gemüsewaren ein; die Arbeiter und Angestellten steigern für ihr Unternehmen den Absatz ihrer Produkte [oder ihrer Handelsprodukte] und übergeben die Einnahmen ihrem Buchhalter, der die Ausgabe und Einnahme von Geld regelt (*chuna kuaiji*). Diese brauchen dabei keine Belege oder Empfangsbestätigungen auszugeben und so erhalten potentielle Straftäter Gelegenheiten, solche Delikte von Veruntreuung und Unterschlagung zu begehen (*zuo'an*).

4. Einigen Ermittlern (*cha'an renyuan*) mangelt es beim Kampf gegen Amtsunterschlagung (*tanwu douzheng*) an genügend Zuversicht und auch an professionellem Können, solche Fälle aufzuklären (*cha'an jineng*); sie erweisen sich in gewisser Weise als zu zaghaft. Sie meinen, die kriminellen Machenschaften der Veruntreuung und Unterschlagung bei dieser Tätergruppe seien nur schwerlich aufzuklären; und Belege nachzuprüfen sei "reine Verschwendung von Arbeitskräften und Geldmitteln". Deshalb setzen sie diese Arbeit nicht an die ihr gebührende Stelle und handhaben die Untersuchungen zum Problem der Amtsunterschlagung (*tanwu wenti*) sehr nachlässig.

Es gibt aber auch andere Abteilungen, die bei verdächtigen Subjekten (*duixiang*) und bei objektiv vorliegenden Problemen der Amtsunterschlagung (*tanwu wenti*) gar nichts aufzudecken suchen, keine Fakten ermitteln, kein Verfahren einleiten, dem Bösen durch allzu große Toleranz Vorschub leisten und den Dingen ihren Lauf lassen. Das wiederum regt kriminelle Elemente, die Veruntreuung und Unterschlagungen begehen, noch stärker dazu an, zu tun, was sie ohnehin tun wollen und eine fieberhafte Tätigkeit zu entfalten. An den oben dargestellten und tatsächlich existierenden Problemen ist zu ersehen, daß von nun ab die Kollegen, die solche Fälle aufzuklären haben (*cha'an tongzhi*), der Überzeugung sein sollten: Probleme des Verbrechens der Amtsunterschlagung (*tanwu fanzui wenti*) können aufgeklärt (*chahuo*) werden; ganz abgesehen davon, daß die Verwaltung von Finanz und Buchhaltung (*caiwu kuaiji*) gestärkt, vollständige Finanzbuchhaltungssysteme (*caiwu kuaiji zhidu*) in allen Sparten ausgebaut und die Arbeit der Rechnungsprüfung (*shenji*) forciert werden muß, um schweren Wirtschaftsverbrechern durch korrekte Anwendung der Waffe des Rechts einen kräftigen Schlag zu versetzen; abgesehen auch von der Verstärkung der Propaganda und Erziehung der Massen in ihrer Einstellung gegenüber Veruntreuuung und Unterschlagung, um ihre Fähigkeit zu steigern, solche Probleme zu erkennen.

Im wirklichen Leben gibt es natürlich Leute, die der Meinung sind, Probleme der Veruntreuung und Unterschlagung seien nur schwer aufzuklären; und so herrscht eine Stimmung der Mutlosigkeit, die sie vor Schwierigkeiten zurückschrecken läßt. Sie haben das Gefühl, daß sie bei den Prüfungen von Rechnungsbelegen (*chazhang*) nicht wissen, wo sie beginnen sollen, und daß sie weder ein noch aus wissen; so fehlt ihnen beim Aufdecken von Fällen der Amtsunterschlagung (*tanwu anjian*) jegliches Vertrauen zu sich selbst.

Daß ein einzelner Fall schwer aufzudecken ist, ist eine objektive Tatsache; das heißt aber nicht, daß er überhaupt nicht zu lösen (*chapo*) sei. Man braucht nur die Technik, Rechnungsbelege nachzuprüfen (*chazhang*), einigermaßen vollendet zu beherrschen, sich dabei bis zum Äußersten anzustrengen, und alle Probleme der Veruntreuung und Unterschlagung [einschließlich der Fälle, bei denen Geld zwar kassiert, die Summe aber nicht ins Rechnungsbuch eingetragen wird] können normalerweise aufgedeckt (*chapo*) werden. Mancher, der Amtsunterschlagung begeht (*tanwu fenzi*), besitzt eben auch eine glückliche Natur und eine Haltung des Abwartens und der Erwartung: wenn wir keinen zuverlässigen und sicheren Beweis in Händen halten, womit wir ihn seiner Straftaten überführen können, wird er seine verbrecherischen Handlungen der Veruntreuung nicht leichthin und aus eigenem Antrieb gestehen.

Da war z.B. der Leiter einer Gemüsean- und -verkaufsstation in einer Firma; während der zehn chaotischen Jahre der Kulturrevolution hatte er innerhalb weniger Jahre mittels des Tricks, den Empfang von Geldsummen nicht in das Rechnungsbuch (*bu ru zhang*) einzutragen, mehr als 4000 Yuan veruntreut. Bevor die Fakten nachgeprüft waren, hatten die Massen bei seinen Einnahmen und Ausgaben im Alltag immer wieder reagiert und Mitteilung gemacht, und auch die Führung hatte in bezug auf seine wirtschaftlichen Probleme ihre Zweifel. Die Firmenleitung hatte ihn mehrmals aufgesucht, mit ihm gesprochen und wollte, daß er seine Probleme offenbare. Er aber wiederholte immer wieder folgende Aussage: "Ich habe nicht einen Fen veruntreut; durch den Beweis meiner Zugehörigkeit zur Partei würde ich auch standhalten, wenn ihr eine Überprüfung (*shencha*) organisieren wolltet". ...

Weil seine Rechnungsbücher damals noch nicht überprüft (*chazhang*) worden waren, hielt man auch keinen Beweis für seine Straftaten (*zuizheng*) in den Händen und konnte die Sache nur schleifen, ihn fortgesetzt Veruntreuung begehen und straffrei herumlaufen lassen (*xiaoyao fa wai*). Bis man eine Gruppe zur Überprüfung der Rechnungsbücher organisiert und mit deren Überprüfung begann. Erst nachdem man den Beweis für seine Taten aufgedeckt (*chahuo*) hatte, senkte er den Kopf, gab seine Verbrechen zu (*renzui*) und begann, ein Geständnis über die Probleme seiner Veruntreuung und Unterschlagungen abzulegen.

Um die Erfahrungen und Lehren gegen Veruntreuung und Unterschlagung gewissenhaft zusammenzufassen, ist daher eine Verstärkung der Untersuchung der üblen Praktiken (*biduan*) in der Arbeit der Finanzbuchhaltung (*caikuai gongzuo*) von absoluter Wichtigkeit. Hierbei gibt es wissenschaftliche Methoden, wie man solche Fälle überhaupt entdeckt, deren Substanz prüft (*chashi*) und eine endgültige Entscheidung fällt (*ding'an*); und es gibt das technische Problem (*jifa wenti*), wie man Rechnungsbücher überprüft (*chazhang*). Das ist auch das wichtigste Problem, das gegenwärtig bei der Arbeit der Nachprüfung von Fällen dringend und notwendig zu lösen ist. Wir müssen die Erfahrungen bei unserer Arbeit, eingeschlossen die Erfahrungen bei Erfolgen und Mißerfolgen, zusammenfassen und steigern, so daß jene wissenschaftlichen Methoden bei der Überprüfung von Fällen (*cha'an*), die in der Praxis erfolgversprechend waren, weiter ausgeweitet werden, damit wir aus unseren Fehlern und Niederlagen nützliche Erfahrungen und Lehren ziehen können.

Ist es denn nun schwierig, Fälle von Veruntreuung und Unterschlagung aufzudecken (*chapo*)? Natürlich ist es schwierig, weil sich jene, die Veruntreuung betreiben, im allgemeinen bedeckt halten und mit den Mitteln der absoluten Tarnung und Verschlagenheit Delikte der Amtsunterschlagung begehen (*tanwu zuo'an*), und weil sie es im allgemeinen nicht so einfach zulassen, daß du ihre verbrecherischen Hände (*zui'e zhi shou*) zu fassen kriegst. Die Bereiche, die durch manche Probleme der Veruntreuung und Unterschlagung in Mitleidenschaft gezogen werden, sind ziemlich breit gefächert; manche beziehen sich auf heimliche Verbindungen (*goujie*) innerhalb und außerhalb Chinas, auf Konspirationen (*goujie*) von oben und unten; Bestechung und Bestechungsannahme (*xinghui shouhui*) verflechten sich häufig mit Veruntreuung und Unterschlagung. Manche Fälle erstrecken sich auf ganz andere und auch auf auswärtige Einheiten; solche Fälle sind sehr kompliziert und erhöhen nur den Schwierigkeitsgrad, sie aufzudecken.

Man braucht aber diese Probleme nur unter dem Gesichtspunkt materialistischer Dialektik zu betrachten, und schon hat man das Gefühl, Fälle von Veruntreuung und Unterschlagung aufzudecken sei vielleicht schwierig, aber doch nicht ganz so schwer. Denn es ist ja so, daß veruntreuende Elemente, die ein Delikt begehen (*zuo'an*), nun mal objektiv existierende Wesen (*dongxi*) sind und im allgemeinen irgendwelche Spuren hinterlassen. Unser Arbeitspersonal, das solche Fälle untersucht (*cha'an gongzuo renyuan*), darf natürlich nicht den geringsten Punkt des Zweifels beiseite schieben; wenn sie irgendwelche Anhaltspunkte (*zhusi maji*) entdecken, brauchen sie nur streng logisches Denken anzuwenden und durch gründliche Spurensuche mit der Verfolgung zu beginnen; wenn sie vom Eifer beseelt sind, die Verfolgung bis zum Ende treiben und entschieden nicht nur mit großem Schwung beginnen und dann nichts mehr zu Ende führen (*hutou shewei*) und auf halbem Wege aufgeben, würde die Forderung an unser Aufklärungspersonal (*cha'an renyuan*) bedeuten, sich durch die objektiv vorhandenen Fakten [wie die in Belegen (*pingzheng*) und Geschäftsbüchern (*zhangce*) entdeckten Punkte des Zweifels oder durch jene Materialien, die von den Massen durch Anzeige und Auslassung (*jianju jiefa*) beigebracht wurden] einen ersten anschaulichen Begriff (*gainian*) zu bilden. Durch Assortieren des falschen und Beibehaltung des echten Materials, Zurückweisung des 'Unausgegorenen' und Hernehmen des 'Feineren' kommt man allmählich von 'Außen' nach 'Innen' und buchstäblich von 'Jenem' zu 'Diesem'. Durch ständiges Analysieren und Vergleichen, Zusammenfassen und Nachweisen (*yanzheng*) fängt man schließlich an, die Erscheinung zu durchdringen und das Wesentliche daran zu erkennen. Endlich kommt man aufgrund unwiderleglicher Beweise zu Schlußfolgerungen, bei denen die Wahrheit offen in den Tatsachen liegt (*shishi qiushi*).

Gleichgültig deshalb, wie kompliziert ein Fall auch gelagert sein mag und wie hoch der Schwierigkeitsgrad ist: wenn unsere Methode, Geschäftsbücher nachzuprüfen (*chazhang*) korrekt ist, und wenn man diese Technik vollendet beherrscht (*guoying*), sind Probleme der Amtsunterschlagung (*tanwu wenti*) im allgemeinen festzumachen und aufzuklären (*chaqing*). So wird z.B. der Kunstgriff, bei Unterschlagung (*tanwu shoufa*) empfangene Geldsummen nicht in die Geschäftsbücher einzutragen, vom Personal, das diese Bücher zu untersuchen hat, als eine ziemlich heikle Angelegenheit (*jishou*) empfunden; es gibt sogar Leute, die der Ansicht sind, es gäbe gar keine Möglichkeit, sie aufzulösen (*chahuo*). Aber wie die Praxis beim Nachprüfen von Geschäftsbüchern bewiesen hat, sind auch diese zu knacken (*chapo*).

Da war z. B. ein Fall wie dieser: Das Untersuchungsobjekt für Veruntreuung und Unterschlagung war der Leiter eines Unternehmens, der die Gelegenheit kräftig ausnutzte, daß sich das Verwaltungssystem (*guanli zhidu*) in einem katastrophalen Zustand befand. Weder pflegte er beim Empfang der angelieferten Ware (*shoufa huo*) die Lieferung nachzuchecken noch wollte er Geschäftsbücher (*zhangce*) benutzen, um Eintragungen (*jizai*) zu machen. Bei Warenmangel meldete er vollständigen Verlust. Für selbst entgegengenommenes Geld beim Absatz überschüssigen Gemüses stellte er keine Quittungen aus und machte auch keinen Eintrag in seine Geschäftsbücher. Er hatte möglicherweise mit dem Trick, nur eine Quittung auszustellen als Gegenleistung für zwei Geldsummen, die beim Verkauf von Gütern erzielt worden waren, mehrere tausend Yuan unterschlagen.

Die von uns bei diesem Problem von Amtsunterschlagung (*tanwu wenti*), wo Geldsummen aus dem Warenumsatz nicht in das Geschäftsbuch eingetragen wurden, angewandte Methode der Überprüfung der Kassenbücher war folgende: bei dem überschüssigen Gemüse, das vom Staat in die Dörfer und in andere Landesteile zurückverkauft worden war, arrangierten wir erst einmal eine Überprüfung der Frachtbriefe (*yundan*), um die Orte herauszufinden, wohin die Fracht mit dem überschüssigen Gemüse gegangen war und wie hoch die Tonnage war. Auf dieser Basis wählten wir zunächst schwerpunktmäßig 14 kommunale Gruppen und Brigaden von Gemüseproduzenten aus; wir führten 26mal in diesen auswärtigen Einheiten Untersuchungen durch, überprüften die Höhe der Summen, die die Gegenseite gezahlt hatte und auch deren Zahlweise [ob Bargeld oder Postüberweisung]; wir rechneten die im Finanzbuch (*caiwu zhang*) bei der jeweils untersuchten Einheit eingetragenen und gezahlten Gelder für Gemüse zusammen und prüften noch einmal nach, ob die Qittungen für den Verkauf der Waren bereits ausgestellt waren.

Bei dem Problem, daß Geschäftssummen, die, nachdem die Angestellten und Arbeiter der zum Verkauf eingerichteten Stellen des Einzelhandels auf die Dörfer zur Verkaufsförderung gegangen waren, ausgehändigt, aber nicht in die Geschäftsbücher eingetragen worden waren, hatten wir die Frachtbriefe und die angegebenen Spesen der damit befaßten Kollegen überprüft [so wie z. B. die falschen Aussagen für Essensgelage, Hotelspesen, Reisekosten usw.], und wir haben bei den betroffenen Parteien die gesamte Situation zu verstehen versucht; wir haben die Originalaufzeichnungen, in denen die Verkaufseinnahmen eingetragen waren, gesammelt und noch einmal nachgecheckt, ob Quittungen dafür ausgestellt waren.

Durch all diese hier geschilderten, vielfältigen Methoden der Nachprüfung von Geschäftsbüchern haben wir schließlich den Beweis über die vermutete Straftat (*zuizheng*) der Veruntreuung und Unterschlagung von mehreren tausend Yuan erhalten. Erst zu diesem Zeitpunkt gestand jener "Leiter" seine Niederlage ein und gab sein Problem der Veruntreuung und Unterschlagung zu. ...

GPSR Compliance

The European Union's (EU) General Product Safety Regulation (GPSR) is a set of rules that requires consumer products to be safe and our obligations to ensure this.

If you have any concerns about our products, you can contact us on ProductSafety@springernature.com

In case Publisher is established outside the EU, the EU authorized representative is:

Springer Nature Customer Service Center GmbH
Europaplatz 3
69115 Heidelberg, Germany

Batch number: 10809468

Printed by Printforce, the Netherlands